Soziale Netzwerkanalyse

Waxmann Verlag GmbH
Steinfurter Straße 555, 48159 Münster
info@waxmann.com

Netzwerke im Bildungsbereich

herausgegeben von
Herbert Altrichter, Nils Berkemeyer,
Harm Kuper, Katharina Maag Merki

Band 5

Waxmann 2012
Münster / New York / München / Berlin

Sabrina Kulin, Keno Frank,
Detlef Fickermann, Knut Schwippert (Hrsg.)

Soziale Netzwerkanalyse

Theorie, Methoden, Praxis

Waxmann 2012
Münster / New York / München / Berlin

Bibliografische Informationen der Deutschen Nationalbibliothek
Die Deutsche Nationalbibliothek verzeichnet diese Publikation in
der Deutschen Nationalbibliografie; detaillierte bibliografische
Daten sind im Internet über http://dnb.d-nb.de abrufbar.

Netzwerke im Bildungsbereich, Band 5

ISSN 1866-0460
ISBN 978-3-8309-2672-6

© Waxmann Verlag GmbH, Münster 2012

www.waxmann.com
info@waxmann.com

Umschlaggestaltung: Pleßmann Design, Ascheberg
Umschlagfoto: © Foto-Ruhrgebiet – Fotolia.com
Gedruckt auf alterungsbeständigem Papier,
säurefrei gemäß ISO 9706

Inhalt

Zusammenfassung

Detlef Fickermann, Knut Schwippert, Keno Frank & Sabrina Kulin

Einleitung

1   Vorbemerkung

Wenn von „dem" Bildungssystem gesprochen wird, ist bei vielen der erste Impuls, an die Institution Schule und die in ihr Lehrenden und Lernenden zu denken. Jedoch erweitert sich der vertiefte Blick schnell auch auf Eltern, kooperierende Betriebe, Kindergärten, Bildungsadministrationen, Bildungspolitik und Bildungsforschung – um nur wenige zu nennen. Diese nur exemplarisch genannten Gruppen und Institutionen im Bildungssystem sind nicht nur bilateral mit der „Kerninstitution" Schule verbunden, sondern interagieren auch untereinander. Gerade vor dem Hintergrund des sich wandelnden Steuerungsparadigmas im Bildungssystem, ausgelöst durch die Veröffentlichung von Befunden aus den groß angelegten Schulvergleichsuntersuchungen wie TIMSS, PISA und IGLU entwickelt sich das Verhältnis insbesondere zwischen der Bildungsforschung, Bildungsadministration und Bildungspolitik seit Mitte der 1990er Jahre neu.

Die Vorstellungen, empirisch abgesicherte Befunde aus der Bildungsforschung könnten klare Hinweise für Bildungspolitik und Bildungsadministration darüber geben, wie das Bildungssystem verändert und damit auch verbessert werden könnte, erwiesen sich als vorschnell und zu optimistisch. Es gibt nicht einzelne Stellschrauben, an denen einfach gedreht werden muss, um das System bzw. seine Leistung bzw. seinen „Output" zu verbessern. Das Bildungssystem funktioniert nicht wie ein einfaches Reiz-Reaktions-System und es sind Maßnahmen nicht nur in ihren Wirkungen, sondern auch in ihren Nebenwirkungen zu betrachten. Es zeigte sich, dass die vorliegenden Befunde nur in einem komplexen Zusammenspiel zu verstehen sind und dass insbesondere die Vertreterinnen und Vertreter aus der Bildungsadministration und Bildungspolitik erst lernen mussten, sie zu lesen. Die Bildungsforschung ihrerseits musste lernen, potenziell relevantes Steuerungswissen und Steuerungsgrößen zu benennen und zu beschreiben, die nicht im akademischen Sinne von *ceteris paribus* Betrachtungen zu verstehen, sondern von den in der Administration und Politik Handelnden auch zu nutzen sind.

Bildungsforschung, Bildungsadministration und Bildungspolitik agieren nach unterschiedlichen Handlungslogiken und in verschiedenen Zeitregimen, die sich den jeweils anderen Partnern nicht unmittelbar bzw. nur schwer erschlossen. So wurde aus dem guten Willen, das Bildungssystem evidenzbasiert zu verbessern, ein zum Teil mühseliger und auch von Missverständnissen geprägter Prozess. Auch wenn sich dieser in den letzten Jahren durch Lernprozesse und wechselseitiges Verständnis für die Positionen der anderen zunehmend klären konnte, bleiben Bildungsforschung, Bildungsadministrationen und Bildungspolitik auch weiterhin nach den jeweils eigenen Logiken handelnde Institutionen. Dies gilt es zu beachten und zu respektieren.

Basierend auf dem gemeinsamen Verständnis und Bemühen, das Bildungssystem weiterentwickeln und damit verbessern zu wollen, ist in Hamburg eine Einrichtung an der

Verbindungsstelle zwischen der Bildungsforschung und der Bildungsadministration und -politik gegründet worden. Die Idee, das Hamburger Zentrum zur Unterstützung der wissenschaftlichen Begleitung und Erforschung schulischer Entwicklungsprozesse (ZUSE) ins Leben zu rufen, wurde im Laufe des Jahres 2009 gemeinsam von der Hamburger Behörde für Schule und Berufsbildung (BSB) und der Fakultät für Erziehungswissenschaft, Psychologie und Bewegungswissenschaft der Universität Hamburg (EPB) entwickelt und zum Jahresende auch im Rahmen einer Kooperationsvereinbarung vereinbart.

Das Zentrum bietet Kommunikations- und Koordinationshilfen an, die sowohl von der BSB als auch von der Fakultät EPB in Anspruch genommen werden. Es arbeitet mit den sie tragenden Institutionen aufgabenbezogen zusammen und bietet Serviceleistungen für diese an. Hierbei können die Aktivitäten von ZUSE in drei Bereichen charakterisiert werden: (1) Eine zentrale Aufgabe von ZUSE ist es, von Seiten der Behörde formulierte Erkenntnisinteressen oder wissenschaftliche Unterstützungsbedarfe so zu formulieren, dass sie einer wissenschaftlichen Bearbeitung zugänglich sind und ggf. die Basis für entsprechende Ausschreibungen bilden können. (2) Des Weiteren bietet ZUSE an, Antragsentwürfe von Wissenschaftlerinnen und Wissenschaftlern der Fakultät zu Forschungsvorhaben im Hamburger Bildungssystem mit aktuellen, von Schulen und/oder der BSB formulierten Forschungsbedarfen abzugleichen. Und schließlich (3) ist der Aufbau einer Forschungsdokumentation ein weiteres Ziel von ZUSE, das es erlauben soll, ohne weitere Recherchen mögliche Ansprechpartner zu finden, die wissenschaftlich unterstützen oder mögliche Evaluationsaufträge übernehmen können. ZUSE unterstützt somit die Fakultät und einzelne Fakultätsangehörige beim Aufbau und der Koordinierung von Arbeitsgruppen, Forschungsverbünden und Netzwerken innerhalb der Universität und auch darüber hinaus.

Der Anlass dieses Bandes ergibt sich aus dem letztgenannten Punkt. Aus der Erkenntnis heraus, dass nicht nur einzelne Gruppen, sondern auch Systeme kooperierend und vernetzt miteinander arbeiten, ist die gemeinsame Fragestellung gereift, wie solche Netzwerke im Bildungssystem identifiziert, beschrieben und ggf. auch weiterentwickelt werden können. Neben der theoretischen Einbettung von Netzwerkanalysen und der exemplarischen Darstellung Hamburger Bildungsnetzwerke, ist es Ziel des Bandes, besonders die Methoden und praktischen Umsetzungen der Netzwerkanalyse in Forschungsprojekten vorzustellen.

Die in dem Band enthaltenen Beiträge gehen auf die von ZUSE gemeinsam mit der Fakultät EPB der Universität Hamburg im März 2011 durchgeführte Tagung „Soziale Netzwerkanalyse und ihr Beitrag zur sozialwissenschaftlichen Forschung" zurück.

2   Annahmen und Entwicklungen der Netzwerkforschung

In den letzten Jahren hat sich die Netzwerkanalyse als eigene Forschungsrichtung in den verschiedenen sozialwissenschaftlichen Fachdisziplinen etabliert. Sowohl in der Soziologie als auch der Psychologie und der Erziehungswissenschaft sind Verflechtungen von unterschiedlichen Individuen, Gruppen (Peers) aber auch Institutionen anhand von Netzwerkanalysen – den jeweiligen Forschungsparadigmen der Fachdisziplinen folgend – in den Blick genommen worden.

Im Wesentlichen können hierbei zwei Herangehensweisen unterschieden werden: Die Analyse von ganzen Netzwerken, also die Analyse aller Verbindungen und Elemente in einem Netzwerk oder die Analyse der Verwobenheit eines Akteurs, einer Gruppe bzw. einer Institution mit seiner Umwelt. Der erste Ansatz setzt voraus, dass alle Elemente bzw. Akteure und deren jeweilige Verbindungen abgrenzbar definiert und damit dann auch als Gesamtnetzwerk betrachtet werden können. Gerade im sozialwissenschaftlichen Bereich können hierbei schnell Probleme auftreten, und zwar dann, wenn es um die Bestimmung aller zu einem Netzwerk gehörenden Personen geht. Demgegenüber bietet die Betrachtung eines Netzwerks von einem bestimmten Akteur aus die Möglichkeit, relevante und notwendige Verbindungen bzw. Relationen für diesen Akteur (der ein Individuum, eine Gruppe (Peer) oder auch eine Institution darstellen kann) in den Blick zu nehmen, definitorische Grenzen zu ziehen und damit das zu betrachtende Netzwerk nicht in extenso zu erweitern. Dies allerdings zu dem Preis, dass möglicherweise die Einbettung des Beobachteten in der Umwelt, und damit ein erweitertes Verständnis des Netzwerks durch externe Beeinflussungen, unberücksichtigt bleiben müssen.

Nach Stubbe, Pietsch und Wendt (2007) bieten die Netzwerkanalysen einen vielversprechenden Ansatz zur Weiterentwicklung sozialwissenschaftlicher Theorien, da durch die Einbettung von Handelnden in einen sozialen Kontext eine wichtige Verbindung von Mikro- und Makrotheorien möglich wird. Menschliches Handeln kann so in Abhängigkeit von den Strukturen, in die ein Akteur eingebettet ist, erklärt werden (Vygotsky, 1978). Neben der Betrachtung (möglichst) vollständiger Netzwerke bzw. der Konzentration auf die Vernetzung von Individuen bietet eine Trennung von Strukturen und Akteuren – nach Vygotsky – zwei theoretisch begründbare Perspektiven, die im Rahmen sozialer Netzwerkanalysen realisiert werden können. Zum einen können Strukturbeziehungen als Ganzes erfasst und analysiert werden. Zudem können neben den Merkmalen von Individuen auch die Qualität und der Inhalt einzelner Beziehungen von Akteuren erfasst werden. Gerade letzteres wird relevant, wenn in Netzwerken Informationsbeschaffung und Wissensaustausch zwischen den Akteuren in das Zentrum der Betrachtung rücken. Damit stellen die Beziehungen, die ein Akteur innehat, für ihn auch den Zugang zu Ressourcen dar. Dieser Gedanke entstammt der Soziologie, in der soziale Kontakte allgemein als potenzielle Zugänge zu Ressourcen charakterisiert werden (Bourdieu, 2010). Coleman (1991) spezifiziert dies durch die Verwendung des Begriffs der soziostrukturellen Ressourcen und beschreibt die Möglichkeit, durch Sozialkapital neue Fähig- und Fertigkeiten zu erlangen. So haben beispielsweise soziale Beziehungen und die damit verbundenen Ressourcen Einfluss auf Werte, Einstellungen und Handlungen (Kriesi, 2007) und Handlungsmöglichkeiten (Jansen, 2000). Auf diese Weise erweitert der Zugang zu Informationen, über den eine Person auf Grund ihres Sozialkapitals verfügt, deren Handlungsgrundlagen (Coleman 1991).

Rehrl & Gruber (2007) konstatieren mit Blick auf das Bildungssystem, dass durch gemeinsame Reflexionen und Austausch auch die Kompetenzen von Lehrkräften gestärkt werden. In diesem Zusammenhang fanden Carmichael, Fox, McCormick, Procter & Honour (2006) heraus, dass besonders intensive Beziehungen den Lehrkräften aus subjektiver Sicht helfen, die Schulleistung im Unterricht zu verbessern und sie vor allem durch ‚schwache' Beziehungen neues Wissen erlangen und weitergeben können. ‚Starke' und

‚schwache' Beziehungen werden im Rahmen von Netzwerkanalysen mit Blick auf Kontakthäufigkeit oder räumliche sowie emotionale Nähe unterschieden (Avenarius, 2010). Eine ‚schwache' Beziehung meint in diesem Zusammenhang viele aber einfach strukturierte Beziehungen.

Damit erweist sich im Kontext erziehungswissenschaftlich geprägter Bildungsforschung die Analyse von Netzwerken als reizvolle Herausforderung.

In den vergangenen Jahren lässt sich auf Grund stetiger Reformbemühungen im Schulsystem und auf der Ebene der Einzelschulen vermehrt die Kooperation von Schulen mit ihrem Umfeld (andere Schulen, Betriebe, Vereine und Verbände, Kindertagesstätten usw.) im Sinne einer Öffnung von Schule beobachten. Zudem gibt es konkrete Vernetzungsprojekte, die insbesondere dazu dienen, Kompetenzen der Lehrkräfte zu erweitern. Aber auch über die Institution der Schule hinaus lässt sich die Vernetzung von Bildungseinrichtungen mit ihrem Umfeld beobachten. Beispielhaft seien hier die in Hamburg durchgeführten regionalen Bildungskonferenzen, das „Rahmenprogramm integrierte Stadtteilentwicklung" oder das Bundes- und Stiftungsprogramm „Lernen vor Ort" genannt. Ziel dieser Projekte ist es, den Kompetenzerwerb der Schülerinnen und Schüler durch die Vernetzung verschiedener „Lernorte" zu fördern.

3   Zu diesem Band

Der vorliegende Band zur Netzwerkanalyse verfolgt das Ziel, Beiträge der im März 2011 durchgeführten Tagung „Soziale Netzwerkanalyse und ihr Beitrag zur sozialwissenschaftlichen Forschung" mit Artikeln weiterer Autorinnen und Autoren systematisch zu bündeln.

Der Band ist in vier Themenblöcke gegliedert: Zunächst wird in die Netzwerkanalyse eingeführt, indem der Begriff des Netzwerks geklärt und die Relevanz von Netzwerkforschung theoriegeleitet dargestellt wird. Daraus leiten sich zwei Lesarten des Netzwerkbegriffs ab: Zum einen handelt es sich bei Netzwerken um Formen konkreter Zusammenarbeit verschiedener Akteure, zum anderen sind damit sozialwissenschaftliche Methoden zur Analyse von Netzwerken gemeint. Um zunächst die Lesart der konkreten Zusammenarbeit zu verdeutlichen, werden im zweiten Themenblock verschiedene Hamburger Vernetzungsprojekte im Bildungsbereich und ihre jeweiligen Zielperspektiven aufgezeigt. Der dritte Block geht auf die sozialwissenschaftliche Methode der Netzwerkanalyse ein. Vorgestellt werden allgemeine Erhebungsmethoden und Auswertungsmöglichkeiten zur Analyse von Netzwerken, insbesondere von egozentrierten Netzwerken. Abschließend werden im vierten Themenblock praktische Anwendungsfelder der Netzwerkanalyse anhand unterschiedlicher Forschungsprojekte vorgestellt. Auf die Ausgestaltung dieser vier Themenblöcke wird im Folgenden detailliert eingegangen.

3.1   Einführung in die Netzwerkforschung

Im Themenblock „Einführung in die Netzwerkforschung" beschreibt Holger von der Lippe in seinem Beitrag „Zur Fundierung einer psychologischen Netzwerkforschung", dass das Verständnis von Netzwerken und der Einsatz von Netzwerkanalysen gerade auch für die Psychologie einen interessanten und auch herausfordernden Ansatz darstel-

len. Er macht deutlich, wie sich in dieser Disziplin das Verständnis von sozial eingebette-
ten Netzwerken entwickelt hat und der Blick auf die Verbindung von zwei Personen
(Dyaden) in den Fokus rückt. Dabei stellt er die Verknüpfung sozialer Netzwerkstrukturen mit psychologischen Individualeffekten heraus.

Nach Stubbe et al. (2007) bietet die Analyse sozialer Netzwerke die Möglichkeit,
nicht nur individuelle Merkmale von Akteuren, sondern auch Beziehungen zwischen
eben diesen zu erheben und zu analysieren. Ihrer Auffassung nach ermöglicht in der Regel erst die Verbindung beider Ansätze die angemessene Beschreibung von sozialen
Wirklichkeiten.

Neben der Unterscheidung verschiedener analytischer Zugänge bei der sozialwissenschaftlichen Netzwerkanalyse im Rahmen der Organisation und Wirkung von Netzwerken können auch unterschiedliche Funktionen von Netzwerken selber zum Gegenstand
von Untersuchungen werden. Gerade auf die oben skizzierten Situationen im Kontext des
Bildungssystems werden verschiedene Anforderungen an soziale Netzwerke deutlich:
Zum einen geht es um die Analyse (Exploration), den Aufbau und die Wirkung (Explanation) von Netzwerken. Zum anderen besteht auch die Möglichkeit, Netzwerke als
Steuerungsinstrumente und als Methode zur Evaluation einzusetzen.

Scheidegger unterscheidet in ihrem Beitrag zum Netzwerkbegriff Netzwerke zum
einen als Mittel institutioneller Steuerung und zum anderen als methodischen Zugang zur
Beschreibung und Analyse von Beziehungsgeflechten. Sie beschreibt Netzwerke als
Möglichkeit zur Handlungskoordination und stellt dabei die gegenseitige Vernetzung von
Individuen in den Vordergrund. Ferner stellt sie die soziale Netzwerkanalyse als Methode zur wissenschaftlichen Erforschung solcher Netzwerke vor, wobei von ihr insbesondere die strukturellen Einbettungen von Akteuren und die daraus erwachsenden Chancen
und Restriktionen in den Blick genommen werden. Scheidegger trennt analytisch die
Konzeption eines deskriptiv-analytischen Netzwerkbegriffs, der sich in erster Linie auf
die Relation von Akteuren bezieht und hierbei die Qualität der Verbindungen ausblendet,
und das Konzept eines normativ-qualitativen Netzwerkbegriffs, das eine Alternative zu
einer hierarchischen und Marktprinzipien folgenden Steuerung qualitativ zu beschreiben
versucht.

3.2 Bildungsnetzwerke in Hamburg

Auch Franke & Wald (2005) stellen die verschiedenen Ebenen eines Netzwerkes dar und
betonen seine Funktion als Theorie (theoretische Ebene), als Form der Zusammenarbeit
(phänomenale Ebene) und als wissenschaftliche Methode (wissenschaftliche Ebene).
Formen der Zusammenarbeit und institutionelle Steuerung werden am Beispiel Hamburger Vernetzungsprojekte im Bildungsbereich dargestellt.

Anna Becker, Jan Behrend, Hans-Werner Schäfer, Romy Stühmeier und Eva Pertzborn stellen in ihrem Beitrag die Hamburger Vernetzungsprojekte „Lernen vor Ort",
„Rahmenprogramm Integrierte Stadtteilentwicklung" und „Regionale Bildungskonferenzen" vor. Im Mittelpunkt dieser Projekte stehen sowohl die Vernetzung von Bildungseinrichtungen in einer Region untereinander als auch die Vernetzung verschiedener Behörden. Die Autorinnen und Autoren gehen auf die verschiedenen Vernetzungsebenen sowie
auf die Herausforderungen beim Aufbau von Netzwerken in „versäulten" Behördenstruk-

turen ein. Sie zeigen auf, wie Netzwerke in hierarchisch angelegten Verwaltungen konstruiert sein können und beschreiben den aktuellen Stand der Vernetzungsbemühungen. Deutlich wird dabei die hohe Komplexität bei der Umsetzung einer (stadt-)staatlichen Vernetzungsstrategie.

Dieter Bensmann geht in seinem Beitrag auf Aspekte des Netzwerkmanagements ein. Er stellt Methoden und Instrumentarien zur Netzwerksteuerung vor. Anhand des Praxisbeispiels „Ganztagsschulkoordinatoren in Hamburg" leitet er wesentliche Handlungsfelder des Netzwerkmanagements ab und gibt Hinweise, wie Netzwerke erfolgreich gesteuert werden können.

3.3   Methoden der Netzwerkforschung

In den zuvor vorgestellten Themenblöcken wurde der Netzwerkbegriff theoretisch und auf der phänomenalen Ebene betrachtet. In diesem Themenblock werden Netzwerkanalysen und die jeweils angewandten Methoden vorgestellt.

Fasst man die Ziele, die mit Schulnetzwerken verbunden sind, aus der Literatur zur Schul- und Bildungsforschung zusammen, so lassen sich zur Begründung der Initiierung bzw. der Organisation von Netzwerken insbesondere der Wissensaustausch, die Weiterentwicklung vorhandener Best Practices, Lern- und Veränderungsprozesse, selbstgesteuertes Arbeiten sowie Schulprogrammentwicklung nennen (u.a. Berkemeyer, Bos, Manitius & Müthing, 2008; Czerwanski, Hameyer & Rolff, 2002). Letztendlich sind mit dem Aufbau solcher Netzwerke eine Professionalisierung der am Netzwerk beteiligten Lehrerinnen und Lehrer und folglich auch die Entwicklung der Einzelschule als übergeordnetes Ziel verbunden. Der Aufbau und die Funktion solcher Netzwerke und damit auch die Erfüllung der damit verbundenen Ziele sind bisher nur selten mit Methoden der sozialen Netzwerkanalyse untersucht worden.

Für die Analyse von Verbindungen bzw. Verflechtungen werden, wie oben bereits ausgeführt, im Wesentlichen zwei Ansätze unterschieden: Die Erhebung, Analyse und Auswertung von Gesamtnetzwerken bzw. von egozentrierten Netzwerken. Schnegg & Lang (2002) führen zur methodischen Umsetzung dieser Ansätze aus:

> In beiden Fällen legt man sich zunächst darauf fest, eine bestimmte Menge von Akteuren und bestimmte Arten von Beziehungen zwischen Akteuren zu untersuchen. Bei der Untersuchung von Gesamtnetzwerken ermittelt man zu jedem Akteur, ob Beziehungen zu jedem anderen Akteur der untersuchten Menge bestehen oder nicht. Bei den persönlichen Netzwerken hingegen stellt man für jeden Akteur […] fest, mit welchen Akteuren Beziehungen der vorgegebenen Art bestehen. Bei der Untersuchung von persönlichen Netzwerken kann man demnach auf Akteure stoßen, die nicht zur untersuchten Ausgangsmenge gehören. Bei der Untersuchung von Gesamtnetzwerken hingegen werden Beziehungen außerhalb der untersuchten Menge nicht berücksichtigt. Die beiden Netzwerkarten unterscheiden sich demnach in der Strategie der Datenerhebung, und sie unterscheiden sich auch in der Auswertung […] (Schnegg & Lang, 2002, S. 7).

Bei der Analyse von Gesamtnetzwerken geht es also darum, ein vollständiges Netzwerk von Akteuren zu untersuchen, dessen Grenzen über die Forscherperspektive definiert werden. Dabei kann es sich zum Beispiel um eine ganze Schulklasse oder das Kollegium einer Schule handeln. So werden Aussagen über die Beziehungen und deren Strukturen der gesamten Gruppe möglich. Auf der Ebene des Netzwerks kann ermittelt werden, ob sich bestimmte Hierarchisierungsebenen feststellen lassen (Zentralität), wie engmaschig das Netzwerk ist (Dichte), wie intensiv die Beziehungen sind (Stärke der Beziehungen), ob es sich um wechselseitige Beziehungen handelt (Reziprozität) und inwiefern die Beziehung zu einem Akteur in einem oder auch in mehreren Kontexten (bspw. Ratsuche und gemeinsame Freizeitgestaltung) besteht (Multiplexität). Gleichzeitig werden Nähe und Distanz verschiedener Akteure zueinander untersucht (Verbundenheit), worüber sich definierte Teilgruppen ableiten lassen (Trappman, Hummell & Sodeur, 2005). Die Erhebung der Daten erfolgt in der Regel über eine Liste aller zum Netzwerk gehörenden Akteure, bei denen die Art der Beziehungen erfragt wird. Bei egozentrierten Netzwerken werden nur die Beziehungen einzelner Akteure untersucht, um Aussagen über deren Qualität und Inhalt machen zu können. Der soziale Kontext, in den der Akteur eingebunden ist, wird aus seiner subjektiven Sicht untersucht. Im Gegensatz dazu wird bei Gesamtnetzwerken jeweils nur ein vom Forscher vorab definiertes Set von Akteuren, zum Beispiel eine Schulklasse oder das Kollegium eines Unternehmens, analysiert. Akteure, mit denen die Beteiligten darüber hinaus in Kontakt stehen, bleiben unerforscht. Die egozentrierte Netzwerkanalyse ermöglicht, eben diese Kontakte sowie somit den sozialen Kontext einer Person zu erfassen und zu analysieren.

Auch in der Bildungsforschung kristallisiert sich die Bedeutung der egozentrierten Netzwerkanalyse heraus. Die Relevanz von Schulnetzwerken wurde in der Literatur mehrfach belegt. Gleichzeitig sprechen Forschungsbefunde dafür, dass nicht ausschließlich die Tatsache der Vernetzung bedeutsam für die Zielerreichung eines Vernetzungsvorhabens ist, sondern vor allem die wahrgenommene Verwobenheit der einzelnen Akteure in dieses Netzwerk (Scheidegger, in diesem Band) und die Zufriedenheit mit eben jenen Strukturen (Bruns, in diesem Band) im Vordergrund steht. Da diese Aspekte mit der Analyse von Gesamtnetzwerken nicht erfasst werden (können), bietet sich hier eine egozentrierte Netzwerkanalyse besonders an. Gelingensbedingungen von Schulnetzwerken und ihrer Steuerung können so akteursbezogen identifiziert werden.

Sydow & Windeler (1994) sprechen der Steuerung von interorganisationalen Prozessen vier Funktionen zu, und zwar die Netzwerkzusammenstellung (Selektion), die Gestaltung der Beziehungen (Regulation), die Verteilung von Aufgaben und Wissen (Allokation) sowie die Reflektion der Netzwerktätigkeiten (Evaluation). Diese vier Bereiche wurden mittlerweile auf den Bildungsbereich im Kontext der Steuerung von Schulnetzwerken von Otto, Sendzik & Bos (2011) übertragen und ergänzt (beziehungsspezifische Aufgaben sowie querschnittliche Tätigkeiten wie Veranstaltungsmanagement und Öffentlichkeitsarbeit). Eine egozentrierte Netzwerkanalyse würde an dieser Stelle ermöglichen, die Einbettung der beteiligten Akteure in die verschiedenen Steuerungsebenen zu untersuchen und darüber hinaus auch die wahrgenommene Qualität – zum Beispiel anhand der Beziehungsstärke – zu evaluieren. Sind zum Beispiel bei der Ebene der Regulation und Allokation eher starke oder schwache Beziehungen von Vorteil? Ist es für das Veranstaltungsmanagement notwendig, dass jeder jeden kennt (Stichwort Dichte), oder reichen geringere, aber dafür intensivere Kontakte aus? Und inwiefern nehmen die Beteiligten eine Be- oder Entlastung und einen Mehrwert – Aspekte, die in jedem Fall neben Netzwerkmaßen in einem Fragebogen erhoben werden sollten – durch das Management der Netzwerkbeziehungen und auch generell durch die Teilnahme an einem Netzwerk wahr?

Neben den beschriebenen Perspektiven, die die Netzwerkanalyse für die Theoriebildung in den Sozialwissenschaften bietet, weist auch ein von den üblichen empirischen Ansätzen abweichender methodologischer Grundgedanke auf eine Besonderheit bei der sozialen Netzwerkanalyse hin. Im Rahmen quantitativer sozialwissenschaftlicher Analysen werden die vorliegenden Informationen üblicherweise als Tabellen aus Fällen und Variablen dokumentiert. Der Analyse von Netzwerken liegen hingegen Tabellen zugrunde, in denen sowohl in den Zeilen als auch in den Spalten die Fälle (Akteure) aufgeführt und in den Zellen Merkmale zu deren Beziehungen beschrieben werden. Hierdurch wird es nach Stubbe (in diesem Band) möglich, Beziehungen in Zusammenhang zu individuellen Merkmalen zu analysieren.

Der Beschreibung von Methoden der Erhebung, Auswertung, Interpretation und Visualisierung von Netzwerkdaten dienen drei Beiträge. Im Fokus steht hierbei die egozentrierte Netzwerkanalyse. Um jedoch den speziellen Erkenntnisgewinn egozentrierter Netzwerkanalyse verdeutlichen zu können, geben Hummell und Sodeur zunächst einen beispielhaften Überblick über Methoden der Gesamtnetzwerkanalyse.

Sie stellen den Triadenzensus als Index zur Strukturbeschreibung von triadischen Beziehungen innerhalb eines definierten Beziehungsnetzes dar. Dabei steht vor allem der Zusammenhang zwischen der Struktur des gesamten Netzwerkes und der Konstellation der triadischen Beziehungen im Vordergrund. Zur Veranschaulichung werden Daten des European Song Contest von 2010 und 2011 herangezogen und analysiert. Bei dem Beitrag handelt es sich um eine ausgewählte, spezielle Analyseebene von Gesamtnetzwerken, die sich mit Teilgruppen innerhalb eines Netzwerkes beschäftigt.

Herz gibt einen umfassenden Überblick über die Erhebung und Analyse egozentrierter Netzwerke. Da es hierbei kein definiertes Set von Akteuren gibt und die Informationen von Ego allein stammen, sind mit der Datenerhebung besondere Herausforderungen verbunden. In dem Beitrag wird dargestellt, welche Punkte bei der Datenerhebung zu beachten sind und welche Möglichkeiten sich zur Datenorganisation anbieten. Am Beispiel des Statistikprogramms SPSS werden beispielhafte Syntaxbefehle zur Berechnung von Netzwerkmaßen wie Dichte und Multiplexität vorgestellt. Zusätzlich werden diese Maße interpretiert.

Gamper und Kronenwett stellen in ihrem Beitrag eine spezielle Form der Datenerhebung, Darstellung und Analyse egozentrierter Netzwerke mittels digitaler Netzwerkkarten am Beispiel der Software VennMaker dar. Anhand der Kombination von Interview und direkter Visualisierung durch den Befragten in der Erhebungssituation, ist bei der Analyse eine Zusammenführung qualitativer und quantitativer Daten möglich, da beispielsweise die Positionen von Akteuren in statistische Kennwerte überführt werden können.

3.4 Netzwerkanalysen in der Forschung

Insgesamt steht ein breites methodisches Repertoire zur Verfügung, um egozentrierte Netzwerke zu untersuchen. In den Beiträgen des vierten Themenblocks zu den praktischen Anwendungen von Netzwerkanalysen in der Forschung, kommen verschiedene Erhebungsverfahren zum Einsatz. Hierzu zählen Fragebögen sowie Netzwerkkarten, Daten aus öffentlich zugänglichen Quellen, Einzel- und Gruppeninterviews, Sitzungsprotokolle, Bewerbungsunterlagen sowie die teilnehmende Beobachtung. Auch die Auswertungsverfahren gestalten sich vielfältig und sind je nach Forschungsfrage auszuwählen. So können im Falle einer zum Forschungsfeld gehörenden Theorie Methoden der qualitativen Inhaltsanalyse mit sowohl deduktiven als auch induktiven Kategorien eingesetzt werden. Wenn das Feld noch eher wenig beforscht und theoretisch erschlossen ist, können Ansätze der Grounded Theory angewendet werden. Die quantitativ angelegten Beiträge dieses Themenblocks integrieren die Netzwerkmaße wie Größe, Dichte, Homo- bzw. Heterogenität oder Multiplexität in gängige statistische Methoden und führen Mittelwertvergleiche, Clusteranalysen oder Regressionsanalysen durch. Zudem wird im methodischen Themenblock die Möglichkeit der Modellierung von Mehrebenenanalysen angesprochen.

Die zu diesem Themenblock gehörenden Beiträge wurden von Tobias Stubbe im Rahmen der Tagung moderiert sowie für diesen Band zusammengefasst und kommentiert. Daher verzichten wir an dieser Stelle auf eine gesonderte Darstellung der Beiträge und verweisen auf seinen Beitrag in diesem Band.

4 Schlussbemerkung

Wir möchten uns bei allen Beteiligten bedanken, die mit ihren Fachvorträgen, Dokumentationen, Präsentationen und selbstverständlich nicht zuletzt durch ihre regen Diskussionen die Fachtagung so anregend und fruchtbar gemacht haben. Außerdem danken wir besonders Katarina Busch und Heike Poppendieker für die Unterstützung bei der Gestaltung dieses Bandes.

Literatur

Avenarius, C. B. (2010). Starke und Schwache Beziehungen. In C. Stegbauer & R. Häußling (Hrsg.), *Handbuch Netzwerkforschung* (S. 99–111). Wiesbaden: VS Verlag für Sozialwissenschaften.

Berkemeyer, N., Bos, W., Manitius, V. & Müthing, K. (Hrsg.). (2008). *Unterrichtsentwicklung in Netzwerken: Konzeptionen, Befunde, Perspektiven.* Netzwerke im Bildungsbereich. Bd. 1. Münster: Waxmann.

Bourdieu, P. (2010). *Die feinen Unterschiede: Kritik der gesellschaftlichen Urteilskraft.* Frankfurt a.M.: Suhrkamp.

Carmichael, P., Fox, A., McCormick, R., Procter, R. & Honour, L. (2006). Teachers' networks in and out of school. *Research Papers in Education, 21,* 217–234.

Coleman, J. S. (1991). *Grundlagen der Sozialtheorie.* Handlungen und Handlungssysteme: Bd. 1. München: Oldenbourg.

Czerwanski, A., Hameyer, U. & Rolff, H.-G. (2002). Schulentwicklung im Netzwerk: Ergebnisse einer empirischen Nutzenanalyse von zwei Schulnetzwerken. In H.-G. Rolff, H.-G. Holtappels, K. Klemm, H. Pfeiffer & R. Schulz-Zander (Hrsg.), *Jahrbuch der Schulentwicklung* (S. 99–130). Weinheim: Juventa.

Franke, K. & Wald, A. (2005). Möglichkeiten der Triangulation quantitativer und qualitativer Methoden in der Netzwerkanalyse. In B. Hollstein & F. Straus (Hrsg.), *Qualitative Netzwerkanalyse. Konzepte, Methoden, Anwendungen* (S. 153–176). Wiesbaden: VS Verlag für Sozialwissenschaften.

Jansen, D. (2000). Netzwerke und soziales Kapital: Methoden zur Analyse struktureller Einbettung. In J. Weyer (Hrsg.), *Soziale Netzwerke. Konzepte und Methoden der sozialwissenschaftlichen Netzwerkforschung* (S. 35–62). München: Oldenbourg.

Kriesi, H. (2007). Sozialkapital. Eine Einführung. In A. Franzen & M. Freitag (Hrsg.), *Sozialkapital. Grundlagen und Anwendungen* (S. 23–46). Wiesbaden: VS Verlag für Sozialwissenschaften.

Otto, J., Sendzik, N. & Bos, W. (2011). *Schulen im Team – Transferregion Dortmund: Kommunales Management interschulischer Netzwerke.* Vortrag im Rahmen der Kommission Bildungsorganisation, Bildungsplanung, Bildungsrecht, Bayreuth.

Rehrl, M. & Gruber, H. (2007). Netzwerkanalysen in der Pädagogik: Ein Überblick über Methode und Anwendung. *Zeitschrift für Pädagogik, 53* (2), 243–264.

Schnegg, M. & Lang, H. (2002). *Netzwerkanalyse: Eine praxisorientierte Einführung.* Verfügbar unter: http://www.methoden-der-ethnographie.de/heft1/Netzwerkanalyse.pdf [11.04.2011].

Stubbe, T. C., Pietsch, M. & Wendt, H. (2007). Netze an Hamburger Grundschulen. In W. Bos, C. Gröhlich & M. Pietsch (Hrsg.), *KESS 4 – Lehr- und Lernbedingungen in Hamburger Grundschulen* (HANSE Hamburger Schriften zur Qualität im Bildungswesen, S. 71–102). Münster: Waxmann.

Sydow, J. & Windeler, A. (1994). Über Netzwerke, virtuelle Integration und Interorganisationsbeziehungen. In J. Sydow & A. Windeler (Hrsg.), *Management interorganisationaler Beziehungen. Vertrauen, Kontrolle und Informationstechnik.* (S. 1–21). Opladen: Westdeutscher Verlag.

Trappmann, M., Hummell, H. J. & Sodeur, W. (2005). *Strukturanalyse sozialer Netzwerke: Konzepte, Modelle, Methoden.* Wiesbaden: VS Verlag für Sozialwissenschaften.

Vygotsky, L.S. (1978). *Mind in society: The development of higher psychological processes.* Cambridge: Harvard University Press.

Holger von der Lippe

Zur Fundierung einer psychologischen Netzwerkforschung

1 Einleitung

Zweifelsohne spielt die Psychologie im interdisziplinären Konzert der „sozialen Netzwerkforschung" bislang keines der vorderen Instrumente (Laireiter, 2009). Von einigen vereinzelten Beiträgen abgesehen hat der Netzwerkbegriff in seiner vollumfänglichen Bedeutung (siehe hierzu etwa Scheidegger, in diesem Band) kaum Eingang in eine der psychologischen Subdisziplinen gefunden. Dies ist, obgleich aus der historischen Entwicklung durchaus nachvollziehbar, dennoch einigermaßen verwunderlich, stehen zwischenmenschliche Beziehungen doch von jeher im Fokus der Sozial-, Entwicklungs- und Pädagogischen Psychologie sowie der Psychotherapie. Im letztgenannten Bereich ist das „Management simultaner Beziehungswelten" (Williamson, zit. n. Reis, Eisermann & Meyer-Probst, 2003, S. 126) sogar ein explizites Ziel. Hier besteht derzeit also deutliches Entwicklungspotential, vor allem für die genannten Teilbereiche der Psychologie, welches in der Literatur z.T. auch bereits als solches beschrieben ist (Bauer & Otto, 2005; Lang, 2005).

Dieser Beitrag[1] möchte von der hier noch recht groben Diagnose ausgehend und vornehmlich aus der Perspektive der Entwicklungs- und Pädagogischen Psychologie zweierlei leisten. Das erste Ziel soll als Übersetzungsziel bezeichnet werden. Damit ist gemeint, dass es für die häufig geforderte Interdisziplinarität in der sozialen Netzwerkforschung auch für andere Disziplinen nicht unbedeutend sein könnte, die spezifische Sichtweise der Psychologie auf das Konstrukt „soziale Netzwerke" nachzuvollziehen. Diesem Ziel widmen sich vor allem Abschnitt 2, in welchem das Problem der Beziehungsnetze zunächst exemplarisch eingeführt wird, und Abschnitt 3, der zeigt, dass – und aus welchen Gründen – es auch einen intra-disziplinären Ruf nach (mehr) Netzwerkforschung gibt.

Das zweite Ziel dieses Beitrags soll hier als Inspirationsziel bezeichnet werden. Denn es ist vorstellbar, dass der, zugegeben, sehr spezifische Blick der Entwicklungs- und Pädagogischen Psychologie auf das Thema durchaus auch für Forscher anderer Disziplinen als anregend erlebt werden kann, hier und dort einige Aspekte mit Profit für sich zu adaptieren. Diesem Ziel widmet sich zunächst Abschnitt 4, der drei bereits erfolgreich eingesetzte, Netzwerk-nahe Konzeptionen speziell der Entwicklungs- und Pädagogischen Psychologie vorstellt, bevor in Abschnitt 5 neuere theoretische Entwicklungen und methodische Konzeptionen hinsichtlich ihres Potentials für die Fundierung einer psychologischen Netzwerkforschung diskutiert werden. Der Beitrag schließt in Abschnitt 6 mit

---

[1] Der Beitrag geht auf einen Vortrag auf der Tagung „Soziale Netzwerkforschung" des Zentrums zur Unterstützung der wissenschaftlichen Begleitung und Erforschung schulischer Entwicklungsprozesse (ZUSE) in Hamburg zurück. Ich danke den Organisatoren der Tagung und Herausgebern dieses Bandes sowie Urs Fuhrer für hilfreiche Kommentare zu einer früheren Fassung.

dem Versuch einer Konklusion und einem Ausblick auf mögliche Entwicklungslinien psychologischer Netzwerkforschung.

Die hier eingenommene Perspektive der Entwicklungs- und Pädagogischen Psychologie erklärt sich dabei zum einen aus der Expertise des Autors, zum anderen aber auch aus der Zielrichtung des Sammelbandes. Denn bei der Arbeit im schulischen Kontext spielen (z.B. für Schulpsychologen oder andere Beteiligte) häufig Fragen nach individuellen Veränderungen beispielsweise von Schülern, Lehrern oder Familien über die Zeit eine gewichtige Rolle: ein klassisches Thema der Entwicklungspsychologie (siehe etwa Fleischer, Grewe, Jötten, Seifried & Sieland, 2007). Aber auch Kenntnisse über die Bedingungen einer positiven, gezielten und nachhaltigen Beeinflussung etwa dieser Personengruppen, wie sie die Pädagogische Psychologie behandelt, sind hier von besonderer Relevanz (z.B. Woolfolk, 2008). Leser und Leserinnen mit Interesse an diesen inhaltlichen Bezugspunkten sollen sich durch diesen Beitrag ebenso angesprochen fühlen.

2   Soziale Netzwerke: ein sperriges Konstrukt für die Entwicklungs- und Pädagogische Psychologie

Definiert man vorab die Entwicklungs- und die Pädagogische Psychologie als die Wissenschaften von der Veränderung individuellen Erlebens und Verhaltens über die Lebensspanne (Montada, 2008) bzw. von der gezielten Veränderung individuellen Erlebens und Verhaltens (Woolfolk, 2008), so wird leicht verständlich, warum beide Subdisziplinen in ihrer historischen Entwicklung im individuellen Lebenslauf zunächst sehr früh angesetzt hatten. In beiden ging es in ihrer Gründungszeit fast ausschließlich um Kindheit und Jugend von Individuen. Beim Blick auf die sozialen Beziehungen von Kindern und Jugendlichen standen dabei besonders Dyaden (Zweierbeziehungen) im Zentrum der Betrachtung. Vor allem die Mutter-Kind-Beziehung wurde in frühen psychoanalytischen Sichtweisen und den daran anschließenden Folgekonzeptionen als fundamental für die individuelle Entwicklung und ihre Veränderungsmöglichkeiten (z.B. in der Therapie) beschrieben.

Als ein von den ersten (psychoanalytischen) Beziehungstheorien bis in die heutige Zeit stark entwickelter Strang der theoretischen wie empirischen Beschäftigung mit zwischenmenschlichen Beziehungen lässt sich für die Entwicklungspsychologie die Bindungsforschung ausmachen (für eine Übersicht siehe etwa Fuhrer, 2008; Rauh, 2008). Ausgangspunkt dieser Forschungsrichtung ist – stark verkürzt formuliert – die Sichtweise, dass individuell bedeutsame persönliche Beziehungen nach der Kindheit vor dem Hintergrund sogenannter inner working models von Beziehung, die meist von den kindlichen Erfahrungen mit der Mutter herrühren, reguliert werden. Bischof (2009) hat diese Perspektive unlängst pointiert beschrieben:

> Die motivationspsychologische Plattform, von der aus die Bindungstheorie argumentiert, ist bemerkenswert eng. [...] Eigentlich kennt man hier nur ein einziges Grundmuster des Sozialverhaltens, [...] Bindung erscheint als ein homogene[r Zustand] [...], [dem] im Laufe der Lebensspanne mehr und mehr Objekte einverleibt werden (Bischof, 2009, S. 417f.).

Die Bindung an die Mitglieder der Herkunftsfamilie, besonders an die Mutter, wird in dieser Konzeption als primäre Bindung bezeichnet; die sekundäre Bindung bezeichnet, „durch diverse Freundschaften vorbereitet" (S. 417), die Beziehung an den Geschlechtspartner; die tertiäre Bindung dann jene an die eigenen Kinder, welche somit quasi komplementär zur primären Bindung, mit dieser durch eine „spezielle Pflegemotivation verknüpft" (ebd.), erscheint.

Bischof (2009) macht in diesen Ausführungen gleichzeitig deutlich, wie schwierig es für die in der Bindungsforschung sozialisierten Entwicklungspsychologen ist, den Transfer dieser internen Arbeitsmodelle auf andere als die genannten dyadischen Beziehungen konzeptuell zu fassen. Denn „[w]enn wir [...] einen Blick auf den Stand der psychologischen Theoriebildung zu den [...] angesprochenen Themen [er meint individuelle Beziehungsgestaltung; HvdL] werfen, so werden wir mit einer ziemlich unübersichtlichen Situation konfrontiert" (S. 435). Die Psychologie der persönlichen Beziehungsgestaltung werde unter solch unterschiedlichen Begriffen wie Bindung, Intimität oder Affiliation (und einigen anderen mehr) behandelt, deren wechselseitige Einordnung sich häufig schwierig gestalte und die oft zu vage formuliert seien, um hinreichend gegeneinander abgrenzbar zu sein (S. 436). Bisherige Ordnungsversuche, so die kritische Einschätzung des Autors, „[tragen] wenig zur Klärung der Verhältnisse [bei]" (S. 437).

Denkt man also bei den für die psychologische Netzwerkforschung virulenten Fragen der allgemeinen psychischen Mechanismen der persönlichen Beziehungsgestaltung (dies wird auch als *Beziehungsregulation* bezeichnet, siehe Lang, Reschke & Neyer, 2006), wird angesichts der Aussagen und Befunde der die Beziehungsforschung dominierenden Bindungstheorie und ihrer Nachbar- und Nachfolgemodelle[2] unmittelbar einsichtig, dass alle Forschungsthemen, die über spezifische dyadische Beziehungsformen hinaus führen, für die Entwicklungs- und Pädagogische Psychologie zunächst einmal etwas unbehagliches Terrain sein müssen. Denn die Frage, ob man an sein oder in seinem Netzwerk „gebunden" sein kann oder nicht (ähnlich wie an die Mutter?), mag hier als wenig sinnvoll erscheinen. Es wäre an dieser Stelle sicher einiges mehr über „Bindung" als grundlegender Mechanismus für das individuelle Denken, Fühlen oder Selbstbewusstsein zu sagen, auch wären alternative Konzeptionen in der Psychologie sicher grundlegend zu diskutieren; all dies kann und soll hier jedoch aus Darstellungsgründen nicht weiter vertieft werden.

Stattdessen möchte ich auf eine etwas jüngere Konzeption eingehen, welche die zentrale Bedeutung dyadischer Beziehungen für die individuelle Entwicklung ebenso in sich beinhaltet, aber diese zugleich – behutsam – in einen größeren Zusammenhang zu stellen sucht. Diese Konzeption steht hier quasi als pars pro toto für eine Reihe von zunächst randständigen, inzwischen aber zunehmend akzeptierten systemischen Sichtweisen auf individuelle Entwicklung. Anhand dieses Beispiels möchte ich das für die genannten

---

2 Beispielsweise kann hier nicht weiter auf die sogenannte Individuationstheorie eingegangen werden (Youniss, 1985; Buhl, 2008), die sich – grob gesagt – damit befasst, wie dem Heranwachsenden später die notwendige Lösung aus der Bindung an die Eltern, besonders vermittelt über Erfahrungen mit Freundschaften, gut gelingen kann. Dieser Theorie fällt der Transfer auf andere Beziehungen im Netzwerk (etwa auf Partnerschafts- oder Kollegenbeziehungen) aber ebenfalls meist schwer (vergleiche aber Buhl, 2009), so dass das exemplarisch für die Bindungstheorie Gesagte ganz ähnlich gilt.

Subdisziplinen so charakteristische, schwierige und anspruchsvolle Ringen um die theoretische Erweiterung hergebrachter Beziehungskonzepte verständlich machen.

Die systemische Sichtweise besagt, dass nicht nur die Mutter-Kind-Beziehung, sondern das ganze „System Familie" für die psychische Entwicklung von Individuen eine basale Bedeutung besitze (Kerr & Bowen, 1988; McGoldrick, Gerson & Petry, 2008). Schneewind (2010) hat hierzu vor einiger Zeit das Integrative Systemmodell vorgeschlagen, welches die zentralen Gedanken verschiedener anderer Familientheorien in sich vereint[3]. Schneewind gibt im Rahmen dieses allgemeinen Modells der Familienentwicklung zu bedenken, dass eben dieses Hinausgehen über das Dyadische beileibe nicht unproblematisch für die hergebrachte Entwicklungspsychologie sei; denn „[o]bwohl dies grundsätzlich eine einleuchtende Idee ist, stellt sich bei genauerer Betrachtung heraus, dass die Dinge ein bisschen komplizierter sind als angenommen" (S. 234f.).

Für die Entwicklungspsychologie reiche es Schneewind zufolge nämlich beileibe nicht aus, die Dyade (n = 2) einfach um einige Personen zu erweitern (am Beispiel einer Kleinfamilie mit einem Sohn und einer Tochter: n = 4) und die hergebrachten Theorien und Methoden einfach auf diese Erweiterung anzuwenden. Denn um eine solche Familie vollständig zu beschreiben, hätte man es in der Familiendiagnostik und -therapie, aber auch in der Familienforschung unweigerlich und grundsätzlich immer mit vier Monaden (Einzelpersonen), sechs Dyaden (Zweierbeziehungen, z.B. Mutter-Sohn, Mutter-Tochter usw.), vier Triaden (Dreierkonstellationen, z.B. die Geschwister mit der Mutter usw.) und einer Tetrade (der Gesamtfamilie) zu tun; somit mit insgesamt 15 Forschungsobjekten. Zu alledem sei zusätzlich zu bedenken,

> dass die Gruppierung von Familienmitgliedern innerhalb des Familiensystems noch nicht die Beziehungen [...] zu außerfamilialen Systemen [...] einschließt […] Trotz der Bedeutung dieses Aspekts gibt es nur wenige diagnostische Verfahren, die umfassend darüber informieren, wie sich die Familie mit der äußeren Welt in Beziehung setzt (S. 235, 237).

Dieses hier stark verkürzt dargestellte Beispiel mag als Illustration dafür genügen, wie hoch reflektiert und vorsichtig sich die Disziplin bemüht, ihr hergebrachtes, klassisch bindungstheoretisch-dyadisches Denken behutsam zu erweitern. Für das genannte wie für alle trans-dyadischen Modelle psychischer Entwicklung gilt derzeit sicher noch: further research is needed.

Diese beiden einführenden, knappen Illustrationen sollen einige Gründe verdeutlicht haben, warum ein so komplexes Gebilde wie soziale Netzwerke für die Entwicklungs- und Pädagogische Psychologie zunächst einmal ein sperriges und schwieriges, in jedem Fall aber nicht direkt zugängliches oder integrierbares Konzept darstellen muss. Gleichwohl gibt es seit nunmehr wenigstens 20 Jahren immer wieder Beschäftigungen und Plädoyers aus der Psychologie, sich dieses Konzeptes eingehender anzunehmen. Exem-

---

3 Namentlich Modelle wie sie verschiedene Familienentwicklungs- oder Familienstresstheorien entwickelt haben (für einen Überblick siehe Oerter & Montada, 2008). Den grundlegenden Anstoß für die akademische Entwicklungspsychologie, den Kontext des Einzelnen stärker zu fokussieren, muss man historisch sicher im ökologischen Entwicklungsmodell Bronfenbrenners (Bronfenbrenner, 1981) oder im entwicklungspsychologischen Kontextualismus Lerners (Lerner & Busch-Rossnagel, 1981) verorten.

plarisch dafür sollen im folgenden Abschnitt die zentralen Argumente von Keul (1993), Asendorpf und Banse (2000) sowie Robins und Kashima (2008) in chronologischer Folge ihres Erscheinens vorgestellt werden.

3 Der disziplinäre „call for action" für eine psychologische Netzwerkforschung: ein Einblick

Die wohl erste umfassende Beschäftigung mit sozialen Netzwerken in der deutschsprachigen Psychologie war der 1993 von Laireiter herausgegebene Band „Soziales Netzwerk und soziale Unterstützung". Der Band stellte eine wichtige Scharnierpublikation dar, die dazu hätte führen können, dass sich auch die (deutschsprachige) Psychologie von dem ihr vertrauten und auch heute weit verbreiteten Konstrukt der „sozialen Unterstützung" hin zu einer differenzierteren Beschäftigung mit Netzwerken hätte weiterbewegen können[4]. In seinem kritischen Übersichtsbeitrag hielt Keul (1993) in diesem Band fest:

> Bei einem stark wachsenden Publikationsausstoß [...] sollten ,Soziale Netzwerke' erkenntnistheoretisch fest verankert sein. Das Gegenteil ist der Fall, [...] theoretische Reflexionen [...] [sind] die Ausnahme. [...] Das rächt sich – so lieferte die bekannteste empirische Netzwerkstudie, die Ehepaaruntersuchung von Bott (1957), keine replizierbaren Resultate [...] Die Chance, von Anfang an klare Verhältnisse zu schaffen [...], war vertan worden (S. 45ff.).

Von Keul werden Klagen von seinerzeit führenden Netzwerkforschern als weitere Belege für seine Diagnose angeführt. So stelle Granovetter (zit. n. Keul, 1993) fortwährend den theoretischen Unterbau für Netzwerk-Modelle und -Analysen in Frage, und Rogers und Kinkaid charakterisierten die vorliegende Netzwerkliteratur als „übermathematisiert und verwirrend in Terminologie und Konzepten. Wir kennen einen Gelehrten, der sich im Büro ein Schild an die Wand hängte: Netzwerkanalyse ist die Antwort, aber was war die Frage?" (S. 48f.). Der Sozialpsychologe Keupp kennzeichne das soziale Netzwerk knapp als „dürres Konzept mit der Last der großen Hoffnungen" (S. 49). Somit sei laut Keul zum Stand der (damaligen) Forschung zu folgern, dass Netzwerke aus psychologischer Sicht gerade kein Paradigma, d.h. keine charakteristische Kombination aus Ontologie, Erkenntnistheorie und Methodologie darstellten. Man kann sich fragen, ob diese Einschätzung heute zu einem anderen Ergebnis käme.

Nun skizzierte Keul (1993) seinerzeit aber auch klare Hoffnungen und Perspektiven für die Psychologie, welche die Disziplin dazu ermutigen sollten, sich stärker auf das Netzwerkkonzept einzulassen, und die auch heute noch Gültigkeit besitzen. Denn erstens machten es Netzwerke dem Autor zufolge in besonderer Weise möglich, die zwei Seiten

---

4 Soziale Unterstützung wird in der Psychologie meist als die subjektive Wahrnehmung definiert, im Bedarfsfall Unterstützung aus dem sozialen Umfeld zu erhalten (wahrgenommene Unterstützung) bzw. potentiell erhalten zu können (antizipierte Unterstützung). Sie wird über Verfahren der kognitiven Einstellungsmessung (z.B. klassische Fragebögen) erhoben, in denen Items wie etwa „Ich kenne Leute, die mir im Notfall 20 Euro leihen würden" oder „Es gibt Personen, die mich verstehen" enthalten sind. Die Relevanz dieser Einstellungen für viele Bereiche der psychischen Entwicklung kann als belegt gelten (siehe für einen Überblick die Studienübersicht bei Fydrich, Sommer & Brähler, 2007, S. 50ff.).

von „Individuum in Beziehung" empirisch wie theoretisch abzubilden: sowohl die Ein-
wirkung anderer auf das Individuum (klassisch: Unterstützung, Sozialkapital, soziale
Normen) als auch die Einwirkung des Individuums auf seine Beziehungen (z.B. als
Initiator und Gestalter dieser Beziehungen). Und zweitens, so Keul, werde durch die
Verknüpfung strukturell-funktionalistischer Aspekte mit den subjektiv-interpretativen
Aspekten sozialer Einbettung eine stärkere und wünschenswerte Integration von bis dato
unverbundenen Methoden nahegelegt und gefördert. Denn „Netzwerkparameter stehen
für ,aus Gefühlen und Erfahrungen [...] bestehende Netze'" (S. 53), zitiert er den Klassi-
ker Moreno, und hierdurch seien Sozial-, Umwelt- und tiefenpsychologische Ansätze
sowie quantitative wie qualitative Methoden als integrative Partner besonders gefragt und
gefordert.

In der sieben Jahre später von Asendorpf und Banse (2000) publizierten und seitdem
einschlägigen Einführung in die psychologische Beziehungstheorie und -forschung wird
der Netzwerkbegriff an prominenter Stelle und in adäquatem Rang mit anderen Bezie-
hungsparadigmen in die Psychologie eingeführt. Gleichwohl in einer Form, die für die
seinerzeit noch mit der systemischen Sichtweise befasste und bindungstheoretische
Erfolge feiernde Disziplin eine milde Provokation darstellen musste:

> Aus beziehungspsychologischer Sicht sind aber zunächst einmal alle Beziehungen ei-
> ner Person relevant; es hängt dann von der jeweiligen speziellen Fragestellung und der
> empirisch festgestellten Bedeutsamkeit bestimmter Beziehungsarten für diese Frage-
> stellung ab, [was] im Mittelpunkt des Interesses stehen sollte. […] Auch der systemi-
> sche Ansatz führt zu einer verengten Sicht der Beziehungen einer Person (Asendorpf
> & Banse, 2000, S. 223).

Anschließend konstatieren die Autoren eine seinerzeit anwachsende Zahl psychologischer Untersuchungen zu sozialen Netzwerken, in denen individuell bedeutsame Netzwerkpersonen und die psychologisch relevanten Aspekte dieser Beziehung erfasst würden. Sogleich wird von den Autoren aber eingeschränkt, dass es sich dabei genau
genommen nicht um Netzwerkforschung, sondern um Beziehungsmatrizen-Forschung
handele, da die Alter-Alter-Beziehungen nicht berücksichtigt werden und somit die
eigentliche Netzwerkstruktur ausgeblendet bleibe. „Unter einem sozialen Netzwerk wird
in der Psychologie meist nicht ein Netzwerk von Beziehungen, sondern eine Bezie-
hungsmatrix verstanden" (ebd., S. 224). Aus dem seinerzeit vorliegenden Kenntnisstand
heraus formulierten die Autoren jedoch bereits die allgemeine Hypothese, dass der
Beziehungsstatus eines Einzelnen stets stärker von seiner Persönlichkeit abhänge (d.h.
von Individualmerkmalen wie Extraversion, Verträglichkeit oder Schüchternheit) als
umgekehrt diese Persönlichkeitsmerkmale vom individuellen Beziehungsstatus.

Springen wir nun exemplarisch acht Jahre in der Geschichte der psychologischen
Netzwerkforschung weiter, so lässt sich die Arbeit von Robins und Kashima (2008) als
ein neuer „call for action" lesen. Dort wird vehement kritisiert, dass die Psychologie
– die Autoren sprechen hier besonders für die Sozialpsychologie (SP) – und die Netzwerkforschung (SN) zu oft aneinander vorbeiredeten und kaum Notiz von einander
nähmen, obwohl sie eigentlich beide zum selben Thema forschten, nämlich „human
sociality" (S. 1). Die Autoren kritisieren diese wechselseitige Ahnungslosigkeit auf

Seiten der SP mit ihrem nahezu ausschließlichen Fokus auf soziale Einstellungen (vergleiche auch die Fußnote 4 oben zur sozialen Unterstützung) und auf Seiten der SN mit ihrem ausschließlichen Fokus auf relationalen Interdependenzen. Von dieser Regel gebe es den Autoren zufolge allenfalls einige wenige und keineswegs ausreichende Ausnahmen, wie etwa die Kleingruppen- und die Organisationsforschung.

Die offensichtliche Komplementarität dieser beiden Disziplinen (SP und SN) müsse, so Robins und Kashima (2008) weiter, zukünftig besser genutzt werden. Dazu gebe es bereits Vorschläge, wie man die Gleichzeitigkeit von strukturellen Netzwerk- und psychologischen Individualeffekten betrachten könne. Hierzu führen die Autoren den Methodologischen Relationismus nach Ho (1998) oder die empirischen Untersuchungen von Lomi, Lusher, Pattison und Robins (2007) sowie von McFarland und Pals (2005) als Belege an. An diesen Beispielen werde konkret fassbar, was der wechselseitige Zusatznutzen einer Integration von SP und SN sein kann.

In der Beispielstudie von McFarland und Pals (2005) nahmen die Autoren einen empirischen Vergleichstest zweier, sich in Teilen widersprechender, genuin sozialpsychologischer Identitätstheorien vor (Tajfel vs. Stryker, head-to-head comparison) und untersuchten die Veränderungen der individuellen Identität bei Heranwachsenden im Zusammenhang mit Netzwerkmaßen. Dazu wurden mit 6000 Schülern einer High-School in San Francisco zu zwei Zeitpunkten Gesamtnetze erhoben (daraus ergaben sich Strukturmaße wie z.B. Indegree, Dichte, Betweenness, Homogenität, Kohäsion) sowie psychologische Identitätsskalen (z.B. Real-, Ideal- und Öffentliches Selbst). Die Ergebnisse zeigten, dass Identitätsbestätigung und Selbstwirksamkeit am stärksten mit der relativen Netzwerkposition der Adoleszenten zusammen hingen. Vor allem Homogenitäts- und Homophiliemaße des Netzwerks, aber auch die Betweenness des Individuums (Brückenstellung zwischen Untergruppen) hatten starke direkte Effekte auf individuelle Identitätswahrnehmungen, welche in etwas geringerem Maß auf die Gestaltung von Beziehungen rückwirkten. Die Autoren schlossen aus ihren Ergebnissen auf die bessere Vorhersagekraft der Identitätstheorie von Stryker verglichen mit jener von Tajfel und folgerten:

> Network conditions play a key role in the process of identification over time and the reverse case – that social identity characteristics and imbalances play a key role in network change over time – does not hold. Social network characteristics are the key determinants of both social identity and network processes (S. 308).

Zwischenfazit:

Aus den exemplarischen Einblicken der Abschnitte 2 und 3 sollte deutlich geworden sein, gerade auch für ForscherInnen anderer Disziplinen, dass und aus welchen guten Gründen heraus die akademische Entwicklungs- und Pädagogische Psychologie mit einiger Berechtigung als skeptische Disziplinen bezeichnet werden können, wenn es um die Etablierung eines fortgeschrittenen und echten Netzwerkansatzes in ihren theoretischen wie methodischen Kanon geht. Die psychometrische Erfassung von sozialer Unterstützung als kognitive Einstellung des Individuums ist in der Disziplin ein weithin akzeptierter Gedanke und übliches empirisches Vorgehen (Fydrich et al., 2007). Netzwerke aber als die strukturierte Einheit individueller Beziehungsumwelten und als zentrale Bedingungsform für die Möglichkeit individueller Entwicklung zu fassen, erscheint aus

dem Gesagten heraus für die Disziplin eine (noch) eher fragliche Vorstellung. Gleichwohl wurde aber auch deutlich, dass – und mit welchen Argumenten – der Ruf nach
mehr Netzwerkforschung die Disziplinen seit mehr als zwei Jahrzehnten begleitet hat und
diese zu einem viel versprechenden, wenngleich noch keineswegs konsolidierten For-
schungsthema der Psychologie gemacht hat. An dieser Stelle wird das bereits beschriebene Übersetzungsziel des Beitrags nun gegenüber dem Inspirationsziel zunehmend in
den Hintergrund treten.

4   Beispiele für erfolgreiche „netzwerkartige" Ansätze in der Entwicklungs- und Pädagogischen Psychologie

Es wäre grundfalsch zu behaupten, dass es nicht nur um die Etablierung, sondern eben
auch um die generelle Anschlussfähigkeit des Netzwerkansatzes in der Psychologie
schlecht stünde. Ich möchte hierzu drei verschiedene Ansätze, die ich zusammenfassend
als Beziehungsstruktur-Ansätze bezeichne, aus der Entwicklungs- und Pädagogischen
Psychologie skizzieren und diskutieren. Diese eignen sich für eine Begründung, dass die
Netzwerkperspektive auch in dieser skeptischen Disziplin bereits vorhanden ist. Zwei
von ihnen stammen ursprünglich aus humanistischen Psychotherapieverfahren, eins aus
der modernen Lebensspannenpsychologie.

4.1   Beziehungsstruktur-Ansatz I: Das Genogramm

Dieser Ansatz wurde ursprünglich in der Familientherapie entwickelt und zählt heute zu
den Standardverfahren in der systemisch-therapeutischen oder pädagogischen Arbeit mit
Familien. Er besteht im Kern aus der grafischen Darstellung der (bisweilen hoch komplexen) Verwandtschaftsstruktur einer konkret zur Behandlung stehenden Familie. Für
dieses grafische Abbild und das mehr oder weniger strukturierte Vorgehen seiner Erstellung gibt es inzwischen Manuale bzw. standardisierte Richtlinien (McGoldrick et al.,
2008). Abbildung 1 zeigt ein Beispiel für ein solches Genogramm, das man mit „Fami-
lienstammbaum" übersetzen könnte und das jedem, der praktisch mit Familien arbeitet,
gut bekannt sein dürfte.

Warum bezeichne ich das Erstellen eines solchen „Familienstammbaums" in der Familientherapie nun als „netzwerkartig"? Denn auch in der Familientherapie fragt man
selbstverständlich – quasi in bindungspsychologischer Tradition – nach dyadischen
Beziehungsqualitäten und -wahrnehmungen. Der grundlegende Unterschied zur rein
individuellen oder dyadischen Sichtweise besteht darin, dass der Praktiker, der mit solchen Abbildungen arbeitet, auch unabhängig von den jeweiligen Individual- oder Dya-
denmerkmalen Schlüsse von Eigenarten der Struktur dieses Genogrammes auf mögliche
Konsequenzen für die individuelle psychische Entwicklung zieht (auf das individuelle
functioning). Ganz ähnlich wie ein Netzwerkanalytiker Komponenten-, Brokerage- oder
Homophiliemerkmale berechnet[5], schaut der Familientherapeut etwa nach der relativen
Größe von Familienkomponenten (z.B. mütterliche vs. väterliche Seite; unterschiedliche
Generationenstärken), nach relativen Konfliktzentren in der Struktur oder nach struktu-

---

5   Für die Strukturmaße egozentrierter Netzwerke vergleiche auch Herz (in diesem Band).

rellen Wiederholungen über Generationen oder Familienteile hinweg. Für unser Thema interessant ist nun, dass er aus diesen Strukturmerkmalen des Gesamtbaums heraus Hypothesen über den individual-psychischen Entwicklungsverlauf seines Klienten oder seiner Klientin bildet. Er schließt also unmittelbar von der Beziehungsstruktur auf psychische Strukturen der Beteiligten: eine netzwerkanalytische Denkweise par excellence.

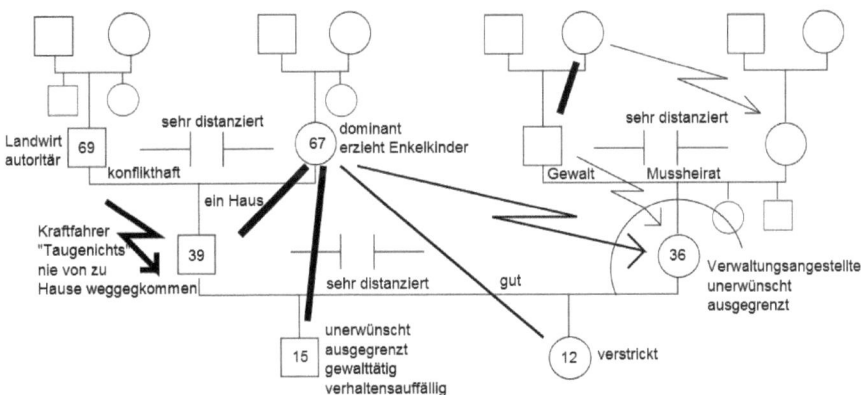

Abbildung 1:   Beispiel für ein Genogramm, wie es in der Familientherapie benutzt wird (Kaiser, 2010)

In der familientherapeutischen Fachliteratur werden diese Schlüsse dokumentiert und diskutiert (Ancelin Schützenberger, 2007; Conen, 2006; Schmidt, 2003). Als Beispiele für Schlüsse von der Familienstruktur auf individuelle Entwicklung seien hier in notwendiger Kürze Phänomene wie die strukturgenerierte (und meist unbewusste) Übernahme von Lebensaufträgen über Generationen hinweg, individuelle Reinszenierungen von Familiensegmenten oder individuelle Ambivalenzen aufgrund von Strukturindifferenzen genannt. Dies kann hier freilich nicht weiter vertieft werden, es ist lediglich der Punkt relevant, dass es sich dabei um eine genuine und (klinisch-therapeutisch) wohl etablierte Form des „Gesamtbeziehungsstrukturdenkens" in der Psychologie handelt, die (noch) selten Eingang in die akademische, entwicklungs- und pädagogisch-psychologische Forschungstätigkeit gefunden hat. Sie wird bislang eher auf Praktikerseite diskutiert und harrt in großen Teilen noch der Grundlagenforschung (siehe hierzu vertiefend und ebenso kritisch: Platt, 2011).

4.2   Beziehungsstruktur-Ansatz II: Das Soziogramm

Bei dieser Methode handelt es sich ebenfalls um einen genuinen, in der Psychotherapie entwickelten Ansatz des „Gesamtbeziehungsstrukturdenkens", der zudem in etwas stärkerem Maße bereits in die akademische Psychologie eingeflossen ist. Ursprünglich aus der psychodramatischen Therapie (Moreno, 1989) hervorgegangen, besteht der hier interessierende Grundgedanke des Soziogramms ebenfalls darin, dass die Stellung des Einzelnen im Gesamtgefüge eines Beziehungsnetzes von ausschlaggebender Bedeutung für das individuelle Erleben und Verhalten anzusehen ist. Ein Beispiel hierfür wäre etwa das Netzwerk aus Sympathiebeziehungen innerhalb einer Schulklasse und die individuelle Position eines Schülers darin. Abbildung 2 zeigt ein typisches Bild eines Soziogramms, wie es in der Tat in der Schulklassenforschung erfolgreich verwendet wurde und wird. Durchgezogene Pfeile stehen in einer solchen Abbildung meist für Sympathie, gestrichelte für Antipathie oder Konflikt.

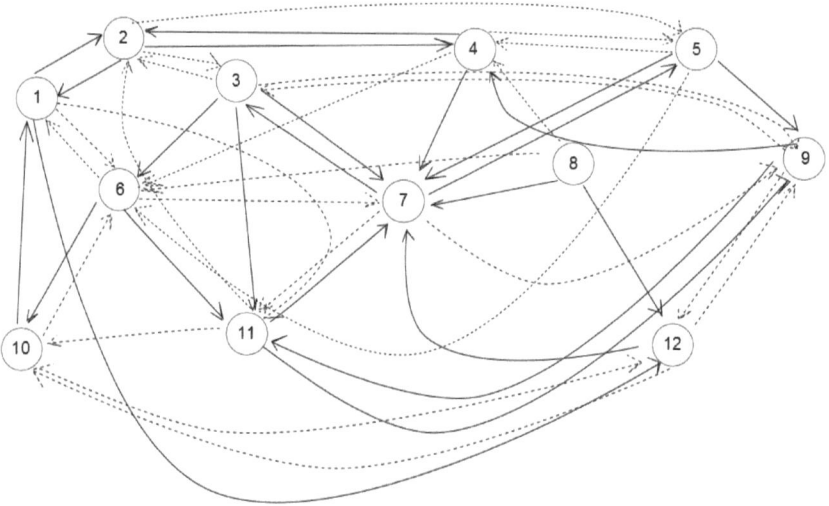

Abbildung 2:   Ein typisches Soziogramm (Knob, 2011)

Auch hier finden wir wieder den bereits beim Genogramm betonten Schluss von Beziehungsstrukturen auf individuelle Entwicklung. Individuelle Merkmale oder dyadische Qualitäten interessieren beim Soziogramm nicht weiter: Um im Beispiel aus Abbildung 2 zu bleiben, würde es hier nicht notwendigerweise von Interesse sein, ob 11 und 7 Geschwister sind oder nicht. Stattdessen werden etwa die relativen Verhältnisse von Sympathie und Antipathie im Netzwerk gebildet (z.B. Soziometrischer Status, Soziometrischer Index), welche die Position der Individuen innerhalb des Gesamtnetzwerks beschreiben. Diese werden dann unmittelbar zur Diagnostik oder Prognose genutzt, etwa um in einer Schulklasse Außenseiter oder besonders beliebte Schüler zu identifizieren und darüber einen Zugang zu möglichen Interventionen zu erhalten. Nachdem der Einsatz dieser Forschungsmethode für einige Zeit etwas zurückgegangen ist, werden jüngst wieder Stimmen laut, die ein Revival der theoretischen wie empirischen Beschäftigung mit dem Soziogramm fordern (von Ameln, Gerstmann & Kramer, 2009; Stadler & Kern, 2010).

4.3   Beziehungsstruktur-Ansatz III: Forschung in der Beziehungsmatrix

Im Abschnitt 3 ist bereits die von Asendorpf und Banse (2000) als Beziehungsmatrix-Forschung bezeichnete Beschäftigung der Psychologie mit dem Gesamt aller (psychologischen) Netzwerkpersonen unter Ausblendung der Alter-Alter-Beziehungen und der Struktur erwähnt worden. Hierzu hat sich in den letzten beiden Dekaden eine bisweilen lebhafte Forschungstradition entwickelt, in denen typischerweise Gesamtwerte zu verschiedenen Unterstützungs- oder Bindungswerten aus verschiedenen Netzwerksektoren gebildet und zueinander in Beziehung gesetzt werden. So werden hier typischerweise vergleichbare psychometrische (Einstellungs-)Skalen für verschiedene Beziehungen eingesetzt, aus denen dann beispielsweise ermittelt wird, wie hoch die mittlere oder gesamte emotionale, instrumentelle oder informationelle Unterstützung aus der Herkunftsfamilie, dem Freundeskreis oder dem Arbeitskollektiv ist.

Ohne diese Forschungsrichtung an dieser Stelle im Detail weiter erläutern zu können,[6] ist – parallel mit den beiden zuvor genannten Verfahren – das genuine Beziehungsstrukturdenken besonders interessant. Pointiert gesagt interessieren bei diesen Forschungen wieder weniger die Einzelbeziehungen des Individuums (etwa: ob die Beziehung zur Mutter gut oder schlecht ist), sondern vor allem – technisch gesprochen – die Wirkung relativer Sektorengewichte. Diese werden derzeit vor allem unter den Phänomenen Kompensation (oder Substitution), Konkurrenz und Generalisierung diskutiert.

Wendt, Diewald und Lang (2008) fanden etwa in einer solchen vergleichenden Beziehungsmatrix-Erhebung mit jungen Erwachsenen sowohl Generalisierungs- als auch Konkurrenz- und Kompensationseffekte zwischen privaten und beruflichen Beziehungssektoren. Im Mittel positivere und spannungsärmere Beziehungen mit Familienmitgliedern und dem Partner gingen signifikant häufiger auch mit wertschätzenden und Anerkennung vermittelnden Beziehungen im beruflichen Bereich einher (z.B. Studium, Arbeit). Hinsichtlich der Größe von Netzwerksektoren fanden sich in der Studie aber auch Konkurrenzeffekte: „Mit steigender Ausschöpfung beruflicher Beziehungen sinkt die Realisierung verwandtschaftlicher Beziehungen aus dem Pool potentieller Beziehungen" (S. 474). Und wenn sich Verwandtschaftsbeziehungen durch ein besonders hohes Maß an Belastung auszeichneten, suchten junge Erwachsene umso mehr die Nähe zu Kollegen (Kompensation). Auch in diesen und anderen, derzeit stark betriebenen Untersuchungen (z.B. Buhl, 2009; Wrzus, Wagner & Neyer, in Druck) liegt, wenn auch kein vollständiger Netzwerkansatz, so doch ein genuines Beziehungsstrukturdenken bereits in der Disziplin vor.

5 Aktuelle Entwicklungen und Ausgangspunkte möglicher Innovationen in der psychologischen Netzwerkforschung: vier Beispiele

Die vorangegangenen Abschnitte haben aufgezeigt, dass in der akademischen wie angewandten Entwicklungs- und Pädagogischen Psychologie bereits einige Voraussetzungen für eine verstärkte Implementation des Netzwerkdenkens angelegt sind. In diesem Abschnitt sollen über diese grundlegende Einsicht hinaus einige ausgewählte und noch randständige aktuelle Entwicklungen vorgestellt und diskutiert werden. Dies geschieht insbesondere vor der Frage, inwiefern diese dazu geeignet sein könnten, für die psycho-

---

6 Für Interessenten sei z.B. auf Furman und Buhrmester (1992, 2009) verwiesen.

logische Netzwerkforschung zur noch ausstehenden theoretischen Fundierung beizutragen oder neue empirische Forschungsmöglichkeiten zu erschließen.

5.1   Das kognitive Soziogramm

Im Abschnitt 4 wurde das Soziogramm bereits als eine etablierte, allerdings meist auf den Schulklassen- und Kleingruppenkontext beschränkte Methode psychologischer Beziehungsstruktur-Forschung beschrieben. Wenn man sich nun fragt, warum diese Methode in der Forschung etwa zu psychologischen oder allgemein egozentrierten Netzwerken keine allzu verbreitete Verwendung findet, liegt die Antwort auf der Hand: Denn abgesehen von einigen wenigen und sehr spezifischen Kontexten (z.B. Ausbildungsgruppen, Schulklassen etc.) ist es schlichtweg meist nicht möglich, alle von einer Person genannten Netzwerkpartner ebenfalls zu befragen, was für ein Soziogramm eigentlich zwingend notwendig ist. Der Familiensoziologe Widmer und Kollegen (Widmer, 1999; Widmer & La Farga, 2000) haben für dieses Problem die Methode des kognitiven Soziogramms (auch als Family Network Method bezeichnet) für die Familien- und Beziehungsforschung weiter entwickelt. Bei diesem Vorgehen werden die Studienteilnehmer (Egos) danach gefragt, wie stark – ihres Wissens und ihrer Wahrnehmung nach – die Netzwerkpartner untereinander in Kontakt stehen. Dadurch erhält man auf relativ leichte Art und Weise vollständige egozentrierte Netzwerke – freilich nur aus der Sicht und Kenntnis von Ego. Abbildung 3 zeigt einen Auszug einer solchen kognitiv erhobenen Datenstruktur von Widmer (1999).

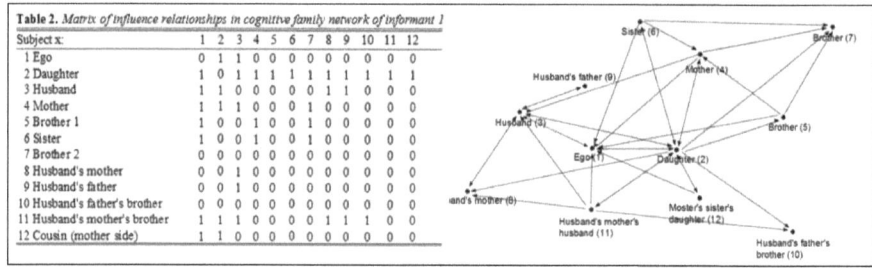

Abbildung 3:   Daten aus der Family Network Method (Widmer, 1999, S. 494f.)

Trotz der Beschränkung der Daten auf die Wahrnehmung von Ego wären die Weiterentwicklung und Anwendung dieser Methode für die Psychologie ein anschlussfähiger und lohnenswerter Weg, und zwar aus mehreren Gründen. Zum einen verbliebe man damit auf dem vertrauten Terrain der sozialen Einstellungsmessung und des Thomas-Theorems: „If men define situations as real, they are real in their consequences". Denn ohnehin interessiert sich die Psychologie zentral für die individuellen Überzeugungen und Wertungen von Individuen und misst der Frage, ob diese auch „tatsächlich realistisch" sind, meist eine untergeordnete Bedeutung bei. Zum anderen ist diese Methode aber auch deshalb spannend, da sich auf ihrer Grundlage Netzwerkstrukturmaße berechnen lassen, die sich der Wahrnehmung des Individuums größtenteils entziehen, die aber dennoch von Bedeutung sein können. So wird kaum jemand von sich sagen können, wie stark seine relative Zentralität im kognitiven Netzwerk ist oder welche Brokerage-Rollen welche Personen dort einnehmen. Dennoch können sich diese Strukturmaße zweifellos individuell auswirken (siehe dazu Herz, in diesem Band).

So fanden Widmer und Kollegen empirisch, dass einige Strukturmaße des kognitiven Soziogramms in der Tat signifikant mit dyadischen Beziehungsqualitäten zusammenhängen. Die Dichte und Balanciertheit der kognitiven Soziogramme (z.B. aus dem Triadenzensus seiner Daten, siehe für diese Methode etwa Hummell & Sodeur, in diesem Band) sagten in Regressionsmodellen die subjektiven Bewertungen der Eltern-Kind- sowie der Paarbeziehungen voraus (Widmer, Kellerhals & Levy, 2004; Widmer, Le Goff, Levy, Hammer & Kellerhals, 2006). In einer ähnlichen VennMaker-Studie (siehe zur Software den Beitrag von Gamper & Kronenwett, in diesem Band) mit 92 Studierenden der Universität Magdeburg fanden wir, dass die Wahrnehmung, in einem Netzwerksegment besonders stark gewählt zu werden relativ zu den eigenen getroffenen Wahlen (etwa das Verhältnis von Indegree/Outdegree mit valued ties), regressionsanalytisch die sektorale Zusammensetzung des Netzwerks signifikant vorhersagen konnte ($\beta = .32$, $p < .05$, $R^2 = .16$; siehe v.d. Lippe & Gaede, in Druck). Es hat also den Anschein, dass dieses leicht umzusetzende Verfahren einiges Potential für die beziehungspsychologische Forschung beinhaltet.

5.2 Persönlichkeiten im Gesamtnetzwerk

Eine andere, vor allem in den letzten Jahren verstärkt betriebene Forschungsrichtung, deren Potential für die psychologische Theoriebildung weitestgehend unausgeschöpft scheint, hat sich aus der Kombination von Gesamtnetzwerkerhebungen mit Persönlichkeitsfragebögen entwickelt. Diese Studien kommen stärker aus der Persönlichkeits- und Beziehungspsychologie und fragen bislang vor allem nach den Transaktionen zwischen dem individuellen Beziehungsstatus einer Person in Gesamtnetzwerken und seinen Persönlichkeitsmerkmalen. Als ein Beispiel dieser Richtung soll eine Studie von Kalish (2008) dienen, die ihre Forschungsfrage im Titel trägt: „Bridging in social networks: Who are the people in structural holes and why are they there?" Die Frage lautet also, welche Persönlichkeitstypen sich aus welchen Gründen an welchen Orten in sozialen Netzwerken befinden. Diese Frage ist vor allem auch aus theoretischer Perspektive von grundlegendem Interesse.

Kalish (2008) verband empirische Persönlichkeitsdaten mit Gesamtnetzwerken junger Studierender im Querschnitt und fand, dass die in der Netzwerkanalyse bekannten Brokerage-Positionen von Gould und Fernandez (1989) in der Tat mit Individualmerkmalen zusammen hingen: Beispielsweise korrelieren Konformismus und internale Kontrollüberzeugung mit der Position des Koordinators zwischen zwei Gruppen; Unabhängigkeit mit der Repräsentantenposition; Abhängigkeit und emotionale Stabilität mit der Konsultantenposition. In der bereits erwähnten Magdeburger Studie von v.d. Lippe und Gaede (in Druck) kam hierzu heraus, dass sich gewissenhafte und extravertierte Personen tendenziell häufiger zugleich in unterstützenden Großfamilien und in gute Freundeskreise eingebettet sahen als in andere Netzwerkformationen (vergleiche für weiterführende theoretische Überlegungen hierzu etwa: Friemel, 2008).

Bindet man nun den Grundgedanken dieser Forschungsrichtung zurück an das kognitive Soziogramm nach Widmer oder an die Hoffnungen von Keul für die empirische Abbildung von individueller agency (d.h. der individuellen Handlungsperspektive), wird das Potential für die Disziplin unmittelbar ersichtlich. Denn nach wie vor stellen die Fragen nach dem Beitrag der persönlichen Beziehungsumwelt für die (Mit-)Herausbildung der individuellen Persönlichkeit sowie nach der individuellen, adaptiven oder maladaptiven Gestaltung persönlichkeitsentsprechender Beziehungsumwelten große Herausforderungen für die Theoriebildung wie die empirische Forschung in der Psychologie dar (vergleiche etwa Back et al., 2011). Möglicherweise ist die Weiterentwicklung der in dieser Form betriebenen Netzwerkforschung ein kaum zu überschätzendes Paradigma für die Psychologie, weil es dadurch möglich wird, die häufig als zentral postulierte Meso-Ebene, d.h. der wirksamen Mittlerebene zwischen Gesellschaftsstruktur („Makro") und Individuum („Mikro"), empirisch erfassbar zu machen.

5.3   Networking: die Wahrnehmung und Regulation egozentrierter Netzwerke

Als letzten hier zu nennenden möglichen Ausgangspunkt für die weitere Fundierung einer psychologischen Netzwerkforschung möchte ich Ergebnisse einer qualitativen Sekundäranalyse von biografischen Beziehungsinterviews diskutieren. Hintergrund für diese Analyse war die grundlegende Frage, inwiefern psychologische bzw. egozentrierte Netzwerke überhaupt Objekte der individuellen Wahrnehmung als *Netzwerk* und des subjektiven Erlebens und Handelns sind.

In der Arbeits-, Medien- und Alltagspsychologie stellt das „networking" inzwischen einen fest etablierten Begriff dar: Zumindest im beruflichen Kontext unterstellt man hierbei das Vorliegen eines subjektiven Konzepts des eigenen Netzwerks und ein gewisses Maß an intentionalem Handeln in direktem Bezug dazu. Wolff und Moser (2006) etwa definieren networking als das „Syndrom von Verhaltensweisen, die Personen zu Aufbau, Pflege und Nutzung sozialer Beziehungen [...] verwenden" (S. 161). Aber findet ein solches „Syndrom von Verhaltensweisen" auch im Bereich der privaten oder psychologisch intimen Beziehungen statt? Es wäre auf den ersten Blick kaum plausibel anzunehmen, dass Individuen Wahrnehmungen haben oder Ziele setzen wie etwa „Die Ähnlichkeit (Homophilie) in meinem Freundschaftssektor ist niedriger als jene im Familiensektor", „Ich müsste meine Eigenvektor-Zentralität vor allem im Freundeskreis erhöhen" oder „Ich beabsichtige, die Dichte meines emotionalen Unterstützungsnetzwerks zu reduzieren". Im beruflichen Bereich wird diese Form von Netzwerk-Bewusstheit und -Rationalität inzwischen fast schon erwartet, aber im privaten?

Um diese Frage zu explorieren, reanalysierte Barthen (2009) 27 biografische Interviews mit jungen Erwachsenen, in denen diese mittels einer paper-pencil-Netzwerkkarte ausführlich über soziale Beziehungen und ihr Netzwerk als Ganzes berichtet hatten (für Details der Primärstudie, siehe Bernardi, Keim & v.d. Lippe, in Druck). Sie identifizierte dabei insgesamt 501 Textstellen (sogenannte quotations), in denen die Befragten in der Tat ihr Netzwerk als Ganzes thematisierten (z.B. „ich hab schon einen ziemlich großen Kreis von Leuten" = subjektive Bewertung der Netzwerkgröße), im Gegensatz zu Stellen, in denen über Einzelbeziehungen oder einzelne Netzwerkkomponenten gesprochen wurde (z.b. „meine Mutter ist mir wichtig"), letztere wurden dabei ausgeschlossen. Die interessierenden Textstellen wurden dann theoretisch kodiert (ein Verfahren der Grounded Theory sensu, vgl. Strauss & Corbin, 1996), und insgesamt ließen sich so 13 qualitative Kategorien bilden, welche die Wahrnehmung, das Erleben und Handeln bezogen auf das eigene soziale Netzwerk durch junge Erwachsene beschreiben. Durch diese Kategorien wird nachvollziehbar, dass und in welcher konkreten Form auch im privaten Bereich networking betrieben wird. Abbildung 4 zeigt alle von Barthen (2009) entwickelten Kategorien im Überblick.[7]

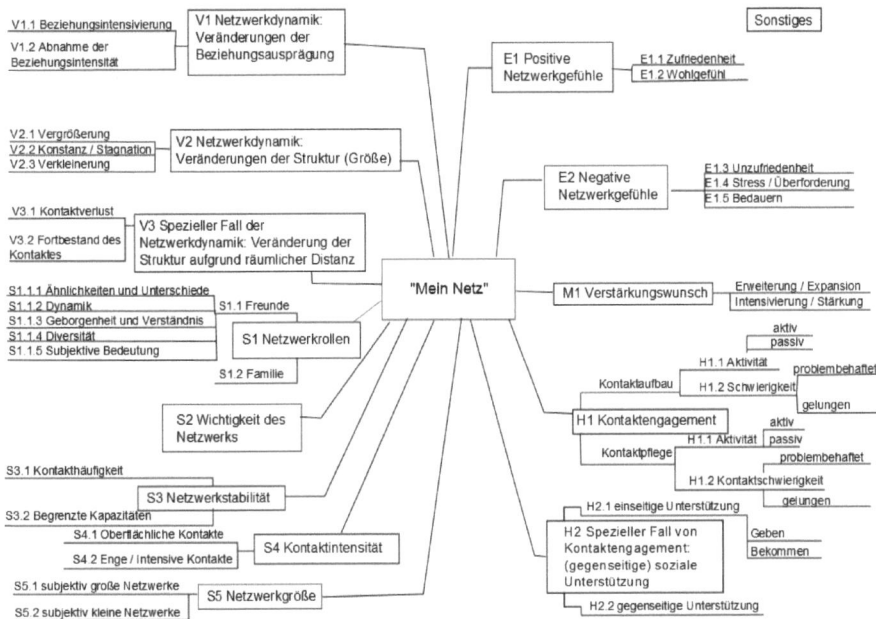

Abbildung 4: Kategoriensystem zum Verständnis der individuellen Sicht auf das eigene (private) Netzwerk (Barthen, 2009, S. 41)

Ohne hier auf alle Details der Analyse genauer eingehen zu können, ist es für den Zusammenhang dieses Beitrags von besonderem Interesse, dass junge Erwachsene in der Tat gezielt mit ihrem privaten, psychologischen Netzwerk *als Netzwerk* umgingen: Ihr eigenes Vorgehen und Engagement beim „networking" beschäftigte sie. So wurde etwa gezielt überlegt, ob und wann man sich aktiv oder eher passiv im Bezug auf seine Bezie-

---

7 Die Markierung von Kategorien durch ein „S" steht in der Abbildung für die subjektive Wahrnehmung der Struktur des eigenen Netzwerks; das „V" für die Wahrnehmung von Netzwerkveränderungen; das „E" für das subjektive Erleben des Netzwerks; das „M" für individuelle Netzwerkmotive; das „H" für das individuelle Handeln im Bezug auf das eigene Netzwerk.

hungen insgesamt verhielt oder verhalten sollte, ob das persönliche Netzwerk forciert (quasi gezielt geplant) werden konnte oder eher geduldig mit der Zeit abzuwarten war, bis sich Kontakte einstellen. Ferner wurde reflektiert, welche persönlichen Schwierigkeiten man generell bei der sozialen Kontaktpflege erlebt hatte, auf welcher Grundlage man wichtige Beziehungen selektieren sollte, welche Fehler mit welchen Folgen man dabei vermeiden sollte (z.B. zu geringe Offenheit) oder wie das Geben und Nehmen im Netzwerk generell gehandhabt wurde, werden könnte oder sollte. Ob man mit dem eigenen Beziehungsnetz dabei zufrieden oder unzufrieden war (und aus welchen Gründen), konnte jeder Befragte ebenfalls leicht sagen. Es hatte zusammen genommen den Anschein, als ob junge Erwachsene (wenigstens in dieser Studie) in der flexiblen Netzwerkgesellschaft (Keupp, 2004, 2009) gut angekommen waren.

Die Ergebnisse dieser Studie lassen den Schluss zu, dass eine individuelle und intentionale Netzwerkgestaltung auch im Bereich privater Beziehungen existiert, die über Einzelbeziehungen klar hinausgeht. Auch hier ist die Psychologie für die Zukunft weiter gefordert, diesem Phänomen stärker als bisher in Theorie und Empirie Rechnung zu tragen. Man denke hierzu etwa auch an die expansive Entwicklung internetbasierter sozialer Netzwerke (Turkle, 2011).

6 Schlussfolgerung und Ausblick

Dieser Ein- und Überblicksbeitrag hat mit der Darstellung der Probleme und Möglichkeiten einer Fundierung der psychologischen Erforschung egozentrierter Netzwerke zwei Ziele verfolgt. Als Übersetzungsziel wurde dabei die Absicht bezeichnet, die Spezifik des (entwicklungs- und pädagogisch-) psychologischen Blicks auf soziale Netzwerke vor allem auch für Nicht-Psychologen zu erläutern. Hierzu wurden beziehungspsychologische Konzepte und Ergebnisse aus der Bindungsforschung und der systemischen Psychologie vorgestellt. Weiterhin wurden anhand von drei ausgewählten Arbeiten aus zwei Jahrzehnten (Asendorpf & Banse, 2000; Keul, 1993; Robins & Kashima, 2008) die spezifischen Schwierigkeiten (und Hoffnungen) einer psychologischen Perspektive auf Beziehungsnetze illustriert.

Das zweite Ziel wurde als Inspirationsziel bezeichnet. Hierzu wurden existente, aber bislang eher randständige „Beziehungsstruktur-Ansätze" aus der Psychotherapie und der Beziehungsmatrix-Forschung angeführt. Ferner wurden aktuelle Arbeiten zum kognitiven Soziogramm aus der Persönlichkeitspsychologie und aus der qualitativen Netzwerkforschung diskutiert. Diese zeigten, dass die Netzwerkforschung nicht nur eine irgendwie mögliche, sondern vielmehr eine theoretisch wie methodisch relevante und produktive Entwicklungschance auch für die Psychologie darstellt. Ich möchte nun abschließend allgemeiner die Frage stellen, was dies für die Möglichkeiten einer Fundierung psychologischer Forschung zu egozentrierten Netzwerken bedeuten könnte und welche denkbaren Entwicklungslinien sich hier zeigen könnten. Dabei werden immer wieder auch Bezüge zur Zielrichtung dieses Bandes hergestellt werden.

Zunächst ist zu konstatieren, dass die Psychologie im Hinblick auf zwischenmenschliche Beziehung zweifellos die Wissenschaft der Zweierbeziehung ist und absehbar bleiben wird. Der für die Disziplin gleichsam inhärente Grund dafür liegt in der nachgewiesenen enormen Relevanz dyadischer Beziehungen für das individuelle functioning. Wenn wir hierbei an solch fundamentale psychische Funktionen wie Kognition, Emotion, Motivation oder das Selbst/ Identität denken, sind dyadische Bindungs- oder Individuationsprozesse aus den Theorien der Entwicklungs- und Pädagogischen Psychologie nicht wegzudenken; dies kann auch niemand ernsthaft wollen. Somit lässt sich die Grundfrage dieses Beitrags noch einmal schärfer stellen: Was verspricht sich die Psychologie eigentlich davon, wenn sie darüber nachdenkt, sich soziale Netzwerke – oder allgemein: Beziehungsstrukturansätze – zusätzlich zur ihr vertrauten Dyadenforschung ins Boot zu holen? Diese Frage gilt, nebenbei bemerkt, ja auch umgekehrt: Warum sollten sich Netzwerkforscher für beziehungspsychologische Fragestellungen interessieren?

Über die Antwort auf die erstgenannte Frage kann man nach aktuellem Stand der Debatte allenfalls spekulieren. Zum einen freilich, und das ist nun fast trivial, verspricht der Netzwerkansatz eine Präzisierung des herkömmlichen psychologischen Unterstützungskonzepts. Es mehren sich die empirischen Belege dafür, dass es tatsächlich eine Rolle spielt, wer aus dem sozialen Netzwerk eine bestimmte Unterstützungsleistung liefert und weiter, wie viele solche „Lieferanten" als Ressource zur Verfügung stehen. Beispielsweise finden Huxhold, Mahne und Naumann (2010), dass instrumentelle Hilfe, die von Familienmitgliedern geleistet wird, das subjektive Wohlbefinden älterer Menschen eher verschlechtert, während es dieselbe Hilfe von Freunden oder Nachbarn eher verbessert. Gigliotti (2002) führt mehrere Studien an, die finden, dass im Falle chronisch depressiver Patientinnen die erlebte Zuneigung durch ihren Partner oder durch Familienmitglieder mit niedrigeren Depressivitätswerten einhergeht, Zuneigung durch Freunde oder „andere Beziehungen" jedoch nicht. Anhand solcher Beispiele werden die Grenzen der oben zitierten kognitiven Einstellungsverfahren mit sozialer Unterstützung als Globalmaß deutlich.

Dieser Differenzierungsgedanke dürfte gerade auch für Forschung und Praxis im schulischen Kontext unmittelbar anschlussfähig sein und Relevanz besitzen. Man könnte sich etwa das Beispiel eines Schülers aus einem liebevollen und unterstützenden Elternhaus vorstellen, der unerwartet deviantes Verhalten zeigt, und bei dem man erst in der Struktur seiner schulischen Beziehungsnetze eine Erklärung dafür findet. Oder wenn sich einzelne engagierte Lehrer durch ihre hohe Arbeitsbelastung aus außerschulischen sozialen Beziehungen zurück ziehen und dadurch erst in Gefahr geraten, auszubrennen. Bei der viel zitierten work-life-balance (beim oben skizzierten Schülerbeispiel könnte man analog vielleicht von der school-home-balance sprechen) wäre aus einer beziehungspsychologischen Netzwerkperspektive dann zuallererst immer auch an eine innere Balance aus unterschiedlichen zwischenmenschlichen Beziehungs-Sektoren und ihren jeweiligen Strukturen zu denken: mithin an das bereits in der Einleitung zitierte Management simultaner Beziehungswelten.

Doch auch über solche, fraglos sinnvollen Präzisierungen sozialer „Unterstützung" hinaus wäre zumindest noch ein weiteres wichtiges Argument für die psychologische Netzwerkforschung denkbar, welches diese stärker auch an gesellschaftliche Veränderungen von zwischenmenschlichen Beziehungen anbindet. Es wäre nämlich denkbar, und ich betone noch einmal den spekulativen Charakter dieser Überlegungen, dass den personalen Netzwerken im Zuge voranschreitender Individualisierung moderner Gesellschaften (und den damit beispielsweise einhergehenden Mobilitätserfahrungen) auch psychisch eine immer stärkere Bedeutung zukommen könnte. Denn in dem Maße wie traditionelle Bindungen brüchiger bzw. für den Einzelnen voraussetzungsreicher werden (Baecker, 2007, 2008) und gleichzeitig die Anforderungen an das individuelle Selbstmanagement des Lebenslauf steigen (Fuhrer, 2009), wäre es denkbar, dass auch die psychische Bedeutung einer adaptiven Gestaltung von Beziehungsvielfalt für das Individuum wächst. Der in der modernen „Medien-Schule" nicht selten zu hörende und berechtigte Ruf nach mehr Kompetenz von Schülern (und auch von Lehrern) im Hinblick auf social networks, second life oder das web 2.0, verdeckt eben oft auch den Umstand, dass ebenso im first life und der offline-Welt die Voraussetzungen an das individuelle Beziehungsmanagement anspruchsvoller geworden sind. Patchworkfamilien, häufige Umzüge, hohe Fluktuationen im Kollegium, in der Schulklasse und im Freundeskreis oder auch hoch-mobile Lebens-, Arbeits- und Beziehungsformen (Schneider, Ruppenthal & Lück, 2009) stellen Herausforderungen an individuelle Beziehungskompetenzen, die ganz real zu bewältigen sind und dabei (noch) einer solideren wissenschaftlichen Begleitung bedürfen.

Hierin könnte möglicherweise auch der soziale Ausgangspunkt für die psychologische Beschäftigung mit der Vergleichbarkeit sozialer Beziehungen liegen (z.B. Buhl, 2009; Cook, 2010). Für die Psychologie wäre dann unter dem Eindruck der oben genannten gesellschaftlichen Bedingungen zu fragen – so könnte man etwas forciert paraphrasieren –, wie man die Möglichkeiten (und Grenzen!) der psychologischen Leistungsfähigkeit von komplexer werdenden Sozialbeziehungen unter dem Eindruck von Fragilität und Austauschbarkeit der Beziehungen in Zukunft theoretisch verstehen und empirisch erforschen könnte. Wenn es stimmt, wie Baecker (2007, 2008) behauptet, dass das Kennzeichen „guter" sozialer Beziehungen (die Psychologie würde von funktionalen oder adaptiven Beziehungen sprechen) in Zukunft weniger jenes der psychologischen Nähe – wie die Bindungsforschung belegt hat – sein könnte, sondern vielmehr die Frage des „Nah genug" (ebd., 2008, S. 627), d.h. des Managements von Nähe und Distanz mit einem historisch bislang ungekannten Maß an Flexibilität und Fluktuation, dann wird die Relevanz sozialer Netzwerkforschung für die Psychologie unmittelbar sichtbar. Noch einmal anders formuliert: Effekte wie jene der Beziehungs*kompensation*, die etwa auch in der Resilienzforschung dokumentiert sind (Fooken & Zinnecker, 2009; Welter-Enderlin & Hildenbrand, 2010) und die unter anderem darin bestehen, dass psychische Schwierigkeiten, die auf negative Beziehungserfahrungen zurück gehen, genau dann psychisch kompensierbar sind, wenn das soziale Netzwerk solche Kompensationsmöglichkeiten bietet bzw. der Einzelne solche Netzwerke herstellen kann, verweisen hier exemplarisch auf die Relevanz des oben so genannten „Gesamtbeziehungsstrukturdenkens".

An dieser Stelle könnte eine zukünftige Beziehungspsychologie, um auf die Eingangsmetapher des interdisziplinären Konzerts der Netzwerkforschung zurückzukommen, auch für eben dieses ein nützliches Instrument werden; beispielsweise auch, um einige bisweilen vorfindliche sozialwissenschaftliche Zuspitzungen öffentlicher Diskurse mit ihren Methoden kritisch zu überprüfen. Wenn etwa Schulze (1997, S. 77) Einsamkeit und eine beziehungsbedingte „Krise der Lebensfreude" als das Kennzeichen moderner

Sozialordnung ausmacht oder wenn der Soziologe Haesler in einem Interview von Sozio-zenose spricht und auf Studien verweist, die angeblich zeigen, dass die Anzahl enger Kontakte in den USA innerhalb von 20 Jahren von durchschnittlich 12,5 auf 2,5 Perso-nen gefallen sei (ZEIT vom 23.08.2011), dann möchte man hier als psychologisch infor-mierter Netzwerkforscher schon etwas genauer nachfragen.

Dennoch gilt: psychische Fundamentalprozesse wie Identität oder das psychological functioning aus Kognition, Emotion und Motivation nicht aus Herkunft, sondern mindes-tens ab der Kindheit aus der flexiblen Disposition über Beziehungen von Verwandten und Nicht-Verwandten, lange und kurz bekannten Personen, off- und online-Bezieh-ungen heraus zu beschreiben und zu erklären, erscheint im Hinblick auf die Tradition der (Entwicklungs- und Pädagogischen) Psychologie heute als eine noch allzu forcierte Vorstellung. Aber vielleicht erinnert die Netzwerkforschung die Psychologie ja daran, für aktuelle, vor Generationen noch undenkbar erscheinende Entwicklungen empfänglich zu bleiben, und diese mit der ihr eigenen positiven Skepsis und dem ihr eigenen, hoch entwickelten Inventar an Konzepten und Methoden kritisch zu begleiten. Ich finde, es wäre beiden, der Psychologie und der sozialen Netzwerkforschung, zu wünschen.

Literatur

Ancelin Schützenberger, A. (2007). *Oh, meine Ahnen! Wie das Leben unserer Vorfahren in uns wiederkehrt*. Weinheim: Auer.

Asendorpf, J. B. & Banse, R. (2000). *Psychologie der Beziehung*. Bern: Huber.

Back, M. D., Baumert, A., Denissen, J. J. A., Hartung, F.-M., Penke, L., Schmuckle, S. C., Schönbrodt, F. D., Schröder-Abé, M., Vollmann, M., Wagner, J. & Wrzus, C. (2011). PERSOC: A unified framework for understanding the dynamic interplay of personality and social relationships. *European Journal of Personality, 25*, 90–107.

Baecker, D. (2007). Familienglück. In D. Baecker (Hrsg.), *Studien zur nächsten Gesellschaft* (S. 191–205). Frankfurt: Suhrkamp.

Baecker, D. (2008). Nähe. In D. Baecker (Hrsg.), *Nie wieder Vernunft: Kleinere Beiträge zur Sozialkunde* (S. 627–633). Heidelberg: Carl Auer.

Barthen, S. (2009). *Gibt es „Netzwerkhandeln"? Die subjektive Sicht auf eigenes Erleben und Handeln im sozialen Netzwerk*. Unveröffentlichte Bachelorarbeit. Magdeburg, Otto-von-Guericke-Universität.

Bauer, P. & Otto, U. (2005). Beiträge zu einer Zwischenbilanz netzwerkorientierter Intervention. In P. Bauer & U. Otto (Hrsg.), *Mit Netzwerken professionell zusammenarbeiten. Bd. I. Soziale Netzwerke in Lebenslauf und Lebenslagenperspektive* (S. 11–24). Tübingen: DGVT.

Bernardi, L., Keim, S. & von der Lippe, H. (in Druck). Freunde, Familie und das eigene Leben. Eine methodenintegrative Studie zum Einfluss sozialer Netzwerke auf die Lebens- und Fami-lienplanung junger Erwachsener in Lübeck und Rostock. In B. Hollstein & F. Straus (Hrsg.), *Qualitative Netzwerkanalyse. Konzepte, Methoden, Anwendungen*. Wiesbaden: VS Verlag für Sozialwissenschaften.

Bischof, N. (2009). *Psychologie. Ein Grundkurs für Anspruchsvolle*. Stuttgart: Kohlhammer.

Bronfenbrenner, U. (1981). *Die Ökologie der menschlichen Entwicklung*. Stuttgart: Klett.

Buhl, H. M. (2008). Development of a model describing individuated adult child-parent relation-ships. *International Journal of Behavioral Development, 32*, 381–389.

Buhl, H. M. (2009). My mother: My best friend? Adults' relationships with significant others across the lifespan. *Journal of Adult Development, 16,* 239–249.

Conen, M.-L. (2006). Zum gegenwärtigen und vergangenen Nutzen und Missbrauch von Genogrammen. *Zeitschrift für systemische Therapie, 24,* 265⁻267.

Cook, W. L. (2010). The comparative study of interpersonal relationships. *Family Science, 1,* 37–47.

Fleischer, T., Grewe, N., Jötten, B., Seifried, K., & Sieland, B. (Hrsg.). (2007). *Handbuch Schulpsychologie: Psychologie für die Schule.* Stuttgart: Kohlhammer.

Fooken, I. & Zinnecker, J. (Hrsg.). (2009). *Trauma und Resilienz: Chancen und Risiken lebensgeschichtlicher Bewältigung von belasteten Kindheiten.* Weinheim: Juventa.

Friemel, T. N. (2008). Anatomie von Kommunikationsrollen. Methoden zur Identifizierung von Akteursrollen in gerichteten Netzwerken. *Kölner Zeitschrift für Soziologie und Sozialpsychologie, 60,* 473–499.

Fuhrer, U. (2008). Die Rolle enger Bindungen und Beziehungen. In K. Hurrelmann, M. Grundmann & S. Walper (Hrsg.), *Handbuch Sozialisationsforschung* (S. 129–140). Weinheim: Beltz.

Fuhrer, U. (2009). *Erziehungspsychologie.* Bern: Huber.

Furman, W. & Buhrmester, D. (1992). Age and sex differences in perceptions of networks of personal relationships. *Child Development, 63,* 103–115.

Furman, W. & Buhrmester, D. (2009). The network of relationships inventory: Behavioral systems version. *International Journal of Behavioral Development, 33,* 470–478.

Fydrich, T., Sommer, G. & Brähler, E. (2007). *F-SozU: Fragebogen zur Sozialen Unterstützung. Manual.* Göttingen: Hogrefe.

Gigliotti, E. (2002). A confirmation of the factor structure of the Norbeck Social Support Questionnaire. *Nursing Research, 51,* 276–284.

Gould, R. V. & Fernandez, R. M. (1989). Structures of mediation: A formal approach to brokerages in transaction networks. *Sociological Methodology, 19,* 89–126.

Ho, D. Y. F. (1998). Interpersonal relationships and relationship dominance:An analysis based on methodological relationalism. *Asian Journal of Social Psychology, 1,* 1–6.

Huxhold, O., Mahne, K. & Naumann, D. (2010). Soziale Integration. In A. Motel-Klingebiel, S. Wurm & C. Tesch-Römer (Hrsg.), *Altern im Wandel. Befunde des Deutschen Alterssurvey* (DEAS) (S. 215–233). Stuttgart: Kohlhammer.

Kaiser, P. (2010). Der Einfluss der Herkunftsfamilien auf die Partnerschaft. In Staatsinstitut für Frühpädagogik (Hrsg.), *Das Online-Familienhandbuch.* München. Verfügbar unter: https://www.familienhandbuch.de/partnerschaft/grundlagen-fur-die-partnerschaft/der-einfluss-der-herkunftsfamilien-auf-die-partnerschaft [15.11.2011].

Kalish, Y. (2008). Bridging in social networks: Who are the people in structural holes and why are they there? *Asian Journal of Social Psychology, 11,* 53–66.

Kerr, M. & Bowen, M. (1988). *Family evaluation.* New York: Norton.

Keul, A. G. (1993). Soziales Netzwerk – System ohne Theorie. In A.-R. Laireiter (Hrsg.), *Soziales Netzwerk und soziale Unterstützung* (S. 45–54). Bern: Huber.

Keupp, H. (2004). Identitätsarbeit und Wertorientierung in einer globalisierten Netzwerkgesellschaft. *Supervision, 3,* 28–41.

Keupp, H. (2009). So weit die Netze tragen: Chancen und Mythen der Netzwerkarbeit. *Verhaltenstherapie und psychosoziale Praxis, 41,* 43–60.

Knob, T. (2011). *Kompendium der Psychologie,* Teil 5. Verfügbar unter http://members.chello.at/thomas.knob/PSYSTOFF5.htm [15.11.2011].

Laireiter, A.-R. (Hrsg.). (1993). *Soziales Netzwerk und soziale Unterstützung. Konzepte, Methoden und Befunde.* Bern: Huber.

Laireiter, A.-R. (2009). Soziales Netzwerk und soziale Unterstützung. In K. Lenz & F. Nestmann (Hrsg.), *Handbuch persönliche Beziehungen* (S. 75–99). Weinheim: Juventa.

Lang, F. R. (2005). Die Gestaltung sozialer Netzwerke im Lebenslauf. In U. Otto & P. Bauer (Hrsg.), *Mit Netzwerken professionell zusammenarbeiten. Bd. I: Soziale Netzwerke in Lebenslauf und Lebenslagenperspektive* (S. 41–63). Tübingen: DGVT.

Lang, F. R., Reschke, F. S. & Neyer, F. J. (2006). Social relationships, transitions, and personality development across the life-span. In D. K. Mrocek & T. D. Little (Eds.), *Handbook of personality development* (pp. 445–467). Mahwah: Erlbaum.

Lerner, R. M. & Busch-Rossnagel, N. A. (Eds.). (1981). *Individuals as producers of their development: A life-span perspective.* New York: Academic Press.

Lomi, A., Lusher, D., Pattison, P. & Robins, G. (2007). *Inter-organizational hierarchies, social networks, and identities in multi-unit organizations.* New York: American Sociological Association Annual Meeting.

McFarland, D. & Pals, H. (2005). Motives and contexts of identity change: A case for network effects. *Social Psychology, 68,* 289–315.

McGoldrick, M., Gerson, R. & Petry, S. (2008). *Genogramme in der Familienberatung.* Bern: Huber.

Montada, L. (2008). Fragen, Konzepte, Perspektiven. In R. Oerter & L. Montada (Hrsg.), *Entwicklungspsychologie* (S. 3–47). Weinheim: Beltz.

Moreno, J. L. (1989). *Psychodrama und Soziometrie: essentielle Schriften.* Herausgegeben von J. Fox. Köln: Edition Humanistische Psychologie.

Oerter, R. & Montada, L. (Hrsg.). (2008). *Entwicklungspsychologie.* Weinheim: Beltz.

Platt, L. F. (2011). *The Family Genogram Interview: Reliability and validity of a new interview protocol.* Cambridge: ProQuest.

Rauh, H. (2008). Vorgeburtliche Entwicklung und frühe Kindheit. In R. Oerter & L. Montada (Hrsg.), *Entwicklungspsychologie* (S. 149–224). Weinheim: Beltz.

Reis, O., Eisermann, J. & Meyer-Probst, B. (2003). Soziale Verbundenheit im frühen Erwachsenenalter: Muster und Antezedenzien. In J. G. Masche & S. Walper (Hrsg.), Eltern-Kind-Beziehungen im Jugend- und Erwachsenenalter. *Sonderbd. 3 der Zeitschrift für Familienforschung* (S. 125–138). Opladen: Leske + Budrich.

Robins, G. & Kashima, Y. (2008). Social psychology and social networks: Individuals and social systems. *Asian Journal of Social Psychology, 11,* 1–12.

Schmidt, M. (2003). *Systemische Familienrekonstruktion.* Göttingen: Hogrefe.

Schneewind, K. A. (2010). *Familienpsychologie.* Stuttgart: Kohlhammer.

Schneider, N. F., Ruppenthal, S. & Lück, D. (2009). Beruf, Mobilität und Familie. In G. Burkart (Hrsg.), *Zukunft der Familie: Prognosen und Szenarien. Sonderheft 6 der Zeitschrift für Familienforschung* (S. 111–136). Wiesbaden: Barbara Budrich.

Schulze, G. (1997). *Die Erlebnisgesellschaft. Kultursoziologie der Gegenwart.* Frankfurt: Campus.

Stadler, C. & Kern, S. (2010). *Psychodrama: eine Einführung.* Wiesbaden: VS Verlag für Sozialwissenschaften.

Strauss, A. L. & Corbin, J. (1996). *Grounded theory: Grundlagen qualitativer Sozialforschung.* Weinheim: Beltz.

Turkle, S. (2011). *Alone together: Why we expect more from technology and less from each other.* New York: Basic Books.

von Ameln, F., Gerstmann, R. & Kramer, J. (2009). *Psychodrama*. Berlin: Springer.

von der Lippe, H. & Gaede, N.-S. (in Druck). Die Konstitution personaler Netzwerke: Ein psychologischer Ansatz. In M. Schönhuth, M. Gamper & M. Kronenwett (Hrsg.), *Vom Papier zum Laptop: Perspektiven elektronischer Tools zur partizipativen Visualisierung und Analyse sozialer Netzwerke*. Bielefeld: transcript.

Welter-Enderlin, R. & Hildenbrand, B. (Hrsg.). (2010). *Resilienz: Gedeihen trotz widriger Umstände*. Heidelberg: Carl Auer.

Wendt, V., Diewald, M. & Lang, F. R. (2008). Interpendenzen zwischen verwandtschaftlichen und beruflichen Beziehungs-Netzwerken (IDUN). Entwicklung eines sparsamen Netzwerkinstrumentes und erste Ergebnisse. In M. Feldhaus & J. Huinink (Hrsg.), *Neuere Entwicklungen in der Beziehungs- und Familienforschung – Vorstudien zum Beziehungs- und Familienentwicklungspanel* (PAIRFAM) (S. 457–479). Würzburg: Ergon.

Widmer, E. D. (1999). Family contexts as cognitive networks: A structural approach of family relationships. *Personal Relationships, 6*, 487–503.

Widmer, E. D., Kellerhals, J. & Levy, R. (2004). Types of conjugal networks, conjugal conflict and conjugal quality. *European Sociological Review, 20*, 63–77.

Widmer, E. D. & La Farga, L.-A. (2000). Family networks: A sociometric method to study relationships in families. *Field Methods, 12*, 108–128.

Widmer, E. D., Le Goff, J.-M., Levy, R., Hammer, R. & Kellerhals, J. (2006). Embedded parenting? The influence of conjugal networks on parent-child relationships. *Journal of Social and Personal Relationships, 23*, 387–406.

Wolff, H.-G. & Moser, K. (2006). Entwicklung und Validierung einer Networkingskala. *Diagnostica, 52*, 161–180.

Woolfolk, A. (2008). *Pädagogische Psychologie*. München: Pearson Studium.

Wrzus, C., Wagner, J. & Neyer, F. J. (in Druck). The interdependence of horizontal family relationships and friendships relates to higher well-being. *Personal Relationships*.

Youniss, J. (1985). *Adolescent relations with mothers, fathers, and friends*. Chicago: University Press.

ZEIT, Die (2011, 23. August). „Das Geld macht uns einsam": Der Schweizer Soziologe Aldo Haesler über das Verbindende und das Trennende einer Macht, die nur künstliches Glück erzeuge. Interview mit Peer Teuwsen. *Die Zeit,* Ausgabe 34. Verfügbar unter: http://www.zeit.de/2011/34/P-Interview-Haesler [15.11.2011].

Nicoline Scheidegger

Der Netzwerkbegriff zwischen einem Konzept für Handlungskoordination und einer Methode zur Untersuchung relationaler Phänomene

1 Einleitung

Der Netzwerkgedanke erfreut sich seit einigen Jahren einer ungebrochenen Popularität in der ökonomischen und sozialwissenschaftlichen Forschung, in der Wirtschafts- und Verwaltungspraxis und vermehrt auch im Bereich der Bildung. Unternehmensnetzwerke, regionale Wirtschaftscluster, Kooperationen, strategische Allianzen, Bildungslandschaften – vielfältige Phänomene werden als Netzwerke bezeichnet. Es ist die Rede von Zusammenschlüssen von Unternehmen, Bildungseinrichtungen, Schulnetzwerken oder Verbänden. Der metaphorischen Verwendungsweise des Netzwerkbegriffs liegen Konzeptionen unterschiedlicher Phänomene und Mechanismen zu Grunde. Dieser Artikel skizziert die Diskussion rund um den Netzwerkbegriff und greift dabei zwei in der akademischen Diskussion am stärksten verbreitete Begrifflichkeiten des Netzwerks auf: Netzwerke als institutionelle Steuerung und Netzwerke als methodischer Zugang zur Beschreibung und Analyse von Beziehungsgeflechten (siehe Abb. 1).[1] Es geht somit zum einen um den Begriff des Netzwerks als einer speziellen Handlungskoordination, bei dem die gegenseitige Vernetzung im Vordergrund steht und zum anderen um eine Methode zur wissenschaftlichen Erforschung solcher Netzwerke, und zwar die soziale Netzwerkanalyse.

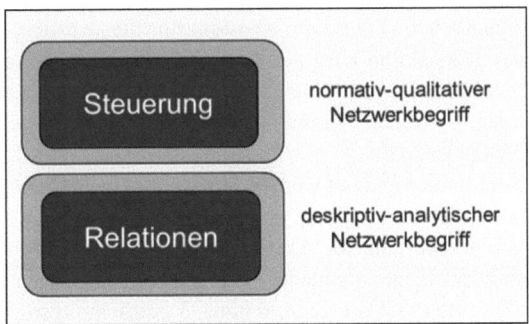

Abbildung 1:   Normativer und deskriptiver Netzwerkbegriff

---

1   Eine ausdifferenziertere Systematik findet sich bei Brandes & Schneider (2009).

Der Betrachtung von Netzwerken als institutionelle Steuerung liegt die Frage der Transaktionskostentheorie nach der effizientesten Organisationsform zum Austausch von Gütern und Dienstleistungen zu Grunde. Dabei stellt ein Netzwerk einen *Regulationsmechanismus* zwischen Markt und Hierarchie dar. Netzwerke sind ein qualitativ eigenständiger Typus der Handlungskoordination.

Der Betrachtung von Netzwerken als *Beziehungsgeflechte* liegen keine bestimmten Strukturvorstellungen eines Netzwerks zu Grunde. Netzwerke werden in einem eher formalen Sinne als Beziehungsgeflechte verstanden, deren Komponenten individuelle oder korporative Akteure sein können und deren Strukturen mit Hilfe der Methode der sozialen Netzwerkanalyse erfasst und analysiert werden. Gefragt wird nach der strukturellen Einbettung von Akteuren und den daraus erwachsenden Chancen und Restriktionen.

Der ersten Konzeption liegt ein normativ-qualitativer Netzwerkbegriff zu Grunde, der sich auf eine inhaltlich spezifizierte Vorstellung der Handlungskoordination bezieht und ein Netzwerk neben der hierarchischen und der marktlichen Steuerung als qualitativ andere Steuerungsform konzipiert. Der zweiten Konzeption liegt ein deskriptiv-analytischer Netzwerkbegriff zu Grunde, der sich auf die Verbindung zwischen Akteuren bezieht und ohne inhaltlich festgelegte Ausgestaltung auskommt.

2   Netzwerke als institutionelle Steuerung zwischen Markt und Hierarchie

Netzwerk als normativ-qualitativer Begriff wird in den Governance-Ansätzen als ein Steuerungsmechanismus diskutiert. Die Grundidee stammt aus der neoinstitutionalistischen Ökonomie, die nach der Problemlösefähigkeit institutioneller Strukturen[2] fragt. Dabei ist ein breites Spektrum von Steuerung denkbar. Bei den Governance-Ansätzen werden bestimmte Muster von Steuerungs- und Regelungsarrangements jeweils diskreten Strukturalternativen zugeordnet und Idealtypen von Governanceformen herausgearbeitet (Williamson, 1991). Als Referenzpunkt zum Vergleich der institutionellen Arrangements dienen die unterschiedlichen Transaktionskosten für die Abwicklung ökonomischer Transaktionen. Unter Transaktion wird der Austausch von Gütern, Leistungen und Verfügungsrechten verstanden. Dieser Austausch muss angebahnt, vereinbart, kontrolliert und angepasst werden, wodurch Transaktionskosten entstehen, also im Wesentlichen Informations- und Schutzkosten[3].

Als wichtigste Strukturalternativen werden Markt und Hierarchie als fundamental unterschiedliche Formen der Abwicklung ökonomischer Transaktionen begriffen (siehe Abb. 2). Auf dem *Markt* sind einzelne Akteure autonom und gleichrangig. Die Koordination verläuft über kurzfristige, spontane, dezentrale Markttransaktionen. Der Zugang zum Markt steht allen offen und die gegenseitigen Verpflichtungen werden in Kaufverträgen fixiert. Bei marktlichen Transaktionen spielen nur der Preis und Qualitätsinformationen eine Rolle. Über diese einzelnen Transaktionsakte hinaus gehen die Transaktions-

---

2   Williamson (1991, S. 14) versteht Institutionen als unterschiedliche „Grundformen von Beherrschung und Überwachung".

3   Kosten, die durch Maßnahmen zum Schutz vor opportunistischem Verhalten der Vertragspartner anfallen.

partner keine dauerhafte Beziehung ein. Konfliktfälle werden durch das gesetzte Recht geregelt. Dem Markt steht der Idealtypus der autoritativen Sozialkonfigurationen der *Hierarchie* (auch Planung und Staat) gegenüber. Die Hierarchie zeichnet sich durch eine Koordination über Weisungen, Anordnungen und formale Regeln aus, die über ein übergeordnetes Machtzentrum verlaufen. Die Macht- und Kontrollverhältnisse schlagen sich in hierarchischen Strukturen und den resultierenden Abhängigkeiten zwischen den Einheiten nieder. Die Konfliktlösung findet durch Weisungen statt (Williamson, 1991).

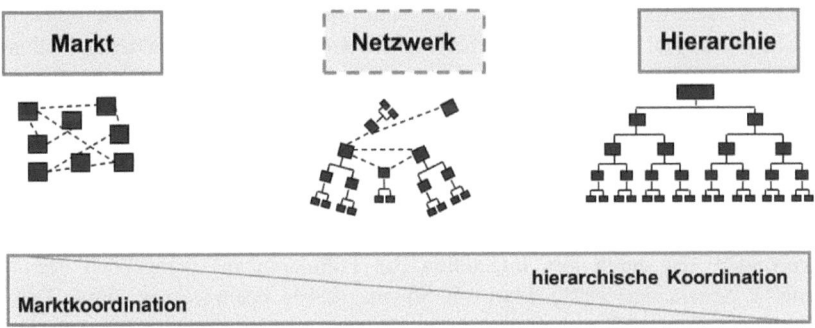

Abbildung 2:   Markt, Netzwerk und Hierarchie (in Anlehnung an Sydow, 1992b, S. 104)

Netzwerk wird aus dieser Perspektive als Hybridform[4] zwischen Markt und Hierarchie begriffen (Kenis & Schneider, 1996; Podolny & Page, 1998). Netzwerke bilden Konfigurationen mit weitgehend autonomen Komponenten, die aber in selektiver Weise dauerhafte Beziehungen eingehen, um beispielsweise gemeinsame Projekte zu koordinieren (Sydow, 1992a). Ein Netzwerk stellt somit eine spezifische Form dezentraler und horizontaler Kooperation dar, bei der die organisationalen Entscheidungsrechte und Eigentumsrechte über die beteiligten Netzwerkpartner verteilt sind.

Einige Autoren gehen davon aus, dass Netzwerke auf dem Kontinuum der Idealtypen Markt und Hierarchie angesiedelt sind und sich durch Mischformen marktlicher und hierarchischer Koordination auszeichnen (z.B. Williamson, 1991). Andere Autoren weisen darauf hin, dass Netzwerke nicht bloß eine Mischform darstellen, indem sie sowohl autonome, lose gekoppelte Komponenten wie auch längerfristige Verpflichtungen und hierarchische Koordination beinhalten, sondern dass Netzwerke einen dritten, eigenständigen Typus darstellen (z.B. Mayntz, 1993; Powell, 1990). Sie betonen die eigenständige Qualität dieses Koordinationstypus, ohne graduelle Übergänge zu den Typen Markt und Hierarchie zuzulassen. Das Markt-Hierarchie-Kontinuum, so das Argument, verdecke die Rolle von Reziprozität und Kooperation als alternative Steuerungs- und Regelungsmechanismen. Powell (1990) verweist auf die Rolle dauerhafter Beziehungen, in denen Ansehen und gegenseitige Interessen von zentraler Bedeutung sind und richtet den Blick auf das Geflecht von Abhängigkeit, Reputation und Verpflichtung in Netzwerken, die sich

---

4 Als weitere Hybridformen können z.B. komplexere Clan- oder Feudalstrukturen, Gemeinschaft oder auch Solidarität unterschieden werden (siehe auch Ouchi, 1980).

ohne vertragliche Regelung etablieren. Erklärt werden könnten solche Arrangements weder durch Marktbeziehungen noch durch hierarchische Befehlsstrukturen. Während im Markt der Preis und in der Hierarchie die Weisung als zentrale Koordinationsmechanismen gesehen werden können, kommt im Netzwerk Vertrauen als dritter Mechanismus hinzu, der mit Blick auf die Bildung, Stabilisierung und Entwicklung von Netzwerkkooperationen als erfolgskritisch gilt (Osterloh & Weibel, 2000; Weibel, 2004).

Gemeinsam ist den beschriebenen Varianten die Vorstellung, dass Netzwerke die Flexibilität marktförmiger Interaktion mit der Verlässlichkeit organisierter Strukturen verbinden. Netzwerke ermöglichen Tauschakte und Transaktionen, ohne sich auf die Unsicherheiten und Risiken marktlicher Transaktionen einlassen zu müssen. Und sie ermöglichen koordiniertes Handeln, ohne die Nachteile der Rigidität starrer bürokratischer Strukturen in Kauf nehmen zu müssen, denn sie sind flexibler, haben eine höhere Anpassungsfähigkeit und erreichen eine Bündelung von Ressourcen.[5]

Während sich die bisher skizzierte Diskussion stark auf wirtschaftliche Organisationen konzentriert, ist eine ähnliche Diskussion auch in Bezug auf politische Steuerung zu finden.[6] In den Politikprozess ist eine Vielzahl von privaten und öffentlichen Akteuren eingebunden, die durch ihre Interaktion das Politikergebnis maßgeblich bestimmen (Kenis & Scheneider, 1991). Marin & Mayntz (1991) kennzeichnen diesen Entwicklungstrend politischer Regelungsstrukturen als weg von hierarchischer Steuerung hin zu verteilten, dezentralen aber vernetzten Tausch- und Verhandlungssystemen mit dem Netzwerkbegriff.[7] Kenis & Schneider (1991, S. 42) kennzeichnen sie als spezifische, zwischen „politischen Märkten" und „politischen Hierarchien" liegende Mischformen politisch-institutioneller Steuerung, die sich durch ihre integrierten, hybridartigen Steuerungsstrukturen auszeichnen.

Auch in dieser Diskussion finden wir die Konzeption eines Netzwerks als besondere Gestalt und Form einer Koordination, hier in Bezug auf politische Interessen. Diese Ansätze leisten einen Beitrag zur Klärung der Art der Interessenvermittlung. Auf der stärker wissenschaftlich fokussierten Seite wird einerseits über den Sinn und Gehalt von Netzwerkmetaphern und -theorien diskutiert (z.B. Kenis & Schneider, 1991), andererseits werden verschiedenartige Netzwerkkonfigurationen in Typologien zusammengefasst (z.B. Henning & Wald, 2010; Jordan & Schubert, 1992). Auf der praxisorientierten Seite (siehe als Überblick Isett, Mergel, LeRoux, Mischen & Rethemeyer, 2011) werden Netzwerke als Policy-Netzwerke auf die Durchsetzungsfähigkeit von Interessen durch unterschiedliche Institutionen und Organisationen (Regierungsorganisationen, Verbände, Non-Profit-Organisationen etc.) hin untersucht. Oder aber Netzwerkkonstellationen ermöglichen eine gemeinsame Erstellung von Gütern oder Dienstleistungen in Bereichen, in denen einzelne Regierungsorganisationen, Non-Profit- und For-Profit-Organisationen diese im Alleingang nicht bereitstellen können oder wollen (Agranoff & McGuire, 2001, 2003; Mandell, 2001; Nelson, 2001). Nicht zuletzt werden Regierungs- und Verwal-

---

5   Powell (1990) stellt eine Vielfalt netzwerkförmiger Arrangements in Handwerk, Baugewerbe, Verlagswesen, regionalen Wirtschaftsräumen und Industriedistrikten vor.

6   Zur Governance-Diskussion in der politikwissenschaftlichen Theoriebildung siehe vor allem Benz (1994), Kenis & Schneider (1991), Marin (1990).

7   Als Politiknetzwerke werden „soziale Institutionen zur Formulierung und Implementierung politischer Ideen" (Sydow, 1992b, S. 77) bezeichnet.

tungsnetzwerke thematisiert, die die Erstellung öffentlicher Güter sichern und koordinieren (Klijn & Koppenjan, 2000). Fragen der Selbstorganisation und des Netzwerkmanagements werden somit zentraler (Agranoff, 2007).

Beim normativ-qualitativen Netzwerkbegriff geht es also um eine qualitativ eigene Steuerungsform. Die grenzüberschreitende Zusammenarbeit zwischen mehreren Organisationen hat in der Wirtschaft, der Politik und der Bildung stark zugenommen. Dabei versagt die Koordination über die Hierarchie oder den Markt. Das Netzwerk mit seinem Medium des Verhandlungssystems bildet deshalb immer häufiger das Steuerungskonzept der Wahl, um Koordinationsprobleme zu lösen.

3 Netzwerke als Methode zur Untersuchung relationaler Phänomene

Der bisher beschriebene Netzwerkbegriff bezieht sich auf eine bestimmte Koordinationsform, auf einen Governancemechanismus. In der zweiten Variante kommt er als deskriptiv-analytischer Begriff ohne inhaltliche Ausgestaltung aus. Er wird rein formal gefasst und bezeichnet „[...] durch Beziehungen eines bestimmten Typs verbundene Akteure" (Pappi, 1993, S. 84), wobei näher zu bestimmen bleibt, was mit den Komponenten der Beziehungen und der Akteure gemeint ist. Werden die Akteure als soziale Akteure gefasst, so hat sich als eine der geläufigsten Definitionen diejenige von Mitchell (1969, S. 2) durchgesetzt. Für ihn ist ein soziales Netzwerk ein „specific set of linkages among a defined set of persons, with the additional property that the characteristics of these linkages as a whole are used to interpret the social behaviour of the persons involved".

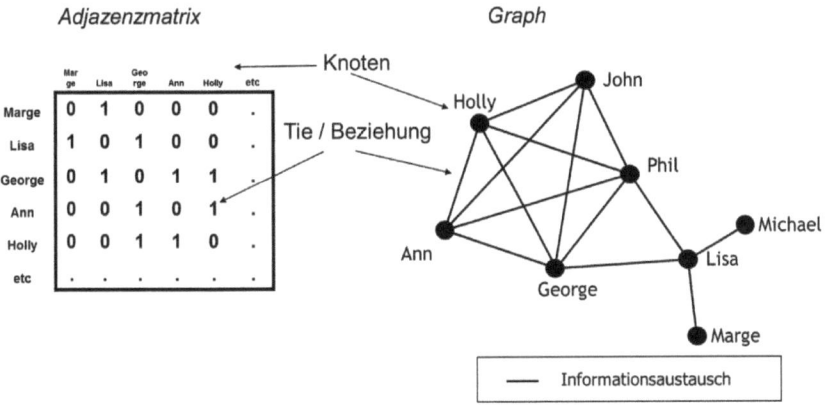

Abbildung 3: Netzwerkterminologie und -notation

Die Forschung im Bereich der Netzwerkanalyse unterscheidet sich durch den betrachteten Gegenstand – Netzwerke – und die Natur der Daten – dyadische Daten[8]. Dabei werden die Akteure als Knotenpunkte („Knoten", *Node*) gekennzeichnet. Jede Art von Beziehung zwischen den Akteuren wird durch eine Linie („Kante", *Tie*) dargestellt (Krackhardt, 1994, S. 91) (siehe Abb. 3) für die Notation und die Visualisierung am Beispiel des Kite-Graphen[9] von Krackhardt. Durch die Wahl des Sets an untersuchten Knoten und Ties wird das Netzwerk durch den Forschenden definiert (Borgatti & Halgin, 2011).

Die Netzwerkanalyse ist sowohl ein statistisches Instrumentarium zur Analyse von Netzwerken als auch eine Theorieperspektive.[10] Sie befasst sich mit den Strukturen und Mustern von Beziehungen. Die Theorieperspektive behauptet die Relevanz der Netzwerke, der Einbettung individueller und korporativer Akteure für deren Handlungschancen. „Social network analysis is the study of how such structure emerge, evolve and exhibit consequences for behavior" (Freeman, 1984, S. 343). Sie leitet also aus der Einbettung der Akteure Aussagen über die Handlungsfähigkeit als auch -restriktionen von Akteuren ab (Fombrun, 1982; Galaskiewicz & Wassermann, 1994).

Ties verbinden Knoten auch durch indirekte Verbindungen. Das Muster der Verbindungen eines Netzwerks liefert eine Struktur, Knoten nehmen darin spezifische Positionen ein.

Die in der sozialen Netzwerkanalyse untersuchten Ties können sehr vielfältig sein. Borgatti et al. (2009, S. 894) haben diese in einer Typologie zusammengestellt und unterscheiden vier Basistypen von dyadischen Beziehungen: Ähnlichkeiten, soziale Beziehungen, Interaktionen und Flüsse (siehe Abb. 4). Es wird darüber theoretisiert, wie diese Ties einander beeinflussen und welche Struktur sie aufweisen. Während in der traditionellen sozialwissenschaftlichen Forschung individuelle Ergebnisse als Funktion von Charakteristika auf derselben Ebene erklärt werden (z.B. Einkommen als Funktion der Bildung), betrachtet die soziale Netzwerkanalyse die Einbettung der Knoten in die Beziehungsstruktur sowie die Netzwerkstrukturen insgesamt. Zur Beschreibung der Netzwerke bietet die mathematische Graphentheorie (Harary, 1969) eine Fülle von Kennwerten. Jeder dieser Kennwerte richtet einen speziellen Blick auf den Graphen. Zusammengenommen geben sie Auskunft über die grundlegenden Charakteristika des betrachteten Netzwerks. Untersucht werden beispielsweise die Kohäsion oder Kleine-Welt-Struktur von Netzwer-

---

8 Dyadische Daten sind durch ihre Nichtunabhängigkeit gekennzeichnet. Unabhängigkeit ist eine Voraussetzung für viele statistische Verfahren. Deshalb werden dyadische Daten mit speziellen Methoden analysiert.

9 Ein Graph ist eine Struktur, die aus Knoten und Kanten besteht. Der Begriff *Graph* meint die mathematische Struktur, während der Begriff *Netzwerk* in der Regel auf die inhaltliche Bedeutung abzielt.

10 Ob es sich bei der Netzwerkanalyse um eine Theorie oder eine Methode handelt, wird kontrovers diskutiert. Für die einen verbirgt sich hinter der Netzwerkanalyse ein methodisches Instrumentarium ohne weitergehende theoretische Implikationen. Für die anderen ist sie ein eigenständiges Paradigma (siehe hierzu Wellman, 1988). Die Vorstellung der Existenz theoriefreier Methoden ist irreführend und resultiert wahrscheinlich daraus, dass die konventionellen multivariaten Analysen zumeist als allgemeine Methoden betrachtet werden, mit denen beliebige Theorien getestet werden können. Obwohl sie in der Praxis oft in dieser Weise verwendet werden, enthalten auch sie eine implizite Theorie der Kausalität. Hier liegen z.B. die Ideen dahinter, dass die meisten Effekte additiv, linear und einseitig sind und nicht von Multikollinearität verborgen werden.

ken, die Zentralität von Knoten in Netzwerken, die Tie-Strength oder Multiplexität der Beziehungen, Cliquenstrukturen oder strukturelle Äquivalenz.[11]

Gemeinsamkeiten			Soziale Beziehungen				Inter-aktionen	Flüsse
Stand-ort	Mitglied-schaft	Attribute	Ver-wandt-schaft	Rolle	Affek-tiv	Kogni-tiv		
z.B. gleicher räum-licher und zeitli-cher Ort	z.B. gleicher Club gleicher Anlass	z.B. gleiches Ge-schlecht gleiche Einstel-lung	z.B. Mutter von Bruder von	z.B. Freund von Vorge-setzter von Konkur-rent von	z.B. mag hasst	z.B. kennt weiß von	redet mit berät hilft schädigt	Informa-tionen Über-zeugun-gen persön-liche Res-sourcen

Abbildung 4: Typologie untersuchter Ties der sozialen Netzwerkanalyse (Borgatti, Mehra, Brass & Labianca, 2009, S. 894)

Es interessiert zumeist die Verbindung dieser Kennwerte und Merkmale von Netzwerken mit erzielten Konsequenzen für Knoten, Gruppen von Knoten oder ganzer Netzwerke. Dabei fungiert als Mechanismus zur Erklärung von Folgen sozialer Netzwerke eine Art Übertragung von Knoten zu Knoten. Dabei kann es sich sowohl um eine physische Übermittlung handeln wie auch um die Übernahme von Ideen und Einstellungen. Oder aber es findet eine Anpassung an ähnliche soziale Umwelten statt, sofern Knoten zu äquivalent anderen Knoten Verbindungen besitzen. Dabei werden die betrachteten Folgen nicht durch den Tie übermittelt, sondern ähnliche Folgen entstehen durch die ähnliche Einbettung.

Die formale Rigorosität und Abstraktheit der netzwerkanalytischen Methoden erlaubt es, dass die Konzepte und Auswertungstechniken in einer breiten Palette unterschiedlicher Forschungsfragen Verwendung finden. Sowohl die Untersuchungseinheiten als auch die charakteristischen Beziehungen können entsprechend den jeweiligen theoretischen Erwägungen relativ frei bestimmt werden. Netzwerkanalytisch durchleuchtet werden können – und das zeigt den Kontrast zur ersten Konzeption des Netzwerkbegriffs – sowohl hierarchische Beziehungen wie auch marktliche Transaktionen. Am Netzwerkbegriff lasten diesbezüglich keine Vorannahmen.

---

11 Bewährte Methodenbücher sind jene von Jansen (2003), Scott (2000) und Wasserman & Faust (1999). In neuerer Zeit etablieren sich zusehends auch qualitative Methoden für die Untersuchung von Netzwerken (z.B. Hollstein & Straus, 2006).

4   Zusammenfassung

Der Netzwerkbegriff hat Konjunktur. Dabei kann der Begriff Netzwerk unterschiedliches bezeichnen, vom Netzwerk als Steuerungsmechanismus und Organisationsform bis zum Netzwerk als analytische Betrachtung sozialer Beziehungen.

Netzwerk wird als inhaltlich-qualitative Erscheinungsform thematisiert. Aus einer Steuerungstheorie heraus ist ein breites Spektrum von Mechanismen denkbar. Kontrastiert wird zumeist der hierarchische mit dem atomistischen marktlichen Mechanismus als Extremvorstellung zentraler beziehungsweise dezentraler Steuerung. Netzwerke bezeichnen entweder eine Hybridform zwischen diesen Polen von Markt und Hierarchie. Oder aber sie thematisieren eine Verschiebung hin zu einer informellen, nicht-hierarchischen Kooperation (Mayntz, 1993) als eigenständigen Steuerungstypus, der nicht ausschließlich durch eine Mischung von marktlicher und hierarchischer Steuerung gekennzeichnet ist, sondern durch einen eigenständigen Typus gekennzeichnet wird. Ziele der Governance-Diskussion und der Begriffsdefinitionen sind letztlich von der analytischen Vorstellung geprägt, konkrete Wirtschafts- und Politikstrukturen als Mischungen von Grundformen zu modellieren oder die qualitative Veränderung der Sozialstruktur fassen zu können und Netzwerke als eigenständigen Regelungsmodus darzustellen. Die Steuerungstheorie vermag gut zwischen unterschiedlichen institutionellen Steuerungsformen zu differenzieren. Es stellt sich jedoch auch die Frage nach der Kombinatorik verschiedener Steuerungsformen, also danach, wie diese untereinander zusammenhängen und produktiv zusammenwirken (Schneider & Kenis, 1996). Scharpf (1993) zeigt z.B., dass Selbstkoordination im Schatten der Hierarchie oder Selbstkoordination in Netzwerken eher zum Erreichen eines Wohlfahrtsmaximums beitragen als dies einzelne Steuerungsformen leisten könnten. Entscheidend für die Steuerung eines sozialen Kontextes ist also die Kombination und Synthese verschiedener Steuerungstypen (Schneider & Kenis, 1996, S. 24). Das weist darauf hin, dass es in Zukunft besonders produktiv sein könnte, sich mit der Interdependenz der Steuerungsformen zu beschäftigen.

Netzwerk als deskriptiv-analytische Konzeption betrachtet ein Set von Einheiten und deren Geflecht sozialer Beziehungen. Es lassen sich jegliche Konstellationen von Beziehungen zwischen Knoten als Netzwerk betrachten. Das Forschungsinteresse liegt auf der Einbettung der Betrachtungsobjekte in ihr Umfeld. Die Netzwerkanalyse dient dazu, ein soziales Gefüge zu charakterisieren. Grundannahme ist, dass die Beziehungen und Positionen von Akteuren in Netzwerken Auswirkungen auf das Verhalten, die Wahrnehmung und die Einstellungen der Akteure haben. Diese Konsequenzen gilt es zu erfassen. Theorien zur Erklärung der Folgen der Netzwerkeinbettung zielen entweder auf Flüsse zwischen den Akteuren oder auf ähnliche Strukturmuster der Akteure. Es interessiert, weshalb gewisse Akteure oder Gruppen mehr erreichen (soziales Kapitel) oder weshalb gewisse Akteure und Netzwerke einander ähnlich sind (Homogenität) (Borgatti & Lopez-Kidwell, 2010).

Gemeinsam ist den beiden Netzwerkbegriffen, dass sie durch ihre metaphorischen Bezeichnungen Assoziationen hervorrufen, die die Einbettung von Akteuren in Beziehungsstrukturen betonen und darauf aufbauend Erklärungsmodelle für die Konsequenzen solcher Einbettungen formulieren. In diesem Sinne bietet die Netzwerk-Metapher den verschiedenen Ansätzen ein gemeinsames Dach.

Literatur

Agranoff, R. (2007). *Managing within networks: Adding value to public organizations.* Washington, DC: Georgetown University Press.

Agranoff, R. & McGuire, M. (2001). Big questions in public network management research. *Journal of Public Administration Research and Theory, 11* (3), 295–326.

Agranoff, R. & McGuire, M. (2003). *Collaborative public management: New strategies for local governments.* Washington, DC: Georgetown University Press.

Benz, A. (1994). *Kooperative Verwaltung: Funktionen, Voraussetzungen und Folgen.* Baden-Baden: Nomos.

Borgatti, S. P. & Halgin, D. S. (2011). On Network Theory. *Organization Science,* in press.

Borgatti, S. P. & Lopez-Kidwell, V. (2010). Network Theory. In J. Scott & P. Carrington (Eds.), *The SAGE Handbook of Social Network Analysis*: Sage Publications Ltd.

Borgatti, S. P., Mehra, A., Brass, D. J. & Labianca, G. (2009). Network Analysis in the Social Sciences. *Science, 323* (5916), 892–895.

Brandes, U. & Schneider, V. (2009). Netzwerkbilder: Politiknetzwerke in Metaphern, Modellen und Visualisierungen. In V. Schneider, F. Janning, P. Leifeld & T. Malang (Hrsg.), *Politiknetzwerke: Modelle, Anwendungen und Visualisierung* (S. 31–58). Wiesbaden: VS Verlag für Sozialwissenschaften.

Fombrun, C. (1982). Strategies for Network Research in Organisations. *Academy of Management Review, 7* (2), 280–291.

Freeman, L. C. (1984). Turning a profit from mathematics: The case of social networks. *Journal of Mathematical Sociology, 10,* 343–360.

Galaskiewicz, J. & Wassermann, S. (1994). Introduction: Andvances in the social and behavioral sciences from social network analysis. In S. Wassermann & J. Galaskiewicz (Eds.), *Advances in social network analysis: Research in the social and behavioral sciences* (pp. xi–xvii). Thousand Oaks: Sage.

Harary, F. (1969). *Graph theory.* Reading, MA: Addison-Wesley.

Henning, C. & Wald, A. (2010). Zur Theorie der Interessenvermittlung: Ein Netzwerkansatz dargestellt am Beispiel der Gemeinsamen Europäischen Agrarpolitik. *Politische Vierteljahresschrift, 41* (4), 647–676.

Hollstein, B. & Straus, F. (Hrsg.). (2006). *Qualitative Netzwerkanalyse: Konzepte, Methoden, Anwendungen.* Wiesbaden: VS Verlag für Sozialwissenschaften.

Isett, K. R., Mergel, I. A., LeRoux, K., Mischen, P. A. & Rethemeyer, K. R. (2011). Networks in Public Administration Scholarship: Understanding Where We Are and Where We Need to Go. *Journal of Public Administration Research and Theory, 21* (1), 157–173.

Jansen, D. (2003). *Einführung in die Netzwerkanalyse: Grundlagen, Methoden, Anwendungen.* Opladen: Leske + Budrich.

Jordan, G. & Schubert, K. (1992). A preliminary ordering of policy network labels. *European Journal of Political Research, 21* (1), 7–27.

Kenis, P. & Schneider, V. (1991). Policy Networks and Policy Analysis: Scrutinizing a New Analytical Toolbox. In B. Marin & R. Mayntz (Eds.), *Policy Networks: Empirical Evidence and Theoretical Considerations* (pp. 25–59). Frankfurt a.M.: Campus.

Kenis, P. & Schneider, V. (Hrsg.). (1996). *Organisation und Netzwerk: Institutionelle Steuerung in Wirtschaft und Politik.* Wien: Campus.

Klijn, E.-H. & Koppenjan, J. F. M. (2000). Public management and policy networks. *Public Management Review*, *2*, 135–158.

Krackhardt, D. (1994). Graph Theoretical Dimensions of Informal Organizations. In K. M. Carley & M. J. Prietula (Eds.), *Computational Organization Theory* (pp. 89–110). Hillsdale, New Jersey: Lawrence Erlbaum.

Mandell, M. P. (2001). The impact of network structures on community-building efforts: The Los Angeles roundtable for children community studies. In M. P. Mandell (Ed.), *Getting results through collaboration: Networks and network structures for public policy and management* (pp. 129–153). Westport, CN: Quorum Books.

Marin, B. (Hrsg.). (1990). *Governance and Generalized Exchange: Self-Organizing Policy Networks in Action*. Frankfurt a.M.: Campus.

Marin, B. & Mayntz, R. (Eds.). (1991). *Policy Networks: Empirical Evidence and Theoretical Considerations*. Frankfurt a.M.: Campus.

Mayntz, R. (1993). Policy-Netzwerke und die Logik von Verhandlungssystemen. *Policy-Analyse*, *24*, 39–56.

Mitchell, J. C. (1969). The concept and use of social networks. In J. C. Mitchell (Ed.), *Social networks in Urban Situations* (pp. 1–32). Manchester: Manchester University Press.

Nelson, L. (2001). Environmental networks: Relying on process or outcome for motivation. In M. P. Mandell (Ed.), *Getting results through collaboration: Networks and network structures for public policy and management* (pp. 89–102). Westport, CN: Quorum Books.

Osterloh, M. & Weibel, A. (2000). Ressourcensteurung in Netzwerken: Eine Tragödie der Allmende? In J. Sydow & A. Windeler (Hrsg.), *Steuerung von Netzwerken. Konzepte und Praktiken* (S. 88–106). Opladen: Westdeutscher Verlag.

Ouchi, W. G. (1980). Markets, Bureaucracies and Clans. *Administrative Science Quarterly*, *25*, 129–141.

Pappi, F. U. (1993). Policy-Netze: Erscheinungsform moderner Politiksteuerung oder methodischer Ansatz? *Politische Vierteljahresschrift*, *24*, 84–94.

Podolny, J. M. & Page, K. L. (1998). Network Forms of Organization. *Annual Review of Sociology*, *24*, 57–76.

Powell, W. W. (1990). Neither Market nor Hierarchy: Network Forms of Organization, *Research in Organizational Behavior*, *12*, 295–336. Greenwich, CT: JAI Press.

Scharpf, F. W. (1993). Positive und negative Koordination in Verhandlungssystemen. In A. Héritier (Hrsg.), *Policy-Analyse: Kritik und Neuorientierung* (S. 57–83). Wiesbaden: Westdeutscher Verlag.

Schneider, V. & Kenis, P. (1996). Verteilte Kontrolle: Institutionelle Steuerung in modernen Gesellschaften. In P. Kenis & V. Schneider (Hrsg.), *Organisation und Netzwerk: Institutionelle Steuerung in Wirtschaft und Politik* (S. 9–43). Frankfurt a.M: Campus.

Scott, J. (2000). *Social Network Analysis: A handbook*. London: Sage.

Sydow, J. (1992a). Strategische Netzwerke und Transaktionskosten. In W. H. Staehle & P. Conrad (Hrsg.), *Managementforschung 2* (S. 239–311). Berlin: de Gruyter.

Sydow, J. (1992b). *Strategische Netzwerke: Evolution und Organisation*. Wiesbaden: Gabler.

Wasserman, S. & Faust, K. (1999). *Social network analysis: methods and applications*. Cambridge: Cambridge University Press.

Weibel, A. (2004). *Kooperation in Netzwerken. Vertrauen und Kontrolle als Ausweg aus dem sozialen Dilemma*. Wiesbaden: DUV.

Wellman, B. (1988). Structural analysis: from method and metaphor to theory and substance. In B. Wellman & S. D. Berkowitz (Eds.), *Social Structures: A Network Approach* (pp. 19–61). Cambridge: Cambridge University Press.

Williamson, O. E. (1991). Comparative Economic Organization: The Analysis of Discrete Structural Alternatives. *Administrative Science Quarterly, 36* (2), 269–296.

Anna Becker, Eva Pertzborn, Romy Stühmeier,
Hans-Werner Schäfer & Jan Behrend

„Netzwerk für Bildung in Hamburg": Rahmenprogramm Integrierte Stadtteilentwicklung, Lernen vor Ort und Regionale Bildungskonferenzen

1 Einleitung

1.1 „Netzwerk für Bildung in Hamburg"

„Sozialer Wandel und insbesondere die wachsenden Segregationstendenzen in unserer Gesellschaft erfordern neue Steuerungsstrukturen in der Bildungspolitik, um flexibel und regionalspezifisch reagieren zu können" (Weiß, 2011, S. 169).

Das „Netzwerk für Bildung in Hamburg" besteht aus den Netzwerken:

- Rahmenprogramm Integrierte Stadtteilentwicklung (RISE) mit den Handlungsfeldern Bildung und Beschäftigung, Qualifizierung und Ausbildung,
- Projekt Lernen vor Ort (LvO) und
- Regionale Bildungskonferenzen (RBK).

Sowohl mit den Einzelnetzwerken als auch mit dem Gesamtnetzwerk „Netzwerk für Bildung in Hamburg" wird versucht, eine behörden- und bezirksübergreifende Steuerungsstruktur in der Freien und Hansestadt Hamburg zu Fragen der Bildung zu implementieren und zu erproben. Darüber hinaus stehen für RISE auch die Handlungsfelder Ausbildung und Beschäftigung, Integration, Familienförderung, Sport und Freizeit, Kultur im Stadtteil, Wohnen und Wohnungswirtschaft, Wohnumfeld und öffentlicher Raum, Lokale Ökonomie, Umwelt und Verkehr, Sicherheit und Gesundheitsförderung im Fokus.

Gemeinsames Fundament des „Netzwerks für Bildung in Hamburg" ist das erweiterte Bildungsverständnis des 12. Kinder- und Jugendberichts 2005. Die Kernaussage „dass Bildungsprozesse prinzipiell an keinen Ort und keine Zeit gebunden sind, Menschen deshalb bei allen passenden und unpassenden Gelegenheiten lernen können" (Bundesministerium für Familie, Senioren, Frauen und Jugend, 2005, S. 34), bildet hier den Kompass und gibt die erforderliche Orientierung.

Leitziel des „Netzwerks für Bildung in Hamburg" ist es entsprechend dieses Fundaments, die Bildungschancen für alle Kinder, Jugendlichen und Erwachsenen zu erhöhen. Um dieses Ziel zu erreichen, sollen Maßnahmen formuliert und realisiert werden, die es ermöglichen, alle Bildungspotenziale von Anfang an zu nutzen und bestmöglich zu fördern. Dem Einzelnen soll so die Möglichkeit gegeben werden, seine eigene Bildungsbiografie aktiv und erfolgreich zu gestalten.

Die Bearbeitung von komplexen Herausforderungen und Vorhaben erfordert im Sinne von Wolfgang W. Weiß (2011) Verfahrens- und Organisationsstrukturen, die behörden-übergreifend, kooperativ und auf höchst mögliche Transparenz des Informations- und Kommunikationsflusses für alle Ebenen und Beteiligten angelegt sind. Sie müssen hand-lungsfähig und schlank mit klaren Entscheidungswegen sein und über eine erkennbare Verankerung der Verantwortlichkeit in der Verwaltung verfügen. Die neu entwickelten innerbehördlichen sowie externen Strukturen der Netzwerke RISE, RBK und LvO ent-sprechen diesen formulierten Qualitätsanforderungen.

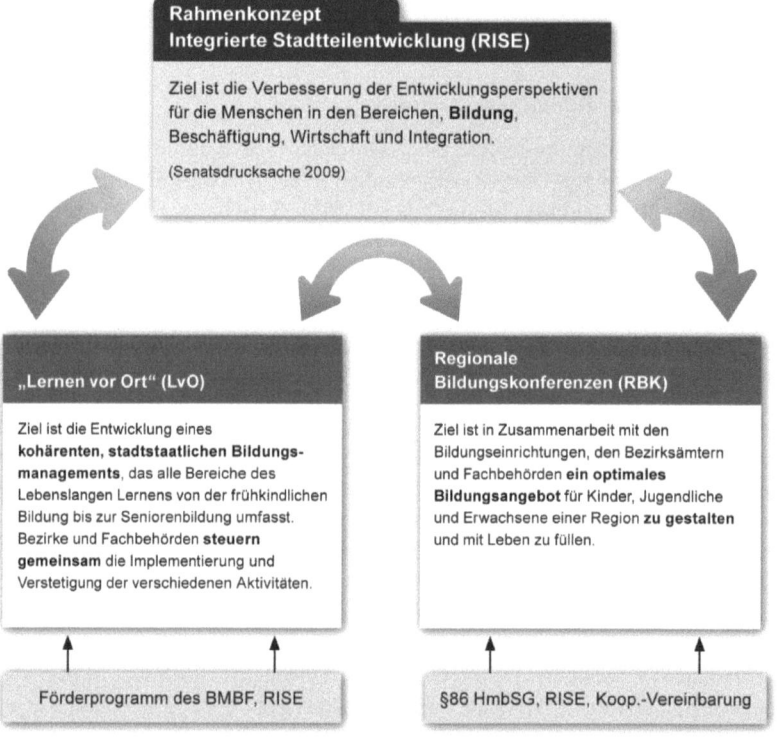

Abbildung 1:   Wechselbeziehung Handlungsfeld Bildung/RISE, LvO und RBK

Förmlich zusammengeführt wurden die RBK und das Förderprogramm LvO in der Drucksache des Rahmenprogramms Integrierte Stadtteilentwicklung (RISE), in dem sie für die Stadtgebiete, in denen das Rahmenproramm zur Förderung eingesetzt wird, Entwicklungsinstrumente für das Handlungsfeld Bildung sind (Freie und Hansestadt Hamburg, 2009, S. 18). Aber auch im hamburgweit gültigen „Konzept für die Einrich-tung von regionalen Bildungskonferenzen" und dem gemeinsam beschlossenen Vorhaben des Projekts „Lernen vor Ort" sind diese neuen Strukturen formuliert. In Abbildung 1 werden sie unter dem Aspekt ihrer Wechselbeziehung vorgestellt.

1.2 Rahmenprogramm Integrierte Stadtteilentwicklung

Im Juli 2009 wurde das Rahmenprogramm Integrierte Stadtteilentwicklung (RISE) vom Hamburger Senat beschlossen. Dem damaligen Leitbild „Wachsen mit Weitsicht" entsprechend wird mit dem Programm das Ziel verfolgt, Hamburg als gerechte und lebenswerte Stadt weiterzuentwickeln, den sozialen Zusammenhalt zu stärken und die Menschen in ihrem konkreten Wohn- und Lebensumfeld zu unterstützen (ebd., S. 6). Auf der programmatischen Ebene bedeutet dies:

- Verbesserung der Lebensbedingungen in benachteiligten Quartieren,
- Verbesserung der Entwicklungsperspektiven für die Menschen in den Bereichen Bildung, Beschäftigung, Wirtschaft und Integration,
- Stärkung der Mitwirkungsmöglichkeiten und der Eigenaktivität der Bürgerinnen und Bürger.

Bei der Entwicklung von RISE konnte auf den langjährigen Erfahrungen mit den Programmen der Stadtteilentwicklung und Stadterneuerung aufgebaut werden. Obwohl mit den Vorgängerprogrammen bereits gute Ergebnisse erzielt werden konnten, haben die gesellschaftlichen Entwicklungen wie die Veränderungen des Arbeitsmarkts, der demographische Wandel und die Fragen der Integration von Zuwanderinnen und Zuwanderern die Formulierung neuer Instrumente und Methoden in der Stadtteilentwicklung erforderlich gemacht. Bei der programmatischen Neuausrichtung wurden daher folgende Schwerpunkte gesetzt:

- Stärkere Fokussierung auf soziale Problemlagen,
- Aufbau neuer behördenübergreifender Verfahrens- und Organisationsstrukturen zur verbesserten Kooperation der Fachressorts,
- Bündelung von Förder- und Finanzierungsmöglichkeiten,
- Stärkung des gebietsbezogenen Managements,
- Einsatz zeitgemäßer Steuerungselemente.

Zur Bündelung der Finanzierungsmöglichkeiten wurden die bisherigen Programme der Stadtteilentwicklung und Stadterneuerungen mit dem Rahmenprogramm unter einem Dach zusammengeführt. Der Mitteleinsatz für die Stadtteilentwicklungs- und Stadterneuerungsaktivitäten des Senats konnte auf diese Weise effektiver gestaltet werden. So stehen jährlich rund 25 Millionen Euro in allen Programmsegmenten der Städtebauförderung zur Verfügung. Hinzu kommen Mittel der beteiligten Fachbehörden und der bezirklichen Fachdienststellen, die für Projekte und Maßnahmen in den Gebieten zusammengeführt werden. Die Stadtteilentwicklung ist zurzeit in 50 Gebieten aktiv, in denen rund 610 Projekte durchgeführt werden. Die Fördergebiete sind nach ihrem Förderstatus differenziert in Abbildung 2 dargestellt.

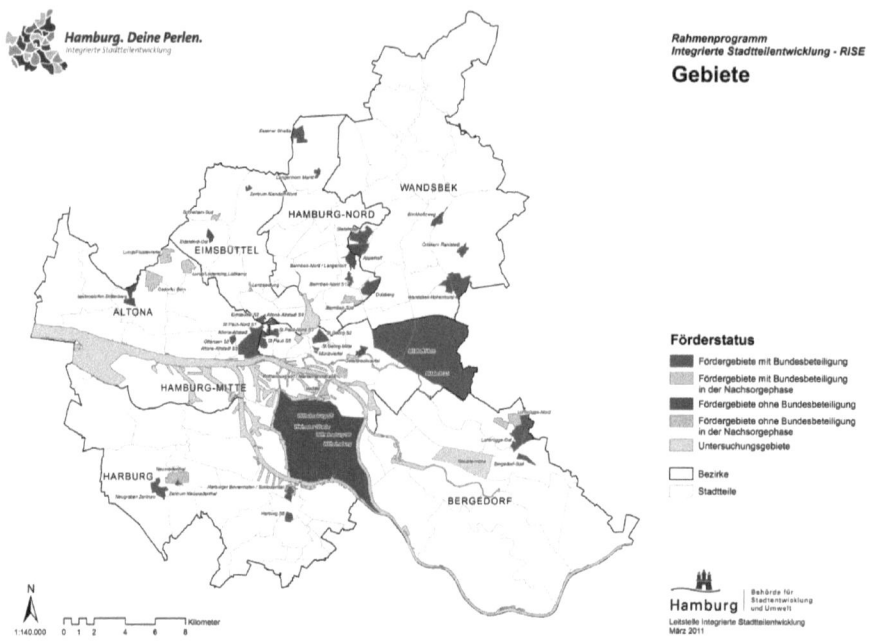

Abbildung 2:   Fördergebiete der Integrierten Stadtteilentwicklung nach Förderstatus

Um die Ziele von RISE zu erreichen, werden die Regelaufgaben von ehemals fünf und mittlerweile sieben Fachbehörden und den sieben Bezirksämtern in den zentralen politischen Handlungsfeldern Bildung, Beschäftigung, Wirtschaft und Integration sowie weiteren acht Handlungsfeldern in belasteten Stadtteilen gebündelt und eng miteinander abgestimmt. Die Erweiterung auf sieben Fachbehörden erfolgte zum einen aufgrund veränderter Zuständigkeiten und fachlicher Schwerpunktsetzungen. So wurde beispielsweise die Behörde für Inneres und Sport im November 2010 in die Gremien aufgenommen, um die bessere Integration des Handlungsfeldes Sicherheit, Kriminal- und Gewaltprävention in die Strukturen des Rahmenprogramms Integrierte Stadtteilentwicklung zu gewährleisten sowie die Vertretung des Handlungsfeldes Sport nach erfolgter Behördenumbildung weiter sicherzustellen. Zum anderen wurden im Zuge der Senatsneubildung nach der Neuwahl im Februar 2011 weitere Umorganisationen der Gremien notwendig.

Um von Anfang an eine stärkere Integration der unterschiedlichen Fachpolitiken in die Stadtteilentwicklung zu gewährleisten, wurde das Programm in einem kooperativen Arbeitsprozess aller für die Stadtteilentwicklung relevanten Fachbehörden, den Bezirksämtern und der Senatskanzlei entwickelt. Dieses Vorgehen ermöglichte es von Beginn an, ein gemeinsames Verständnis über die grundlegenden Ziele und angestrebten Wirkungen der Stadtteilentwicklung herzustellen und damit die wesentliche Basis für die aufgabenbezogene Integration der Fachpolitiken und die gebietsbezogene Bündelung des Ressourcen- und Mitteleinsatzes zu schaffen.

Abbildung 3:   Handlungsfelder der Integrierten Stadtteilentwicklung

So wurden für jedes der zwölf in der Abbildung 3 dargestellten Handlungsfelder im Rahmenprogramm konkrete Ziele und Aufgaben durch die zuständige Fachbehörde benannt, die durch die gebietsbezogenen Entwicklungsprozesse erreicht werden sollen, die folgend exemplarisch am Handlungsfeld „Bildung" dargestellt werden.

Die Behörde für Schule und Berufsbildung ist für das Handlungsfeld Bildung und in Teilen für den Bereich Ausbildung im Handlungsfeld „Beschäftigung, Qualifizierung und Ausbildung" zuständig. Für das Handlungsfeld Bildung sind für die benachteiligten Stadtquartiere folgende Ziele festgelegt:

- Intensive und frühe Förderung der Bildungspotenziale des Einzelnen,
- Steigerung des Anteils von Absolventinnen und Absolventen mit höheren Bildungsabschlüssen,
- Stärkung der Eigenverantwortung für die Entwicklung der individuellen Bildungsbiografie,
- Verbesserung des Übergangs von Schule in den Beruf,
- Bereitstellung und Ausweitung außerschulischer Bildungsangebote und Bildungsgelegenheiten und
- Entwicklung fachlicher, sozialer und persönlichkeitsbezogener Kompetenzen im Zusammenspiel von Schule und Gelegenheitsstruktur im Stadtteil.

Darüber hinaus wurden die fachbehördlichen Instrumente angeführt, die zur Erreichung der Ziele in den benachteiligten Gebieten im Einklang mit den Strategien der Stadtteilentwicklung angewendet werden können. Ein zentrales Instrument im Handlungsfeld Bildung stellt hier z.B. die Regionale Bildungskonferenz dar.

Um die Kooperation der Fachbehörden über die Programmerstellung hinaus zu gewährleisten, wurde die Zusammenarbeit durch den Aufbau neuer Verfahrens- und Organisationsstrukturen institutionell verankert. Durch den Ausbau horizontaler und vertikaler Kooperationsstrukturen wurde eine neue Kultur der Zusammenarbeit und Vernetzung bei der Programmdurchführung entwickelt, die zu einer höheren Qualität der Strategien und Projekte sowie Effizienz der eingesetzten Fördermittel beiträgt. Eingerichtet wurden drei Handlungsebenen:

1.   Politische Steuerung (Senatskommission/Senatskommission für Wohnen und Stadtentwicklung),
2.   Gesamtstädtische Steuerung (Leitungsausschuss) und
3.   Operatives Management (Bezirksamt).

Die politische Steuerung erfolgt durch die „Senatskommission Integrierte Stadtteilentwicklung", (heute: Senatskommission für Stadtentwicklung und Wohnungsbau). Mit der Senatsneubildung nach den Wahlen im Februar 2011 wurden die Aufgaben der Senatskommission erweitert und das Gremium entsprechend umbenannt. Die neue wie die alte Senatskommission formuliert die politischen Vorgaben für das Programm, die grundlegenden Ziele und die Strategien der Stadtteilentwicklung. Der Senatskommission (SENKO) gehören die Senatorinnen und Senatoren und Staatsrätinnen und Staatsräte der Behörde für Stadtentwicklung und Umwelt, der Behörde für Schule und Berufsbildung, der Behörde für Arbeit, Soziales, Familie und Integration, der Behörde für Wirtschaft, Verkehr und Innovation, der Kulturbehörde, der Finanzbehörde, der Behörde für Gesundheit und Verbraucherschutz, der Behörde für Inneres und der Chef der Senatskanzlei an. Auch sind alle sieben Bezirksamtsleiter in der Senatskommission vertreten. Diese sind aber nicht stimmberechtigt. Den Vorsitz hat der Erste Bürgermeister inne. Die Kommission hat eine beratende und beschließende Funktion.

Die gesamtstädtische Steuerung erfolgt durch den Leitungsausschuss zur Programmsteuerung (LAP). Unter der Federführung der Behörde für Stadtentwicklung und Umwelt gehören ihm alle beteiligten Fachbehörden und die sieben Bezirksämter an; letztere werden durch ihre Dezernentinnen und Dezernenten vertreten. Die Leitstelle Integrierte Stadtteilentwicklung nimmt die Geschäftsführung für die SENKO und den LAP wahr. Die beteiligten Fachbehörden haben für ihre Zuständigkeitsbereiche zentrale Ansprechpersonen bzw. Koordinatorinnen und Koordinatoren eingesetzt.

Die Gesamtverantwortung für die Durchführung und das operative Management der Maßnahmen, Projekte und Aktivitäten des Programms der Integrierten Stadtteilentwicklung liegen bei den Bezirksämtern. Sie nehmen das operative Management wahr und sind für die Umsetzung der Gebietsentwicklungsprozesse in ihren jeweiligen Fördergebieten verantwortlich. Für die Fachbehörden bilden die integrierten Entwicklungskonzepte und die daraus abgeleiteten Zeit-Maßnahme-Kosten-Pläne den Referenzrahmen für die Projektumsetzung.

Die Aufgabenverteilung zwischen den verschiedenen Managementebenen ist in Abbildung 4 noch einmal übersichtlich zusammengefasst.

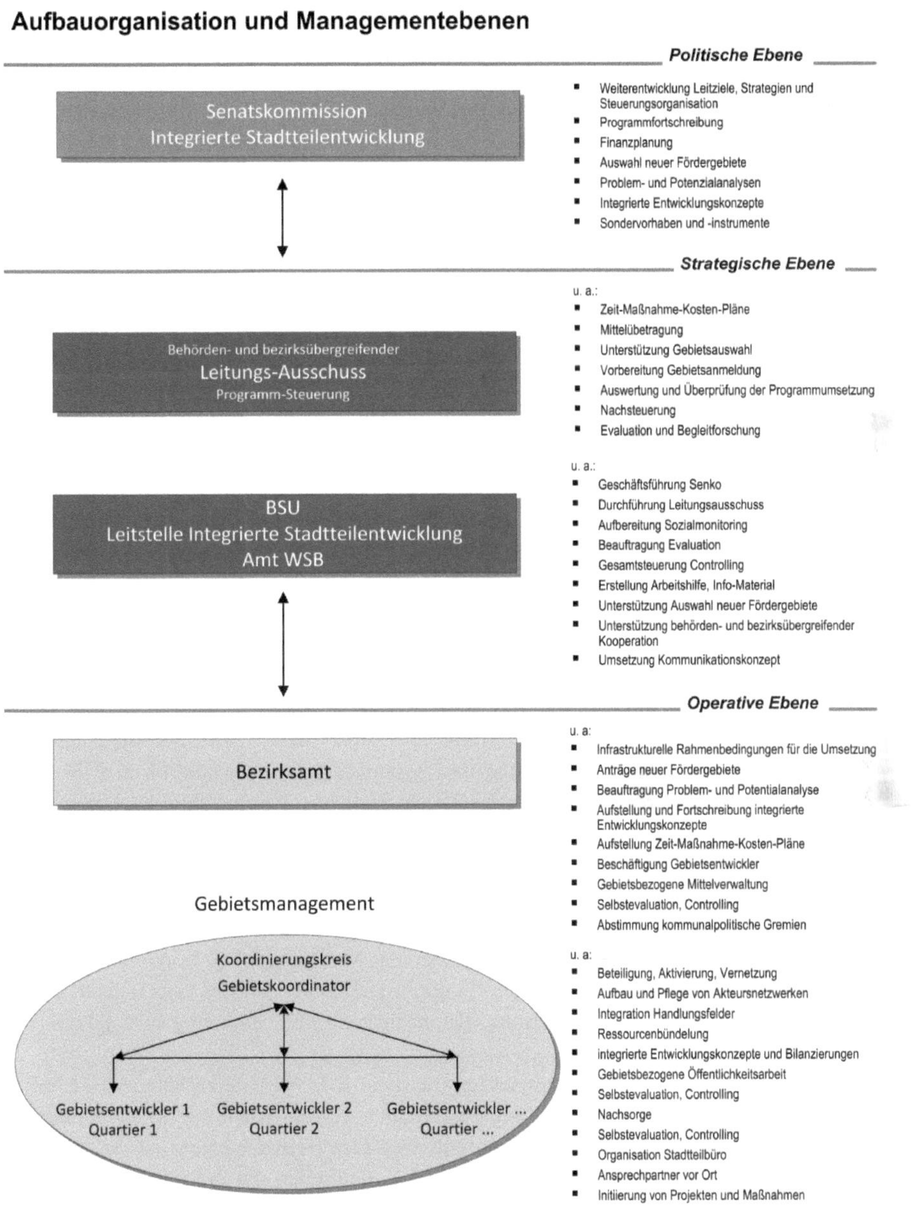

Aufbauorganisation und Managementebenen

Politische Ebene

Senatskommission
Integrierte Stadtteilentwicklung

- Weiterentwicklung Leitziele, Strategien und Steuerungsorganisation
- Programmfortschreibung
- Finanzplanung
- Auswahl neuer Fördergebiete
- Problem- und Potenzialanalysen
- Integrierte Entwicklungskonzepte
- Sondervorhaben und -instrumente

Strategische Ebene

Behörden- und bezirksübergreifender
Leitungs-Ausschuss
Programm-Steuerung

u. a.:
- Zeit-Maßnahme-Kosten-Pläne
- Mittelübetragung
- Unterstützung Gebietsauswahl
- Vorbereitung Gebietsanmeldung
- Auswertung und Überprüfung der Programmumsetzung
- Nachsteuerung
- Evaluation und Begleitforschung

BSU
Leitstelle Integrierte Stadtteilentwicklung
Amt WSB

u. a.:
- Geschäftsführung Senko
- Durchführung Leitungsausschuss
- Aufbereitung Sozialmonitoring
- Beauftragung Evaluation
- Gesamtsteuerung Controlling
- Erstellung Arbeitshilfe, Info-Material
- Unterstützung Auswahl neuer Fördergebiete
- Unterstützung behörden- und bezirksübergreifender Kooperation
- Umsetzung Kommunikationskonzept

Operative Ebene

Bezirksamt

u. a:
- Infrastrukturelle Rahmenbedingungen für die Umsetzung
- Anträge neuer Fördergebiete
- Beauftragung Problem- und Potentialanalyse
- Aufstellung und Fortschreibung integrierte Entwicklungskonzepte
- Aufstellung Zeit-Maßnahme-Kosten-Pläne
- Beschäftigung Gebietsentwickler
- Gebietsbezogene Mittelverwaltung
- Selbstevaluation, Controlling
- Abstimmung kommunalpolitische Gremien

Gebietsmanagement

Koordinierungskreis
Gebietskoordinator

Gebietsentwickler 1 | Gebietsentwickler 2 | Gebietsentwickler ...
Quartier 1 | Quartier 2 | Quartier ...

u. a:
- Beteiligung, Aktivierung, Vernetzung
- Aufbau und Pflege von Akteursnetzwerken
- Integration Handlungsfelder
- Ressourcenbündelung
- integrierte Entwicklungskonzepte und Bilanzierungen
- Gebietsbezogene Öffentlichkeitsarbeit
- Selbstevaluation, Controlling
- Nachsorge
- Selbstevaluation, Controlling
- Organisation Stadtteilbüro
- Ansprechpartner vor Ort
- Initiierung von Projekten und Maßnahmen

Abbildung 4: Aufbauorganisation und Managementebenen der Intergierten Stadtteilentwicklung

Mit der neuen Organisationsstruktur können die vorhandenen Kompetenzen im Bereich der Stadtteilentwicklung auf allen Ebenen zusammengeführt werden. Während die Fachbehörden stärker in die gebietsbezogenen Aktivitäten eingebunden werden, nehmen die Bezirksämter, die für die praktische Umsetzung des Programms verantwortlich sind, auch an den strategischen Entscheidungen in den Leitungsgremien teil. In den Fachbehörden und Bezirksämtern wurden für diesen Zweck Koordinatorinnen und Koordinatoren abgestellt und mit zusätzlichen Ressourcen ausgestattet.

Für das Handlungsfeld Bildung erfolgte die Verknüpfung von RISE mit dem Netzwerk Regionale Bildungskonferenzen (RBK) dadurch, dass die Gebietskoordinatorinnen und Gebietskoordinatoren kooptierte Mitglieder der bezirklichen Steuerungsgruppe sind, wenn in den Bezirken RISE-Gebiete liegen. Dies ermöglicht die erforderliche enge Abstimmung der unterschiedlichen Netzwerkakteure und dient der Vermeidung von sich überlagernden Doppelstrukturen.

Die zentrale Aufgabe der Fachbehörden in RISE ist die Durchführung ihrer Fachprogramme und Projekte im Rahmen integrierter Entwicklungskonzepte. Für das Handlungsfeld Bildung, für das die Behörde für Schule und Berufsbildung verantwortlich ist, bedeutet dies, dass ihre Fachpolitik, die für die ganze Freie und Hansestadt Hamburg gilt, in den RISE-Gebieten durch die Abstimmung mit den anderen Akteuren vor Ort regionale Modifikationen und Ausprägungen erfährt.

Dazu kooperieren die Fachbehörden untereinander und innerhalb der bezirklichen Koordinierungskreise, akquirieren ggf. ergänzende Fördermittel der EU und des Bundes, um ihre fachpolitischen Ziele innerhalb der Fördergebiete zu realisieren. Für die Behörde für Schule und Berufsbildung und das Handlungsfeld „Bildung" sowie Teile des Handlungsfelds „Beschäftigung, Qualifizierung und Ausbildung" bedeutet dies, dass die Behörde für Schule und Berufsbildung ihre gesamtstädtische Fachpolitik in RISE unter Berücksichtigung der regionalen Gegebenheiten realisiert. Ausgewählte Fachprogramme werden regional angepasst und modifiziert, so dass langfristig regionale Bildungskonzepte für RISE-Gebiete entstehen.

Den Koordinatorinnen und Koordinatoren in den Fachbehörden obliegt dabei die Aufgabe, als „Scharniere" fach- und handlungsfeldbezogen innerhalb der Steuerungsebene und zwischen Programmsteuerung und operativem Management zu fungieren. Sie sollen insbesondere als zentrale Anlaufstellen für die Bezirksämter und das Gebietsmanagement in Fragen der fachlichen Abstimmung, Koordinierung und Steuerung in der konkreten Umsetzung dienen.

Zur Umsetzung der Gebietsentwicklung wird in jedem Fördergebiet ein *Gebietsmanagement* durch die Bezirksverwaltung eingerichtet, dessen Arbeit mit der Aufnahme des Gebiets in die Programmförderung beginnt. Das Gebietsmanagement ist das entscheidende strategische Handlungssystem, das in den Stadtteilen die Programmziele und die jeweiligen Gebietsziele umsetzt. Dabei wird von einem umfassenden Verständnis von Gebietsmanagement ausgegangen: Es umfasst den gesamten Steuerungsprozess zur Integration der verschiedenen Politik- und Handlungsfelder, zur Vernetzung lokaler Strukturen und Akteure sowie zur Umsetzung einer integrierten Entwicklungsstrategie. Wie in der Abbildung 5 dargestellt, koordiniert und moderiert das Gebietsmanagement das formelle und informelle Zusammenwirken von privaten und öffentlichen, politischen und nicht-politischen Akteuren in der Entwicklung eines Stadtteils mit dem Ziel, die vorhandenen isolierten Leistungen und die Möglichkeiten der beteiligten Träger, Einrichtungen und intermediären Akteure zu einem zusammenhängenden Prozess zu bündeln und gleichzeitig die vorhandenen Entwicklungspotenziale der Bevölkerung im Stadtteil zu aktivieren und zu stärken.

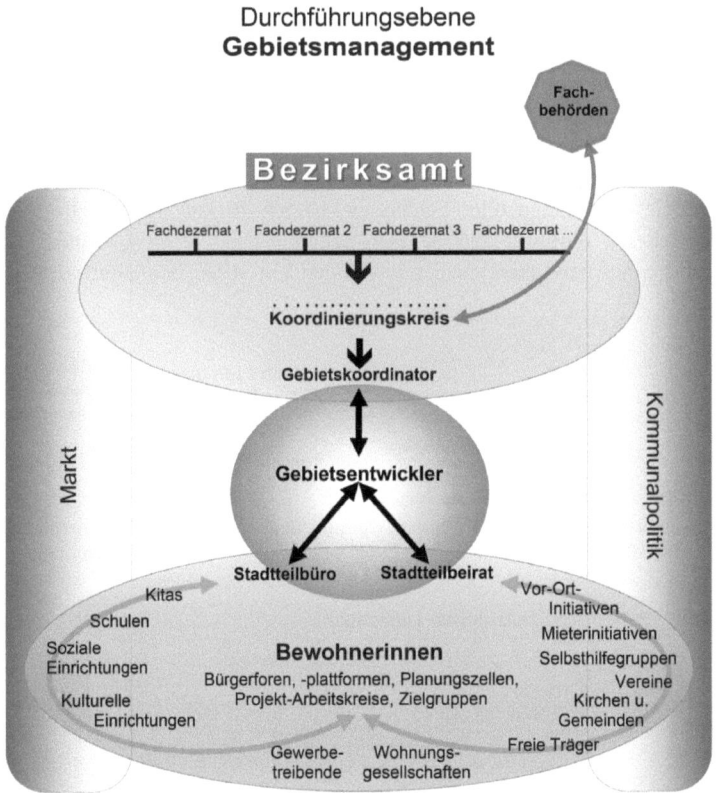

Abbildung 5: Zusammensetzung und Akteure des Gebietsmanagements

Das Gebietsmanagement ist folglich keine Aufgabe eines einzelnen Akteurs, beispielsweise der Gebietsentwicklerin oder des Gebietsentwicklers, allein, sondern setzt sich, wie die Abbildung 5 verdeutlicht, aus der Bezirksverwaltung, den Gebietsentwicklerinnen und den Gebietsentwicklern und den Organisatorinnen und Organisatoren im Quartier, wie dem Stadtteilbüro und dem Stadtteilbeirat, zusammen. Diese Netzwerkstruktur trägt in mehrfacher Weise den besonderen Erfordernissen des Managements von Quartierentwicklungsprozessen Rechnung. Die ziel- und ergebnisorientierte Steuerung des Gesamtprozesses verlangt die Vorgabe grundlegender Ziele, die Zuweisung von Ressourcen, die Festlegung zu beteiligender Akteure, die Vereinbarung von Kooperationen, Meilensteinen und Ergebnissen sowie deren Bewertung – also im Wesentlichen eine Top-Down-

Vorgehensweise. Gleichzeitig bedarf es Kooperationsformen, die im Sinne des Subsidiaritätsprinzips die Verantwortung und Entscheidungen möglichst auf bürgernahe Ebenen ins Quartier verlagern und die damit auf Selbstbindung und Selbstorganisationskraft der beteiligten Akteure setzen. Diese Bottom-Up-Vorgehensweise zielt auf die erforderliche Vertrauens- und Konsensbildung, respektiert die Selbständigkeit der Beteiligten und stellt die gemeinsame Suche von Problemlösungen in den Vordergrund.

Mit dem Rahmenprogramm Integrierte Stadtteilentwicklung wurden zudem drei neue *Steuerungsinstrumente* für die integrierte Stadtteilentwicklung eingeführt: Sozialmonitoring sowie ein Evaluations- und Controllingsystem. Sie sollen den Umsetzungsprozess ab einer möglichst frühen Stufe der Wirkungsketten beobachten, damit frühzeitig evidenzbasiertes Wissen darüber vorhanden ist, ob die vorgesehene Strategie greift, ob und warum sie erfolgreich ist, und welche Schritte gegebenenfalls einzuleiten sind, um Erfolgspotenziale auszubauen oder Fehlentwicklungen zu korrigieren. Die Abbildung 6 veranschaulicht die Wirkungskette am Beispiel eines Qualifizierungs- und Sprachförderprojekts und den Analysebereich der jeweiligen mit RISE eingeführten Steuerungsinstrumente.

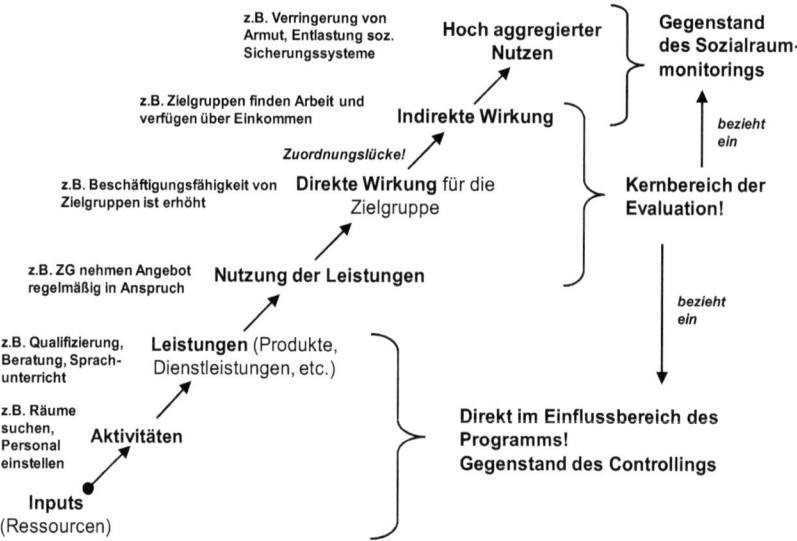

Abbildung 6:   Ziel- und Strategieformulierung anhand von Wirkungsketten

Als Instrument der Programmsteuerung wurde ein *Sozialmonitoring* im Rahmenprogramm Integrierte Stadtteilentwicklung konzipiert und die HafenCity Universität Hamburg in Kooperation mit der Universität Hamburg wurde mit der modellhaften Erprobung des Indikatorensets anhand realer Daten beauftragt.[1] Als kontinuierliches Beobachtungs-

---

1   HafenCity Universität Hamburg/Universität Hamburg (2010): Pilotbericht Sozialmonitoring im Rahmenprogramm Integrierte Stadtteilentwicklung (RISE).

system bildet es eine wichtige Grundlage für die Stadtteilentwicklung aus gesamtstädtischer Sicht. Wie Abbildung 7 zeigt, werden die statistischen Gebiete anhand der Status- und Dynamikindikatoren in 12 Kategorien eingeteilt. Die Verwaltung ist damit in der Lage, unterstützungsbedürftige Quartiere z.B. mit niedrigem Status und negativer Entwicklungsdynamik frühzeitig zu identifizieren und somit die Auswahl von Fördergebieten durch eine objektive Datenbasis zu stützen. Die systematische Beobachtung der Rahmendaten stellt darüber hinaus auch quartiersbezogene Rahmendaten für die Evaluation und das Controlling innerhalb von RISE bereit. Das Sozialmonitoring wird jährlich in Kooperation mit dem statistischen Landesamt, den Fachbehörden und den Universitäten als Auftragnehmer fortgeschrieben.

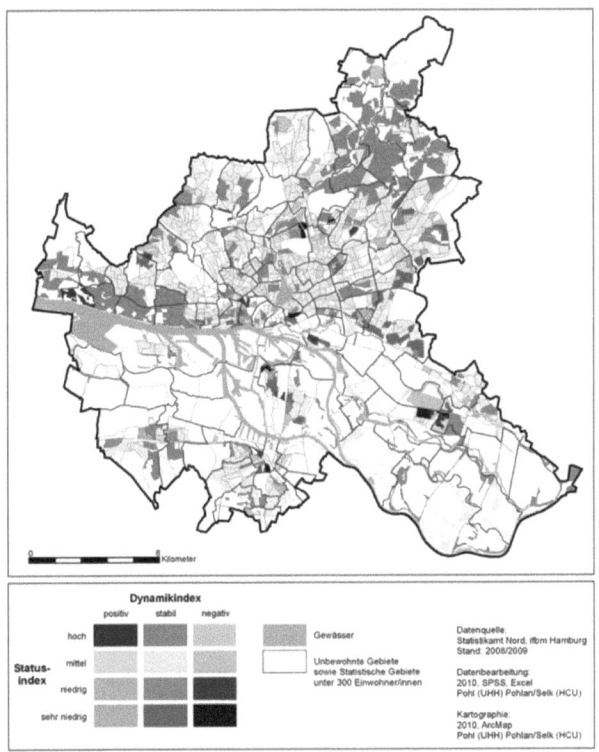

Abbildung 7:   Sozialmonitoring Hamburg 2010

1.3   Lernen vor Ort

Das Förderprogramm „Lernen vor Ort" ist eine gemeinsame Initiative des Bundesministeriums für Bildung und Forschung (BMBF) mit deutschen Stiftungen. Über einen Zeitraum von drei Jahren unterstützt das Programm 40 Kreise und kreisfreie Städte mit einem Gesamtvolumen von 60 Millionen Euro.

Für eine verbesserte Entwicklungsperspektive der Menschen in Hamburg und damit verbunden insbesondere die Erhöhung der Bildungsbeteiligung bildungsfernerer Bürgerinnen und Bürger, bedarf es unterschiedlicher Herangehensweisen. An der Implementierung und Steuerung der verschiedenen Aktivitäten arbeiten alle sieben Bezirke, Fachbehörden (BSB[2], BASFI[3], BGV[4], KB[5], BSU[6], BWVI[7]) sowie die drei Patenstiftungen Körber-Stiftung, Alfred Toepfer Stiftung F.V.S. und Haspa Hamburg Stiftung mit.

„Lernen vor Ort" versteht sich im Rahmen der Integrierten Stadtteilentwicklung als ein unterstützendes Vorhaben für den Aufbau von ressortübergreifendem Handeln und Regionalisierung der strategischen Ansätze. Mit „Lernen vor Ort" soll

> [...] ein kohärentes, stadtstaatliches Bildungsmanagement aufgebaut werden, das alle Bereiche des Lebensbegleitenden Lernens von der frühkindlichen Bildung bis zur Seniorenbildung einschließt und Bezirksämter und beteiligte Behörden bei der Steuerung, Entwicklung und Implementierung einbezieht. Dieses erfordert ein abgestimmtes Handeln der Fachbehörden auf Landesebene und eine Koordination zwischen Landes- und Bezirksebene. [...] Strukturen der Erziehung, Bildung und Weiterbildung werden im Sinne einer Gesamtstrategie geordnet, die unterschiedlichen Zuständigkeiten für Bildung und Lebensbegleitendes Lernen unter den Bedingungen eines Stadtstaates konzeptionell erfasst und sowohl regional als auch zentral verknüpft (Freie und Hansestadt Hamburg, 2009, S. 14f.).

Dies soll unter anderem durch die „Schaffung regionaler Verantwortlichkeiten für das Management der Bildungsangebote, der Kooperation der Bildungseinrichtungen und der Optimierung der Lerngelegenheiten im Stadtteil" (ebd., S. 15) erfolgen.

Entsprechend der in der Drucksache RISE formulierten Aufgabe, ein abgestimmtes Handeln der Fachbehörden auf Landesebene und eine Koordination zwischen Landes- und Bezirksebene zu unterstützen, ist das Projekt „Lernen vor Ort" originär in der Behörde für Schule und Berufsbildung angebunden. Gleichzeitig ist ein Großteil der Projektmitarbeiterinnen und Projektmitarbeiter in den Bezirksämtern mit entsprechender Dienst- und Fachaufsicht verortet. Kooperationsvereinbarungen zwischen den sieben Bezirksamtsleitungen und der Leitung der Behörde für Schule und Berufsbildung einerseits und der Leitung der Behörde für Schule und Berufsbildung und den Stiftungen andererseits, regeln die Zusammenarbeit. Die Komplexität dieser Projektstruktur wird in der Abbildung 8 deutlich. Ein enges Netz an formellen und informellen Arbeitstreffen sichert den Austausch und die Koordination zwischen den verschiedenen Ebenen sowie den Transfer der Ergebnisse aus den Aktionsfeldern.

---

2 Behörde für Schule und Berufsbildung.
3 Behörde für Arbeit, Soziales, Familie und Integration.
4 Behörde für Gesundheit und Verbraucherschutz.
5 Kulturbehörde.
6 Behörde für Stadtentwicklung und Umwelt.
7 Behörde für Wirtschaft, Verkehr und Innovation.

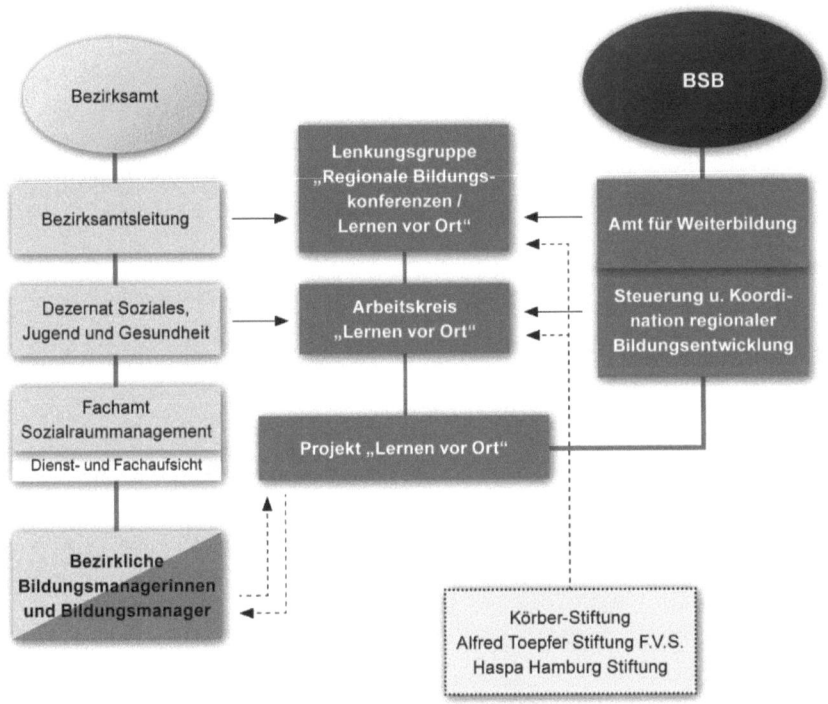

Abbildung 8:   Projektstruktur „Lernen vor Ort"

Aktionsfelder des Programms Lernen vor Ort

„Lernen vor Ort" schafft Strukturen, die „Bildung für alle" in allen Lebensphasen ermöglicht. Mit den grundlegenden Aktionsfeldern Bildungsmanagement, Bildungsmonitoring,
Bildungsberatung und Bildungsübergänge sollen diese strukturellen Verbesserungen hin
zu einem ganzheitlichen Managementmodell bewirkt werden. Berücksichtigung sollen
hierbei auch gesellschaftlich relevante Themen finden, wie beispielsweise der Demografische Wandel, um seine Auswirkungen auf das Bildungswesen vor Ort benennen und
einschätzen zu können. In einem gemeinsamen Aushandlungsprozess haben sich die
Bezirke und Fachbehörden auf die Bearbeitung der Themen Integration und Diversitäts-
management, Demografischer Wandel, Demokratie und Kultur verständigt sowie auf die
dafür verantwortlichen Bezirke. Gleiches gilt für die Zuordnung der für Hamburg wichtigsten Bildungsübergänge. Eine Übersicht, welche Themen in den jeweiligen Bezirken
bearbeitet werden, liefert die Abbildung 9. Handlungsleitendes Prinzip dabei war, die
Nachhaltigkeit über Transfer zu sichern.

Für die Bearbeitung der Bildungsübergänge und der thematischen Aktionsfelder sind
die sogenannten Bezirklichen Bildungsmanagerinnen und Bildungsmanager (BBM)
verantwortlich. Mit ihnen wurden erstmalig Verantwortliche für Bildung in den Bezirken
eingesetzt – jeweils zwei in einem Bezirk.

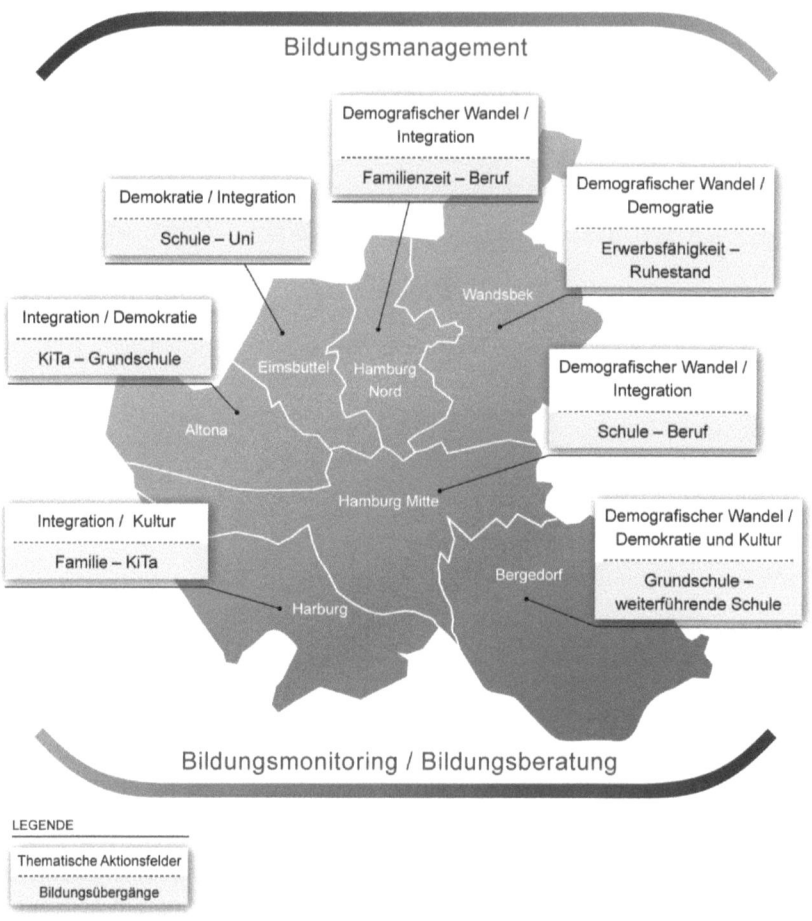

Abbildung 9:   Allgemeine und thematische Aktionsfelder des Projekts „Lernen vor Ort"

Ihre übergreifenden Aufgaben sind:

- Unterstützung beim Aufbau und Etablierung der Regionalen Bildungskonferenzen (RBK) zu leisten, und zwar durch die Mitarbeit in den bezirklichen Steuerungsgruppen und Zusammenarbeit mit den Geschäftsstellen RBK,
- ein Konzept für ein professionelles Management bildungsbezogener Übergänge (zwischen Lebensphasen, Bildungsphasen, Bildungsinstitutionen) zu entwickeln,
- (Neue) Strukturen aufzubauen:

  1. zur Koordination von Angeboten und Bedarfen von Schülerinnen und Schülern an Mentoring und Bildungsbegleitung,
  2. um die Beteiligung von Bürgerinnen und Bürgern, insbesondere mit Migrationshintergrund, in Gremien und bei Beteiligungsverfahren zu erhöhen,

3. um die Lernbedürfnisse und Kompetenzen älterer Bürgerinnen und Bürger zu ermitteln und durch bedarfsgerechte Angebote die Bildungsbeteiligung zu erhöhen und

4. um das Zusammenspiel von schulischen und außerschulischen Akteuren im Bereich der Sprachförderung nachhaltig zu sichern.

Bei der Entwicklung eines ganzheitlichen Managementmodells wirken und unterstützen, neben den bezirklichen Bildungsmanagerinnen und Bildungsmanager, die Projektmitarbeiterinnen und Projektmitarbeiter aus den Aktionsfeldern Bildungsmonitoring und Bildungsberatung durch folgende Aktivitäten mit:

Bildungsmonitoring

Für eine regionale Bildungsplanung werden im Modellbezirk Harburg alle Bildungsträger mit ihren Angeboten aufgeführt. Das „Harburg Aktiv Portal" liefert erstmals Transparenz bezüglich der gesamten Bildungsinfrastruktur (inkl. non-formales/informelles Lernen) – für Bürger, professionelle Nutzer und Verwaltung. Eine fachbehörden- und bezirksübergreifende Arbeitsgruppe sichtet gemeinsam und systematisch die Datenlage im außerschulischen Bereich und prüft die Einführung von Indikatoren für informelles/non-formales Lernen.

Bildungsberatung

Im Modellbezirk Harburg ist ebenfalls eine ergänzende Beratungsstruktur im Sozialraum für eine niedrigschwellige Erst- und Verweisberatung zu Bildungsfragen, speziell für die (heterogene) Gruppe der Bildungsbenachteiligten, im Aufbau. Mit dem Modell „Zukunftslotsen" werden mit den Prinzipien der „Beratung auf den Alltagswegen der Menschen" und „Beratung von Gleich zu Gleich" eine Ansprache in Sachen Bildung geschaffen bzw. der Zugang zu Bildung für die Zielgruppe verbessert.

1.4 Regionale Bildungskonferenzen

Erste Erwähnung finden Regionale Bildungskonferenzen in dem Bericht der Hamburger Enquete-Kommission „Konsequenzen der neuen PISA-Studie für Hamburgs Schulentwicklung" der Hamburgischen Bürgerschaft aus dem Jahr 2007. Auf diesem Hintergrund sind sie in das Rahmenprogramm Integrierte Stadtteilentwicklung und schließlich in das Hamburgische Schulgesetz in der Fassung vom 20. Oktober 2009 eingegangen, in dem ihre Einrichtung verpflichtend festgelegt wird. Sehen die genannten Quellen die Schulen noch eher als das Zentrum der Regionalen Bildungskonferenzen, öffnet das „Konzept für die Einrichtung von Regionalen Bildungskonferenzen", das mit einer Kooperationsvereinbarung zwischen Senatorin und den sieben Bezirksamtsleitungen am 25.10.2010 in Kraft gesetzt wurde, den Blick auf alle Lebensphasen und die unterschiedlichen Bildungsbereiche (formale, informelle, nonformale Bildung).

Die genannten Quellen machen wenig bis keine Angaben zu den Zielen und Aufgaben der Regionalen Bildungskonferenzen. Deshalb wurde das erwähnte Konzept in einem behörden- und bezirksübergreifenden Prozess mehrere Monate erarbeitet, der sich bereits als ein erster Schritt zur Überwindung verschiedenster Versäulungen erwies.

Das Konzept orientiert sich an dem allgemeinen Ziel, in der Stadt zukunftsweisende attraktive Bildungsangebote für eine internationale Stadtgesellschaft zu entwickeln. Die Regionalen Bildungskonferenzen sollen die Zusammenarbeit der Bildungseinrichtungen in der Region weiter entwickeln und damit zur Verbesserung der Bildungschancen der Menschen und der Attraktivität der Stadtteile bzw. Quartiere gleichermaßen beitragen. Damit wird eine höhere Bildungsbeteiligung insbesondere in benachteiligten Gebieten begünstigt und mehr Bildungsgerechtigkeit ermöglicht. Das Konzept beschreibt die Strukturen und Rahmenbedingungen für den Aufbau Regionaler Bildungskonferenzen. Themen, Inhalte, Arbeitspläne etc. sind von den Akteuren innerhalb dieser Strukturen selber zu entwickeln.

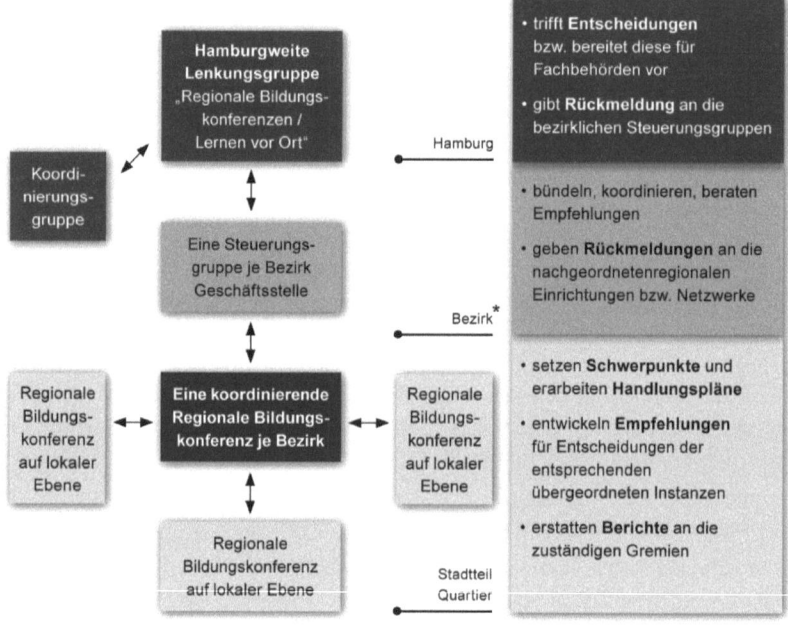

*idealtypische Darstellung für 1 der 7 Hamburger Bezirke

Abbildung 10:   Aufbau der Hamburger Regionalen Bildungskonferenzen

Die RBK führen Menschen und Institutionen einer Gebietseinheit zusammen, um die konzeptionelle Zusammenarbeit und die Integration bisher getrennt arbeitender Institutionen und Einrichtungen gezielt und bedarfsorientiert in Richtung einer systematischen Vernetzung der Angebote zu gestalten. Mittelfristiges Ziel ist die Einrichtung so kleinräumiger RBK, dass sie die direkte Beteiligung der regionalen Bildungseinrichtungen ermöglichen. Dazu werden Zwischenschritte über Regionale Bildungskonferenzen auf der Ebene der sieben Hamburger Bezirke notwendig, in denen eher die Repräsentanten größerer Bildungsverbände und -institutionen zusammenkommen. Von diesen bezirklichen RBK gehen Impulse in die lokale Ebene bzw. werden solche aus der lokalen Ebene aufgegriffen. An den RBK sollen nach Möglichkeit und je nach Größe alle Bildungseinrichtungen durch Teilnehmerinnen und Teilnehmer vertreten sein. Von der lokalen Ebene können Vertretungen in die bezirkliche Ebene delegiert werden (siehe Abb. 10).

Mit dem Vorhaben, in Hamburg flächendeckend Regionale Bildungskonferenzen einzurichten, geraten zwei Bewegungsprinzipien in Widerspruch: Die Umsetzung eines schulgesetzlichen Auftrags erfordert eine deutliche Top-Down-Steuerung der verantwortlichen Behörde. Ziel dieser Steuerung ist aber ein Bottom-Up-Prozess, der letztlich auf die direkte Beteiligung der Akteure setzt. Diese Spannung wird im weiteren Prozess vor allem von den Steuerern, Lenkern und Planern auszuhalten sein.

Auftrag der RBK ist es, ein an den Bedürfnissen der Kinder, Jugendlichen und deren Familien ausgerichtetes, abgestimmtes Bildungs-, Beratungs- und Erziehungsangebot in der Region durch Vernetzung der diversen agierenden Institutionen sicherzustellen und dieses regelmäßig in einem kooperativen, diskursiven Prozess der Beteiligten zu überprüfen und aktuellen Anforderungen anzupassen. Dabei sollen vorhandene Netzwerke genutzt und gestärkt werden.

Zur Entwicklung solcher integrierter Bildungskonzepte führen die RBK zunächst Bestandsaufnahmen und Bedarfserhebungen durch, erarbeiten auf dieser Grundlage regionale (pädagogische bzw. Bildungs-) Handlungspläne und geben in deren Sinne Empfehlungen für die bildungspolitische Weiterentwicklung der betreffenden Region an die übergeordneten Gremien. Um die Schnittstellen solcher Empfehlungen zu RISE und LvO jederzeit erkennen und bearbeiten zu können, gibt es inzwischen vielfache formelle wie informelle Strukturen, in denen notwendige Abstimmungen vorgenommen werden können. An erster Stelle ist in diesem Zusammenhang die Zusammenführung der drei Arbeitsgebiete unter dem Dach einer neuen Abteilung „Steuerung und Koordinierung regionaler Bildungsentwicklung" im Amt für Weiterbildung der Behörde für Schule und Berufsbildung zu nennen. Sowohl die RBK auf Ebene der Bezirke als auch die auf der Ebene der Region, des Stadtteils oder des Quartiers haben jeweils das Mandat zur Entwicklung solcher Handlungskonzepte entsprechend behördlicher bzw. politischer Vorgaben und ermittelter Bedarfslagen.

Die RBK tragen mit ihren Analysen und Empfehlungen im Sinne eines kohärenten Bildungsmanagements zur Weiterentwicklung regionaler Bildungsstrukturen und Bildungsangebote bei. Sie schaffen damit ein abgestimmtes und anschlussfähiges System von Angeboten und Maßnahmen und die Voraussetzungen, um die Bildungsprozesse der Bewohnerinnen und Bewohner effizient und nachhaltig zu unterstützen. Die RBK auf Bezirksebene tagen ein- bis zweimal im Jahr, die auf regionaler bzw. lokaler Ebene anlassbezogen in der Regel drei- bis viermal im Jahr.

Die Grundüberlegung bzgl. der Bearbeitung bestimmter Themen in den RBK geht von der Überzeugungskraft einer selbst erklärenden Dringlichkeit derselben aus, mit dem zu erwartenden Ergebnis, dass bestimmte Themen in allen regionalen und überregionalen Zusammenhängen wiederkehren, sich mit den stadtweit dringlichsten decken und nur zu einem geringeren Teil regional divergieren. Dennoch liegt die Auswahl wie auch die Priorisierung der Themen in der Kompetenz der jeweiligen RBK bzw. der bezirklichen Steuerungsgruppe und evoziert u.U. unterschiedliche Teilnehmerzusammensetzungen.

Ggf. kann die vertiefte Bearbeitung eines Themas auch in thematisch gebundenen Arbeitsgruppen erfolgen. Insbesondere von dieser Möglichkeit wird nach den ersten Erfahrungen mit stattgefundenen RBK gerne von den Teilnehmerinnen und Teilnehmern Gebrauch gemacht.

In diesen ersten Sitzungen der RBK hat sich die Annahme bzgl. der Auswahl der Themen bestätigt: In allen Bezirken kehren vier bis fünf Standardthemen wieder und werden von weiteren spezifischen ergänzt, die sich wiederum ebenfalls mehrfach wiederholen.

Die meist benannten Themen waren (ohne Ranking):

- Übergänge (insbesondere Kita-Schule, Schule-Beruf), Übergangsmanagement,
- Integration / Inklusion,
- Ganztagsschule, Zusammenhang RBK – Programm „Ganztägige Betreuung an Schulen",
- Qualitätsentwicklung, z.B. messbare Ziele (etwa Halbierung der Anzahl der Schulabbrüche),
- Kooperationen ausbauen bzw. verbessern / verstetigen,
- Spracherwerb (auch von Eltern),
- „Familienarbeit", Interkulturelle Elternarbeit,
- Bildungschancen erhöhen,
- Lebensbegleitendes Lernen,
- gemeinsame Leitbildentwicklung und
- Seniorenbildung.

Wie arbeiten die RBK?

Zielperspektive bei der Entwicklung Regionaler Bildungskonferenzen ist die Ebene des Quartiers, des Stadtteils (siehe Abb. 11). Hier soll in Zukunft die praktische Arbeit geleistet werden. Je kleinräumiger eine RBK, desto sicherer ist die direkte Teilnahme der Menschen gewährleistet, die in konkreten Bildungseinrichtungen vor Ort arbeiten bzw. deren Nutzer und Nutzerinnen sind. Schon jetzt zeichnet sich ab, dass sich in den verschiedenen Bezirken unterschiedliche Anzahlen wie auch unterschiedliche Größen und Zusammensetzungen lokaler Bildungskonferenzen herausbilden werden. Ein wertvolles, nicht zu unterschätzendes Ergebnis der gemeinsamen Konzepterarbeitung und einer entsprechenden haushaltsmäßigen Absicherung ist die Tatsache, dass jetzt in jedem Bezirk koordinierende Kräfte und Strukturen die Koordination dieser diversifizierten und in Perspektive vielzahligen lokalen Konferenzen gewährleisten. Diese sind die RBK auf bezirklicher Ebene, denen laut Konzept eine Beratungs-, Koordinierungs- und Monitoring-Funktion zugeschrieben wird, die bezirklichen Steuerungsgruppen (diese sind paritätisch aus Vertreterinnen bzw. Vertretern der Behörde für Schule und Berufsbildung und Vertreterinnen bzw. Vertretern des jeweiligen Bezirksamtes zusammengesetzt) sowie die Geschäftsstellen in jedem Bezirk, die für die logistische und infrastrukturelle Unterstützung der RBK verantwortlich sind. Diese bezirklichen Einrichtungen bilden die Nahtstelle zwischen der lokalen Arbeitsebene und der hamburgweiten Steuerung. Entsprechend der bundesweit einmaligen Zielsetzung, nämlich in einer Metropolregion flächendeckend ein Gesamtnetzwerk Bildung zu etablieren, ist diese hamburgweite Steuerung zwingend geboten. So verknüpft die hamburgweite Lenkungsgruppe die RBK auch mit dem Projekt LvO und setzt sich dementsprechend aus Vertretungen der verschiedenen Behörden, der Bezirke sowie der drei Patenstiftungen von LvO zusammen. Die Lenkungsgruppe ist verantwortlich für die Steuerung des Gesamtprozesses, gibt thematische Impulse in die RBK und trifft Entscheidungen zu den von deren Seite eingegangenen Empfehlungen bzw. leitet diese zur Entscheidung an die zuständigen Fachbehörden weiter. Sie hat sich verpflichtet, den empfehlenden Gremien innerhalb von sechs Wochen eine entsprechende Rückmeldung zu geben.

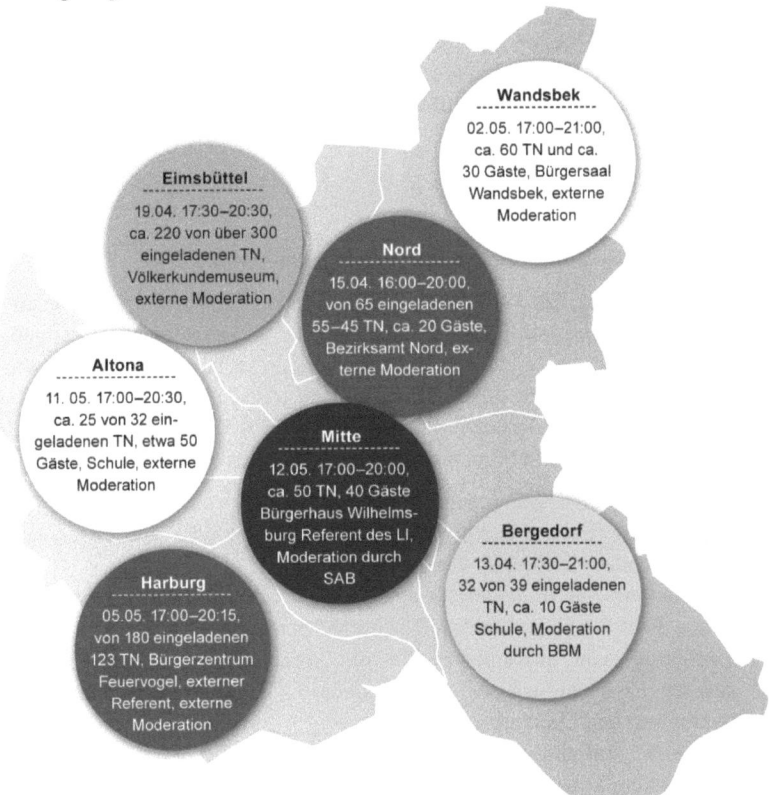

Abbildung 11:   Übersicht über die 7 Bezirke

Abschließend folgen noch einige Anmerkungen zum wichtigen Prozess der Konzepterarbeitung: In diesem Prozess konnten alle Beteiligten die unschätzbar wichtige Erfahrung sowohl des Aufeinandertreffens wie aber auch erster Annäherungen ganz unterschiedlicher Kulturen, Hierarchien, Verwaltungsphilosophien, persönlicher Hintergründe wie beruflicher Sozialisation, Besoldung o.ä. machen. Dass diese Erfahrung lebbar wurde und ihren Teil zur Überwindung von Versäulungen beitragen konnte, war das Ergebnis einer im Juli 2009 getroffenen politischen Entscheidung zwischen der damaligen Senatorin und den Bezirksamtsleitungen, die Konzeptentwicklung von vornherein zum gemeinsamen Gut zu machen, nämlich als Arbeitsprozess zwischen unterschiedlichen Behörden und Bezirken. Dieser Prozess war schließlich im Mai 2010 mit dem erwünschten Konzeptvorschlag abgeschlossen. Das Konzept hat daraufhin die notwendigen internen und externen Abstimmungsprozesse durchlaufen, es liegt seit Oktober 2010 vor und ist durch eine Kooperationsvereinbarung zwischen der Behörde für Schule und Berufsbildung und den sieben Bezirken am 25.10. 2010 in Kraft gesetzt worden.

Die bezirklichen Steuerungsgruppen haben ihre Arbeit aufgenommen, die Lenkungsgruppe hat im September 2011 zum vierten Mal getagt und bis Ende 2012 ihre Sitzungstermine verabredet, die ersten RBK auf bezirklicher Ebene haben im April und Mai 2011 in allen sieben Bezirken stattgefunden. In der zweiten Hälfte des Jahres 2011 werden in allen Hamburger Bezirken RBK auf lokaler Ebene durchgeführt.

2   Erste Ergebnisse

2.1   Rahmenprogramm Integrierte Stadtteilentwicklung

Nach Beschlussfassung des Rahmenprogramms im Juli 2009 wurden die neuen Verfahrens- und Organisationsstrukturen einschließlich der Senatskommission aufgebaut. Die bestehenden Gebiete der Städtebauförderung wurden anhand einer Evaluation in das Rahmenprogramm Integrierte Stadtteilentwicklung (RISE) überführt. Die vorhandenen Konzepte der Fördergebiete werden schrittweise an die mit RISE eingeführten Qualitätsstandards angepasst. Weitere Ergebnisse der Programmimplementation sind bisher:

- Aufbau und Fortschreibung des Sozialmonitorings,
- Entwicklung eines behördenübergreifenden Controllingkonzepts und Aufbau einer zentralen Controlling-Datenbank,
- Entwicklung von Strategien für eine fachlich vernetzte Stadtteilentwicklungspolitik u.a. Bezirkliche Beschäftigungskonferenzen,
- Einführung von Instrumenten für die Fördergebiete in Zusammenarbeit mit anderen Fachbehörden und Bezirksämtern: u.a. Multiplikatorenschulungen zur Interkulturellen Elternarbeit,
- Neu- bzw. Aufnahme von Fördergebieten und die Aufstellung von Integrierten Entwicklungskonzepten.

Um die im Rahmenprogramm festgelegten Anforderungen an die Prozesse und Projekte der Gebietsentwicklung zu konkretisieren, werden mit den an der Stadtteilentwicklung beteiligten Akteuren zurzeit Leitfäden für Problem- und Potenzialanalysen, Integrierte Entwicklungskonzepte und Zeit-Maßnahmen-Kosten-Pläne entwickelt. Diese sollen das konkrete planerische Handwerkszeug der Integrierten Stadtteilentwicklung erweitern. Parallel dazu werden die Entscheidungsstrukturen des Programms gestrafft und die Verfahren im Rahmenprogramm verschlankt, so dass die Prozesse der Stadtteilentwicklung trotz der hohen Abstimmungs- und Koordinierungsbedarfe beschleunigt und flexibler gestaltet werden können.

Die Behörde für Schule und Berufsbildung hat in den verabschiedeten Integrierten Entwicklungskonzepten ihre regelhaften, gesamtstädtischen Fachprogramme regional modifiziert und angepasst. So wird z.b. an den Schulen in Lohbrügge-Ost die Sprachförderung mit künstlerischen Mitteln durch die Kooperation mit einem Verein durchgeführt oder gemeinsam mit dem Bezirksamt Hamburg-Mitte und der Behörde für Stadtentwicklung und Umwelt das Naturwissenschaftlich-technische Zentrum in Mümmelmannsberg um eine Mitmach-Dauerausstellung Mathematik und eine Schiffbauwerkstatt erweitert (Behörde für Schule und Berufsbildung Hamburg, 2011). Zudem werden schulische Baumaßnahmen vorgezogen, um diese mit den gebietsbezogenen Sanierungs- und Entwicklungsmaßnahmen zu harmonisieren und nicht mehr für schulische Nutzungen benötigte Grundstücke für die Realisierung neuer städtischer Vorhaben und Projekte zur Verfügung gestellt.

Perspektivisch gilt es, dass die RBK auf regionaler und/oder lokaler Ebene konkrete und umsetzbare Beiträge für das Handlungsfeld Bildung in Integrierten Entwicklungskonzepten beisteuern.

2.2   Lernen vor Ort

Das Projekt „Lernen vor Ort" hat sich vor allem als Impulsgeber, Ideenlieferant und Moderator für den wichtigen Diskussions- und Entwicklungsprozess der Regionalisierung von Bildung etabliert. Die Projektstruktur von „Lernen vor Ort" und die Arbeit in den unterschiedlichen Aktionsfeldern unterstützten wesentlich die ressort-, behörden- und institutionsübergreifende Zusammenarbeit auch zu übergeordneten Themen wie z.B. Bildungsmonitoring. Die bezirklichen Bildungsmanagerinnen und Bildungsmanager übernehmen die Rolle des Scharniers zwischen den verschiedenen Akteuren innerhalb des Bezirks und zu den Fachbehörden. Sie unterstützen somit eine übergreifende Kommunikation, die Konflikten vorbeugt bzw. Konflikte minimieren kann. In diesem Sinne ist beispielsweise die Einrichtung einer bezirks- und fachbehördenübergreifenden Arbeitsgruppe im Bereich Ganztagsschulentwicklung entstanden. Im Prozess des Aufbaus und der Etablierung der RBK spielen die bezirklichen Bildungsmanagerinnen und Bildungsmanager eine wichtige koordinierende Rolle, indem sie z.B. den Kontakt und das Vertrauen zu den Akteuren vor Ort herstellen und ihre Fachlichkeit in die Steuerungsgruppe einbringen.

Die hamburgweiten, übergreifenden Gremien wie der Arbeitskreis „Lernen vor Ort" und die Lenkungsgruppe „Regionale Bildungskonferenzen/Lernen vor Ort" haben ihre Arbeit aufgenommen und dadurch zum ersten Mal einen regelhaften Raum für einen gemeinsamen Austausch zwischen Verwaltung und Stiftungen als Vertreterinnen und Vertreter der Zivilgesellschaft geschaffen.

2.3   Regionale Bildungskonferenzen

In allen bisher stattgefundenen Konferenzen lässt sich eine deutliche Bereitschaft der Teilnehmenden, sich in diese neue Struktur einzubringen und sie mitzugestalten, feststellen, gepaart mit hohem Engagement für bestimmte Themen bzw. die bildungspolitischen Anliegen ihrer Region.

So ist es nicht erstaunlich, dass der erste Schritt zur Entwicklung eines hamburgweiten Netzwerkes Regionale Bildungskonferenzen nicht nur in der Weise vollzogen ist, dass in allen sieben Hamburger Bezirken die ersten Konferenzen stattgefunden haben, sondern darüber hinaus in diesen Konferenzen die Beteiligten sich verabredet haben, in welchen Strukturen jeweils innerhalb ihres Bezirks – auf regionaler bzw. lokaler Ebene – und an welchen Themen sie weiter arbeiten wollen.

Dies gestaltet sich in den jeweiligen Bezirken durchaus unterschiedlich und folgt dennoch derselben Zielsetzung. Die Unterschiede liegen nicht nur in stark voneinander abweichenden Größen der einzelnen Bezirke begründet, sondern auch in deren verschiedenartigen Sozialstrukturen und der Existenz bereits funktionierender Netzwerke, letztlich auch in unterschiedlichen Ressourcenvoraussetzungen zur Realisierung dieser neuen, den ganzen Bezirk betreffenden Strukturen (siehe Abb. 12).

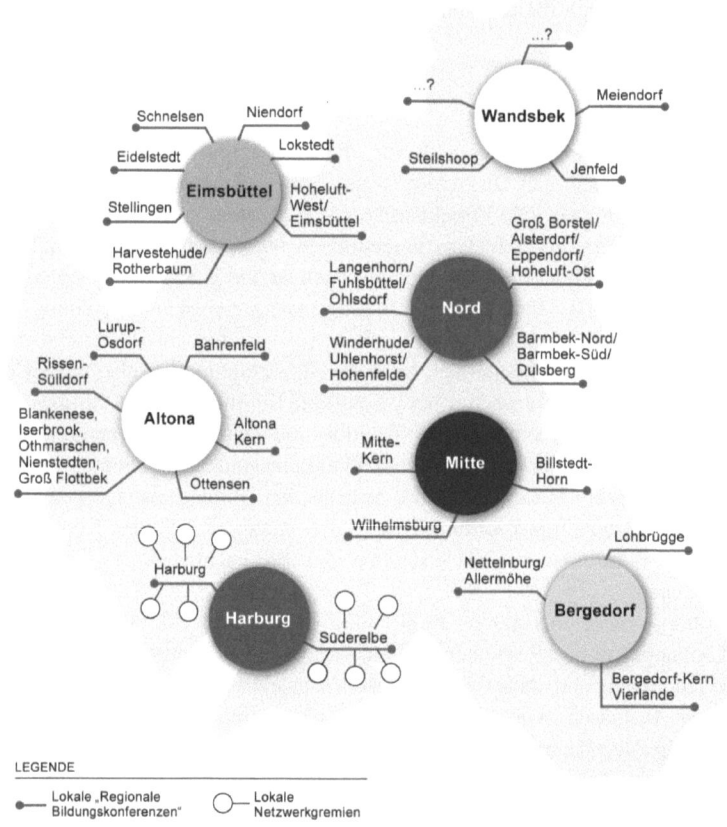

Abbildung 12:   Übersicht über die zukünftige Struktur der RBK in den 7 Bezirken

So trägt die Aufteilung des Bezirks Altona in die bezeichneten sechs, bzgl. ihrer flächenmäßigen Ausdehnung wie auch ihrer sozialen Zusammensetzung sehr unterschiedlichen, regionalen/lokalen Gebietseinheiten der Tatsache Rechnung, dass die einen einen hoch verdichteten Sozialraum (z.B. Altona Kern), die anderen eher weitläufig besiedelte Familienhausareale bis ländliche Gebiete abbilden.

Bergedorfs Aufteilung in die genannten drei Gebiete ist der Tatsache geschuldet, dass sie entsprechend der eher geschlossenen Bezirkssituation die Traditionen unterschiedlicher Lebensräume spiegeln.

Eimsbüttel als der insgesamt am dichtesten besiedelte und eher innerstädtische Bezirk repräsentiert die Stadtteilstruktur dieses Bezirks im Sinne gelebter Sozialräume.

Der Bezirk Harburg gliedert sich zum einen in einen klar umrissenen innerstädtischen, zum andern in einen eher ländlichen Bereich. In beiden gewachsenen Gebieten finden sich fest verankerte Netzwerke, die sich in den RBK-Untergliederungen der lokalen Netzwerkgremien abbilden.

Im Bezirk Mitte finden sich zum einen geschlossene (Insel-)Lagen mit langjährigen Netzwerktraditionen (Wilhelmsburg, Billstedt-Horn u.a.), deren Zuschneidung als lokale Bildungskonferenz deshalb fast als Selbstgänger erscheint. Zum andern muss ein Konglomerat engster Wohnbebauung und großer kleinindustriell genutzter Gebiete wie auch Bürobebauung im Hamburger Innenstadtbereich als RBK-Gebiet konturiert werden.

Im Bezirk Nord werden in den vier Unterstrukturen jeweils mehrere Sozialräume zusammengefasst, weil die Ressourcenausstattung noch kleinräumigeres Arbeiten derzeit nicht zulässt, wohlwissend dass diese Struktur die Ebene vorhandener Netzwerke noch nicht durchgängig erreicht.

Der Bezirk Wandsbek als größter Bezirk Hamburgs verdeutlicht schließlich besonders eindrucksvoll, was auch im Bezirk Nord als Entwicklungsnotwendigkeit deutlich wird, dass nämlich die Abdeckung des Bezirks mit kleinräumigen Netzwerkstrukturen in Form lokaler Bildungskonferenzen ein längerer Prozess sein wird, an dessen Anfang sinnvoller Weise die Arbeit in langjährig bewährten Netzwerkstrukturen steht.

Zusammengefasst lässt sich Folgendes festhalten: Durch die hamburgweite professionelle Ausstattung der Regionalen Bildungskonferenzen mit bezirklichen Steuerungsgruppen, in denen alle Mitglieder ihre diesbezügliche Arbeit im Rahmen ihrer Regelaufgaben wahrnehmen, Geschäftsstellen, die qua Definition den logistischen Background der RBK sichern, sowie einer in die behördlichen Leitungsstrukturen eingebundenen Lenkungsgruppe einerseits, ehrenamtlichem und zivilgesellschaftlichem Engagement vieler Beteiligter in unterschiedlichen Funktionen der Regionalen Bildungskonferenzen andererseits, verbinden sich formelle und informelle Netzwerke und tragen damit zu einer Entschärfung der gegenläufigen Bewegungsrichtungen Top-Down und Bottom-Up bei. Um es frei nach Dr. Heinz-Jürgen Stolz zu formulieren: Wenn in den Regionalen Bildungskonferenzen alle vier von ihm benannten Dimensionen vielfältig wirksam werden, dann sind die RBK auf einem richtigen Weg in Richtung Gestaltung einer Bildungslandschaft.

[Bei der] *Planungsdimension*, in der die Verwaltung im Vordergrund steht [...], geht es um Bildungsmonitoring und um Bildungsberichterstattung auf kommunaler Ebene. Die Perspektive ist eine integrierte Fachplanung, in der Prozesse wie Jugendhilfe, Schulentwicklungs-, Sozial- und Stadtplanung unter bildungs- und jugendpolitischen Aspekten koordiniert werden. In der *zivilgesellschaftlichen Dimension*, [...] will man auf lokaler Ebene öffentlich verantwortete Bildungsnetzwerke gestalten. Öffentlich verantwortet heißt, dass hier eine Netzwerkpflege hauptamtlich moderiert und bezahlt wird. [...] (In der) *Professionsdimension* [...] (sind) pädagogische Lehr- und Fachkräfte, auch aus der Jugendarbeit und -hilfe [...] beteiligt [...]. Und schließlich gibt es eine *Aneignungsdimension*, also die Frage, wie Lernsubjekte – Kinder, Jugendliche, Eltern an der Herausbildung einer Bildungslandschaft teilhaben. Hier spielt Partizipation eine zentrale Rolle. Denn Bildungslandschaften sind nicht technokratisch gestaltbar, sondern partizipativ anzulegen. [...] Schulentwicklung und eine darüber hinaus gehende Gestaltung einer Bildungslandschaft können immer nur in einem Wechselprozess von unten und von oben angegangen werden (Garbers, 2011, S. 7ff.).

3   Fazit

In der Drucksache RISE, im Schulgesetz und im Antrag für das Bundesprogramm Lernen vor Ort hat die Freie und Hansestadt Hamburg den Weg der Regionalisierung von Bildung unter Einbezug der Akteure beschrieben. Mit dem Start der Regionalen Bildungskonferenzen werden aus Worten Taten.

Die Regionalen Bildungskonferenzen werden nun zum Kristallisationspunkt der Handlungslogiken von typischer Linienorganisation wie Bezirks- und Behördenverwaltung und netzwerkartigen Strukturen vor Ort.

Im Netzwerk für Bildung in Hamburg RBK, LvO, RBK sind beide Handlungslogiken vereint und bilden daher ein tragfähiges Fundament.

Ein vorläufiges Fazit lässt sich ziehen. Da wo es gelingt, Entscheidungen im Wechsel zwischen Erfordernissen der Linie und den Handlungsmöglichkeiten der Netzwerke zu fällen, entsteht das nötige Vertrauen und die gegenseitige Wertschätzung, die die Formulierung von gemeinsamen Ideen und Zielen ermöglicht.

Je leichter Bezirks- und Behördenverwaltung im „Netzwerkmodus" agieren und zwischen Hierarchie und Netzwerk wechseln können, desto besser können die Herausforderungen, die sich beim Aufbau der regionalen Bildungskonferenzen zeigen, bewältigt werden.

Literatur

Behörde für Schule und Berufsbildung Hamburg (2011). *Hamburg bekommt im Stadtteil Müm-melmannsberg das bundesweit vorbildhafte Bildungsprojekt MINTarium.* Verfügbar unter: http://www.hamburg.de/bsb-pressemitteilungen/nofl/2913132/2011-05-23-bsb-mintarium-mint.html [25.06.2011].
Bundesministerium für Familie, Senioren, Frauen und Jugend (2005). *12. Kinder- und Jugendbericht.* Verfügbar unter: http://www.bmfsfj.de/doku/kjb [22.06.2011].
Freie und Hansestadt Hamburg (2007). *Bericht der Enquete-Kommission „Konsequenzen der neuen PISA-Studie für Hamburgs Schulentwicklung*, Drucksache 18/6000. Hamburg.
Freie und Hansestadt Hamburg (2009). *Rahmenprogramm Integrierte Stadtteilentwicklung (RISE).* Drucksache 19/3652. Hamburg. Verfügbar unter http://www.hamburg.de/contentblob/2476752/data/drucksache-19-3652.pdf [15.06.2011].

Garbers, J. (2011). „Regionale Bildungskonferenzen sind ein kleiner Mosaikstein". Gespräch mit Dr. Heinz-Jürgen Stolz, Deutsches Jugendinstitut (München) über Bildungslandschaften, Widerstände und Wege zur Realisation. *Punktum, Zeitschrift für verbandliche Jugendarbeit in Hamburg, 2,* 5–8.

HafenCity Universität Hamburg & Universität Hamburg (2010). *Pilotbericht Sozialmonitoring im Rahmenprogramm Integrierte Stadtteilentwicklung (RISE)".* Verfügbar unter: http://www.hamburg.de/contentblob/2673088/ data/pilotbericht-rise.pdf [15.07.2011].

Weiß, W. W. (2011). *Kommunale Bildungslandschaften. Chancen, Risiken und Perspektiven.* Weinheim: Juventa.

Dieter Bensmann

Das Beispiel „Netzwerk der Ganztagsschulkoordinatoren" in Hamburg

1 Einleitung

Netzwerke unterscheiden sich von anderen Organisationsformen bezogen auf Kommunikation, Zugehörigkeit, Entscheidungsfindung und Verantwortungswahrnehmung. Eine Zeitlang wurde davon ausgegangen, dass Netzwerke gerade wegen ihrer fluiden Form keine Steuerung brauchen bzw. nicht zu steuern sind. Inzwischen gibt es in der Netzwerktheorie immer mehr Beiträge, die sich mit Netzwerksteuerung und der Steuerbarkeit von Netzwerken beschäftigen (Königwieser, 2011; Schubert, 2008).

Der vorliegende Beitrag untersucht das Thema Netzwerksteuerung in Form reflektierter Praxis. Er beschreibt und analysiert die Steuerung des Netzwerks der Ganztagsschulkoordinatoren[1] in Hamburg durch das Netzwerkmanagement und durch eine auf Netzwerke ausgerichtete Form der Moderation.

Zunächst werden die Entstehung des Netzwerks, die Netzwerkkultur und die personelle Entwicklung des Netzwerkmanagements beschrieben. Danach geht es um Netzwerkmanagement und Netzwerkmoderation als Elemente von Netzwerksteuerung. Es wird aufgezeigt, wie die zugrunde liegende Netzwerktheorie die Steuerung des Netzwerks geleitet hat und welche Wirkungen durch diese Steuerung erreicht wurden. Abschließend werden die Ergebnisse der beispielbezogenen Analyse zusammengefasst und im Hinblick auf die Übertragbarkeit auf andere Netzwerke ausgewertet.

2 Beschreibung des Netzwerks

2.1 Entstehung

Ganztagschulkoordinatoren sind verantwortlich für die Organisation aller Belange, die eine Schule im Ganztagsbetrieb zusätzlich zum herkömmlichen Schulbetrieb benötigt. Dies sind insbesondere das Mittagessen und zusätzliche Angebote am Nachmittag.

Das Netzwerk der Ganztagsschulkoordinatoren „Entlastung durch Vernetzung" entstand auf Initiative eines Ganztagsschulkoordinators im Juni 2007. Der Koordinator, Herr S., hatte die „Agentur für Schulentwicklung" (Agentur) am „Landesinstitut für Lehrerfortbildung und Schulentwicklung Hamburg" (LI) gebeten, ein Netzwerk zum Erfahrungsaustausch für Ganztagschulkoordinatoren einzurichten, damit „das Rad nicht immer wieder neu erfunden wird". Der zuständige Mitarbeiter der Agentur bezog den Autor als Netzwerkexperten in die Planung ein. Abgesprochen wurde, dass eine bevorstehende

---

1 Ich verwende zur besseren Lesbarkeit die männliche Form. Das Netzwerk besteht aus männlichen und weiblichen Mitgliedern.

Tagung des LI zum Thema „Ganztagsschule leistet mehr", genutzt wird, um Resonanz zum Thema „Netzwerk Ganztagschulkoordination" zu erzeugen. Herr S. lud im Rahmen der Open-Space-Tagung zu einer Arbeitsgruppe zum Thema „Netzwerk Ganztagsschulkoordination" ein, in der das Projekt vorgestellt wurde.

Im ersten Netzwerktreffen mit acht Teilnehmenden wurden Ziele des Netzwerks erarbeitet. Hierzu zählen Erfahrungen und Tipps austauschen, Kontakte vermitteln sowie „Themen konzentriert angehen" (aus dem Protokoll des 1. Netzwerktreffen). Weiterhin wurden Vereinbarungen zur Gestaltung der Treffen, zur Frequenz und zum Einladungskreis gemeinsam abgestimmt.

Es wurde vereinbart, dass das Netzwerk:

*   offen ist für Ganztagskoordinatoren an gebundenen und offenen Ganztagsschulen
*   sich zudem an Kolleginnen und Kollegen aus allen Schulformen – Gymnasien, Gesamtschulen, Grundschulen, GHR-Schulen, Förderschulen – richtet,
*   auch für Personen offen ist, die formal nicht in der Funktion eines Ganztagsschulkoordinators sind, aber ähnliche Tätigkeiten ganz oder teilweise ausfüllen.

Als Ausrichter formulierte die Agentur die Anforderung, dass Netzwerktreffen so zu planen seien, dass jederzeit neue Interessenten integriert werden können. Dies war aus Sicht der Agentur für Schulentwicklung wichtig, weil seit 2007 viele Schulen sich von der Halbtagsschule in eine Ganztagsschule umwandelten und in diesem Zusammenhang die Agentur häufig angefragt wurde, die Ganztagsschulentwicklung zu unterstützen. In den ersten beiden Jahren kamen über die Vermittlung der Agentur für Schulentwicklung pro Jahr ca. fünf neue Mitglieder zum Netzwerk hinzu.

Seit 2010 ist die „Serviceagentur ganztägig lernen" (Serviceagentur) Ausrichter und Veranstalter des Netzwerks. Sie sieht das Netzwerk einerseits als Mittel zur Qualitätsverbesserung an Ganztagsschulen. Andererseits bezieht die Serviceagentur aus dem Netzwerk Anregungen für eigene Angebote z.B. zur Qualifizierung von Ganztagsschulkoordinatoren. Die Serviceagentur greift zudem Projektideen aus dem Netzwerk auf und realisiert diese, z.B. die „Software Verwaltungsprogramm für Ganztagsschulkoordination".[2]

2.2   Entwicklung des Netzwerks

2.2.1   Entwicklung in Zahlen

Insgesamt haben seit Juli 2007 19 Treffen des Netzwerks stattgefunden. In den Schuljahren 2007/08, 2008/09 und 2009/10 waren es jeweils fünf Treffen. Im Schuljahr 2010/11 fanden vier Treffen statt. Die Treffen dauerten jeweils drei Stunden. Ab 2010 wurden jedes Jahr zwei Treffen im Schuljahr als Ganztagesveranstaltungen durchgeführt.

An den Treffen nahmen in den Jahren 2007–2009 zwischen acht und 20 Ganztagsschulkoordinatoren teil, seit 2010 nahmen zwischen 20 und 40 Koordinatoren an den Treffen teil. Die Einladungsliste umfasst inzwischen über 120 Adressen, davon ca. 100 Koordinatoren. Weitere Einladungen erhalten z.B. Behördenvertreter, die im Feld „Ganz-

---

2   Auf der Tagung wurde dieser Teil ausführlich referiert von Tilmann Kressel, Leiter der „Serviceagentur Ganztägig lernen".

tagsschule" tätig sind. Gymnasien waren im Netzwerk kaum vertreten. Während zunächst Stadtteilschulen bis ca. 2010 die Mehrheit darstellten, wurden sie sodann von den Grundschulen abgelöst; diese wurden im Zuge der Schulreform vermehrt zu Ganztagsschulen ausgebaut. Förderschulen sind ebenfalls vertreten.

2.2.2 Entwicklung der Netzwerkkultur

Wichtige Bestandteile der Netzwerkkultur[3] wurden schon auf dem Gründungstreffen vereinbart:

- die Treffen finden abwechselnd in Schulen von Netzwerkmitgliedern und in den Räumen des Veranstalters statt,
- die Netzwerktreffen werden durch den Moderator auf der Grundlage der aktuellen Fragestellungen der Netzwerkmitglieder geplant und strukturiert,
- die Zusammenkünfte werden protokolliert. Das Protokoll wird an alle Netzwerkmitglieder verschickt.

Die weitere Entwicklung der Netzwerkkultur ist in der Zeitleiste in Tabelle 1 dargestellt.

Tabelle 1:   Entwicklung der Netzwerkkultur seit 2008

Entwicklung	Beginn	Dauer
Bei Treffen des Netzwerkes in einer Schule, stellt der Ganztags-koordinator die Schule aus seiner Sicht in anschaulicher Form vor. Nach dem Rundgang erhält der Koordinator die Möglichkeit, ein konzeptionelles Essential zu benennen. Das Vorstellungsritual wird abgeschlossen durch eine Rückmeldung der Teilnehmenden an den Koordinator.	Herbst 2008	Weiterhin Bestandteil der Kultur im Netzwerk
Feier „Ein Jahr Netzwerk Ganztagsschulkoordination".	Juni 2008	Einmalig
Die Arbeitsplatzbeschreibung „Ganztagsschulkoordination" wird einstimmig als Ergebnis des Netzwerkes angenommen.	Juli 2009	Weiter Entscheidungen folgen, siehe Abs. 3.2.1.3
Erprobung eines ganztägigen Netzwerktreffen durchgeführt.	Februar 2010	Zurzeit zwei ganztägige Netzwerktreffen pro Jahr
Ein Netzwerktreffen findet unter einem vorab festgelegten Thema statt. Das Thema „Kooperation Schule – Hort/Träger der Jugend-hilfe" findet bei einem Träger der Jugendhilfe statt und ist geprägt von sehr viel Input und wenig Austausch untereinander. Die Resonanz: Informativ, für das Thema angemessen, aber zu wenig Austausch.	Oktober 2010	Im November 2011 ist das Thema „Veränderung"
Der Tagesordnungspunkt: „Sie fragen – sie antworten" wird erfolgreich ausprobiert: Dabei werden Fragen gesammelt, zu denen kein Austausch sondern nur Tipps gewünscht werden. Im Laufe der nächsten Treffen wird diese Form ergänzt durch die zusätzliche Antwortform „Recherche des Netzwerkmanagements – Beantwortung schriftlich im Protokoll".	Oktober 2010	Weiterhin Bestandteil der Kultur im Netzwerk
Die Austauschphase wird nach Schulstufen getrennt durchgeführt: Grundschulen und Sekundarstufen I/ Gymnasien bilden jeweils ein oder mehreren Austauschgruppen.	Februar 2011	Wird seither bei jeder Austauschphase bewusst entschieden

---

3   Zum hier verwendeten Kulturbegriff siehe Absatz 4.2.

2.2.3 Personelle Entwicklung des Netzwerkmanagements

In der Planungsphase und im ersten Jahr gehörten der für Ganztagsschulentwicklung zuständige Mitarbeiter der Agentur, teilweise eine weitere Agenturmitarbeiterin, der Autor als externer Moderator und eine Hilfskraft, die Protokoll schrieb, zum Netzwerkmanagement. Die Netzwerktreffen wurden in dieser Konstellation vorbereitet. Ergänzt wurde diese Grundbesetzung durch die Leiterin der Agentur, die bei halbjährlichen Auswertungs- und Planungsgesprächen dazu kam.

Tabelle 2: Netzwerkmanagement – Zusammensetzung und Aufgabenverteilung – Stand 2011

Initialen/Funktion	Status	Aufgaben/Aktivitäten
T.K., Leitung Serviceagentur Hamburg „Ganztägig lernen"	Veranstalter	• Vorbereitung Treffen • Teilnahme an Treffen • Steuerung Netzwerkprojekte, z.B. Verwaltungsprogramm
M.H. Mitarbeiter Serviceagentur Hamburg „Ganztägig lernen"	Veranstalter + Ganztagschul-koordinator	• Vorbereitung Treffen • Co-Moderation der Treffen • Mitwirkung bei der Umsetzung von Netzwerkprojekten • Mitgliederverwaltung
K.S. Mitarbeiterin Serviceagentur Hamburg „Ganztägig lernen"	Veranstalter	• Protokoll der Treffen • Abrechnung
D.B. Netzwerk-Berater	Externer Berater	• Vorbereitung der Treffen • Moderation der Treffen • Auswertung der Treffen • Fachliche Inputs zu den Themen „Netzwerken + kooperieren"
T.G., Ganztagsschul-koordinator	Netzwerkmitglied, seit 2011 rotiert diese Rolle. Das Netzwerk benennt für jedes Treffen ein anderes Mitglied, das an der Vorbereitung mitwirkt.	• Mitwirkung bei der Vorbereitung eines Treffens

Aufgrund des Ausscheidens der Honorarkraft im Juni 2008 wurde ein Netzwerkmitglied in das Netzwerkmanagement nicht nur zur Sicherung der Ergebnisse der Netzwerktreffen (Protokoll) mit einbezogen, sondern auch zur Vorbereitung der Treffen und gegebenenfalls für Input und Recherche. Der Initiator des Netzwerks, Herr S., übernahm diese Aufgabe. Die Planung der Netzwerktreffen oblag nun dem Moderator und Herrn S. Sie informierten die Agenturmitarbeiter in Form von Ablaufplänen vorab über die Planungen. In halbjährlichen Auswertungstreffen wurde die Netzwerkentwicklung mit Mitarbeitern und der Leitung der Agentur reflektiert und Planungen für die nächste Entwicklungsphase abgesprochen. Der für Ganztagsschulen zuständige Mitarbeiter nahm an den Netzwerktreffen teil und brachte die Anliegen des Veranstalters im Netzwerk ein.

Im Juli 2010 wurde die „Serviceagentur Ganztägig lernen" (Serviceagentur), die seit 2009 personell in gleicher Besetzung wie die Agentur für Schulentwicklung für die Begleitung des Netzwerks zuständig war, neu strukturiert. Das Personal der Serviceagentur wurde vollständig gewechselt und aufgestockt: Es bestand nun aus einem Leiter und drei Mitarbeitern, einer der Mitarbeiter kannte das Netzwerk als Teilnehmer. Er war nun zuständig für die Administration des Netzwerks und neben der Leitung mit zuständig für die Vorbereitung der Treffen.

Die Tabelle 2 verdeutlicht die derzeitige Zusammensetzung, den unterschiedlichen Status und die Aufgabenverteilung im Netzwerkmanagement.

2.2.4 Zusammenfassung: Phasen der Netzwerkentwicklung

Bei Gründung des Netzwerks stand der Erfahrungsaustausch im Vordergrund. Was beim ersten Treffen noch vage mit „konzentriert Themen angehen" (aus dem Protokoll zum 1. Netzwerktreffen) als zusätzliches Ziel des Netzwerks angeben wurde, ist inzwischen zu einem wesentlichen Bestandteil der Netzwerktreffen geworden. Dies ist an den Projekten zu erkennen, die aus dem Netzwerk heraus realisiert werden/wurden, wie z.B. Arbeitsplatzbeschreibung für Ganztagsschulkoordinatoren oder Programm zur Verwaltung der Ganztagsaktivitäten wie Kursbelegungen und Verteilung der Honorarkräfte.

Darüber hinaus ist das Netzwerk immer mehr eine Institution zum Wissensmanagement für Ganztagsschulkoordinatoren geworden. Der Tagesordnungspunkt „Sie fragen – Sie antworten" hat teilweise erheblichen Umfang eingenommen, meist weniger bei den Treffen selbst, sondern mehr durch Mailanfragen, woraus sich oft Rechercheaufträge für das Netzwerkmanagement ergeben.

Im Schuljahr 2010/11 wurden die personellen und finanziellen Ressourcen, die von der Serviceagentur für das Netzwerk zur Verfügung gestellt wurden, stark erweitert.

3   Netzwerksteuerung

3.1   Grundverständnis Networking und seine Wirkung

Auf der ersten Sitzung des Netzwerks wurde den Teilnehmenden vom Autor als externen Netzwerkexperten und Mitglied des Netzwerkmanagements grundlegende Elemente des Netzwerkens vorgestellt. Diese bildeten ein gemeinsames Grundverständnis von Netzwerken sowohl unter den Mitgliedern des Netzwerks als auch im Netzwerkmanagement.

Die Organisationsform Netzwerk hat danach vier konstituierende Elemente: Tausch, Ziele, Vertrauen und Unterschiedlichkeit.[4]

---

4 Die vier Elemente basieren auf den Netzwerk-Erfahrungen des Autors, unter Nutzung von netzwerktheoretischen Arbeiten aus der Soziologie, insbesondere von Aderhold und Schubert.

Tausch

Tausch ist das konstituierende Element eines Netzwerks. In unserer Gesellschaft/Wirtschaft findet üblicherweise direkter Tausch statt: „Do ut des" – Ich gebe, damit Du gibst. Erfolgreiche Netzwerke haben hohe Anteile an indirektem Tausch: Man gibt einem Netzwerkmitglied etwas mit der Haltung, von diesem etwas nicht direkt zurück zubekommen, sondern aus dem Netzwerk und zwar später zu einem unbestimmten Zeitpunkt. Indirekter Tausch ist eine Investition in das Netzwerk. Sie zahlt sich in produktiven Netzwerken durch eine hohe Nützlichkeit aus. So entsteht in erfolgreichen Netzwerken der Eindruck, dass seine Mitglieder mehr bekommen als sie eingebracht haben.

In der ersten Phase des Netzwerks ging es vor allem um Tausch von Informationen, Erfahrungen und Tipps. Zu Beginn der Sitzung wurden in einer Runde[5] Themen gesammelt, die die Mitglieder gerade beschäftigen. Die Themenliste wurde genutzt, um soziometrisch durch Zuordnung „Austausch-Kleingruppen" zu bilden. So entschied sich, welche Themen innerhalb des Netzwerks Priorität haben. Im Plenum wurde aus den Arbeitsgruppen nur unter der Fragestellung berichtet: Was aus unserer Arbeitsgruppe ist ein wichtiger Tipp bzw. eine wichtige Erfahrung für andere. Durch dieses immer gleiche Ritual der Austauschorganisation entwickelte sich sehr schnell eine Kultur des indirekten Tausches. In den Austauschgruppen wurden darüber hinaus Kontakte geknüpft, die auch außerhalb der Treffen genutzt wurden.

Weiterhin entstand der Bedarf nach einer Arbeitsplatzbeschreibung für Ganztagsschulkoordinatoren, in der das gemeinsame Verständnis des Netzwerks von Ganztagsschulkoordination dokumentiert ist. Das Projekt wurde dadurch realisiert, dass auf Treffen mehrfach gesammelt und diskutiert wurde: Was sind die Aufgaben von Ganztagsschulkoordinatoren? Was ist nötig, um diesen Aufgaben sachgerecht zu erfüllen? Die Ergebnisse wurden von einem Netzwerkmitglied formuliert, der Entwurf wurde diskutiert und nach wenigen Änderungen einstimmig verabschiedet. Er wurde dann von Netzwerkmitgliedern als Argumentationshilfe genutzt, um z.B. in Verhandlungen mit der Schulleitung, die eigenen Arbeitsbedingungen zu verbessern. Als Zusatznutzen dieses Tauschs entstand so ein gemeinsames Rollenverständnis.

Alle andere Projekte hatten das gleiche Tauschmuster: Die Netzwerkmitglieder geben ihr Know-how in ein Projekt. In mehreren Rückkopplungsschleifen zwischen Netzwerkmanagement und Netzwerk wird das Vorhaben vom Netzwerkmanagement umgesetzt, so dass am Ende ein für alle Netzwerkmitglieder nützliches Produkt dabei entsteht.

Ziele

Netzwerke brauchen Ziele, an denen sich der Tausch orientiert. Im Unterschied zu anderen Organisationsformen, ist die Zielausrichtung in Netzwerken weniger festgelegt und weniger verbindlich. Sie unterliegt der Entwicklung des Netzwerks.

Die Ziele des Netzwerks der Ganztagsschulkoordinatoren wurden in der ersten Sitzung des Netzwerks abgesprochen:

---

5 Siehe Abschnitt *Netzwerkmoderation*.

1.   Erfahrungen und Tipps, Kontakte vermitteln.
2.   Konzentriert Themen angehen.

Während das erste Ziel klar benannt ist, wird das zweite Ziel eher vage formuliert. Es ist zu Beginn nicht klar, an welchen Themen „konzentriert" gearbeitet werden sollte. Zur Form des Arbeitsergebnisses gibt es überhaupt keine Vorstellungen. Das änderte sich durch den Austausch im Netzwerk. So wurde nach einer Phase, in der nur das erste Ziel verfolgt wurde, auch an der Umsetzung temporärer Ziele gearbeitet, indem Projekte nacheinander, teilweise auch parallel bearbeitet wurden.

Das Nebeneinander von verschiedenen Zielen veranschaulicht das Zeitschema in Abbildung 1.

Erweiterung der Netzwerkziele

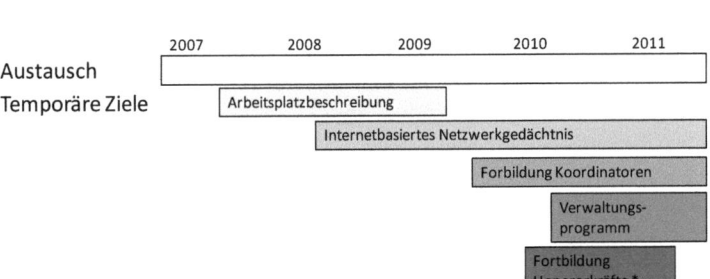

* wurde auf Grund gesetzlicher Unklarheiten abgebrochen

Abbildung 1:   Erweiterung der Netzwerkziele

Vertrauen

Netzwerke sind fluide. Das betrifft die Ziele ebenso wie die kommunikativen Rahmenbedingungen und den unverbindlicheren Organisierungsgrad. Das verunsichert die Mitglieder und verursacht einen Wunsch nach Orientierung, die in Organisationen z.B. durch die Linie vorgegeben wird. Fehlende Klarheit, Orientierung und Verbindlichkeit wird in Netzwerken ausgeglichen durch Vertrauen. In der Startphase jedes Netzwerks ist besonders die Gewährung von Vertrauensvorschuss durch viele Netzwerkmitglieder eine wichtige Bedingung des Gelingens. Zur Vertrauensbildung trägt jedes Netzwerkmitglied, z.B. durch Verlässlichkeit, Neugier und Freigiebigkeit bei. Vertrauensbildend sind darüber hinaus Orientierungen durch das Netzwerkmanagement, z.B. Verständigung über die Ziele und das Besondere eines Netzwerks.

Besonders die in Netzwerken hoch wirksame Form des indirekten Tausches setzt Vertrauen voraus. Als Geber muss ich davon überzeugt sein, dass ich aus dem Netzwerk in unbestimmter Zukunft etwas erhalte, was mein Vertrauen rechtfertigen wird. Im Netzwerk der Ganztagsschulkoordinatoren wurde die Vertrauensbildung zu Beginn dadurch erleichtert, dass mehrere Mitglieder sich aus der Open-Space-Konferenz, bei der die Netzwerkidee vorgestellt worden war, kannten. Die Vertrauensbildung wurde zudem durch die Gestaltung der ersten Treffen bewusst gefördert, z.B. indem es Gelegenheit gab, Befürchtungen bezogen auf die Kooperationsform *Netzwerk* zu benennen. Genannt wurden: „unausgewogene Interessen", „zu wenig mitnehmen können" und „an Themen hängen bleiben". Diese Befürchtungen wurden vom Moderator bei der Planung der Sitzungen berücksichtigt:

- Es wurden Rituale des Austausches vorgeschlagen, die durch klare zeitliche Vorgaben und den Wechsel von Austauschthemen das Festbeißen an einem Thema vermeiden.
- Es wurde Transparenz hergestellt darüber, ob Befürchtungen eingetreten sind. z.B. durch Rückmeldungsrunden: Was nehmen Sie konkret aus diesem Treffen mit?
- Es wurde Input gegeben: Aus der Befürchtung, dass unausgewogene Interessen das Netzwerk lähmen, wurde die Kenntnis, dass Netzwerke Unterschiedlichkeit brauchen, um produktiv werden zu können.

Eine weitere Möglichkeit des Netzwerkmanagements, zur Vertrauensbildung beizutragen, ist die behutsame Anregung zum Austausch über vertrauliche Selbstwahrnehmungen. Da Vertrauen „Halbwertzeiten" hat nimmt es kontinuierlich ab, wenn es nicht mit zeitnahen Erfahrungen neu untermauert wird. Deshalb ist Vertrauensbildung nicht nur in der Startphase eines Netzwerks wichtig.

Unterschiedlichkeit

Netzwerke generieren ihre Erfolge vor allem aus der Unterschiedlichkeit der Mitglieder. „Gleich und gleich" mag sich gern gesellen, wie der Volksmund weiß. Anregungen bekommen Netzwerkmitglieder durch bisher nicht bekannte Sichtweise, durch andersartige Erfahrungen. Auch bei der Bearbeitung von Problemen werden weiterführende, qualitativ hochwertige Ergebnisse erzielt, wenn Unterschiedlichkeit als Produktivkraft genutzt und nicht als Hemmnis begriffen wird. Innovation entsteht u.a. durch Integration von Unterschiedlichkeit.[6]

Für die Unterschiedlichkeit im Netzwerk der Ganztagsschulkoordinatoren gibt es mehrere Indikatoren:

- Es sind Koordinatoren aus verschiedenen Schulformen vertreten: Grundschule, Stadtteilschule, Gymnasien, Förderschulen.
- Alle Formen der Ganztagschule sind repräsentiert: gebundene und offene Ganztagsschule und Ganztagschulen nach dem neuen Modell „Ganztägige Bildung und Betreuung".
- Die Netzwerkmitglieder gehören unterschiedlichen Berufsgruppen an (Sozialpädagogen und Lehrer) und unterschiedlichen Hierarchiestufen (Sozialpädagogen, Lehrer, Abteilungsleiter, Schulleiter).

---

6 Die Überlegungen zur Bedeutung von Unterschiedlichkeit in Netzwerken sind inspiriert durch die Theorie zu Teamrollen von R. Meredith Belbin. Sie hat acht verschiedene Rollen im Team identifiziert und herausgearbeitet, dass Teamerfolg davon abhängt ob diese verschiedenen Rollen im Team besetzt sind. Die Integration der jeweils zulässigen Schwäche, die mit einer Teamrolle verbunden ist, erschwert die Zusammenarbeit, erhöht aber gleichzeitig – wenn es gelingt – die Qualität der Teamergebnisse entscheidend. Diese Bedeutung von Unterschiedlichkeit für den Erfolg von Teams gilt für Netzwerke gleichermaßen, so die Erfahrung des Autors.

- Ganztagsschulkoordination wird organisatorisch an den Schulen unterschiedlich gehandhabt: in einzelnen Schulen ist es Aufgabe eines Verantwortlichen, in anderen Teamarbeit.
- Der Erfahrungshorizont der Netzwerkmitglieder reicht von „langjähriger Erfahrung" in der Ganztagsschulkoordination bis „gerade in die Planung eingestiegen".

Diese relativ große Unterschiedlichkeit ist eine sehr gute Voraussetzung für produktives Networking.

3.2   Netzwerkmanagement

3.2.1   Aufgaben des Netzwerkmanagements

Wie bereits deutlich geworden ist, hat Netzwerkmanagement im Bereich Organisation teilweise klassische Managementaufgaben zu erfüllen:

- Mitgliederverwaltung,
- Einladung der Netzwerktreffen,
- Dokumentation der Netzwerktreffen.

Die spezifischen Aufgaben beim Management von Netzwerken ergeben sich aus den Besonderheiten der Organisationsform Netzwerk. Netzwerke unterscheiden sich bezogen auf Kommunikation, Zugehörigkeit, Entscheidungen und Verantwortung von anderen Organisationsformen. Aufgabe des Netzwerkmanagements ist es, diese Besonderheiten wahrzunehmen und den Umgang damit situationsbezogen zu gestalten.

Darüber hinaus sind Netzwerke geprägt von speziellen Dilemmata. Diese entstehen auf Grund der besonderen Organisationsform von Netzwerken, die zwischen Markt und Hierarchie anzusiedeln ist (u.a. Aderhold, 2004, S. 156). Netzwerke nutzen die Vorteile beider Organisationsformen. Das führt zu Dilemmata (u.a. Wetzel, Aderhold & Baitsch, 2001, S. 23ff.).[7]

Eine besondere Aufgabe beim Management von Netzwerken ist deshalb die Gestaltung von Dilemmata. Darauf wird im letzten Abschnitt dieses Kapitels eingegangen.

Kommunikation: Ereignisse ermöglichen

Traditionelle Netzwerktheorien gehen davon aus, dass Netzwerke aus Beziehungen zwischen Akteuren geprägt sind (Klocke, 2011). Der Akteur wird als Handelnder gedacht. Beziehungen zwischen Akteuren werden als Ergebnis von Aktivitäten von Akteuren begriffen. Im Netzwerk der Ganztagsschulkoordinatoren war ein anderes Verständnis von Kommunikation im Netzwerk handlungsleitend:

Kommunikation im Netzwerk findet als Mischung aus Planung und Zufall statt. Zentrale Kategorie der Kommunikation ist „Ereignis". In einem produktiven Netzwerk ereignet sich Zusammenwirken. Die Kommunikationspartner finden sich selbst, lassen sich durch Vielfalt überraschen und „aus der Reserve locken", gehen Kommunikationsbeziehungen ein, an die sie vorher nicht gedacht haben. Das Netzwerkmanagement sieht es somit als seine Aufgabe an, Kommunikationsereignisse zu ermöglichen.

---

7   Siehe auch Abschnitt *Gestaltung von Dilemmata und Paradoxien.*

Zugehörigkeit: Transparenz bewirken

Die Frage der Mitgliedschaft in Netzwerken ist schwer oder gar nicht zu klären. Zugehörigkeit ist nicht definiert. Sie stellt sich durch Handlungen her, wie Teilnahme an Netzwerktreffen, Lesen der Protokolle, Kontakte zu einzelnen Netzwerkmitgliedern etc.

Das Netzwerkmanagement kann, bezogen auf den Punkt „Zugehörigkeit", zur Transparenz beitragen. Im Netzwerk der Ganztagsschulkoordinatoren wurden bisher zweimal Netzwerkmitglieder, die lange nicht mehr anwesend waren, um eine Rückmeldung gebeten, ob sie weiter im Netzwerkverteiler verbleiben möchten. Bei beiden Umfragen wünschten weniger als fünf von über 120 Personen, aus dem Verteiler gelöscht zu werden. Der Rückschluss: alle anderen sehen sich selbst weiter als Netzwerkmitglieder.

Eine Aufgabe des Netzwerkmanagements bezogen auf Zugehörigkeit ist es, Änderungen in der Teilnahmestruktur bei Netzwerktreffen wahrzunehmen und diese im Netzwerk anzusprechen. Dazu ein Beispiel: Im Netzwerk nahmen im Jahr 2010 immer weniger Koordinatoren aus Stadtteilschulen teil, dafür mehr aus Grundschulen. Es lag nahe, dass diese Entwicklung damit zu erklären ist, dass in Hamburg 2010 wesentlich mehr Ganztagsschulen im Grundschulbereich im Vergleich zu anderen Schulformen gegründet wurden als in den Jahren vorher.

In einer Aussprache im Netzwerk stellte sich heraus, dass sich die Ganztagsschulkoordinatoren aus dem Bereich „Stadtteilschule" mit ihren Anliegen nun weniger aufgehoben fühlten. Als Konsequenz wurde abgesprochen, den thematischen Austausch probeweise in schulformbezogenen Gruppen durchzuführen. Diese Maßnahme bewährte sich in den folgenden Treffen.

Eine weitere Aufgabe des Netzwerkmanagements kann die Einbeziehung von Boundary Spannern in das Netzwerk sein. Boundary Spanner sind Grenzgänger zwischen Systemen. Sie sind nützlich für Netzwerke, weil sie den Grad der Unterschiedlichkeit erhöhen und Sichtweisen und Anregungen in das Netzwerk einbringen, die dort selbst nicht vorhanden sind (Roehl & Rollwagen, 2005, S. 179f.). Das Netzwerkmanagement hat nach Rücksprache mit dem Netzwerk z.B. den in der Behörde für Schulentwicklung und Berufsbildung für Ganztagsschulbetreuung und -entwicklung verantwortlichen Abteilungsleiter eingeladen. Ein Mitarbeiter der Abteilung nimmt seitdem regelmäßig an den Netzwerktreffen teil.

Entscheidungen: Entscheidungen für Projekte klären

In Netzwerken gibt es in der Regel keine formalisierten Entscheidungsstrukturen. Das bedeutet nicht, dass in Netzwerken nicht entschieden wird. Eine Form der Entscheidung ist die Absprache im Konsens. Da es in Netzwerken keine Kontroll- und vor allem keine Sanktionsinstanz gibt, verschaffen sich Entscheidungen nur durch das Handeln der Netzwerkmitglieder oder des Netzwerkmanagements Geltung, indem Verabredungen eingehalten werden – oder eben nicht.

Im Netzwerk der Ganztagsschulkoordinatoren hat sich eine spezifische Entscheidungsform entwickelt: Die Vereinbarung, ein Projekt, also ein zeitlich befristetes Vorhaben mit einem klar vereinbarten Ziel (gemeinsam) zu realisieren. Das Netzwerkmanagement sieht es als seine Aufgabe an, Entscheidungen für Projekte und deren Umsetzung im Netzwerk transparent, sachgerecht und nachvollziehbar zu klären und das Netzwerk in die Umsetzung – soweit damit das Netzwerkmanagement beauftragt wurde – regelmäßig einzubinden.

Verantwortung: Verantwortungsbereitschaft aufnehmen und eigenverantwortlich handeln (lassen)

Verantwortungsübernahme in Netzwerken ist nicht mit Entscheidungsübernahme verbunden. Verantwortung ist Teil der Kultur in jedem Netzwerk. Sie wird freiwillig übernommen, ist transparent, punktuell und auf einen oder mehrere Akteure zurückführbar. Je mehr Verantwortungsbereitschaft in einem Netzwerk aktiviert ist, desto erfolgreicher kann das Netzwerk agieren, desto mehr Nutzen wird es stiften.

Im Netzwerk gibt es einige Beispiele von Verantwortungsübernahme, die über das Einbringen von Informationen, Erfahrungen und Kontakten im Rahmen üblicher Tauschakte im Netzwerk, hinausgehen:

- Formulierung der Arbeitsplatzbeschreibung.
- Einladung in die eigene Schule. Damit verbunden sind die Vorbereitung des Inputs und die Vorbereitung des Raumes einschließlich Bereitstellung von Getränken und Imbiss für die Teilnehmenden. Netzwerktreffen fanden bisher an acht verschiedenen Schulen statt.
- Mitwirkung im Netzwerkmanagement als Delegierte(r) der Netzwerkmitglieder.
- Input zu einem Thema auf einem Netzwerktreffen.
- Zur Verfügung stellen von eigenen Materialien für das internetbasierte Netzwerkgedächtnis.
- Präsentation von Ergebnissen von Austauschgruppen.

Die Verantwortung des Netzwerkmanagements besteht in der Vorbereitung, Durchführung und Dokumentation der Netzwerktreffen. Aufgabe des Netzwerkmanagements ist es, Verantwortungsbereitschaft der Netzwerkmitglieder zu nutzen, Möglichkeiten von Verantwortungsübernahme aufzuzeigen und anzubieten. Das Netzwerkmanagement nimmt Ideen aus dem Netzwerk, z.B. für Projekte, wahr und greift diese auf.

Gestaltung von Dilemmata und Paradoxien

Netzwerke verbinden die Vorteile autonomen Verhaltens mit den Vorteilen zielorientierten und koordinierten Handelns. Sie kombinieren Handlungsformen wie „Organisation" und „Individuum" auf eine spezielle Weise. Dieses Zusammenwirken gegensätzlicher Handlungsformen bringt Spannungen mit sich, die sich in Form von Zwickmühlen (Dilemmata) oder (scheinbaren) Widersprüchen (Paradoxien) zeigen. Dilemmata und Paradoxien (u.a. Aderhold, 2004, S. 156) in Netzwerken wollen von Netzwerkmitgliedern insbesondere aber vom Netzwerkmanagement wahrgenommen und gestaltet werden.

Im Netzwerk der Ganztagsschulkoordinatoren gab es vor allem drei Dilemmata/Paradoxien, mit denen das Netzwerkmanagement umzugehen hatte.

Unterschiedlichkeits-/Gleichheitsdilemma

Netzwerke nutzen die Unterschiedlichkeit der Mitglieder. Schon nach wenigen Treffen wurde deutlich, dass der Unterschied zwischen erfahrenen und unerfahrenen Mitgliedern des Netzwerks auf die Dauer Unzufriedenheit hervorrufen kann, nämlich dann, wenn die Tauschakte zwischen diesen Gruppen einseitig verlaufen: Die Erfahrenen sind „Geber", die Unerfahrenen „Nehmer". Im Netzwerkmanagement wurde dieses Phänomen mehrfach analysiert. Zur Veranschaulichung dazu ein Beispiel:

Erfahrene Mitglieder im „Netzwerk Ganztagsschulkoordination" haben Interesse am Blick über den Tellerrand: Wie entwickelt sich das Thema Ganztagsschule in der Hamburger Schullandschaft weiter? Ist das Netzwerk zu nutzen, um Entwicklungen zu beeinflussen?

Maßnahme des Netzwerkmanagements/Moderators: Das Interesse nach Wahrnehmung und Einschätzung der Ganztagsschulentwicklung in Hamburg wurde – gerade auch in den Zeiten der Schulreform 2008/09 – aufgenommen. Mehrfach gab es Austauschgruppen zu aktuellen, schulreformbezogenen Themen, z.B. Inklusion in der Ganztagsschule. Zudem wurde der für Ganztagsschulen zuständige Behördenvertreter – nach Rücksprache mit dem Netzwerk – der Leiter des Referates Ganztagsschule in der „Behörde für Schule und Berufsbildung" zum Netzwerktreffen eingeladen. Der direkte Kontakt im Netzwerk führte dazu, dass ein Mitglied des Netzwerks in die Arbeitsgruppe zur Neugestaltung der Rahmenpläne für Ganztagsschulen in Hamburg berufen wurde. Außerdem wurde die Arbeitsplatzbeschreibung für Ganztagschulkoordinatoren nach Übergabe an den Referatsleiter in der konzeptionellen Arbeit der Behörde genutzt; beides Wertschätzungen insbesondere erfahrener Netzwerkmitglieder.

Offenheits-/Geschlossenheitsdilemma

Menschen haben das Bedürfnis nach Klarheit, bezogen auf Zugehörigkeit in Arbeitszusammenhängen nach Erfahrung des Autors insbesondere dann, wenn die Organisationsstruktur an dieser Stelle nicht eindeutig ist. Bezogen auf Netzwerke haben die Beteiligten den Wunsch zu wissen: Wer ist dabei? Wer nicht mehr? Diese Frage spielte im Netzwerk immer wieder eine Rolle, etwa indem bemerkt wurde: „Schade, dass Frau X und Herr Y heute nicht da sind".

In diesen und ähnlichen Situationen wurde das Verhalten der fehlenden Netzwerkmitglieder konsequent durch das Netzwerkmanagement entlastet. Das Netzwerkmanagement deutete das Fehlen als Nutzung der flexiblen Organisationsform, nicht als Desinteresse.

Intensitätsdilemma

Grundsätzlich ist der Zeitaufwand in Netzwerken größer als in hierarchischen Organisationsformen, weil die Anzahl der Kommunizierenden bei Face-to-face-Treffen oft größer ist als in fest gefügten Strukturen, die Zielungenauigkeit mehr Austausch- und Klärungsbedarf und unbestimmtere Kommunikation nach sich ziehen kann und der Wunsch nach Teilhabe groß ist, was Kommunikationsumfang und -frequenz nach Erfahrung des Autors erhöht.

Als Anregung und Entlastung in der Entscheidungsfindung wurde vom Management auf die Stärke schwacher Beziehungen aufmerksam gemacht, die z.B. Weyer (2000, S. 38f.), sich auf Granovetter berufend, hervorhebt.

3.2   Netzwerkmoderation

3.3.1   Grundhaltung

„Unter Moderation wird üblicherweise ein bestimmtes Vorgehen zur Steuerung von Arbeitsprozessen und Arbeitsgesprächen verstanden. Ziel ist das Erreichen gemeinsam tragbarer Ergebnisse" (Hausmann & Stürmer, 1994, Vorwort). Moderation, die in diesem Sinne zur Steuerung von Kommunikation in Gruppen eingesetzt wird, ist darauf orientiert, Wirkungen zu verursachen, nämlich Beteiligung, Verbindlichkeit und Zielorientierung. Demgegenüber ist das Grundanliegen der Netzwerkmoderation, Ereignisse zu ermöglichen, die Tausch nach sich ziehen. Die Grundhaltung eines Netzwerkmoderators sollte informations-, beteiligungs- und ereignisorientiert sein. Hierzu gehören vor allem drei Punkte: Der Netzwerkmoderator sorgt erstens für Ausgleich und Transparenz in der Netzwerkökonomie. Dazu hat der Moderator das Geben und Nehmen, das im Netzwerk stattfindet, im Blick. Er ist sensibel für strukturelle Ungleichheiten von Netzwerkmitgliedern, wie erfahren – unerfahren. Der Netzwerkmoderator spricht mögliche Unausgewogenheit an und macht sie damit verhandelbar. Zweitens setzt der Netzwerkmoderator Unterschiedlichkeit als Produktivkraft ein. Ein einfaches aber in der Praxis bewährtes Beispiel zur Stimulation von Unterschiedlichkeit ist, bei der Bildung von Austauschgruppen dazu einzuladen, Unterschiedlichkeit als Gruppenbildungskriterium zu nutzen. Drittens gibt der Netzwerkmoderator Anregungen zur Gestaltung der Netzwerkkultur. Gerade fluide Organisationsformen brauchen Orientierung im Zusammenwirken. Eine vertraute Kultur, Regeln und Rituale zum Beispiel bei Veränderung im Netzwerkmanagement unterstützen nach Erfahrung des Autors, Orientierung.

3.3.2   Moderationsmethoden für Netzwerke

Es gibt viele Moderationsmethoden, die auch in Netzwerken nützlich sind. Zwei Methoden haben sich in der Moderation von Netzwerken besonders bewährt. Sie werden hier kurz mit ihren Erfolgsbedingungen vorgestellt.

Runde

In der Runde wird jede Person eingeladen kurz und prägnant ihre Meinung zu sagen. Spontane Diskussionsansätze werden rigoros unterbunden. Ziel der Runde ist es,

- im Netzwerk ein umfassendes, aussagekräftiges Bild zu einer konkreten Fragestellung zu bekommen,
- die Themen, Aussagen und Positionen von Meinungsmachern in einer Gruppe durch andere Aussagen zu ergänzen und zu relativieren,
- Entscheidungen über die Weiterarbeit so vorzubereiten, dass sie nachvollziehbar an den Interessen der Gesamtgruppe ausgerichtet sind.

Die Moderation gibt dazu eine klare Fragestellung und die Spielregeln für die Runde vor. Die Wirksamkeit der Runde steht und fällt mit der Vorgabe orientierender und begrenzender Vorgaben und deren konsequenter Einhaltung.

Soziometrie[8]

In einer Soziometrie positionieren sich alle Netzwerkmitglieder zu einer Aussage/Fragestellung im Raum, z.B. auf einer Linie zwischen zwei Endpunkten, die genau benannt werden, z.B.: „Ich bin ‚Seit heute' – ‚Seit über 10 Jahren' im Netzwerk." Die Punkte für „heute" und „seit über 10 Jahren" liegen im Raum acht Meter auseinander. Jemand der fünf Jahre dabei ist, positioniert sich genau in der Mitte. Ebenso lassen sich inhaltliche Positionen soziometrisch stellen: „Mit dem Caterer unserer Schule bin ich sehr zufrieden – überhaupt nicht zufrieden."

Diese Methode ist geeignet, auf einen Blick die Verteilung von Positionen in einer Gruppe für alle sichtbar zu verdeutlichen. Die Moderation trägt zur Deutung der Soziometrie bei, indem sie einzelne Personen interviewt:

- Warum stehen sie da, wo sie stehen?
- Was müsste passieren, damit sie Ihre Position verändern?
- Wie deuten sie das Gesamtbild?

Auch wenn nur eine Auswahl von Positionen erläutert wird, ergibt sich ein facettenreiches Gesamtbild. Ein Nebeneffekt dieser Methode ist, dass Netzwerkmitglieder ihre eigene Position auf einen Punkt fokussieren müssen. Das klärt die eigene Position und das Gesamtbild im Netzwerk.

4   Ergebnisse

Das Netzwerk der Ganztagschulkoordinatoren wurde in den vorangegangenen Abschnitten analysierend beschrieben. Zur Analyse wurden Kategorien genutzt, die der Autor als externer Moderator und Berater in das Netzwerk eingebracht hat. Im Folgenden geht es darum, diese Analyse so zu bündeln, dass sie für Steuerung von anderen Netzwerken nutzbar wird.

4.1   Anregungen zur Steuerung von Netzwerken

Die analysierende Beschreibung des Netzwerks lässt vier Schlüsse zu, die für die Entwicklung anderer Netzwerke nutzbar sind:

1.   Die Steuerung kann nicht früh genug beginnen

Im Netzwerk der Ganztagschulkoordinatoren begann die Steuerung schon vor der Gründung des Netzwerks mit Überlegungen, wie die Idee des Netzwerks „in die Welt gebracht" werden sollte. Dazu gehörte insbesondere die Beantwortung der Fragen: Wer hat Interesse an diesem Netzwerk? Durch wen werden potentielle Mitglieder angesprochen?

---

8   Soziometrie ist eine Methode aus dem von J.L. Moreno begründeten „Psychodrama".

Welche Argumente überzeugen zur Beteiligung? In welchem Rahmen werden Sie angesprochen?

Der Interessentenkreis war in diesem Fall klar zu umschreiben: alle Personen, die mit Koordinationsaufgaben im Ganztagsbetrieb einer Schule beschäftigt sind. In anderen Netzwerken ist diese Vorentscheidung nicht so eindeutig. Es gibt hierbei keine richtigen oder falschen Entscheidungen. Das Mitgliederspektrum ist ein Punkt, der unter Berücksichtigung des Kriteriums Unterschiedlichkeit zu gestalten ist. Im beschriebenen Netzwerk wurden potentielle Mitglieder von einem potentiellen Mitglied angesprochen. Das war sehr wirksam, weil das Netzwerkanliegen durch diese Person äußerst authentisch und anschaulich vermittelt werden konnte.

Als stärkstes und umfassendstes Argument für Interessenten am Netzwerk der Ganztagsschulkoordinatoren wurde frühzeitig „Entlastung" identifiziert. Dies Argument wurde folgerichtig im Untertitel *Entlastung durch Vernetzung* verwendet. Das Entlastungsversprechen konnte durch das Netzwerk von Anfang an erfüllt werden, weil mit dem Austausch sofort begonnen werden konnte und dieser sofort zu entlastenden Effekten für die Netzwerkmitglieder führte. Das hat wesentlich zum Netzwerkerfolg beigetragen, ist aber eher untypisch für Netzwerke: Beispiele für entlastenden Tausch von Anfang an:

- Kontakte zu Honorarkräften, die attraktive Angebote machen, sparten Recherchezeit. Zusätzlich verminderte das Erfahrungswissen aus dem Netzwerk das Risiko der Fehlbesetzung; ein weiteres Entlastungsmoment.
- Erfahrungsberichte mit Caterer versetzten Netzwerkmitglieder sofort in die Lage, zu entscheiden, welche Form von Catering für die eigene Schule die richtige ist. Es konnte sofort gezielt Kontakt aufgenommen werden. Aufwendige Sondierungsgespräche entfielen.
- In den Netzwerktreffen fand eine Priorisierung von Themen statt. Die damit verbundene Orientierung ist entlastend, weil die Koordinatoren dadurch handlungsfähiger werden: das Wichtigste zuerst, anderes kann warten.
- Psychische Entlastung war mit der Austauscherfahrung bei den Treffen verbunden: ich stehe nicht allein, bin nicht unfähig, andere haben mit denselben Schwierigkeiten zu kämpfen wie ich und wir finden Lösungen.

Netzwerke sind in der Regel auf mittel- und langfristigen Erfolg ausgelegt, eine Folge der fluiden Struktur, die sich erst entwickeln und bewähren muss. Im Netzwerk zur Vermarktung der Elbregion – ebenfalls vom Autor moderiert – dauerte es einhalb Jahre bis ein Projekt erarbeitete wurde, dass zur Erreichung von Netzwerkzielen hätte beitragen können. Dieser lange Atem wird nur aufgebracht, wenn das Ziel attraktiv ist und die Entwicklung der Tauschbeziehungen unterhalb der Zielebene viele Erwartungen erfüllt. Die frühzeitige Klärung der Eingangsfragen und die Möglichkeit sofort zielorientiert tauschen zu können und die frühzeitige Kommunikation eines netzwerkbezogenen Versprechens, waren wichtige Erfolgsfaktoren des Netzwerks der Ganztagsschulkoordinatoren.

2.   Auf die Zusammensetzung des Netzwerkmanagements kommt es an

Die Zusammensetzung des Managements im Netzwerk der Ganztagsschulkoordinatoren hat sich zu einem Lernfeld entwickelt. Rückblickend betrachtet gab es drei Lernschritte, die die Steuerung geprägt haben:

Der erste Schritt wurde zu Beginn eher intuitiv getan: die für die Bearbeitung des Wunsches nach einem Netzwerk verantwortliche Person in der Agentur für Schulentwicklung hat von Anfang an die Interessen potentieller Mitglieder, die eigenen institutionelle Interessen und Netzwerkkompetenz in einen Prozess des Zusammenwirkens eingebunden. Dies prägte die Entwicklung des Netzwerkmanagements.

In der ersten Phase der Entwicklung des Netzwerkmanagements waren die Koordinatoren nur in der Planung in Person des Initiators eingebunden.

Die formale Einbindung der Koordinatoren, also der Netzwerkmitglieder, in das Netzwerkmanagement in der zweiten Phase nach einem Jahr hat die Entwicklung des Netzwerks und die Planung der Netzwerktreffen entscheidend positiv beeinflusst. Die Verbindung der institutionellen Kompetenz des Veranstalters, der Fachkompetenz des Moderators und der Mitgliedskompetenz des Koordinators gewährleisteten eine Optimierung der Arbeit des Netzwerkmanagements und damit des gesamten Netzwerks.

In der dritten Phase verstärkte sich das Gewicht des Veranstalters im Netzwerkmanagement: Quantitativ dadurch, dass bei der Vor- und Nachbereitung jedes Netzwerktreffens drei Vertreter des Veranstalters eingebunden waren. Qualitativ dadurch, dass bei jedem Treffen die Leitung vertreten war. Der zusätzliche Einsatz personeller Ressourcen ging einher mit der Ausweitung der finanziellen Ressourcen. Zusätzlichen Mittel wurden insbesondere eingesetzt, um Projekte zu realisieren. Es hat sich gezeigt, dass es wichtig ist, dass in der Zusammensetzung des Netzwerkmanagements alle Interessengruppen repräsentiert sind.

3.   Interessen transparent machen

Unterschiedliche Interessen sind miteinander zu vereinbaren, wenn sie transparent sind. Wichtig ist zudem, dass die unterschiedlichen Interessen die Nutzungsmöglichkeiten anderer Interessen nicht einschränken. Wenn im Netzwerkmanagement alle Interessengruppen vertreten sind, ist dies eine wichtige Voraussetzung um bei Interessenverschiebungen, die zu Nutzungsbeschränkungen führen (könnten), im Netzwerk transparent und zeitnah nachzusteuern.

Transparenz ist – nach Erfahrung des Autors – eine Voraussetzung zum Gelingen von Netzwerken: Transparenz ist Motor für geben und nehmen: Nur wenn ich weiß, welchen Nutzen andere Mitglieder durch Tausch aus dem Netzwerk ziehen, werde ich weiter in das Netzwerk investieren: Informationen, Erfahrungen, Kontakte, Produkte. Ohne Transparenz kann sich kein Vertrauen als Teil der Netzwerkkultur bilden. Eigene Beratungserfahrungen deuten darauf hin, dass Transparenz in Netzwerken ein Tabuthema sein könnte. Transparenz wird einerseits als wichtig angesehen, andererseits aber gefürchtet, weil damit die individuelle (Aus)Nutzung des Netzwerks durch Seilschaften erschwert oder unterbunden wird.

4. Netzwerk-Verständnis und Netzwerkkultur gemeinsam entwickeln

Es gibt schon seit einigen Jahren einen inflationären Gebrauch des Begriffs Netzwerk. Einerseits werden alle Aktivitäten, in denen Akteure in Beziehung zueinander treten als *Networking* bezeichnet. Andererseits war z.B. in Seminaren der Universität Hamburg zum Thema Netzwerken[9] zu beobachten, dass umgekehrt auch verbindliche Kooperationen als Netzwerk bezeichnet werden.

Vor diesem Hintergrund ist es wichtig, das Verständnis von Networking in jedem Netzwerk zu klären. Im Netzwerk der Ganztagsschulkoordinatoren wurde dies zu Beginn mit Bedacht gemacht. Die Klärung am Anfang haben wenige der derzeitigen Mitglieder mitbekommen. Das Verständnis von Networking transportiert sich an neue Mitglieder nicht mehr durch verbale Kommunikation in mündlicher oder schriftlicher Form, sondern durch Handeln. Die Mitglieder erleben z.B., dass die Netzwerkökonomie, also die Frage, wie nützlich die Tauschverhältnisse insgesamt und für einzelne Mitglieder sind, im Netzwerk beachtet und durch das Zusammenwirken von Netzwerkmanagement und Netzwerk gesteuert wird.

Zusammenwirken heißt in diesem Zusammenhang: das Netzwerkmanagement greift Ideen zur Gestaltung z.B. der Netzwerkkultur auf, z.B. Aufteilung der Austauschgruppen nach Schulformen, und gibt Anregungen ins Netzwerk, z.B. Feier des einjährigen Bestehens des Netzwerks, die von diesem aufgenommen, ausprobiert und/oder übernommen werden.

4.2 Sand im Getriebe eines Netzwerks

Die Stärke von Organisationen ist ihre klare Struktur. Sie macht handlungsfähig, schränkt aber die Innovationsfähigkeit ein. Die fluide Form von Netzwerken macht diese innovationsfähig.[10] Die Beweglichkeit von Netzwerken führt aber auch zu Gefährdungen, die typisch sind für diese Organisationsform:

Gewohnheit

Die hohe Beweglichkeit der Organisationsform Netzwerk steht in ständiger Konkurrenz zum Mitgliederwunsch nach Klarheit, Festigkeit und Kontinuität. Ein typisches Netzwerkdilemma. Dieses Dilemma lässt sich z.B. an der Verwendung des Kulturbegriffs verdeutlichen:

Unter Kultur wird die „Gesamtheit der von einer bestimmten Gemeinschaft auf einem bestimmten Gebiet während einer bestimmten Epoche geschaffenen, charakteristischen geistigen, künstlerischen, gestaltenden Leistungen"[11] verstanden. Die Definition macht deutlich, dass Kultur den Abschluss einer Gestaltungsleistung bezeichnet. Andererseits schließt diese Definition Veränderungen von geschaffenen, gestalteten Leistungen mit ein – in der Regel langfristig.

---

9 „Netzwerke zielgerichtet auf- und ausbauen", Kontaktstudiengang Sozial- und Gesundheitsmanagement, Universität Hamburg, Kurs S2, 454–2011.
10 Sutrich, Opp & Endres (2011, S. 13) sprechen in diesem Zusammenhang von „kreativem, neuem Blick auf Organisation, […] der ein wahres Kraftfeld entstehen lässt".
11 Siehe Duden online „Kultur" – www.duden.de/rechtschreibung/Kultur#Bedeutung1b.

Die Kunst des Netzwerkmanagements besteht darin, zu erkennen, wann eine Kultur, die sich herausgebildet hat, für die Austauschprozesse im Netzwerk keine optimalen Voraussetzungen mehr zur Verfügung stellt. Die Aufgabe des Netzwerkmanagements ist es in dieser Situation, Veränderungen vorzuschlagen oder verallgemeinernd formuliert: Das Netzwerkmanagement unterstützt eine sich im Fluss befindliche Kultur.

Veränderung der Struktur der Teilnehmenden

Da die Zugehörigkeit in Netzwerken wesentlich flexibler ist als in anderen Organisationsformen, sind Netzwerke anfällig für Veränderungen der Struktur der Teilnehmenden, die Auswirkungen auf die Wirksamkeit des Netzwerks haben. Diese Veränderungen können sowohl von außen als auch intern verursacht werden, wie die Abnahme der Teilnahme von Koordinatoren aus Stadtteilschulen an Netzwerktreffen der Ganztagsschulkoordinatoren zeigt.

Aufgabe des Netzwerkmanagements ist es, diesbezügliche Veränderungen wahrzunehmen und die eigenen Eindrücke dem Netzwerk zur Verfügung zu stellen. Damit werden sie aushandelbar und steuerbar.

Ausnutzen des Netzwerks durch Einzelinteressen

Im Netzwerk der Ganztagsschulkoordinatoren hat sich die Rolle des Veranstalters nach der internen Reorganisation im letzten Jahr verändert: Er wurde und wird immer mehr zu einem fokalen Akteur. Damit verbunden sind die Erhöhung der Ressourcen, die dem Netzwerk zur Verfügung stehen und eine Ausweitung der Eigeninteressen des Veranstalters. Fokale Akteure erliegen mitunter der Versuchung ihre Stellung im Netzwerk einseitig für Eigeninteressen auszunutzen. Der Gefahr der interessegeleiteten Ausnutzung von Netzwerken ist mit Transparenz zu begegnen, so wie sie z.B. im Netzwerk der Ganztagsschulkoordinatoren praktiziert wurde.

5   Der Nutzen von Netzwerkmanagement – eine Zusammenfassung

Das Beispiel des Netzwerks der Ganztagsschulkoordinatoren Hamburg zeigt, dass die Steuerung eines Netzwerks durch Netzwerkmanagement und einer auf die Organisationsform Netzwerk ausgerichteten Moderation möglich und sinnvoll ist. Drei Vorteile von Netzwerksteuerung wurden deutlich:

1. Netzwerkmanagement sorgt für Orientierung in einer fluiden Organisationsform.
2. Netzwerkmanagement sorgt für Effizienz in einer Organisationsform, die per se nicht auf Effizienz ausgerichtet ist.
3. Netzwerkmanagement ist ein Instrument, um spezifische Schwierigkeiten der Organisationsform Netzwerk zu begrenzen und produktiv zu gestalten.

Dabei ist die Gestaltung der Balance zwischen Offenheit und Verbindlichkeit, zwischen Beweglichkeit und fester Ordnung, zwischen Zielorientierung und Prozessorientierung eine ständige Herausforderung. Erfolgreiches Netzwerkmanagement ist sensibel für die Positionierung des Netzwerks zu anderen Organisationsformen wie Kooperation oder

Institution. Es werden Methoden zur Steuerung eingesetzt, die auf die Stärken der Organisationsform Netzwerk zugeschnitten sind.

Literatur

Aderhold, J. (2004). *Form und Funktion sozialer Netzwerke in Wirtschaft und Gesellschaft.* Wiesbaden: Verlag für Sozialwissenschaften.

Aderhold, J., Meyer, M. & Wetzel, R. (2005). *Modernes Netzwerkmanagement.* Wiesbaden: Gabler.

Hausmann, G. & Stürmer, H. (1994). *Zielwirksame Moderation.* Renningen-Malsheim: Expert Verlag.

Klocke, R. (2011). Organisationen durch die Netzwerkbrille sehen – Einsatzmöglichkeiten der sozialen Netzwerkanalyse. *Profile – Internationale Zeitschrift für Veränderung, Lernen, Dialog, 21,* 44–54.

Königwieser, R. (2011). Kann man Netzwerke beraten? *Profile – Internationale Zeitschrift für Veränderung, Lernen, Dialog, 21,* 31–43.

Roehl, H. & Rollwagen. I. (2005). Organisationale Gestaltung als Gestaltung von Kooperation. In J. Aderhold, M. Meyer & R. Wetzel (Hrsg.), *Modernes Netzwerkmanagement* (S. 165–184). Wiesbaden: Gabler.

Schubert, H. (Hrsg.). (2008). *Netzwerkmanagement – Koordination von professionellen Vernetzungen – Grundlagen und Praxisbeispiele,* Wiesbaden: VS Verlag für Sozialwissenschaften.

Sutrich, O., Opp, B. & Endres, E. (2011). Entscheiden im Wechselspiel zwischen Linie und Netzwerk. *Profile – Internationale Zeitschrift für Veränderung, Lernen, Dialog, 21,* 10–20.

Wetzel, R., Aderhol, J. & Baitsch, C. (2001). Netzwerksteuerung zwischen Management und Moderation: Zur Bedeutung und Handhabung von Moderationskonzepten bei der Steuerung von Unternehmensnetzwerken. *Gruppendynamik, 1,* 21–36.

Weyer, J. (2000). *Soziale Netzwerke – Konzepte und Methoden der sozialwissenschaftlichen Netzwerkforschung.* München: Oldenbourg.

Hans J. Hummell & Wolfgang Sodeur

Der Triadenzensus – ein Instrument zur Beschreibung der Struktur von Beziehungsnetzen

1 Einleitung

Zur Beschreibung von Eigenschaften eines Beziehungsnetzes als Ganzem stellt das Arsenal der Netzwerkanalyse eine Vielzahl „struktureller Indizes" zur Verfügung. Die benötigten Informationen sind in der Regel auf der dyadisch-relationalen Ebene von Paaren von Einheiten gewonnen. Durch u.U. mehrfache Transformation über verschiedene Ebenen des Beziehungsnetzes hinweg werden diese zu strukturellen Indizes aggregiert (Hummell & Sodeur, 2010). Um eine Beurteilung der beobachteten numerischen Werte eines Index zu erleichtern, werden sie gelegentlich dadurch normiert, dass sie auf die maximal möglichen Werte, die unter „extremen" oder „idealisierten" Bedingungen eintreten würden, bezogen werden. Seltener ist ein Bezug auf Erwartungswerte von explizit ausformulierten Zufallsmodellen.

Unter diesen strukturellen Indizes nimmt der von Davis, Leinhardt und Holland vorgeschlagene Triadenzensus eine herausgehobene Stellung ein. Ist er doch in besonderer Weise in der Lage, über die „Struktur" eines Netzes – in einem strengen Sinne des Strukturbegriffs – Auskunft zu geben. Hierbei verstehen wir unter *Struktur eines Beziehungsnetzes das Muster der Anordnung seiner Verbindungen.*

Der Triadenzensus liefert nicht nur eine kompakte und robuste Charakterisierung bestimmter Aspekte der Struktur eines Netzes, die insbesondere auch für Vergleiche von Netzen geeignet ist. Wie wir im Einzelnen noch zu zeigen haben, ist es mit seiner Hilfe möglich, eine *gegebene Beziehungsstruktur auf bestimmte „idealtypische" Strukturmodelle zu beziehen.* Damit können Aspekte der horizontalen und vertikalen Differenzierung (Vercliquung und Hierarchisierung) eines Netzes beschrieben werden. Das zunächst Überraschende dabei ist, dass solche Aussagen über die Annäherung einer gegebenen Beziehungsstruktur an bestimmte idealtypische Strukturmodelle für das Gesamtnetz ausschließlich auf Informationen beruhen, die die Muster der Anordnung von Verbindungen in Triaden betreffen.

Schließlich ist es gelungen, eine Reihe von Zufallsmodellen zu formulieren, die eine *zufallskritische Beurteilung* eines gegebenen Triadenzensus (und damit auch seiner linearen Funktionen) erlauben. In einigen Fällen können solche Zufallsmodelle als mathematisch handhabbare Wahrscheinlichkeitsverteilungen formuliert werden, in anderen Fällen müssen Simulationsmodelle als Ersatz dienen.

Im Übrigen steht der Triadenzensus in einschlägigen Software-Paketen (PAJEK, UCINET für Windows, in den Paketen *<sna>* (bzw. *<statnet>*) und *<igraph>* für R) zur Verfügung.

Wie wir gleich sehen werden, charakterisiert der Triadenzensus ein Netz mit g Knoten[1] durch 16 Häufigkeiten von strukturell unterscheidbaren Typen von Triaden. Gegenüber den Informationen, die in den g(g-1) Einträgen einer Soziomatrix enthalten sind, ist das schon ab fünf Knoten eine Informationsreduktion, die mit steigendem g rasch zunimmt. Andererseits liefern diese 16 Häufigkeiten eine erstaunliche Menge von Informationen über das Netz. Zwar wird durch den Triadenzensus die Struktur des Gesamtnetzes nicht determiniert, dennoch wird durch ihn eine Vielzahl von Strukturaspekten erfasst. Zu erwähnen ist schließlich, dass sich etliche weitere Eigenschaften des Netzes (auf monadischer, dyadischer und triadischer Ebene) als lineare Funktionen[2] des Triadenzensus darstellen (Abschnitt 7).

Eigenschaften von Teilgraphen der Größe 4, 5 etc. stellen (gegenüber solchen der Größe 3) zwar differenziertere Informationen über das betrachtete Netz zur Verfügung. Für k=4 bzw. k=5 gibt es jedoch schon 218 bzw. 9608 strukturell unterscheidbare Typen von Tetraden bzw. Pentaden. Im Vergleich zu den Einträgen der Soziomatrix ist das eine Informationsfülle, die kaum noch überschaubar ist. Der Triadenzensus scheint also auf einer „mittleren Ebene" von Komplexität angesiedelt zu sein, die überschaubar, handhabbar und informativ ist (Holland & Leinhardt, 1976).

Holland und Leinhardt (1976, S. 7) erwähnen weiterhin die relative Robustheit des Triadenzensus[3]. Wie wir noch zeigen werden, beruht der Triadenzensus bei g Knoten auf Informationen über insgesamt g(g-1)(g-2)/6 Triaden. Falls sich für ein Paar (i,j) eine Verbindung ändert, sind davon (g-2) Triaden betroffen, da jedes Paar (i,j) mit jedem der restlichen (g-2) Knoten eine Triade bildet. Mit z.B. g=25 gibt es insgesamt 2.300 Triaden, aber immer nur 23 davon sind Triaden, die ein gegebenes Paar (i,j) enthalten; also ist von einer Änderung der Verbindung zwischen i und j nur ein Anteil von 23/2.300= 0,01 (allgemein: 6/g(g-1)) aller Triaden betroffen.

2   Der Triadenzensus

Zunächst einige Bemerkungen zur Terminologie und Notation. Wir beginnen mit Dyaden, da Triaden sich aus drei Dyaden zusammensetzen. Dyaden bestehen aus jeweils zwei Knoten und den ungerichteten bzw. gerichteten Kanten (Pfeilen) zwischen diesen. Bei ungerichteten Beziehungen besteht für eine Dyade (i,j) eine Verbindung oder sie besteht nicht. Bei gerichteten Beziehungen gibt es für eine Dyade (i,j) vier Möglichkeiten:

---

1   In der Regel verwenden wir, wenn von inhaltlichen Interpretationen abgesehen wird, die formale Sprechweise *Knoten* (engl.: vertices, nodes) und *Kanten* (engl.: edges). Bei gerichteten Kanten sprechen wir auch von *Pfeilen* (engl.: arcs).

2   Insbesondere die noch zu erwähnenden Dyadenzensus und Triplettzensus sind lineare Funktionen des Triadenzensus. Sofern man die Netzdaten unaggregiert zur Verfügung hat, ist allerdings immer der direkte Weg einer Ermittlung von Dyaden- und Triplettzensus möglich. Der „Umweg" über den Triadenzensus ist nur dann von praktischer Bedeutung, wenn die Netzdaten nicht (mehr) vorliegen, wohl aber auf Ergebnisse in Form eines Triadenzensus zurückgegriffen werden kann.

3   Siehe auch Wasserman & Faust (1994, S. 568f.).

a   Verbindungen in beiden Richtungen,

b   eine Verbindung von i nach j,

c   eine Verbindung von j nach i,

d   keine Verbindung in beiden Richtungen.

Wenn man die Knoten der Dyade nicht benennt (d.h. sie nicht durch identifizierende Namen unterscheidet), gibt es im gerichteten Fall nur drei strukturell unterscheidbare Typen von Dyaden: Ihre beiden Knoten sind entweder wechselseitig (mutuell) oder einseitig (asymmetrisch) verbunden oder sie sind unverbunden. Wir sagen auch: Die Knoten einer Dyade sind M-verbunden oder A-verbunden oder N-verbunden[4]; oder auch: Eine Dyade ist vom Typ „M" oder vom Typ „A" oder vom Typ „N".

Als *Dyadenzensus* bezeichnet man die Häufigkeitsverteilung aller g(g-1) Dyaden eines Netzwerks aus g Knoten auf diese 3 Strukturtypen (MAN-Verteilung)[5].

Und nun zu den Triaden. Triaden bestehen aus jeweils 3 (ungeordneten) Knoten und den zwischen ihnen vorhandenen ungerichteten bzw. gerichteten Kanten (Pfeilen). Bei ungerichteten Beziehungen gibt es in einer Triade drei unterscheidbare ungeordnete Paare von Knoten, zwischen denen jeweils eine Verbindung vorhanden sein kann oder nicht, und entsprechend 2**3=8 mögliche Anordnungen von Kanten. Wenn man die drei Knoten wiederum nicht benennt, sich also auf die Struktur der Anordnung der Kanten konzentriert, sind einige dieser acht Anordnungen strukturgleich. Es bleiben dann noch vier strukturell unterscheidbare Typen von Triaden, die sich nur durch die Zahl der vorhandenen (ungerichteten) Kanten (0, 1, 2, 3) unterscheiden. Unter Verwendung der Dyadentypologie können wir auch sagen, dass in jeder Triade 0, 1, 2 oder 3 Dyaden vom Typ M (und die jeweils restlichen vom Typ N) sind.

Etwas komplizierter wird es bei gerichteten Beziehungen. Für drei Knoten gibt es insgesamt sechs unterscheidbare geordnete Paare von Knoten, zwischen denen jeweils eine Verbindung möglich ist. Die 2**6=64 möglichen Anordnungen gerichteter Kanten bilden – wieder bei unbenannten Knoten – 16 strukturell unterscheidbare Typen von Triaden, die zusammen mit der auf Davis, Holland und Leinhardt zurückgehenden M-A-N-Notation für Triaden in Abbildung 1 dargestellt sind. Diese 16 Strukturtypen sind einmal vertikal nach der Zahl der bestehenden Verbindungen und horizontal nach „transitiven" und „intransitiven" Triaden geordnet, wobei in der oberen Hälfte der linken Spalte die Triaden aufgeführt sind, die nur in einem weiteren („leeren") Sinne transitiv sind, in der unteren Hälfte hingegen die im strengen Sinne transitiven (siehe dazu die Ausführungen in Abschnitt 7.1).

Die drei Ziffern unterhalb der Strukturtypen kennzeichnen die Zahl der Verbindungen, getrennt nach M(utual), A(symmetric) und N(ull). Beispielsweise steht links oben in der Abbildung der Strukturtyp 003 mit 0 gegenseitigen (mutual), 0 einseitigen (asymmetric) und 3 abwesenden (null) Verbindungen. In einigen Fällen sind die Strukturtypen auf diese Weise noch nicht eindeutig zu unterscheiden. Zusätzlich wird dann ein Buchstabe

---

4   N-Verbundenheit ist also lediglich „formal" definiert: Die Knoten einer Dyade heißen „N-verbunden" wenn sie unverbunden (sic!) sind. Die Relation der N-Verbundenheit zwischen Knoten ist wie die der M-Verbundenheit im Sinne der Relationslogik symmetrisch, die Relation der A-Verbundenheit asymmetrisch.

5   In ungerichteten Graphen gibt es natürlich nur M und N als unterscheidbare Dyadentypen.

angefügt: U(p) für aufwärts bzw. weg von der „symmetrischen" Verbindung (unabhängig davon, ob Mutual oder Null); D(own) für abwärts bzw. hin zur symmetrischen Verbindung; T(ransitive) für eine Strukturform, bei der eine gerichtete Verbindung zwischen zwei Knoten über zwei Schritte (ein Pfad der Länge 2) durch eine direkte Verbindung in derselben Richtung zwischen diesen beiden Knoten ergänzt wird; schließlich C(yclic) für eine Anordnung der Kanten in der Triade, bei der Verbindungen nur in einer Richtung („zyklisch"; d.h. beispielsweise nur „im Uhrzeigersinn") vorkommen, d.h. entweder als Pfad über zwei Schritte (021C) oder über drei Schritte, wobei der Ausgangspunkt wieder erreicht wird (030C).

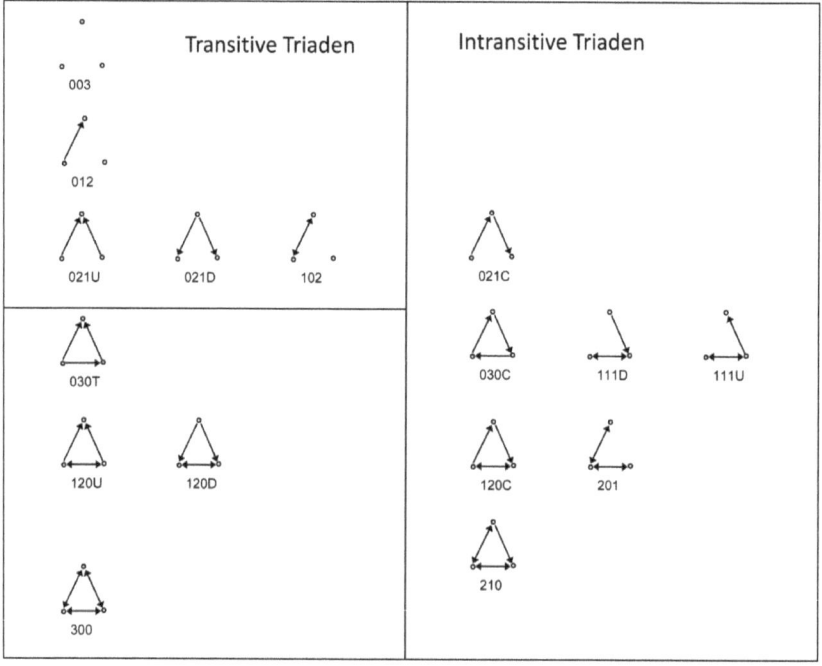

Abbildung 1:   16 strukturell unterscheidbare Typen von Triaden in der M-A-N-Notation
                 (z.B. Holland & Leinhardt, 1970, 1976)[6]

Wie eingangs erwähnt sind insbesondere die Zusammenhänge zwischen der Struktur der Anordnung der Kanten in den Triaden und der Struktur des gesamten Beziehungsnetzes von Interesse. Vor allem aus der Abwesenheit bestimmter Anordnungen der Kanten innerhalb der Triaden wird auf Struktureigenschaften des Netzes insgesamt geschlossen

---

6   Die Anordnung der Triadentypen differiert an den beiden genannten Stellen. Die obige (von 1970) ordnet die Triadentypen nach Transitivität. Üblich (und in der einschlägigen Software implementiert) ist die Anordnung von 1976, die wir auch unten bei unseren Ergebnispräsentationen verwenden. PAJEK gibt optional eine Anordnung, die Triadentypen nach den zu testenden Strukturmodellen ordnet (s.u.).

wie seine Gliederung in „Cliquen", deren hierarchische Ordnung oder (in Extremfällen) die Polarisierung des Netzes in nur zwei antagonistische Cliquen. Dazu wird gezählt, wie sich die insgesamt g(g − 1)(g − 2)/6 Triaden eines Netzes aus g Knoten auf die 16 Strukturtypen verteilen (Triadenzensus). Vom Ergebnis des Triadenzensus lassen sich dann größere oder geringere Näherungen der Struktur des gesamten Beziehungsnetzes an bestimmte Idealtypen ableiten. Dies soll im folgenden Abschnitt näher ausgeführt werden.

Abschließend vermerken wir hier nur noch, dass die Idee des Dyaden- bzw. Triadenzensus, Teilgraphen der Größe 2 bzw. 3 in Klassen (Typen) einzuteilen, sich auf weitere Teilgraphen mit k Knoten übertragen lässt. Ein weiteres Beispiel für ebenfalls k=3 ist der in Abschnitt 7.2 erwähnte Triplettzensus.

3 Strukturmodelle nach Davis, Holland und Leinhardt („DHL − Modelle") und ihr Zusammenhang mit dem Triadenzensus

Die hier kurz zu referierenden Ideen gehen konzeptuell zurück auf die Balance-Theorie von Heider (1946). Heider behandelte die Frage, unter welchen Bedingungen kognitive Strukturen als „ausgeglichen" (*balanced*) angesehen werden können, wobei er sich vorwiegend für Strukturen interessierte, die aus drei Elementen zusammengesetzt sind, zwischen denen (gerichtete) Beziehungen[7] bestehen können, die „positiv" oder „negativ" bewertet werden.

Cartwright und Harary (1956)

- übertrugen diese Überlegungen von kognitiven auf interpersonelle Strukturen mit mehr als drei Knoten,

- reformulierten sie in der Sprache der Graphentheorie, indem sie Graphen mit einer Relation verwandten, deren Ausprägungen mit den Vorzeichen „+1" bzw. „-1" bewertet wurden (*signed graph*),

- definierten einen verallgemeinerten Begriff der strukturellen Ausgeglichenheit (*balance*) und

- bewiesen das für die weitere Diskussion wichtige Strukturtheorem, dass ein Beziehungsnetz genau dann *insgesamt* „ausgeglichen"[8] ist, wenn sich die Knoten in *zwei* Klassen zerlegen lassen, so dass alle „+1"-Verbindungen innerhalb und alle „-1"-Verbindungen zwischen beiden Klassen verlaufen. Dies entsprach dem aus der Sozialpsychologie bekannten Phänomen der *Polarisierung* (z.B. einer Gruppe in *zwei* „antagonistische Cliquen").

---

7 Heider diskutierte zwei Arten inhaltlich definierter Beziehungen („Liking" und „Unit Relation"), wobei die erste gerichtet und die zweite ungerichtet war, unterschied diese jedoch nicht mehr bei seinen formalen Überlegungen zur Ausgeglichenheit.

8 In der Zwischenzeit konnte gezeigt werden, dass es im Falle eines vollständigen(!) *signed graph* (in diesem sind alle Paare von Knoten entweder positiv oder negativ verbunden) zur Prüfung, ob dieser Graph insgesamt „ausgeglichen" ist, nicht erforderlich ist, alle „Zyklen" darauf hin zu prüfen, ob diese „ausgeglichen" sind. Hier reicht die Prüfung *aller Zyklen der Länge 3 durch einen beliebigen Knoten* aus (Flament, 1963).

Den nächsten Schritt machte Davis (1967) mit der Formulierung eines allgemeineren Strukturtheorems (*clusterability theorem*), das eine Gruppierbarkeit der Knoten in *drei und ggf. mehr* „Cluster" impliziert, mit den weiterhin unveränderten Eigenschaften, dass alle „+1"- Verbindungen innerhalb und alle „-1"-Verbindungen zwischen den Clustern verlaufen.

Bei *vollständigen* Strukturen ist die Zerlegbarkeit in zwei Cliquen bzw. die Gruppierbarkeit in drei oder mehr Cluster eindeutig. Im Fall *unvollständiger*[9] Strukturen ist die Situation unübersichtlicher.[10] Gelegentlich kann es jedoch inhaltliche Gründe geben, die es erlauben, nicht verbundene Knotenpaare als „+1" (alternativ als „-1") -verbunden anzusehen, so dass man es wieder mit vollständigen Strukturen zu tun hat.

Die weitere Entwicklung ist gekennzeichnet durch eine zunehmende theoretische Verallgemeinerung. Außerdem werden komplexere empirische Strukturen als die bis dahin behandelte Polarisierung bzw. die Existenz multipler Gruppen berücksichtigt.

Bislang wurde unterstellt, dass man es bei den (als „+1" bzw. „-1" kodierten) Beziehungen mit gegenseitig erwiderten („symmetrischen") zu tun hat oder mit solchen, bei denen die Richtung keine Rolle spielt. Davis und Leinhardt (1972) unterscheiden jetzt explizit „mutuelle" von „asymmetrischen" Verbindungen und führen die im vorangegangenen Abschnitt berichtete MAN-Notation für Triaden eines gerichteten binären Graphen ein. Unter der Voraussetzung, dass der *vollständige signed graph* mit einem *binären gerichteten Graphen* so identifiziert werden kann, dass

- alle „+1"-Verbindungen (im *signed graph*) der M-Relation zwischen Paaren (im *binären Graphen*) und
- alle „-1"-Verbindungen (im *signed graph*) der N-Relation zwischen Paaren (im *binären Graphen*)

(und umgekehrt) zugeordnet werden, können beide bisher diskutierten Strukturtheoreme auch vermittels der Existenz bzw. Nicht-Existenz bestimmter Triadentypen formuliert werden. Mit dem Strukturmodell der Polarisierung (*balance*) sind nur Triaden vom Typ 102 und 300 verträglich; der Rest ist damit nicht kompatibel. Unter dem Strukturmodell multipler Gruppen (*clusterability*) kommt zu diesen beiden „erlaubten" Triaden 102 und 300 noch die Triade 003 hinzu,[11] alle anderen Triaden sind weiterhin „verboten".

Mit diesen konzeptuellen Hilfsmitteln formulieren Davis und Leinhardt (1972) ein erstes Strukturmodell, das auch „asymmetrische" Verbindungen zulässt, und das die Existenz hierarchischer Ebenen mit multiplen Gruppen auf den einzelnen Ebenen verbin-

---

9 Im Falle nicht vollständiger Strukturen können Knotenpaare sowohl innerhalb der Cliquen bzw. Cluster als auch aus verschiedenen Cliquen bzw. Clustern unverbunden sein.

10 Siehe hierzu im Einzelnen Hummell & Sodeur (1987a) und die dort zitierte Literatur.

11 Während Davis (1967) also die Triade 003 zulässt, ist diese bei Cartwright und Harary (1956) „verboten". (Heider war in dieser Hinsicht nicht eindeutig.) Dies erlaubt eine knappe Erläuterung des Unterschieds beider Strukturtheoreme: In metaphorischer Sprechweise unterstellen beide Theoreme auf der Ebene der Präferenzen von Akteuren erstens „der Freund meines Freundes ist mein Freund"; zweitens: „der Feind meines Freundes ist mein Feind"; drittens „der Freund meines Feindes ist mein Feind". Sie unterscheiden sich jedoch hinsichtlich einer möglichen Tendenz zur Koalitionsbildung („der Feind meines Feindes ist auch mein Freund"). Während das *balance*-Theorem diese Koalitionsbildung unterstellt, lässt das *clusterability*-Theorem diese Möglichkeit offen.

det. Sie nennen dieses Strukturmodell *ranked clusters* (von Gruppen/Cliquen). Es ist durch folgende erlaubte Triadentypen charakterisiert: 003, 021U, 021D, 102, 030T, 120U, 120D, 300, d.h. es kommen zu den bislang erlaubten drei Triadentypen 003, 102, 300 noch fünf weitere hinzu: 021U, 021D, 030T, 120U, 120D.

Im nächsten Schritt zeigen Holland und Leinhardt (1971), dass die drei bislang behandelten Strukturmodelle als Spezialfälle eines *transitiven Graphen* aufgefasst werden können.

Ein transitiver Graph ist ein binärer gerichteter Graph mit einer Relation R, die transitiv[12] ist. Wir nehmen für das weitere an, dass auf der Basis von R in der schon bekannten Weise die drei Relationen der M-, A- und N-Verbundenheit[13] definiert wurden. Dann gilt, dass der transitive Graph eine *partielle Ordnung* der Knoten erzeugt. Dies bedeutet:

Erstens: Alle untereinander M-verbundenen Knoten können zu wechselseitig disjunkten Teilklassen (M-Cliquen) zusammengefasst werden.

Zweitens: Alle Knoten der gleichen M-Clique sind in einem strengen Sinne strukturell äquivalent. Dies gilt insbesondere auch für ihre Beziehungen zu Knoten aus anderen M-Cliquen. D.h. Knotenpaare aus zwei verschiedenen M-Cliquen sind entweder alle A-verbunden (und zwar in der gleichen Richtung!) oder sie sind alle N-verbunden.

Drittens: Die strukturelle Äquivalenz von Knoten der gleichen M-Clique erlaubt es, sie zu aggregieren und zu einer Menge von „Kollektiven" zu „kondensieren". Damit wird es möglich, auf der Grundlage der zunächst nur für Paare „individueller" Knoten definierten M-, A- und N-Relationen zwei mit ihnen verträgliche neue Relationen A* und N* zu definieren, die auf der kollektiven Ebene der M-Cliquen deren Beziehungen untereinander beschreiben.

Viertens: Die neu eingeführte A*-Relation zwischen M-Cliquen ist wegen der Transitivität der „Basisrelation" R ebenfalls transitiv. Damit ist die Menge der M-Cliquen partiell geordnet. Von zwei M-Cliquen, die im Hinblick auf die A*-Relation miteinander verglichen werden können, ist eine von beiden in der Ordnung „vor" der anderen.

Fünftens: M-Cliquen, die die im Hinblick auf A* nicht vergleichbar sind, stehen in der N*- Relation zueinander. Aber: Von zwei solchen bezüglich A* nicht vergleichbaren M-Cliquen kann man nur sagen, dass weder die erste „vor" der zweiten noch die zweite „vor" der ersten kommt, nicht aber, dass sie deshalb rangmäßig „gleich" wären.

Das von Holland und Leinhardt formulierte Strukturmodell der (positiven) Transitivität stellt nun erneut einen Zusammenhang her zwischen der partiellen Ordnung eines transitiven Graphen und der Häufigkeitsverteilung des Triadenzensus. Im *transitivity*-Modell sind die folgenden Triadentypen erlaubt:

003, 012, 021U, 021D, 102, 030T, 120U, 120D, 300. Im Unterschied zum *ranked clusters*-Modell ist also zusätzlich die Triade 012 zugelassen.[14]

---

12 Zum formalen Begriff der Transitivität s.a. die Ausführungen in Abschnitt 7.1.

13 Da in der Netzwerkanalyse der Term „verbunden" oft verallgemeinernd verwandt wird, so dass er die Verbundenheit im Sinne der „indirekten" Verbundenheit in n Schritten mit umfasst, sei angemerkt, dass wir im vorliegenden Kontext immer nur die „direkte" Verbundenheit meinen.

14 Das Vorkommen oder das Fehlen der Triade 012 ist also kritisch dafür, ob die Gruppen nur partiell geordnet sind oder darüber hinaus ihre Zuordnung zu „hierarchischen Ebenen" konsistent möglich ist. Abwesenheit der Triade 012 ist gleichbedeutend damit, dass alle M-Cliquen durch N* zu Äquivalenzklassen (*cluster* von Gruppen/Cliquen) zusammengefasst werden können. Es gilt dann:

Man kann also sagen, „Polarisierung", „Multiple Gruppen" und *ranked clusters* (von Gruppen/Cliquen) sind alles Spezialfälle der von einem transitiven Graphen erzeugten „partiellen Ordnung", in denen neben der Transitivität zusätzliche Bedingungen erfüllt sind: Gibt es im transitiven Graphen keine A-Verbindungen, liegen „multiple Gruppen" vor; gibt es darüber hinaus keine Triaden vom Typ 003, existieren nur zwei Gruppen/ Cliquen bzw. besteht Polarisierung. Gibt es im transitiven Graphen zwar A-Verbindungen, fehlen aber Triaden vom Typ 012, liegen *ranked clusters* vor.

Zur Illustration geben wir hier noch das Beispiel von Davis und Leinhardt (1972) mit fünf Cliquen auf drei hierarchischen Ebenen:[15]

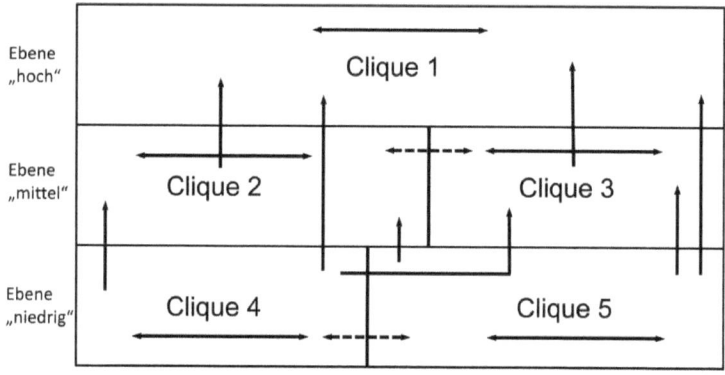

Abbildung 2:   Hierarchische Ebenen mit Gruppierung (Davis & Leinhardt, 1972)

Jede M-Clique kann mit jeder anderen M-Clique bezüglich N* oder A* verglichen werden. Gilt N*, gehören sie der „gleichen Ebene" an; gilt A*, gehören sie „verschiedenen Ebenen" an. Damit gibt es in dieser Struktur auch keine unverbunden Komponenten von M-Cliquen. – Bei Vorhandensein der Triade 012 ist eine konsistente Zuordnung der M-Cliquen zu hierarchischen Ebenen jedoch nicht möglich. Hier kann es auch unverbundene Komponenten von M-Cliquen geben, die für sich jedoch jeweils partiell geordnet sind. (Existenz verschiedener unabhängig voneinander verlaufender „Hierarchien").

15 Dieses Beispiel trifft allerdings das Strukturmodell der *ranked clusters* nicht in voller Allgemeinheit, da es im Beispiel auf den drei Ebenen höchstens zwei Cliquen gibt, während im allgemeinen Fall auf einer Ebene auch drei und mehr Cliquen auftreten können. Dies zeigt, dass es im Beispiel keine Triaden vom Typ 003 gibt. An diesem Beispiel kann man sich dennoch klar machen, warum die das Strukturmodell der *ranked clusters* charakterisierenden acht (bzw. ohne den Typ 003 sieben) Triadentypen „erlaubt" sind. Drei Knoten aus der gleichen Clique sind alle paarweise M-verbunden (300). Bei drei Knoten aus zwei verschiedenen Cliquen der gleichen Ebene ist ein Paar M-verbunden, die beiden anderen Paare sind unverbunden (102). Gäbe es mehr als zwei Cliquen auf einer Ebene, dann wären alle drei Knotenpaare aus drei verschiedenen Cliquen der gleichen Ebene jeweils unverbunden (003). – Bei drei Knoten aus zwei verschiedenen Cliquen auf zwei verschiedenen Ebenen ist ein Paar M-verbunden und die beiden anderen in der gleichen Richtung A-verbunden (entweder 120U oder 120D). Bei drei Knoten aus drei verschiedenen Cliquen auf zwei verschiedenen Ebenen ist ein Paar unverbunden und die beiden anderen in der gleichen Richtung A-verbunden (entweder 021U oder 021D). Drei Knoten aus drei verschiedenen Cliquen auf drei verschiedenen Ebenen sind azyklisch A-verbunden (030T).

Abbildung 2 verdeutlicht,

a   dass innerhalb einer jeden Gruppe/Clique (auf allen Ebenen) alle Knotenpaare jeweils gegenseitig verbunden sind (durchgezogene Doppelpfeile),

b   dass auf jeder Ebene alle Knotenpaare aus zwei verschiedenen Gruppen/Cliquen wechselseitig nicht verbunden sind (gestrichelte Doppelpfeile) und

c   dass alle Knotenpaare aus zwei verschiedenen Ebenen (und damit auch aus zwei verschiedenen Gruppen/Cliquen) einseitig in der gleichen Richtung verbunden sind (einfache Pfeile).

Den Abschluss der hier referierten Entwicklung stellt der Vorschlag dar, ggf. Triaden vom Typ 210 oder noch weitergehender solche vom Typ 120C zuzulassen. Das führt auf noch allgemeinere Strukturmodelle, die zuweilen als „hierarchische Cluster" (*hierarchichal clusters*) bezeichnet werden.[16] Für den Fall des Auftretens von Triaden des Typs 210 geben wir im nächsten Abschnitt ein (fiktives) Beispiel. Während bislang alle asymmetrischen Verbindungen nur *zwischen* verschiedenen Gruppen zugelassen waren, sind hier nun auch *innerhalb* einer Gruppe nicht-erwiderte Verbindungen erlaubt. Im Vergleich zu den bisherigen Modellen sind solche allgemeineren Beziehungsstrukturen als Ganzes dann aber nicht mehr notwendig transitiv.

Zusammenfassend können wir festhalten, dass wir es in der hier referierten Entwicklung mit einer Hierarchie von Strukturmodellen zu tun haben, die im Hinblick auf die mit den einzelnen Strukturmodellen verträglichen (erlaubten) Triadentypen zunehmend immer weniger restriktiv sind. Wir nennen nochmals die unter den jeweiligen Strukturmodellen erlaubten Triadentypen:

Polarisierung (*balance*):	102, 300
Multiple Gruppen (*clusterability*):	102, 300, 003
Hierarchisch geordnete Cluster von Gruppen (*ranked clusters*):	102, 300, 003, 021D, 021U, 030T, 120D, 120U
Partielle Ordnung von Gruppen (*transitivity*):	102, 300, 003, 021D, 021U, 030T, 120D, 120U, 012
„Hierarchische Cluster" (*hierarchical clusters*):	102, 300, 003, 021D, 021U, 030T, 120D, 120U, 012, 210, 120C

---

16 So die Bezeichnung bei PAJEK. Genaueres hierzu, insbesondere auch zur unterschiedlichen Bedeutung der beiden Triaden 210 und 120C, bei Johnson (1985).

In dieser hierarchischen Abfolge sind alle Triaden, die mit einem restriktiveren Strukturmodell (z.B. *balance*) verträglich sind, auch mit den weniger restriktiven Modellen (z.B. Transitivität) verträglich. Es ist üblich, die Beziehungsstruktur insgesamt durch das am stärksten restriktive Strukturmodell zu kennzeichnen, das aufgrund der beobachteten Triadenhäufigkeiten akzeptabel ist.

4   Ein Beispiel mit hypothetischen Daten

Zur Illustration des bislang geschilderten Zusammenhangs zwischen dem Triadenzensus und den verschiedenen Strukturmodellen sei folgendes konstruiertes Netzwerk mit 16 Knoten gewählt (Hummell & Sodeur, 1987a). Soziomatrix (siehe Tab. 1) und graphische Darstellung (siehe Abb. 3) (beides in der Ausgabe von PAJEK) scheinen keinen leicht erkennbaren Hinweis auf die Struktur zu geben.

Tabelle 1:   Soziomatrix des Beispiels 1 (PAJEK-Output)

	1	2	3	4	5	6	7	8	9	1 0	1 1	1 2	1 3	1 4	1 5	1 6	Label
1.	.	.	.	#	.	.	.	.	.	.	.	.	.	.	.	.	v1
2.	#	.	.	#	#	.	.	.	.	.	.	.	.	.	.	.	v2
3.	#	#	.	#	#	#	#	#	#	#	#	.	.	.	.	.	v3
4.	#	.	.	.	.	.	.	.	.	.	.	.	.	.	.	.	v4
5.	#	#	.	#	.	.	.	.	.	.	.	.	.	.	.	.	v5
6.	#	#	#	#	#	.	#	#	#	#	#	.	.	.	.	.	v6
7.	#	#	#	#	#	#	.	#	#	#	#	.	.	.	.	.	v7
8.	#	.	.	#	.	.	.	.	#	#	#	.	.	.	.	.	v8
9.	#	.	.	#	.	.	.	#	.	#	#	.	.	.	.	.	v9
10.	#	.	.	#	.	.	.	#	#	.	#	.	.	.	.	.	v10
11.	#	.	.	#	.	.	.	#	#	#	.	.	.	.	.	.	v11
12.	#	.	.	#	.	.	.	.	.	.	.	.	#	#	#	#	v12
13.	#	.	.	#	.	.	.	.	.	.	.	#	.	#	#	#	v13
14.	#	.	.	#	.	.	.	.	.	.	.	.	.	.	#	#	v14
15.	#	.	.	#	.	.	.	.	.	.	.	#	#	.	.	#	v15
16.	#	.	.	#	.	.	.	.	.	.	.	.	.	#	.	.	v16

Der (ebenfalls unter Verwendung von PAJEK ermittelte) Triadenzensus zeigt dagegen deutlich, dass es sich in diesem (allerdings konstruierten) Fall um ein Netz handelt, dessen Struktur fehlerlos dem Modell hierarchischer Cluster entspricht. Es treten keine Triaden auf, die unter diesem Strukturmodell „verboten" sind. Für jedes der restriktiveren Strukturmodelle gibt es jedoch Triaden, die damit nicht vereinbar sind. Zu den (von PAJEK ebenfalls berechneten) Erwartungswerten werden wir noch kommen.

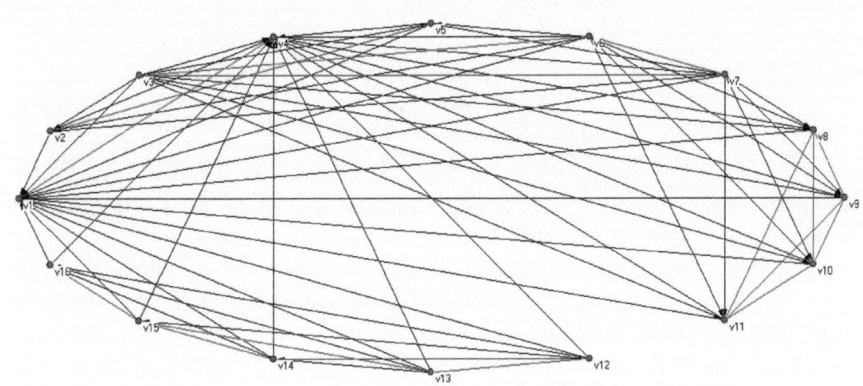

Abbildung 3:   Visualisierung der Beziehungsstruktur von Beispiel 1 (PAJEK-Output)

Tabelle 2: Triadenzensus der Beziehungsstruktur von Beispiel 1 (PAJEK-Output)

Type Number of triads (ni)	Expected (ei)	(ni-ei)/ei	Model
3 – 102	102	36.84	1.77	Balance
16 – 300	5	0.89	4.61	Balance
1 – 003	40	45.59	-0.12	Clusterability
4 – 021D	24	36.84	-0.35	Ranked Clusters
5 – 021U	106	36.84	1.88	Ranked Clusters
9 – 030T	50	38.24	0.31	Ranked Clusters
12 – 120D	37	9.92	2.73	Ranked Clusters
13 – 120U	48	9.92	3.84	Ranked Clusters
2 – 012	144	141.96	0.01	Transitivity
14 – 120C	0	19.84	-1.00	Hier. Clusters
15 – 210	4	10.30	-0.61	Hier. Clusters
6 – 021C	0	73.68	-1.00	Forbidden
7 – 111D	0	38.24	-1.00	Forbidden
8 – 111U	0	38.24	-1.00	Forbidden
10 – 030C	0	12.75	-1.00	Forbidden
11 – 201	0	9.92	-1.00	Forbidden

Chi-Square: 689.4092***

Fassen wir die Auszählung der (16*15*14/6=) 560 Triaden nach den verschiedenen Strukturmodellen zusammen, wobei wir für jedes Strukturmodell nur diejenigen Triaden-typen anführen, die im Vergleich zu den restriktiveren Strukturmodellen jeweils *zusätz-*

lich erlaubt sind, ergeben sich folgende absolute, relative und kumuliert relative Häufig-keiten:

Balance	Cluster	RankedCl	Trans	HierCl	FORBIDDEN	Summe
107	40	265	144	4	0	560 abs.
0.191	0.071	0.473	0.257	0.007	0	0.999 rel.
0.191	0.262	0.736	0.993	1.000	1.000	kum.rel.

Das mit den Daten „fehlerlos" verträgliche Strukturmodell ist das Modell hierarchischer Cluster; kumuliert sind 100 Prozent aller Triaden damit verträglich.

Mit Hilfe des Triadenzensus haben wir festgestellt, welches Strukturmodell angemessen ist. Die Daten des Beispiels erfüllen die Bedingungen einer Struktur hierarchischer Cluster. Die Zuordnung der einzelnen Knoten zu den Clustern ist aber noch unbekannt. Diese Zuordnung ist für eine Visualisierung der Netzstruktur erforderlich. Hierzu greifen wir hilfsweise auf weitere Analysen des Beziehungsnetzes zurück, und zwar seine Zerlegung in Zusammenhangskomponenten bzw. die Identifizierung struktureller Äquivalenzen der Knoten. Es lassen sich fünf starke Komponenten identifizieren (die in diesem Beispiel sogar rekursiv[17] sind), und zwar {1,4}, {2,5}, {3,6,7}, {8,9,10,11} und {12,13,14,15,16}.

Für unser Beispiel lässt sich zusätzlich feststellen, dass alle Knoten aus jeder der ersten vier starken Komponenten jeweils strukturell äquivalent sind. Mit diesen Informationen ist nun folgende Visualisierung möglich:

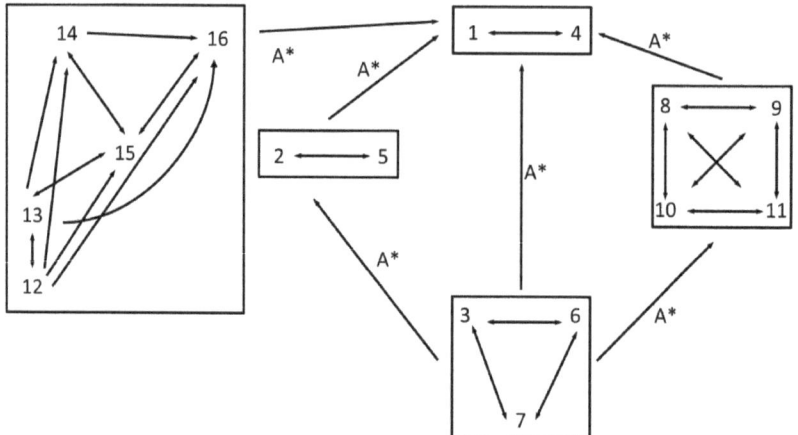

Abbildung 4:   Darstellung der Beziehungsstruktur von Beispiel 1 mit 16 Knoten[18]

---

17 Man spricht von *rekursiven* Zusammenhangskomponenten, wenn alle Knoten sich wechselseitig über die gleichen Knoten erreichen können.

18 Diese besteht aus vier (intern durch M *vollständig direkt verbundenen*) Cliquen (M-Cliquen) und einer weiteren Teilstruktur von intern durch M (ggf. nur indirekt, insgesamt jedoch) *rekursiv verbundenen* Knoten (N*-Verbindungen zwischen den fünf Teilstrukturen werden nicht gezeigt).

Wir haben es insgesamt zu tun mit vier Teilnetzen, in denen jeweils alle Knotenpaare durch gegenseitige „Wahlen" direkt verbunden sind (M-Cliquen) sowie mit einem fünften Teilnetz, in dem alle Knotenpaare gegenseitig (wenn auch nicht notwendig direkt, so doch) rekursiv erreichbar sind, in der es aber auch nicht erwiderte Wahlen gibt. Nimmt man beliebige Mitglieder aus jeweils zwei verschiedenen Teilnetzen, so sind entweder alle unverbunden oder alle sind einseitig („in der gleichen Richtung") verbunden. Dadurch ist die schon erwähnte Aggregation („Kondensierung") der 16 Knoten zu fünf Knoten-Aggregaten (als „kollektiven Einheiten" auf einer „höheren Ebene") und eine mit den individuellen Wahlen verträgliche Erzeugung von zwei neuen Verbindungen zwischen diesen Knoten-Aggregaten möglich: Paare dieser Knoten-Aggregate sind entweder einseitig verbunden (A*) oder unverbunden (N*).

Dies ist analog zur Blockmodell-Analyse, in der es um die Ermittlung von Positionen (als Aggregaten „strukturell äquivalenter" oder „strukturell ähnlicher" Knoten) und die Definition von Beziehungen zwischen und innerhalb der Positionen geht, und zwar ebenfalls auf der Basis der Beziehungen unter den Knoten.

Für unser Beispiel können wir noch festhalten, dass die fünf Knoten-Aggregate eine partielle Ordnung bilden.

5   Ein Beispiel mit empirischen Daten: European Song Contest 2011 und 2010

Das folgende Beispiel bezieht sich auf Daten des European Song Contest von 2011 und zum Vergleich von 2010. In diesen wurden die Lieder der 25 ins Finale gekommenen Interpreten (Finalisten) durch Vertreter aus 46 bzw. 39 Nationen (Bewerter) bewertet. Jedem Bewerter standen für seine Einzelbewertungen die Punkte von 1 bis 7 sowie 8, 10 und 12 zur Verfügung, wobei er jede Punktzahl genau einmal zu vergeben hatte. Insgesamt verteilte also jeder Bewerter 58 Punkte auf jeweils 10 der 25 Finalisten, d.h. die restlichen 14 Finalisten erhielten von ihm keine Bewertung („Null-Bewertungen"). Für die folgenden Analysen haben wir für beide Jahre aus den Daten alle Bewerter herausgenommen, die nicht zugleich auch Finalisten waren. Wir haben es also mit zwei einfachen gerichteten, bewerteten Graphen ohne „loops" (d.h. „Selbstbewertungen" waren ausgeschlossen) und ohne multiple Kanten mit jeweils 25 Knoten zu tun. Die Werte der beiden 25x25-Matrizen haben wir dann unterschiedlich rekodiert: Als Ergebnis erhalten wir für 2011 z.B. die beiden binären gerichteten Matrizen „ESC11_H" oder „ESC11_P", wobei entweder *nur* die „hohen" Bewertungen (8, 10, 12), d.h. die Rangplätze 1 bis 3 als '1' oder *alle* „positiven" Bewertungen (1,…, 7, 8, 10, 12), d.h. die Rangplätze 1 bis 10 als '1' kodiert wurden.

Schließlich haben wir zur Verwendung eines in PAJEK implementierten Optimierungsalgorithmus für 2011 noch zwei weitere Datensätze „ESC11_HN" und „ESC11_PN" gebildet. Zur Erzeugung von „ESC11_HN" haben wir alle „hohen" Bewertungen (Rangplätze 1 bis 3) als „+1" und alle „Null-Bewertungen" als „-1" kodiert; die noch verbleibenden „positiven" Bewertungen (1, 2…7) wurden „0" kodiert; das Ergebnis ist ein nicht vollständiger *signed graph*. Zur Erzeugung von „ESC11_PN" haben wir alle

„positiven" Bewertungen (d.h. die Rangplätze 1 bis 10) als „+1" und alle „Null-Bewertungen" als „-1" kodiert; das Ergebnis ist ein *vollständiger signed graph.*

Bezogen auf das Jahr *2011* arbeiten wir also im Folgenden mit vier Datensätzen:

1. *ESC11_H:* Soziomatrix eines einfachen gerichteten binären Graphen mit insgesamt 75 gerichteten Kanten (Pfeilen) (für jeden der 25 Bewerter drei abgegebene „hohe" Bewertungen).

2. *ESC11_P:* Soziomatrix eines einfachen gerichteten binären Graphen mit insgesamt 250 Pfeilen (für jeden der 25 Bewerter zehn abgegebene „positive" Bewertungen).

3. *ESC11_HN:* Soziomatrix eines (nicht-vollständigen) *signed graph* mit insgesamt 425 Pfeilen, davon 75 mit „+1" kodiert und 350 mit „-1" kodiert: Jeder der 25 Bewerter gibt an 3 Finalisten eine „hohe" Bewertung und an 14 Finalisten keine Bewertung (=„Null-Bewertung").

4. *ESC11_PN:* Soziomatrix eines vollständigen *signed graph* mit insgesamt 600 Pfeilen, davon 250 mit „+1" kodiert und 350 mit „-1" kodiert: Jeder der 25 Bewerter gibt an 10 Finalisten eine „positive" Bewertung und an die restlichen 14 Finalisten keine „positive" Bewertung (=„Null-Bewertung").

Mit den Daten des European Song Contest *2010* sind wir in gleicher Weise verfahren, so dass vier weitere Datensätze „*ESC10_H*", „*ESC10_P*", „*ESC10_HN*", „*ESC10_PN*" vorliegen[19]. Für inhaltliche Interpretationen ist darauf hinzuweisen, dass sich die nationalen Zugehörigkeiten der 25 Bewerter/Finalisten in beiden Jahren unterscheiden. Wie wir noch sehen werden, sind sich jedoch die Strukturen der Netze aus beiden Jahren trotz unterschiedlicher Zusammensetzung recht ähnlich.

Beginnen wir mit dem Datensatz ESC11_H, ermitteln den Triadenzensus und fassen die nach den jeweiligen Strukturmodellen (gegenüber den jeweils weniger restriktiven) *zusätzlich* „erlaubten" Triadentypen zusammen. Wir erhalten folgende Verteilung der insgesamt (25*24*23/6=) 2.300 Triaden (absolute, relative und kumulierte relative Häufigkeiten):

Balance	Cluster	RankedCl	Trans	HierCl	FORBID	Summe
236	1158	89	668	6	143	2300 abs.
0.103	0.503	0.039	0.290	0.003	0.062	1.000 rel.
0.103	0.606	0.645	0.935	0.938	1.000	kum.rel.

Ohne hier schon auf eine genauere zufallskritische Betrachtung dieser Häufigkeiten[20] einzugehen, gewinnt man den Eindruck, dass ihre Verteilung einer Struktur von *drei und mehr partiell geordneten* Clustern recht nahe kommt: Kumuliert entsprechen fast 94 Prozent aller Triaden dem Transitivitätsmodell (und kaum mehr für das weniger restriktive Modell hierarchischer Cluster); den restriktiveren Modellen von (zwei und mehr) Clustern entsprechen kumuliert immerhin noch 60 Prozent der Triaden.

Zur Visualisierung der Struktur von ESC11_H, die eine Zuordnung der Knoten zu den Clustern voraussetzt, bedienen wir uns eines Umwegs. Dieser ist erforderlich, da wir zur

---

19 Daten und Dokumentation im Netz unter: http://www.uni-duisburg-essen.de/hummell/esc/.
20 Siehe dazu den nächsten Abschnitt; dort auch die entsprechenden beobachteten Werte für ESC11_P sowie für ESC10_H und ESC10_P.

Visualisierung einen Balancetheoretischen Algorithmus von PAJEK verwenden wollen. Dieser erwartet als Eingabe jeweils einen *signed graph*. Graphen dieser Art haben wir wie oben beschrieben erzeugt.

Der Balancetheoretische Optimierungsalgorithmus von PAJEK nimmt für einen gegebenen *signed graph* eine Aufteilung aller Knoten in eine vorgegebene Zahl von Klassen vor. Dabei versucht PAJEK, folgende Fehlerfunktion zu minimieren: Die Zahl der „-1"-Verbindungen innerhalb der Klassen soll ein Minimum und die Zahl der „+1"-Verbindungen zwischen den Klassen soll ebenfalls ein Minimum annehmen. Optional kann man die als „Fehler" bewerteten „-1"-Verbindungen (innerhalb der Klassen) und die ebenfalls als Fehler bewerteten „+1"-Verbindungen (zwischen den Klassen) unterschiedlich gewichten, indem man ein entsprechendes Verhältnis angibt (Alpha=0.5 bedeutet gleiches Gewicht).

Im Folgenden setzen wir als Parameter für die Bedeutung der beiden Fehler-Arten Alpha=0.75, d.h. wir bewerten die Existenz von„-1"-Verbindungen (inhaltlich: die Abwesenheit „positiver" Bewertungen) innerhalb der Klassen als Fehler, die dreimal so stark gewichtet werden wie die ebenfalls als Fehler bewerteten „+1"-Verbindungen (inhaltlich: die Existenz „hoher" Bewertungen) zwischen den Klassen.

Der Balancetheoretische Optimierungsalgorithmus von PAJEK verlangt, dass die Zahl der Klassen (Cluster) vorgegeben wird. Wir haben hier vier gewählt. Abgesehen davon, dass aus forschungs-ökonomischen Gesichtspunkten diese Zahl „nicht zu groß" sein sollte, können wir zur Begründung unserer Entscheidung lediglich anführen, dass der oben berichtete Triadenzensus von ESC11_H nahe legt, eine Zahl von drei oder mehr anzusetzen. Wir werden die Ergebnisse für drei Cluster noch nachtragen und später die Informationen für 2 bis 5 Cluster für beide Jahre und beide Bewertungsintensitäten („hohe" und „positive" Bewertungen) tabellarisch zusammenfassen (siehe Tab. 3).

Wenn dem Balancetheoretischen Modell vier Cluster zugrunde gelegt werden, findet man bei mehrfachen Durchläufen mit jeweils 1.000 Iterationen genau eine Lösung mit einem Fehlerwert von 31,25. Dieser Fehlerwert ergibt sich dadurch, dass von den insgesamt 75 „+1"-Pfeilen 29 Pfeile (gewichtet mit 0,25) zwischen den Clustern und von den insgesamt 350 „-1"-Pfeilen 32 Pfeile (gewichtet mit 0,75) innerhalb der Cluster verlaufen. Die Gesamtzahl der Fehler beträgt also ungewichtet 61 Pfeile bei insgesamt 425 Pfeilen.

In der Visualisierung (siehe Abb. 5) zeigen die durchgezogenen (= „+1"-) Verbindungen „hohe" Bewertungen an und die gestrichelten (= „-1"-) Verbindungen die Abwesenheit von „positiven" Bewertungen, also „Null-Bewertungen". (Verbindungen innerhalb der Cluster sind nicht zu unterscheiden, da sie in dieser Darstellung alle auf der gleichen Linie liegen.)

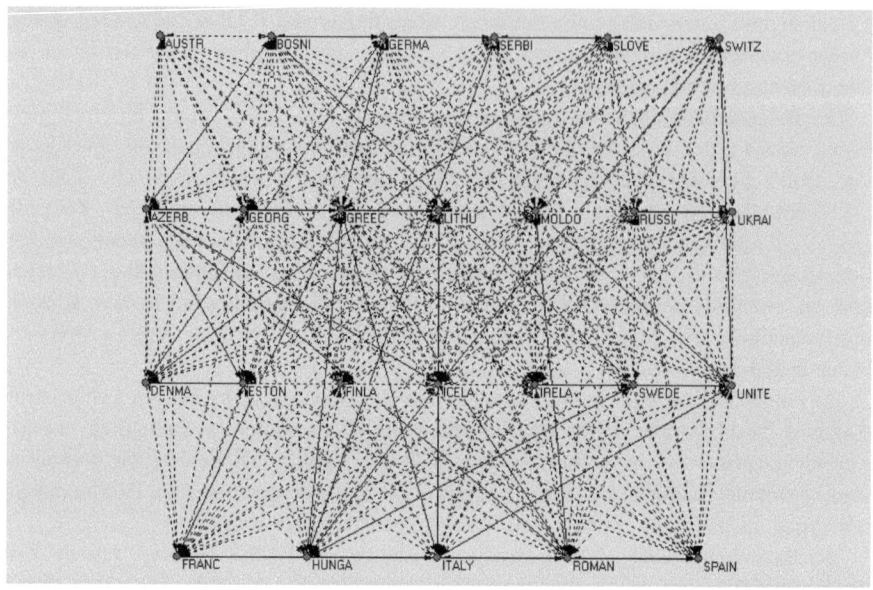

Abbildung 5:   European Song Contest 2011: „Hohe" Bewertungen vs. „Null-Bewertungen". Balancetheoretische Optimierung von ESC11_HN mit 4 Clustern (Alpha=0.75) (PAJEK-Output)

Die Zugehörigkeiten der 25 Finalisten zu den vier Clustern lauten:

  Cluster 1: {AUST, BOSN, GERM, SERB, SLOVE, SWITZ}
  Cluster 2: {AZER, GEOR, GREE, LITH, MOLD, RUSS, UKRA}
  Cluster 3: {DENM, ESTO, FINL, ICEL, IREL, SWED, UK}
  Cluster 4: {FRAN, HUNG, ITAL, ROMA, SPAI}

Wir tragen nun noch das Ergebnis für drei Cluster nach; auch hier erhält man (bei der gleichen Gewichtung der Fehler) genau eine Lösung mit einem (nun höheren) Fehlerwert von 53,00. Dieser ergibt sich dadurch, dass von den insgesamt 75 „+1"-Pfeilen nun 26 Pfeile (gewichtet mit 0,25) zwischen den Clustern und von den insgesamt 350 „-1"-Pfeilen nun 62 Pfeile (gewichtet mit 0,75) innerhalb der Cluster verlaufen. Die Zahl insgesamt „fehlerhaft" verlaufender Pfeile ist nun von 61 auf 88 gestiegen bei einer Gesamtzahl von unverändert 425 Pfeilen. Die Zugehörigkeiten zu den drei Clustern lauten nun:

  Cluster 1: {AUST, BOSN, FRAN, GERM, ITAL, SERB, SLOVE, SPAI, SWITZ}
  Cluster 2: {AZER, GEOR, GREE, HUNG, LITH, MOLD, ROMA, RUSS, UKRA}
  Cluster 3: {DENM, ESTO, FINL, ICEL, IREL, SWED, UK}

Vergleicht man beide Lösungen, ist festzustellen, dass die beiden ersten Cluster der 4-Cluster-Lösung in den entsprechenden Clustern der 3-Cluster-Lösung jeweils vollständig enthalten sind; die dritten Cluster sind in beiden Lösungen identisch; und das vierte Cluster der ersten Lösung verteilt sich auf die Cluster 1 und 2 der zweiten Lösung.

Ergänzend sei nachgetragen, dass eine Balancetheoretische Optimierung des Datensatzes ESC11_PN mit vier Klassen zu vier Lösungen mit einem Fehlerwert von 61,00 (bei unveränderter Fehler-Gewichtung) führt. Bei ESC11_PN handelt es sich um einen nunmehr vollständigen *signed graph*, in dem alle „positiven" Bewertungen (1,…,7, 8, 10, 12) mit „+1" kodiert und die Abwesenheit „positiver" Bewertungen (=„Null-Bewertungen") weiterhin mit „-1" kodiert sind. Wegen dieser Vollständigkeit hat der Algorithmus weniger „Spielräume", um nach einer optimalen Allokation der 25 Knoten zu suchen, so dass er unter diesen Restriktionen vier fehler-äquivalente Lösungen bei einer erhöhten Fehlerzahl findet.

Wir vergleichen die vier unterschiedlichen Lösungen für ESC11_PN (mit vier Klassen) paarweise im Hinblick darauf, wie viele der 25 Knoten jeweils unterschiedlich zugeordnet werden. Wir finden: Von den sechs Paarvergleichen unterscheiden sich zwei Vergleiche in jeweils nur einer Allokation, zwei Vergleiche in jeweils drei Allokationen und jeweils ein Vergleich in zwei bzw. vier Allokationen. Von diesen unterschiedlichen Zuordnungen sind insgesamt nur vier Nationen[21] betroffen.

Im Tabelle 3 sind die Ergebnisse für ESC11_HN und ESC11_PN und vorab auch schon für ESC10_HN und ESC10_PN unter verschiedener Vorgaben der Zahl der Cluster tabellarisch zusammengefasst (Fehlergewichtung: Alpha=0,75):

Tabelle 3: Balancetheoretische Optimierungen für ESC11_HN, ESC11_PN,ESC10_HN, ESC10_PN

ESC11_HN			ESC11_PN		
Zahl der Cluster	Zahl der Lösungen	Fehlerwert	Zahl der Cluster	Zahl der Lösungen	Fehlerwert
2	1	100,50	2	1	119,50
3	1	53,00	3	1	77,50
4	1	31,25	4	4	61,00
5	1	22,75	5	4	54,50
ESC10_HN			ESC10_PN		
Zahl der Cluster	Zahl der Lösungen	Fehlerwert	Zahl der Cluster	Zahl der Lösungen	Fehlerwert
2	1	100,75	2	1	119,50
3	1	53,75	3	1	79,50
4	1	36,25	4	3	66,00
5	2	27,00	5	1	58,00

---

21 Es handelt sich hierbei um {ESTO, LITH, FRAN, ITAL}.

Zum Vergleich wiederholen wir die Analyse mit den entsprechenden Daten des European Song Contest 2010. Wie erwähnt wurden die Soziomatrizen der 25 Bewerter/Finalisten genauso gebildet wie 2011.

Nimmt man für 2010 die (auch in diesem Fall einzige) 4-Cluster-Lösung für ESC10_HN, ergeben sich folgende Cluster-Zugehörigkeiten[22]:

Cluster 1: {ALBA, BOSN, ROMA, SERB, TURK, UK}
Cluster 2: {ARME, CYPR, FRAN, GREE, PORT, SPAI }
Cluster 3: {AZER, BELA, GEOR, ISRA, MOLD, RUSS, UKRA}
Cluster 4: {BELG, DENM, GERM, ICEL, IREL, NORW}

Hier verlaufen von den 75 „+1"-Pfeilen 34 zwischen den Clustern und von den 350 „-1"-Pfeilen 37 innerhalb der Cluster. Wir haben es also mit 71 fehlerhaft verlaufenden Pfeilen (von insgesamt 425) zu tun, die gewichtet einen Fehlerwert von 36,25 ergeben.

Der Vollständigkeit halber auch hier die Zugehörigkeit der (einzigen) 3 Cluster-Lösung ESC10_HN für 2010:

Cluster 1: {ALBA, BOSN, CYPR, GREE, ROMA, SERB, TURK, UK}
Cluster 2: {ARME, AZER, BELA, GEOR, ISRA, MOLD, RUSS, SPAI, UKRA}
Cluster 3: {BELG, DENM, FRAN, GERM, ICEL, IREL, NORW, PORT}

Die Situation ist ähnlich wie 2011: Erstes, drittes und viertes Cluster der 4-Cluster-Lösung sind in den drei Clustern der 3-Cluster-Lösung jeweils vollständig enthalten; das zweite Cluster der 4-Cluster-Lösung verteilt sich gleichmäßig auf die drei Cluster der 3-Cluster-Lösung.

Vergleichen wir ESC11_HN mit ESC10_HN sowie ESC11_PN mit ESC10_PN jeweils im Hinblick auf die Fehlerwerte, so gewinnen wir den Eindruck, dass wir es mit einem Gruppierungs-Effekt zu tun haben, der über Zeit leicht zuzunehmen scheint. In die gleiche Richtung deuten neben den Fehlerwerten auch die absoluten Zahlen fehlerhaft platzierter Verbindungen innerhalb und zwischen den vier Clustern der jeweiligen „optimalen Lösungen" (ESC11_HN vs. ESC10_HN: 61 vs. 71 von 425 Pfeilen; ESC11_PN vs. ESC10_PN: 178 bzw. 180 vs. 186 von 600 Pfeilen.)

Neben dem Hinweis auf einen Gruppierungs-Effekt gab der Triadenzensus von ESC11_H den weiteren Hinweis, dass zusätzlich eine Tendenz zur (partiellen) Ordnung der Cluster im Spiele sein könnte. Wir haben dazu für ESC11_H die 25 Knoten entsprechend dem Ergebnis der Balancetheoretischen Optimierung aggregiert und in der folgenden Tabelle 4 die Beziehungen innerhalb und zwischen diesen vier Aggregaten aufgeführt. Dies ist analog zum Vorgehen in der Blockmodell-Analyse. Dabei erhält jedes der vier Cluster im PAJEK-Ausdruck als Namen jeweils den Namen seines (im Alphabet) ersten Knotens (als „Repräsentanten") mit vorangestelltem „#".

Des Weiteren haben wir in der Tabelle die Cluster nach der Zahl der aus den jeweils drei anderen Clustern insgesamt erhaltenen Wahlen aufsteigend sortiert:

---

22 Wir erinnern erneut daran, dass die nationalen Zugehörigkeiten der Finalisten (und Bewerter) 2010 und 2011 nicht identisch sind.

Tabelle 4: Beziehungen zwischen vier Aggregaten („Blöcken") (Aggregatbildung von ESC11_H entsprechend Balancetheoretischer Optimierung)

	#AUST	#FRAN	#DENM	#AZER
#AUST	11	1	3	3
#FRAN	0	6	4	5
#DENM	*3*	*1*	12	5
#AZER	*0*	*4*	*0*	17

Man sieht, dass die Summe der Wahlen unterhalb der Diagonalen (kursiv gesetzt) mit 8 erheblich kleiner ist als die Summe der Wahlen oberhalb der Diagonalen mit 21. Könnte man von diesen 8 Wahlen absehen, dann läge eine hierarchische Ordnung der vier Cluster in „idealer Form" vor mit #AZER „an der Spitze" und #AUST „am Fuße": Alle Wahlen aus einem Cluster gingen in der „Hierarchie" nach oben. Es ist eine leichte Tendenz auszumachen, dass ein Cluster umso mehr Wahlen an ein anderes Cluster gibt, je höher letzteres in der Hierarchie steht.

6 Zufallskritische Beurteilung des Triadenzensus

Im Unterschied zu unserem ersten, konstruierten Beispiel hatten wir für die Daten des European Song Contest festgestellt, dass die untersuchten Netze nicht fehlerlos eines der hier beschriebenen Strukturmodelle reproduzieren. Daher stellt sich die Frage, ob die beobachteten Netze auch durch einen Zufallsprozess hätten erzeugt werden können oder ob sie sich davon signifikant unterscheiden. Zur Beantwortung ist die Konstruktion von Modellen erforderlich, in denen bestimmte Netzeigenschaften als Parameter fixiert (d.h. „auf theoretischer Grundlage vorgegeben") sind und andere sich erst als Ergebnis eines im Übrigen zufallsgesteuerten Prozesses einstellen. Welche Parameter zu fixieren sind und welche nicht, hängt davon ab, was man aufgrund inhaltlicher Überlegungen als gegeben und daher als nicht erklärungsbedürftig ansieht und was erklärt werden soll.

Generell wird man bei der Konstruktion solcher Zufallsmodelle neben der Zahl g der Knoten auch die Dichte – welcher wiederum eine bestimmte Zahl gerichteter Kanten (Pfeile) entspricht – als gegeben ansehen und in den betreffenden Zufallsmodellen gleich den beobachteten Werten fixieren. Unter diesen beiden minimalen Restriktionen wäre dann ein einfaches Zufallsmodell z.B. folgendermaßen zu spezifizieren: Die Pfeile werden in der vorgegebenen Anzahl („*ohne Zurücklegen*") auf die Zellen der Soziomatrix mit gleicher Wahrscheinlichkeit so verteilt, dass weder die Diagonaleingänge besetzt noch Zellen mehrfach besetzt werden, also keine „*loops*" oder *multiple Verbindungen* auftreten (*uniform distribution conditional on the number of arcs*). Je nachdem, ob man die Verteilung der Außengrade, die Verteilung der Innengrade oder die Zahl der erwiderten (mutuellen) Verbindungen bzw. mehrere dieser Netzeigenschaften gleichzeitig als gegeben und damit als nicht erklärungsbedürftig ansieht, wären komplexere Gleichverteilungsmodelle anzusetzen.

Nur einige solcher Zufallsmodelle mit bestimmten definierten Eigenschaften sind durch Angabe der entsprechenden Wahrscheinlichkeitsfunktion mathematisch handhabbar;[23] in weiteren Fällen können Simulationen helfen.

Wir hatten bei der Präsentation des Triadenzensus (siehe Tab. 2) auch die von PAJEK berechneten Erwartungswerte für die 16 Triadentypen berichtet. Diese ermittelt PAJEK unter der Bedingung einer Gleichverteilung einer gegebenen Anzahl gerichteter Kanten auf eine gegebene Anzahl von Knotenpaaren.

Für alle folgenden Analysen des European Song Contest benötigen wir keine Simulationen, da wir für die von uns gewählten Zufallsmodelle auf entsprechende mathematische Verteilungsfunktionen zurückgreifen können.

Tabelle 5: Test des nach Strukturmodellen zusammengefassten Triadenzensus von ESC11_H, ESC10_H, ESC11_P, ESC11_P gegen Modell I: Gleichverteilung bei gegebenen Dichten (ESC11_H und ESC11_H: 75/600=0,125; ESC11_P und ESC10_P: 250/600=0,4167)

	Bal	Clu	RCl	Trans	HCl	FORB	Sum
Erwartet	63.21	1032.23	147.03	884.77	2.95	169.82	2300
ESC11_H	236.00	1158.00	89.00	668.00	6.00	143.00	2300
ESC10_H	205.00	1161.00	99.00	698.00	7.00	130.00	2300

Chiquadrat:

Chi2_11	Chi2_10
254.94	200.18

	Bal	Clu	RCl	Trans	HCl	FORB	Sum
Erwartet	150.74	90.62	617.1	388.38	242.63	810.53	2300
ESC11_P	279.00	133.00	438.0	396.00	227.00	827.00	2300
ESC10_P	243.00	155.00	578.0	377.00	260.00	687.00	2300

Chiquadrat:

Chi2_11	Chi2_10
147.25	88.13

Beginnen wir wiederum mit dem gerade erwähnten einfachen Zufallsmodell (*uniform distribution conditional on the number of arcs*) als einem ersten Modell und berichten die Ergebnisse für beide Jahre des European Song Contest und für jeweils beide Soziomatrizen, d.h. einmal mit den „hohen" (=Rangplätze 1 bis 3) und einmal mit den „positiven" (=Rangplätze 1 bis 10) Bewertungen. Zur besseren Lesbarkeit haben wir wiederum Erwartungswerte und beobachtete Häufigkeiten für die jeweils unter den verschiedenen

---

23 Zu diesen gehören die *uniform distribution conditional on the number of arcs*, *uniform distribution conditional on the outdegrees* und *uniform distribution conditional on the dyad census*. Zu Einzelheiten sei auf die Literatur verwiesen, zur Einführung insbesondere auf Wassermann und Faust (1994), ansonsten wieder auf den klassischen Beitrag zum Triadenzensus von Holland & Leinhardt (1976) (siehe auch Trappmann et al., 2011).

Strukturmodellen bei abnehmendem Grad der Restriktion *zusätzlich* „erlaubten" Triaden zusammengefasst (siehe Tab. 5).

Generell ist festzuhalten, dass die Triadentypen, die mit dem Balance- und Cluster-Modell vereinbar sind, in allen vier Fällen häufiger auftreten als nach dem gewählten Zufallsmodell zu erwarten ist. Im Gegensatz dazu sind die Triadentypen des Ranked-Clusters-Modells in allen vier Fällen und die des Transitivitätsmodells in drei von vier Fällen seltener als erwartet. Auch die „verbotenen" Triadentypen sind nur in drei von vier Fällen seltener. Zieht man als quantitatives Vergleichsmaß Chi-Quadrat heran, so sind die *Abweichungen vom Zufallsmodell* (und zwar jeweils getrennt für die beiden unterschiedlichen Dichten) *im Jahr 2011 höher als im Jahr 2010*. Grundsätzlich geben alle Abweichungen Anlass, die Struktur der betrachteten Netze gegen weitere Zufallsmodelle zu testen.

Hierzu wählen wir ein zweites Zufallsmodell, in dem für jeden Knoten die Zahl seiner ausgehenden Pfeile (*outdegree*) fixiert ist (und damit wie zuvor auch die Gesamtzahl aller Pfeile); diese beträgt für ESC11_H und für ESC10_H drei (Rangplätze 1 bis 3) bzw. für ESC11_P und für ESC10_P zehn (Rangplätze 1 bis 10). Es handelt sich also um eine *uniform distribution conditional on outdegrees*, und zwar in der speziellen Ausprägung, dass für jedes der vier Netze der Außengrad jeweils konstant ist.

Als drittes Zufallsmodell wählen wir die *uniform distribution conditional on the dyad census*. Die Ergebnisse des Dyadenzensus (MAN) für die vier Netze lauten[24]:

```
ESC11_H:    14;    47;    239
ESC10_H:    14;    47;    239
ESC11_P:    66;   118;    116
ESC10_P:    63;   124;    113
```

Die Zahl der Verbindungen (bzw. Dichte) und die Außengrade sind Parameter, die durch das von uns gewählte Untersuchungsdesign vorab festgelegt sind. Im Unterschied dazu sind die MAN-Verteilungen empirisch ermittelte Werte. Diese weichen von den Werten, die bei gegebener Zahl der Verbindungen und Außengrade zu erwarten wären, erheblich ab. Die betreffenden Erwartungswerte für die Zahl der Dyaden vom Typ M[25] lauten: erwartet 4,69 statt beobachtet 14 (ESC11_H und ESC10_H); bzw. erwartet 52,08 statt beobachtet 66 (ESC11_P) bzw. 63 (ESC10_P).

Hier nun die Ergebnisse für den Test der beiden Zufallsmodelle II und III (Chi-Quadrat wiederum als quantitatives Vergleichsmaß).

---

24 Die Gleichheit der MAN-Verteilungen für ESC11_H und ESC10_H ist „rein zufällig".

25 Wir brauchen nur die Häufigkeiten der Dyaden vom Typ M zu nennen, da sich bei gegebener Zahl von Knoten und gegebener Gesamtzahl aller Pfeile die Häufigkeiten der beiden anderen Dyaden-typen daraus ergeben.

Tabelle 6: Test des (nach Strukturmodellen zusammengefassten) Triadenzensus von ESC11_H, ESC10_H, ESC11_P, ESC10_P gegen zwei weitere Zufallsmodelle Modell II: Gleichverteilung bei gegebenen konstanten Außengraden (OutD: 3; 3; 10; 10); Modell III: Gleichverteilung bei gegebenem Dyadenzensus (MAN-Werte s. Text)

ESC11_H:

	Bal	Clu	RCl	Trans	HCl	FORB	Chi2
Beob	236.00	1158.00	89.00	668.0	6.00	143.00	
OutD	68.39	1013.11	126.43	911.8	2.14	178.13	521.68
MAN	205.75	1159.96	76.88	690.1	6.11	161.20	9.13

ESC10_H:

	Bal	Clu	RCl	Trans	HCl	FORB	Chi2
Beob	205.00	1161.00	99.00	698.0	7.00	130.00	
OutD	68.39	1013.11	126.43	911.8	2.14	178.13	374.61
MAN	205.75	1159.96	76.88	690.1	6.11	161.20	12.63

ESC11_P:

	Bal	Clu	RCl	Trans	HCl	FORB	Chi2
Beob	279.00	133.00	438.00	396.00	227.00	827.00	
OutD	156.31	82.44	589.63	380.48	237.77	853.37	168.25
MAN	250.89	130.85	427.65	406.33	248.28	836.00	5.62

ESC10_P:

	Bal	Clu	RCl	Trans	HCl	FORB	Chi2
Beob	243.00	155.00	578.00	377.00	260.00	687.00	
OutD	156.31	82.44	589.63	380.48	237.77	856.37	146.73
MAN	226.32	120.88	466.54	405.10	249.04	832.13	65.24

Wie der Vergleich der in Tabelle 5 und Tabelle 6 berichteten Chi-Quadratwerte zeigt, können wir folgendes Resümee ziehen:

- Erstens: Die durch den Triadenzensus „gemessene" *Struktur* weicht in beiden Jahren für beide Bewertungsintensitäten ganz erheblich von dem ab, was in Zufallsnetzen bei gegebener Dichte bzw. Außengradverteilung zu erwarten wäre. Das als Abweichung von den beiden Zufallsprozessen festgestellte Ausmaß einer „Strukturierung" ist 2011 größer als 2010.

- Zweitens: Diese Strukturierung des Netzes ist in allen vier Fällen ganz wesentlich *durch* das vorhandene Ausmaß an *Gegenseitigkeit* bzw. Asymmetrie *zu erklären*.

- Drittens wissen wir, dass in beiden Jahren der *Grad an Gegenseitigkeit* (insbesondere für die „hohen" Bewertungen) *erheblich höher* ist, als er in einem Zufallsmodell zu erwarten wäre.

- Auf diese beiden Sachverhalte (*Hohe Relevanz* und *hohes Ausmaß von Gegenseitigkeit*) müssen sich daher weitere inhaltliche Erklärungen konzentrieren.

- Viertens stellen wir fest, dass (sowohl nur für „hohe" als auch für alle „positiven" Bewertungen) *die Verteilung der Triadentypen von 2011 im Vergleich zu 2010 erheblich besser durch das Gleichverteilungsmodell approximiert wird, in welchem die Zahlen der gegenseitigen und einseitigen Wahlen fixiert sind.*
- Fünftens: Dazu passt schließlich auch das Resultat von Abschnitt 5, dass die im Zusammenhang mit der Balancetheoretischen Optimierung berichteten Fehlerwerte bzw. absoluten Fehler einer Strukturierung in Cluster für beide Bewertungsintensitäten 2011 geringer sind als 2010.

7   Lineare Funktionen des Triadenzensus

Aus dem Triadenzensus lassen sich eine Reihe weiterer Verteilungen und darauf basierender struktureller Maßzahlen zur Beschreibung des Gesamtnetzes gewinnen. Wir erläutern dies am Beispiel verschiedener Transitivitätsindizes, des Triplettzensus sowie des Tests bestimmter inhaltlich spezifizierter Strukturhypothesen anhand von Konfigurationen.

7.1   Transitivitätsindizes

Wir berichteten oben, dass in dem Transitivitätsmodell von Holland und Leinhardt nur die Triaden 003, 012, 021U, 021D, 102, 030T, 120U, 120D, 300 „erlaubt" und die restlichen Triaden 021C, 030C, 111U, 111D, 120C, 201, 210 „verboten" sind. Dies gibt Anlass zu einem Index der Transitivität, der in kompakter Weise zum Ausdruck bringen soll, in welchem Ausmaß ein beobachtetes Netz dem Strukturmodell der Transitivität näherungsweise entspricht. Damit sind Vergleiche (verschiedener Netze oder des gleichen Netzes über Zeit) möglich sowie ggf. auch die Beurteilung eines beobachteten Transitivitätswertes durch Vergleich mit einem bestimmten Zufallsmodell.

Holland und Leinhardt legten ihrem Transitivitätsindex folgende Einteilung der Triadentypen zugrunde, die man auch Abbildung 1 entnehmen kann:

1.   *Intransitive* Triaden (I-Triaden):
     021C, 030C, 111U, 111D, 120C, 201, 210
2.   Nicht-Intransitive Triaden (Transitive Triaden i.w.S.):

     a   *„Neutrale"* Triaden (transitiv im „leeren" Sinne[26]):
         003, 012, 021U, 021D,102

---

26 In der Logik der Relationen heißt eine (über einer Menge M von Punkten definierte) Relation R transitiv, wenn für *alle* (geordneten) Tripel x, y, z aus M gilt: Wenn das Paar (x,y) in der Relation R steht und wenn das Paar (y,z) in der Relation R steht, dann steht auch das Paar (x,z) in der Relation R. – Gibt es *mindestens ein* Tripel x, y, z mit (x,y) in R und (y,z) in R, aber nicht (x,z) in R, dann heißt die Relation nicht-transitiv. Erst wenn für *alle* x,y,z gilt: Wenn (x,y) in R und wenn (y,z) in R dann (x,z) nicht in R, heißt R intransitiv. Dieser Begriff der Transitivität bezieht sich zunächst nur auf eine Eigenschaft von Relationen. Es ist aber üblich geworden, ihn auch auf einzelne Tripel zu beziehen. So bezeichnet man auch einzelne Tripel, die die Transitivitätsbedingung erfüllen, als *transitiv*, solche die die Transitivitätsbedingung verletzen, als *intransitiv*. Tripel, für die (x,y) nicht in R oder (y,z) nicht in R (oder beides) gilt, verletzen die Transitivitätsbedingung nicht; sie nennt man daher auch „transitiv in einem leeren Sinne" („vacuously" transitive).

b   *Transitive* Triaden im *strengen Sinne* (T-Triaden):
         030T, 120U, 120D, 300

Wir hatten oben erwähnt, dass man unter Verwendung dieser Einteilung von Triaden
dann sagen kann, dass in einer partiell geordneten Menge von (intern vollständig verbundenen) Cliquen ausschließlich transitive Triaden (im strengen und ggf. im leeren Sinne)
vorkommen, nicht jedoch intransitive Triaden vorkommen.

Ein an dieser Einteilung von Holland und Leinhardt orientierter Transitivitätsindex
setzt daher die Gesamtzahl aller T-Triaden ins Verhältnis zur Gesamtzahl aller T- und
I-Triaden. Die „neutralen" Triaden werden also nicht berücksichtigt.[27]

Gegen diesen Vorschlag gibt es einen theoretischen und einen konzeptuellen Ein-
wand. Der theoretische bezieht sich auf die Frage, ob die Ebene der Triade überhaupt
eine angemessene Ebene darstellt, wenn es um eine mögliche Erklärung der beobachteten
Transitivität eines Beziehungsnetzes durch eine unterstellte „Präferenz" für Transitivität
oder (stärker:) für „Balance" seitens individueller Akteure geht.

Konzeptuell gesehen ist Transitivität nicht auf der Ebene von Triaden definiert, sondern von Tripeln und daraus abgeleiteten Konfigurationen wie den im nächsten Abschnitt
zu behandelnden Tripletts. Letztere beschreiben die Struktur in Triaden jeweils aus der
Sicht eines der drei Akteure.

Jede Triade enthält sechs verschiedene solcher Tripletts, die jeweils einen ganz unterschiedlichen *Transitivitätsstatus* haben können.

Tatsächlich gibt es Triaden, die sowohl transitive als auch intransitive Tripletts enthalten; so die Triaden 120C und 210. Bei der von Holland und Leinhardt als intransitiv
deklarierten Triade 210 überwiegen sogar (mit 3:1) die transitiven Tripletts.[28] Dies war
für Hallinan (1974) Anlass für Vorschläge, die Triade 210 den transitiven zuzuordnen
oder die Häufigkeiten der T- und I-Triaden entsprechend der Zahl der in ihnen befindlichen transitiven und intransitiven Tripletts zu gewichten.

Von daher ist es nur konsequent, den Transitivitätsindex statt auf Triaden gleich auf
Tripletts zu beziehen.

7.2   Tripletts und Triplettzensus

Während unter Triaden Teilmengen von jeweils 3 *ungeordneten* Knoten einschließlich
aller möglichen Verbindungen zwischen ihnen verstanden werden, sind Tripletts Teilmengen von drei *geordneten* Knoten einschließlich von *nur jeweils drei* der möglichen
Verbindungen zwischen ihnen. Durch die Ordnung wird jeweils einer der drei Knoten als
Ausgangspunkt definiert. Unter allen 6 möglichen gerichteten Kanten (Pfeilen) zwischen
den 3 Knoten werden drei ausgewählt, die den „Ausgangsknoten" i mit einem „Zielkno-
ten" k direkt (i->k) bzw. indirekt (i->j->k) über einen „Zwischenknoten" j verbinden.

---

27 Holland und Leinhardt (1970) schlagen einen Index vor, der Triadenhäufigkeiten auf Mittelwerte
   und Varianzen in Zufallsmodellen bezieht.
28 Siehe hierzu die Transformationsmatrix b) im Anhang, die jedem Triadentyp die Verteilung der
   Triplettypen zuordnet.

Jede Triade umfasst insgesamt 6 verschiedene Tripletts. Für die drei Knoten i, j, k besteht z.B. ein Triplett (ijk) aus der Folge (i->j), (j->k), (i->k) gerichteter Kanten. Die anderen Tripletts der gleichen Triade sind dann: (ikj), (jik), (jki), (kij), (kji).

Unter strukturellen Gesichtspunkten lassen sich für jedes Triplett acht verschiedene Zustände unterscheiden, in denen es sich befinden kann. So können für das Triplett (ijk) jede der drei in Frage kommenden Verbindungen (i->j), (j->k) und (i->k) vorhanden („+") oder abwesend („-") sein.

Als Triplettzensus bezeichnet man die Häufigkeitsverteilung sämtlicher g(g-1)(g-2) Tripletts eines Netzes auf diese acht Zustände (Triplettypen).

Damit lässt sich, worauf schon hingewiesen wurde, auf der Ebene von Tripletts ein weiterer in der Netzwerkanalyse gebräuchlicher Transitivitätsindex definieren. Der Wert dieser Maßzahl ergibt sich aus dem Triplettzensus als:[29]

N[+++] / (N[+++]+N[++-])

Er gibt an, wie häufig eine *indirekte* Verbindung von i nach k *über* j (ein Pfad der Länge 2) durch eine *direkte* Verbindung von i nach k „ergänzt" wird (transitiv abgeschlossen ist).[30]

Zur Illustration geben wir hier für ESC11_H den beobachteten Triplettzensus sowie die drei Transitivitätsindizes:

---	--+	-+-	-++	+--	+-+	++-	+++
9189	1358	1311	217	1419	109	156	41

Trans_DHL	Trans_Hal	TTRIP
0.086	0.104	0.208

Auch diese Werte lassen sich zufallskritisch testen. Dazu muss man zunächst den erwarteten Triadenzensus für das jeweils zugrunde gelegte Zufallsmodell bestimmen. Aus diesem lassen sich die erwarteten Werte der beiden Transitivitätsindizes (nach Holland und Leinhardt; Hallinan, 1974) ermitteln. Den Erwartungswert des Triplettzensus erhält man als lineare Funktion des Erwartungswertes des Triadenzensus;[31] aus dem Erwartungswert des Triplettzensus kann schließlich der erwartete Wert des Transitivitätsindex für Tripletts berechnet werden.

Wir geben hier die entsprechenden Ergebnisse eines Tests des Transitivitätsindex für Tripletts für alle vier Soziomatrizen gegen die drei bekannten Zufallsmodelle wieder (siehe Tab. 7).

---

29 Mit N[+++] sei die Zahl der Tripletts bezeichnet, bei der alle drei in Frage kommenden Verbindungen vorhanden sind (sog. „transitive" Tripletts). Entsprechend ist N[++-] die Zahl der „intransitiven" Tripletts. Alle anderen Tripletts sind weder intransitiv noch transitiv im strengen Sinne sondern „transitiv im leeren Sinne" („neutrale" Tripletts).

30 Bildlich gesprochen, inwieweit der „Freund k meines Freundes j auch mein Freund" ist.

31 Im Anhang b) findet man die Matrix, die jedem der 16 Triadentypen die Zahl der in ihm enthaltenen 8 Triplettypen zuordnet.

Tabelle 7: Test des Transitivitätsindex für Tripletts für ESC11_H, ESC10_H, ESC11_P
und ESC10_P gegen drei Zufallsmodelle: Modell I: Dichte gegeben; Modell
II: Außengrad gegeben; Modell III: MAN gegeben

	Beobachtet	Modell_I	Modell_II	Modell_III
ESC11_H	0.208	0.125	0.087	0.121
ESC10_H	0.203	0.125	0.087	0.121
ESC11_P	0.448	0.417	0.391	0.414
ESC10_P	0.508	0.417	0.391	0.414

Alle beobachteten Werte sind höher als die unter den jeweiligen Zufallsmodellen erwarteten, auch wenn die Abweichungen bei den „positiven" Bewertungen (Rangplätze 1 bis
10) nicht sehr ins Gewicht fallen.

7.3   Test von Strukturhypothesen anhand von Konfigurationen

Hat man auf der Ebene eines sozialen Beziehungsnetzes bestimmte Tendenzen zur Struk-
turbildung festgestellt, erhebt sich die Frage, ob diese Tendenzen das Ergebnis regelhaften Verhaltens der dieses Netz konstituierenden Akteure sein könnten. Dies führt auf
Erklärungsmodelle, in denen versucht wird, Aspekte der Beziehungsstruktur im ganzen
(„Makrostruktur") durch Prozesse zu erklären, die auf der Ebene von Akteuren oder
Paaren von Akteuren oder Triaden von Akteuren im Spiele sind (*Mikroprozesse*; siehe
z.B. Hummell & Sodeur, 2010).

Wir wollen diese Erklärungsstrategie im Folgenden erläutern. Dabei verwenden wir
beispielhaft drei Hypothesen über Präferenzen von Akteuren, die wir in einem anderen
Zusammenhang schon verwandt und dort ausführlich diskutiert haben (Trappmann,
Hummell & Sodeur, 2011).[32] Ziel ist es, die durch den Triadenzensus „gemessene"
Strukturierung unserer Netze der beiden European Song Contests durch Hypothesen zu
erklären, wie Akteure ihre Beziehungen nach bestimmten Regeln oder Präferenzen
strukturieren (Strukturhypothesen). Darüber hinaus haben wir erneut Gelegenheit, die
Verwendung linearer Funktionen des Triadenzensus zu verdeutlichen.

Von Trappmann, Hummell und Sodeur (2011) wird der Test der drei folgenden Strukturhypothesen über regelgeleitetes Verhalten von Akteuren im Einzelnen beschrieben.

Hypothese 1: Wahlen (das heißt hier: „hohe" bzw. „positive" Bewertungen) haben
eine Tendenz zur *Transitivität*.

Hypothese 2: Wahlen (hier: „hohe" bzw. „positive" Bewertungen Dritter) von
„*Freunden*" (d.h. von Bewertern, die sich gegenseitig ebenfalls „hoch" bzw. „positiv"
bewerten) haben eine Tendenz zur *Übereinstimmung*.

Hypothese 3: Wahlen (hier: „hohe" bzw. „positive" Bewertungen Dritter) haben eine
Tendenz zur *Übereinstimmung*, und zwar unabhängig davon, ob die Wählenden „Freun-
de" sind oder nicht. Die Gültigkeit dieser Hypothese wäre ein Hinweis auf eine von allen
Bewertern geteilte Bewertungsnorm.

---

32 Als empirische Netze wurden dort Daten über die sog. *Newcomb-Fratermity* verwandt.

Zunächst ist das im Folgenden benötigte Konzept der Konfiguration zu erläutern.

Unter einer Konfiguration versteht man eine bestimmte Kombination von Einträgen der Soziomatrix. Diese Einträge werden unter dem Aspekt ausgewählt, dass ihr Auftreten unter der Annahme der Gültigkeit der zu prüfenden Strukturhypothese „erlaubt" bzw. umgekehrt „verboten" ist.

Nehmen wir als Beispiel *Hypothese 1* (Tendenz zur Transitivität). Sie besagt, dass unter allen Kombinationen von drei in Frage kommenden gerichteten Kanten (ij), (jk), (ik) eines Tripels i, j, k von Knoten[33] die Kombination von gerichteten Kanten mit den Werten (ij)=1, (jk)=1 und (ik)=1 erlaubt ist, hingegen die Kombination mit den Werten (ij)=1, (jk)=1 und (ik)=0 verboten ist. Bei Gültigkeit der Hypothese wäre also zu erwarten, dass die transitiven Konfigurationen (1 1 1) häufiger auftreten als die intransitiven Konfigurationen (1 1 0). Hierbei sind die beiden Arten von Konfigurationen (1 1 1) bzw. (1 1 0) so zu lesen, dass ihre Eingänge ('1' oder '0') jeweils die Werte der drei ausgewählten gerichteten Kanten (ij), (jk) und (ik) darstellen.

Man kann nun für jeden Triadentyp auszählen, wie viele transitive und intransitive Konfigurationen dieser Art er enthält. Das führt auf zwei „Gewichtungsvektoren", die an i-ter Stelle die Anzahl der erlaubten (hier: transitiven) bzw. verbotenen (hier: intransitiven) Konfigurationen des i-ten Triadentyps enthalten.

Dies wiederholen wir für die beiden anderen Hypothesen.

Hypothese 2 besagt, dass unter allen Akteuren i, j und k des Netzes i und j einen dritten Akteur k gleich (beide '1' oder beide '0') bewerten, wenn i und j sich wechselseitig „hoch" bzw. „positiv" (beide '1') bewerten. Das Umgekehrte soll der Fall sein, wenn sie sich wechselseitig nicht „hoch" bzw. nicht „positiv" bewerten (beide '0'). D.h. unter allen Kombinationen (ij),(ji),(ik),(jk) von vier Einträgen der Soziomatrix sind solche mit den Werten (ij)=1, (ji)=1, (ik)=1, (jk)=1 sowie mit den Werten (ij)=1, (ji)=1, (ik)=0, (jk)=0 erlaubt; nicht erlaubt sind dagegen Konfigurationen mit den Werten (ij)=1, (ji)=1, (ik)=1, (jk)=0 und mit den Werten (ij)=1, (ji)=1, (ik)=0, (jk)=1.

Hypothese 3 schließlich behauptet, dass beliebige Akteure i und j des Netzes beliebige Dritte k gleich bewerten (beide '1' oder beide '0'). D.h. unter allen Kombinationen (ik), (jk) von zwei Einträgen der Soziomatrix sind solche mit den Werten (ik)=1, (jk)=1 sowie (ik)=0, (jk)=0 erlaubt; verboten sind Konfiguration mit den Werten (ik)=1, (jk)=0 sowie mit den Werten (ik)=0, (jk)=1.

Damit erhalten wir insgesamt 6 Gewichtungsvektoren, die wir z.B. zu einer Matrix mit 6 Zeilen und 16 Spalten (für die 16 Triadentypen) zusammenfassen können.[34]

Durch Multiplikation des Triadenzensus mit den jeweils relevanten Paaren von Gewichtungsvektoren erhält man für jede der drei Hypothesen die Gesamtzahl der beobachteten erlaubten bzw. verbotenen Konfigurationen. Diese kann man dann den beiden entsprechenden Erwartungswerten gegenüberstellen.

---

33 Diese Kombinationen von drei Einträgen der Soziomatrix (3-Konfigurationen) sind die oben diskutierten „Tripletts".

34 Die sechs Gewichtungsvektoren (jeweils zwei für die Zahl erlaubter bzw. verbotener Konfigurationen für die drei Hypothesen) findet man im Anhang c). Weitere Einzelheiten ihrer Konstruktion bei Trappmann et al. (2011, S. 202ff.) und natürlich im „Original" von Holland und Leinhardt (1976).

Genau wie die *beobachteten* Zahlen erlaubter bzw. verbotener Konfigurationen lineare Funktionen des *beobachteten* Triadenzensus sind, sind die *erwarteten* Zahlen erlaubter bzw. verbotener Konfigurationen lineare Funktionen (und zwar mit den gleichen Koeffizienten) der *Erwartungswerte* des Triadenzensus. Man erhält sie daher durch Multiplikation der Gewichtungsvektoren mit den Erwartungswerten des Triadenzensus.

Wir geben hier die Gesamtzahl der (unter Gültigkeit der drei Hypothesen) erlaubten bzw. verbotenen Konfigurationen für den Datensatz ESC11_H („hohe" Bewertungen für das Jahr 2011) wieder:

ESCX11_H:			
		ERLAUBT	VERBOTEN
Hypothese 1:	Transitivität	41	156
Hypothese 2:	Übereinstimmung von Freunden	288	34
Hypothese 3:	Übereinstimmung generell	5433	1467

Um diese Werte beurteilen zu können, müssen wir sie auf die betreffenden Erwartungswerte beziehen. Diese bestimmen wir mit Hilfe der entsprechenden Verteilungsfunktionen, und zwar für die schon verwandten drei Zufallsmodelle:

Modell I: Gleichverteilung mit gegebener Zahl von Knoten (25) und mit gegebener Dichte („hohe" Bewertungen: 25/600=0.125; „positive" Bewertungen: 75/600=0.417).

Modell II: Gleichverteilung mit gegebener Zahl von Knoten (25) und mit gegebenem konstantem Außengrad („hohe" Bewertungen: 3; „positive" Bewertungen: 10).

Modell III: Gleichverteilung mit gegebener Zahl von Knoten (25) und mit gegebener Zahl mutueller, asymmetrischer und Null-Verbindungen („hohe" Bewertungen 2011 und 2010: 14; 47; 239; „positive" Bewertungen 2011: 66;118;116; „positive" Bewertungen 2010: 63;124;113).

Das Ergebnis des Tests aller drei Strukturhypothesen gegen alle drei Zufallsmodelle für alle vier Soziomatrizen berichten wir in den beiden Tabellen 8 und 9.

Wir wollen die Ergebnisse kurz kommentieren: Hinsichtlich der Hypothese 1 einer behaupteten Tendenz zur *Transitivität* ist festzustellen, dass die Abweichungen der beobachteten Häufigkeiten von den unter den drei Zufallsmodellen erwarteten Häufigkeiten für beide Intensitäten von Bewertungen („hohe" bzw. „positive") und in beiden Jahren in der behaupteten Richtung liegen: Transitive Konfigurationen sind häufiger als erwartet, intransitive seltener als erwartet. Der zweite Teil der Aussage ist übrigens nicht die Verneinung des ersten Teils, da es neben den transitiven und intransitiven Konfigurationen weitere gibt, die hier nicht berücksichtigt wurden. Wir sollten einschränkend daran erinnern, dass in Abschnitt 7b insgesamt recht geringe Transitivitätswerte berichtet werden. Dennoch scheinen sie in ihrer strukturprägenden Kraft über das hinaus zu gehen, was aufgrund allein der Dichte oder des Außengrads oder der Zahl mutueller (bzw. asymmetrischer) Verbindungen zu erwarten wäre.

Tabelle 8: Test von drei Strukturhypothesen für „hohe" Bewertungen (ESC11_H und ESC10_H) gegen drei Zufallsmodelle. Modell I: Dichte gegeben; Modell II: Außengrad gegeben; Modell III: MAN gegeben

ESC11_H:

		Beobachtet	Modell_I	Modell_II	Modell_III
Hyp. 1:	ERL	41	26.95	18.75	25.75
Hyp. 1:	VERB	156	188.67	196.88	186.63
Hyp. 2:	ERL	288	84.23	90.69	252.83
Hyp. 2:	VERB	34	23.58	17.12	69.17
Hyp. 3:	ERL	5433	5390.62	5390.63	5387.38
Hyp. 3:	VERB	1467	1509.38	1509.37	1512.62

Chiquadrat:

	Modell_I	Modell_II	Modell_III
Hyp.1:	12.98	34.89	14.06
Hyp. 2:	497.58	445.90	22.77
Hyp. 3:	1.52	1.52	1.76

ESC10_H:

		Beobachtet	Modell_I	Modell_II	Modell_III
Hyp. 1:	ERL	40	26.95	18.75	25.75
Hyp. 1:	VERB	157	188.67	196.88	186.63
Hyp. 2:	ERL	278	84.23	90.69	252.83
Hyp. 2:	VERB	44	23.58	17.12	69.17
Hyp. 3:	ERL	5513	5390.62	5390.63	5387.38
Hyp. 3:	VERB	1387	1509.38	1509.37	1512.62

Chiquadrat:

	Modell_I	Modell_II	Modell_III
Hyp.1:	11.63	32.16	12.59
Hyp. 2:	463.45	429.05	11.66
Hyp. 3:	12.70	12.70	13.36

Tabelle 9:   Test von drei Strukturhypothesen für „positive" Bewertungen (ESC11_P und
             ESC10_P) gegen drei Zufallsmodelle. Modell I: Dichte gegeben; Modell II:
             Außengrad gegeben; Modell III: MAN gegeben

ESC11_P:

		Beobachtet	Modell_I	Modell_II	Modell_III
Hyp. 1:	ERL	1062	998.26	937.50	989.92
Hyp. 1:	VERB	1306	1397.57	1458.33	1399.23
Hyp. 2:	ERL	914	615.60	627.26	779.61
Hyp. 2:	VERB	604	582.32	570.65	738.39
Hyp. 3:	ERL	3738	3545.83	3545.83	3539.15
Hyp. 3:	VERB	3162	3354.17	3354.17	3360.85

Chiquadrat:

	Modell_I	Modell_II	Modell_III
Hyp. 1:	10.07	32.45	11.46
Hyp. 2:	145.46	133.02	47.62
Hyp. 3:	21.42	21.42	22.94

ESC10_P:

		Beobachtet	Modell_I	Modell_II	Modell_III
Hyp. 1:	ERL	1205	998.26	937.50	990.21
Hyp. 1:	VERB	1169	1397.57	1458.33	1399.18
Hyp. 2:	ERL	915	615.60	627.26	744.23
Hyp. 2:	VERB	534	582.32	570.65	704.77
Hyp. 3:	ERL	4120	3545.83	3545.83	3539.38
Hyp. 3:	VERB	2780	3354.17	3354.17	3360.62

Chiquadrat:

	Modell_I	Modell_II	Modell_III
Hyp. 1:	80.20	133.73	84.46
Hyp. 2:	149.63	134.34	80.57
Hyp. 3:	191.26	191.26	195.56

In Bezug auf Hypothese 2 einer behaupteten Tendenz zur *Übereinstimmung* der Bewertungen *von „Freunden"* ist festzuhalten, dass bei den erlaubten Konfigurationen in allen
vier Fällen die beobachteten Häufigkeiten häufiger sind als die erwarteten. Bei den
verbotenen Konfigurationen ist das Bild weniger eindeutig. Auffallend ist jedoch – beim
Zufallsmodell III im Vergleich zu den beiden ersten Zufallsmodellen – das hohe Maß an
Übereinstimmung für beide Bewertungsintensitäten und beide Jahre.

Ziemlich eindeutig sind die Ergebnisse für Hypothese 3, die eine von allen geteilte
Bewertungsnorm behauptet, also eine *generelle Übereinstimmung* in den Bewertungen
aller. In absoluten Häufigkeiten werden zwar die erlaubten Konfigurationen (zum Teil
erheblich) häufiger beobachtet als die verbotenen (Verhältnis von 3,7:1 und fast 4:1 für

die „hohen" bzw. 1,18:1 und 1,48:1 für die „positiven" Bewertungen), was zunächst für die Existenz einer gemeinsamen Bewertungsnorm sprechen würde. Ein Vergleich der beobachteten mit den erwarteten Häufigkeiten stellt diese These jedoch in Frage, zumindest für die „hohen" Bewertungen. Im Übrigen sprechen die Werte von 2011 noch stärker gegen die Existenz einer gemeinsamen Bewertungsnorm als die für 2010.

8   Abschließende Bemerkungen

Wir haben den Triadenzensus als ein kompaktes und robustes Instrument zur Strukturbeschreibung von Beziehungsnetzen eingeführt. Dabei haben wir herausgestellt, dass dem Triadenzensus ein strenger Begriff von „Struktur" als *Muster der Anordnung von Verbindungen* zugrunde liegt. Im Triadenzensus werden nämlich alle Teilgraphen mit jeweils drei Knoten eines Netzes daraufhin betrachtet, welches der 16 unterscheidbaren Muster der Anordnung von Verbindungen sie aufweisen. Zwar ist der Triadenzensus auf der Ebene von Einheiten mit jeweils nur 3 Knoten (eben Triaden) angesiedelt; dennoch liefert er wichtige Informationen über die Struktur des Beziehungsnetzes insgesamt: nämlich das Ausmaß und Muster horizontaler Verdichtung bzw. vertikaler Hierarchisierung. Er ist damit geeignet, ein gegebenes Netz im Lichte bestimmter „idealtypisch" definierter *Strukturmodelle* zu betrachten. Daneben erlaubt der Triadenzensus die *zufallskritische Überprüfung* gegebener Netze im Hinblick auf eine begrenzte Zahl möglicher „Zufallsnetze".

Wir haben die Strukturanalyse beispielhaft an einem empirischen Datensatz (European Song Contest 2011 und 2010) erläutert und im letzten Unterabschnitt (ebenfalls beispielhaft) gezeigt, wie Hypothesen geprüft werden können, die die beobachteten Struktureigenschaften des Beziehungsnetzes insgesamt auf regelgeleitetes Verhalten der Akteure zurückführen.

Zusammenhänge mit anderen „Verfahren" der Netzwerkanalyse (Zerlegung in Zusammenhangskomponenten; Blockmodell-Analyse) wurden nur angedeutet; auf einen Vergleich mit anderen Strategien der Identifizierung von Gruppierungphänomenen (Clusteranalyse, multidimensionale Skalierung, Korrespondenzanalyse), die nicht spezifisch netzwerkanalytisch sind, haben wir ebenfalls verzichtet.

Literatur

Borgatti, S. P., Everett, M. G. & Freeman, L. C. (2002). *Ucinet for Windows: Software for social network analysis*. Harvard, MA: Analytic Technologies.

Butts, C. T. (2010). *sna. Tools for social network analysis. R package version 2.1-0*. Verfügbar unter: http://CRAN.R-project.org/package=sna [11.10.2011].

Cartwright, D. & Harary, F. (1956). Structural balance: A generalization of Heider's Theory. *Psychological Review, 63*, 277–293.

Csardi, G. & Nepusz, T. (2006). *The igraph software package for complex network research*. InterJournal, Complex Systems 1695. Verfügbar unter: http://igraph.sf.net [11.10.2011].

Davis, J. A. (1967). Clustering and structural balance in graphs. *Human Relations, 20*, 181–187.

Davis, J. A. & Leinhardt, S. (1972). The structure of positive interpersonal relations in small groups. In J. Berger, M. Zelditch & B. Anderson (Eds.), *Sociological Theory in Progress* (pp. 218–251). Boston: Houghton Mifflin.

Flament, C. (1963). *Applications of graph theory to group structure*. Englewood Cliffs, NJ: Prentice Hall.

Hallinan, M. T. (1974). *The Structure of Positive Sentiment*. Amsterdam: Elseviers.

Hancock, M. S., Hunter, D. R., Butts, C. T., Goodreau, S. M. & Morris, M. (2003). *statnet. Software tools for the statistical modeling of network data*. Verfügbar unter: http://statnetproject.org [11.10.2011].

Heider, F. (1946). Attitudes and cognitive organization. *Journal of Psychology, 21,* 107–112.

Holland, P. W. & Leinhardt, S. (1970). A method for detecting structure in sociometric data. *American Journal of Sociology, 70,* 492–513.

Holland, P. W. & Leinhardt S. (1971). Transitivity in structural models of small groups. *Comparative Group Studies, 2,* 107–124.

Holland, P. W. & Leinhardt, S. (1976). Local structure in social networks. In D.R. Heise (Ed.), *Sociological Methodology*. San Francisco: Jossey-Bass.

Hummell, H. J. & Sodeur, W. (1987a). Triaden und Triplettzensus als Mittel der Strukturbeschreibung. In F. U. Pappi (Hrsg.), *Methoden der Netzwerkanalyse* (S. 129–161). München: Oldenbourg.

Hummell, H. J. & Sodeur, W. (1987b). Strukturbeschreibung von Positionen in sozialen Beziehungsnetzen. In F. U. Pappi (Hrsg.), *Methoden der Netzwerkanalyse* (S. 177–202). München: Oldenbourg.

Hummell, H. J. & Sodeur, W. (2010). Netzwerkanalyse. In C. Wolf & H. Best (Hrsg.), *Handbuch der sozialwissenschaftlichen Datenanalyse* (S. 575–606). Wiesbaden: VS Verlag für Sozialwissenschaften.

Johnsen, E. C. (1985). Network Macrostructure Models for the Davis-Leinhardt Set of Empirical Sociomatrices. *Social Networks, 7,* 203–224.

Nooy, W. de, Mrvar, A. & Batagelj, V. (2011). *Exploratory social network analysis with Pajek*; rev. and exp. edition; Cambridge: Cambridge UP.

Trappmann, M., Hummell, H. J. & Sodeur, W. (2011). *Strukturanalyse sozialer Netzwerke. Konzepte, Modelle, Methoden*. Wiesbaden: VS Verlag für Sozialwissenschaften.

Wasserman, S. & Faust K. (1994). *Social Network Analysis. Methods and Applications*. New York: Cambrige UP.

Anhang: Matrizen

a) Transformation der 16 Triadentypen in 3 Dyadentypen

Die folgende Tabelle ordnet jedem der 16 Triadentypen die Zahl der in ihm enthaltenen Dyadentypen M, A, N zu (da jede Dyade in (g-2) Triaden enthalten ist, sind zur Bestimmung des Dyadenzensus die drei Summen noch durch (g-2) zu dividieren):

	M	A	N
003	0	0	3
012	0	1	2
102	1	0	2
021D	0	2	1
021U	0	2	1
021C	0	2	1
111D	1	1	1
111U	1	1	1
030T	0	3	0
030C	0	3	0
201	2	0	1
120D	1	2	0
120U	1	2	0
120C	1	2	0
210	2	1	0
300	3	0	0

b) Transformation der 16 Triadentypen in 8 Triplettypen

Die folgende Tabelle ordnet jedem der 16 Triadentypen die Zahl der in ihm enthaltenen 8 Triplett-Typen zu:

	---	--+	-+-	-++	+--	+-+	++-	+++
003	6	0	0	0	0	0	0	0
012	3	1	1	0	1	0	0	0
102	0	2	2	0	2	0	0	0
021D	2	0	2	0	0	2	0	0
021U	2	0	0	2	2	0	0	0
021C	1	2	1	0	1	0	1	0
111D	0	1	0	2	2	0	1	0
111U	0	1	2	0	0	2	1	0
030T	1	0	1	1	1	1	0	1
030C	0	3	0	0	0	0	3	0
201	0	0	0	2	0	2	2	0
120D	0	0	0	2	2	0	0	2
120U	0	0	2	0	0	2	0	2
120C	0	1	0	1	0	1	2	1
210	0	0	0	1	0	1	1	3
300	0	0	0	0	0	0	0	6

c) Gewichtungsvektoren für Triadenzensus zum Test von Strukturhypothesen

Spalten: 16 Triadentypen.
Zeilen 1 und 2: Zahl „erlaubter" bzw. „verbotener" Konfigurationen für Test auf Transitivität.
Zeilen 3 und 4: Dto. für Test auf Übereinstimmung von gegenseitigen Freunden.
Zeilen 5 und 6: Dto. für Test auf allgemeine Übereinstimmung.

```
0 0 0 0 0 0 0 0 1 0 0 2 2 1 3 6
0 0 0 0 0 1 1 1 0 3 2 0 0 2 1 0
0 0 1 0 0 0 1 0 0 0 0 1 1 0 1 3
0 0 0 0 0 0 0 1 0 0 2 0 0 1 1 0
3 2 1 1 3 1 2 0 2 0 1 3 1 1 2 3
0 1 2 2 0 2 1 3 1 3 2 0 2 2 1 0
```

Andreas Herz

Erhebung und Analyse egozentrierter Netzwerke

1 Einleitung

Das Interesse an der Netzwerkforschung hat im vergangenen Jahrzehnt in den Sozialwissenschaften enorm zugenommen (Borgatti, Mehra, Brass & Labianca, 2009). So werden auch in der erziehungswissenschaftlichen Forschung Netzwerkansätze und die soziale Netzwerkanalyse verstärkt für die Beantwortung pädagogischer Fragestellungen herangezogen (Berkemeyer, Bos, Manitius & Müthing, 2008; Rehrl & Gruber, 2007). Die soziale Netzwerkanalyse (Social Network Analysis – SNA) bietet eine Anzahl von Konzepten und Verfahren zur Analyse von Netzwerken an (Wasserman & Faust, 1994). Ein soziales Netzwerk ist dabei formal definiert als spezifische Menge von Verbindungen mehrerer festgelegter Akteure untereinander (Mitchell, 1969). Neben der Analyse von Gesamtnetzwerken (siehe Hummell in diesem Band), werden mit dem Ansatz der egozentrierten Netzwerke soziale Umwelten vom Standpunkt einzelner Akteure betrachtet: Ein egozentriertes Netzwerk besteht aus den Beziehungen eines fokalen Akteurs (Ego) zu anderen Akteuren (Alteri) der direkten Netzwerkumgebung, sowie den Beziehungen zwischen diesen Akteuren (Alter-Alter-Relationen). Über die egozentrierte Netzwerkanalyse werden überwiegend Netzwerke von Personen beforscht, wobei das Verfahren grundsätzlich auch für Netzwerke anderer Akteure (beispielsweise Organisationen, Nationalstaaten) offen ist (Schauwecker, 2008). Bei der Erhebung egozentrierter Netzwerke stammen die Informationen über die Beziehungen zu den Alteri, sowie den Beziehungen zwischen den Alteri und den Eigenschaften der Alteri im Regelfall vom befragten Ego. Diese Gegebenheit erlaubt die Integration von sozialer Netzwerkanalyse in standardisierte Survey-Forschung, wodurch unter Rückgriff auf konventionelle Auswahl- und Befragungsverfahren Netzwerkstrukturen für große Samples mit statistischen Kennwerten beschrieben werden können. Das bedeutet, dass die egozentrierte Netzwerkanalyse die Kopplung von fall- bzw. attributorientierter Sozialforschung (also die Analyse von Eigenschaften einzelner Befragter) und der Fokussierung auf relationale bzw. strukturale Merkmale von Netzwerken (also die Einbettung der Akteure) ermöglicht (Wolf, 2010).

Der Beitrag gliedert sich in vier Teile: Im ersten Teil wird die Erhebung egozentrierter Netzwerke für Netzwerke von Personen diskutiert. Im Vordergrund stehen dabei Erhebungsverfahren der Befragung. Dabei werden drei Verfahrensschritte mit jeweils unterschiedlichen Umsetzungsmöglichkeiten vorgestellt. Im zweiten Teil werden zunächst Analyseebenen der egozentrierten Netzwerke differenziert und die für egozentrierte Netzwerkanalysen spezifische Datenorganisation erläutert. Im dritten Teil werden grundlegende Beschreibungsmaße egozentrierter Netzwerke und deren Bedeutung sowie beispielhaft deren Berechnung mit dem Statistikpaket SPSS vorgestellt. Weiterhin werden exemplarisch Studien anhand derer methodischen Umsetzung angeführt. Die Beispiele beziehen sich dabei überwiegend auf Forschungsarbeiten zu sozialer Unterstützung. Im Ausblick werden nach einem kurzen Resümee unterschiedliche Softwares, die in den vergangenen Jahren speziell zur Erhebung und Analyse von egozentrierten Netzwerken entwickelt worden sind, vorgestellt. Der Beitrag beschränkt sich auf die Darstellung wesentlicher Grundlagen. Die angeführte Literatur dient den geneigten Leser/-inne/n zur Vertiefung.

2   Erhebung

Vor der Erhebung von Netzwerken werden zunächst eine Menge von Akteuren (Sample) und eine bestimmte Art von Beziehungen, die untersucht werden sollen, festgelegt. Hierbei kann es sich beispielsweise um die freundschaftlichen Beziehungen der Schüler/-innen einer Schulklasse handeln. In einer egozentrierten Netzwerkbefragung stellt man anschließend für jeden Akteur des Samples fest, mit welchen Akteuren Beziehungen der vorgegebenen Art bestehen. Dabei treten im Regelfall auch Akteure in einzelnen persönlichen Netzwerken auf, die nicht zum untersuchten Sample gehören, beispielsweise Freund/-innen aus anderen Schulklassen. Hierin besteht auch der Unterschied zur Erhebung von Gesamtnetzwerken (siehe Hummell in diesem Band), bei der nur die Beziehungen zwischen der abgegrenzten Menge von Akteuren betrachtet werden, also nur die Freundschaftsbeziehungen zwischen den Schüler/-inne/n der einen Schulklasse. Die folgenden Erläuterungen zur Erhebung egozentrierter Netzwerke beschränken sich auf Netzwerke von Personen, d.h. es werden Verfahrensweisen zur standardisierten Erfassung der interpersonalen Umgebung einzelner Personen vorgestellt.[1] Für die Erhebung dieser persönlichen Netzwerke wurden und werden unterschiedliche Befragungsformen verwendet: Während die ersten standardisierten Untersuchungen der 1960er und 1970er Jahre auf fragebogengestützten Face-to-Face-Interviews basieren (Laumann, 1966; McCallister & Fischer, 1978; Wellman, 1979), und später auch schriftliche und telefonische Massenbefragungen eingesetzt werden (Wolf, 2006), so werden egozentrierte Netzwerke seit etwa zehn Jahren verstärkt computergestützt in Online-Befragungen erhoben (Herz & Gamper, 2011; Matzat & Snijders, 2010). Bei egozentrierten Netzwerken werden, wie eingangs erläutert, Netzwerkumgebungen aus der Perspektive einzelner Akteure betrachtet. Zur Verdeutlichung ist in Abbildung 1 ein beispielhaftes egozentriertes Netzwerk als Graph dargestellt.[2] Es zeigt das Netzwerk von Ego, welches in dieser Darstellung im Zentrum steht und mit sechs Alteri (Referenzpersonen) über sogenannte Ego-Alter-Relationen verbunden ist. Darüber hinaus sind auch die Beziehungen zwischen den Alteri (Alter-Alter-Relationen) dargestellt. Beispielsweise sind Alter 4 und Alter 5 miteinander verbunden.

---

1   Folgend werden standardisierte Verfahren der egozentrierten Netzwerkanalyse erläutert, bei denen spezifische Vorgaben über Beziehungsformen vor der Erhebung festgelegt werden. Es bestehen auch reichhaltige Ansätze an qualitativen Vorgehensweisen der Netzwerkerhebung (Hollstein & Pfeffer, 2010; Hollstein & Straus, 2006), welche erlauben, mit wenigen Vorgaben auf Befragte zuzugehen, sodass die Beschreibung der sozialen Umwelt zu einem Großteil über Begrifflichkeiten der Befragten vorgenommen werden kann (McCarty, Molina, Aguliar & Rota, 2007).

2   Das in Abbildung 1 dargestellte egozentrierte Netzwerk wurde mit dem Netzwerkanalyse- und Visualisierungstool *visone* erstellt (http://visone.info/).

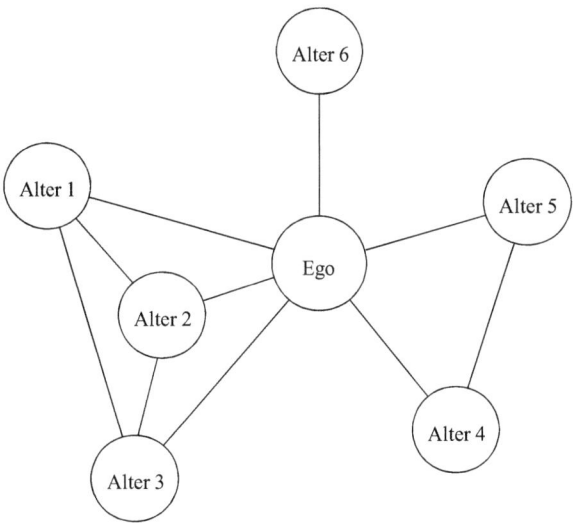

Abbildung 1:   Egozentriertes Netzwerk

Für die Erhebung egozentrierter Netzwerke haben verschiedene Forscher Befragungs-instrumente zur standardisierten Sammlung von Daten vorgeschlagen (Burt, 1984; Laumann, 1966; McCallister & Fischer, 1978; van der Poel, 1993; Wellman, 1979). Diese mittlerweile klassischen Erhebungsweisen sind (vergleichend) dokumentiert (Bidart & Charbonneu, 2011; Diaz-Bone, 1997, S. 52ff.; Pfennig & Pfennig, 1987; Wolf, 2006, S. 246ff.), weshalb an dieser Stelle auf eine umfassende Darstellung der einzelnen Netzwerkinstrumente verzichtet wird.

Dabei ist den Erhebungsinstrumenten egozentrierter Netzwerke gemein, dass sie drei Schritten folgen:[3] Erstens wird anhand bestimmter Kriterien (Namensgenerator) versucht, eine möglichst vollständige Liste der Referenzpersonen (also der Alteri) zu erstellen; zweitens werden über sogenannte Namensinterpretatoren sowohl Eigenschaften der Beziehungen zwischen den befragten Egos und deren Referenzpersonen (Ego-Alter-Relationen) spezifiziert sowie Eigenschaften der Alteri (Alter-Attribute) erfragt. Im dritten Schritt werden Angaben über die Beziehungen zwischen den Referenzpersonen (Alteri) in einer Alter-Alter-Matrix bestimmt. Neben diesen beziehungs- und netzwerk-spezifischen Fragen werden gewöhnlich auch Eigenschaften der befragten Egos (Ego-Attribute) erfasst (Diaz-Bone, 2006; Matzat & Snijders, 2010). Im Folgenden werden die drei Schritte näher beschrieben.

---

3 In diesem Beitrag werden nur Erhebungsvarianten egozentrierter Netzwerke thematisiert, bei denen nach den Namen der Referenzpersonen gefragt wird. Diese Prozedur führt zur Nennung von konkreten Personen, deren Eigenschaften und Beziehung weiter erfragt werden können. Erhebungsverfahren wie der sogenannte Positionsgenerator (Lin & Dumin, 1986) oder der Ressourcen-generator (van der Gaag & Snijders, 2004), welche zur Erfassung der sozialen Reichweite egozentrierter Netzwerke bzw. der Sozialkapitalausstattung der Akteure genutzt werden, die aber weniger Aussagen zur Zusammensetzung und Struktur der Netzwerke erlauben, werden nicht weiter ausgeführt.

(A) Im ersten Schritt wird der Befragte (Ego) über einen oder mehrere Namensgeneratoren gebeten, Referenzpersonen (Alteri) aufzulisten, mit denen der Befragte nach einem oder mehreren Kriterien definierte Beziehungen unterhält. Beispielsweise lautet die deutsche Übersetzung des mittlerweile klassischen „Burt-Generators", welchen Ronald Burt für die allgemeine Bevölkerungsumfrage der USA (General Social Survey) entworfen hat, folgendermaßen: „Hin und wieder besprechen die meisten Leute wichtige Angelegenheiten mit anderen. Wenn Sie an die letzten sechs Monate zurückdenken: Mit wem haben Sie über Dinge gesprochen, die Ihnen wichtig waren?" (Burt, 1984, S. 331; Pfennig & Pfennig, 1987, S. 64). Ziel der Namensgeneratoren ist es, eine möglichst umfassende Liste an Namen zu generieren, also Referenzpersonen zu erzeugen. Man unterscheidet dabei ein- oder mehrdimensionale Namensgeneratoren (Wolf, 2006): Eindimensionale Namensgeneratoren zielen nur auf einen Beziehungsinhalt ab, wohingegen mehrdimensionale Generatoren, welche mehrere Items umfassen, neben der Beziehung „wichtige Dinge besprechen" auch andere Beziehungen wie „Hilfe im Haushalt" abfragen. Vor allem in den sogenannten Community-Studies und der sozialen Unterstützungsforschung wurden verschiedene Erhebungsverfahren entwickelt, die mehrere Items im mehrdimensionalen Namensgenerator kombinieren (Marin & Hampton, 2007; McCallister & Fischer, 1978, S. 137; van der Poel, 1993, S. 55; Wolf, 2009). Ziel dieser Forschungsrichtungen war und ist es, den Einfluss von gesellschaftlichen Modernisierungsprozessen auf die Gestalt der Einbettung von Akteuren in soziale Beziehungen sowie die gesundheitsförderlichen Aspekte sozialen Rückhalts und alltäglicher Hilfe zu untersuchen (Nestmann, 2001). So verwendet van der Poel (1993) einen mehrdimensionalen Namensgenerator, der aus zehn Items besteht, mit dem er Beziehungen sozialer Unterstützung für drei Bereiche abbildet (emotional, instrumental und social companionship). Die abgefragten Beziehungsinhalte können dabei je nach Forschungsfrage variieren – geht es beispielsweise um persönliche Kontaktnetzwerke, wird man danach fragen, mit welchen Personen Ego in einem bestimmten Zeitraum in Kontakt war. Es kann aber auch um soziale Unterstützung, Informationsaustausch, Ressourcenaustausch (Geld, Material) oder auch einfach darum gehen, mit wem über das Wetter gesprochen wurde. Nachdem der Befragte die Angabe von Namen oder Initialen der Referenzpersonen abgeschlossen hat, werden diese Personen als Mitglieder des persönlichen Netzwerks des Befragten betrachtet.

Beim Einsatz von Namensgeneratoren sind verschiedene Überlegungen zu berücksichtigen: Die Erhebung der Namen, Abkürzungen oder Initialen und Angaben zu den Beziehungen zu den Alteri ist häufig zeitintensiv und aufwändig. Eindimensionale Namensgeneratoren sind in ihrem Gebrauch einfacher als mehrdimensionale und gehen mit einem geringeren Zeitaufwand im Interview einher. Jedoch erlauben nur mehrdimensionale Namensgeneratoren Angaben darüber, ob Ego und Alter Beziehungen in mehreren Kontexten unterhalten, also Aussagen über die Multiplexität der Beziehungen (siehe Abschnitt Auswertungsmöglichkeiten). Darüber hinaus variieren die Erhebungsverfahren nicht nur hinsichtlich der Anzahl der verwendeten Namensgeneratoren, sondern auch hinsichtlich der maximalen Anzahl an Nennungen von Alteri. Hier können zwei Verfahrensweisen unterschieden werden (Sattler & Diewald, 2009): Designs mit unbegrenzten Nennungen (free choice), bei denen die Befragten alle Personen nennen können, die für sie die Kriterien des Generators erfüllen, sowie Designs mit begrenzten Nennungen (fixed choice), bei denen eine Vorgabe darüber besteht, wie viele Personen maximal genannt werden dürfen. Ein Vergleich verschiedener Studien zeigt, dass Designs mit unbegrenzten Nennungen gegenüber jenen mit begrenzten Nennungen größere Netzwerke eruieren (Campbell & Lee, 1991, S. 217). Eine Begrenzung der Nennungen führt dabei zu Varianzverlust der Netzwerkgröße bei den Befragten mit großen Netzwerken. Weiterhin empfiehlt sich die Verwendung von Namensgeneratoritems, welche Interaktionen bzw. Austausch abfragen (also beispielsweise „Mit wem standen Sie in der vergangenen Woche in Kontakt?"), da sowohl Items nach Rollenbeziehungen (beispielsweise „Wer sind Ihre Freunde?") oder affektive Beziehungen (beispielsweise „Welchen Personen fühlen Sie sich nahe?") interindividuell verschieden und kulturspezifisch unterschiedlich verstanden werden (Marin & Hampton, 2007; van der Poel, 1993) und somit die Validität mindern können. Ferner können realisierte oder potenzielle (wahrgenommene) Beziehungen und Beziehungsinhalte abgefragt werden (Laireiter, 1993; van der Poel, 1993): Auch wenn über die Abfrage von tatsächlich stattgefundenen Interaktionen bei Angabe eines (eindeutigen) retrospektiven Zeitbezugs die Exaktheit der Antworten steigt (Campbell & Lee, 1991, S. 205), so sind damit Einschränkungen hinsichtlich der Auswertung und Interpretation der Ergebnisse verbunden. Durch den Fokus auf stattgefundene Interaktionen werden potenziell unterstützende Beziehungen ausgeschlossen, die nicht in kürzlich stattgefundenen Interaktionen aktiviert wurden. Das kann zu einem Bias führen, da Befragte, die unlängst eine Krise erfahren haben oder eine bedeutende Lebensveränderung erleben, mehr Personen in ihrem Netzwerk nennen, als Personen, die ähnliche Unterstützungsnetzwerke haben, aber nicht dazu veranlasst waren, diese Beziehungen zu aktivieren. Die Auswahl eines ein- oder mehrdimensionalen Namensgenerators, die Festlegung einer Grenze für die Anzahl anzugebender Alteri sowie die Wahl von tatsächlich stattgefundenen vs. potenziellen Interaktionen muss immer in Abhängigkeit von der jeweiligen Forschungsfrage und den Umsetzungsmöglichkeiten geschehen (Bidart & Charbonneu, 2011, S. 269).

(B) Im zweiten Schritt werden Informationen zu den Beziehungen zwischen Ego und den Alteri sowie zu Eigenschaften der Alteri über sogenannte Namensinterpretatoren erfragt. Der Befragte wird beispielsweise zu Alter, Geschlecht oder Wohnort zuvor genannter Referenzpersonen sowie zur Beziehungsdauer, Beziehungsintensität oder Kontakthäufigkeit befragt. Diese Informationen können auf nominalem, ordinalem oder metrischem Skalenniveau erhoben werden. Hierbei kann es von Vorteil sein, die Angaben über die Namensinterpretatoren nicht für alle Alteri berichten zu lassen. Eine Auswahl erscheint vor allem vor dem Hintergrund der Zeitersparnis sehr angemessen: Stellt man sich vor, Ego nennt 20 Alteri, zu denen er in der Befragung jeweils sechs Angaben machen soll, dann bedeutet dies die Beantwortung von 120 Items. Die Auswahl der Alteri kann nach unterschiedlichen Auswahlverfahren geschehen. McCallister und Fischer wählen diejenigen Alteri aus, die bei vorher festgelegten Namensgeneratoren an erster Stelle genannt werden (Fischer, 1982, S. 332). Pfennig und Pfennig (1987, S. 65) überlassen das Sampling den Befragten. Dabei werden Befragungsteilnehmer dazu aufgefordert, eine Auswahl von fünf Personen zu wählen, welche die größte Bedeutung für die Befragten haben. Ähnlich lassen auch Gerich und Lehner (2006, S. 12) ihre

Befragten acht Personen auswählen. Kritisch ist dabei anzumerken, dass dies jeweils eine selektive Auswahl der Alteri zum Ergebnis hat, wodurch entweder ganz bestimmten oder engen Beziehungen der Vorzug gegeben wird. Für eine Zufallsauswahl des Subsamples der Alteri spricht, dass hierüber zumindest theoretisch ein gutes Abbild des egozentrierten Netzwerkes hinsichtlich der Beziehungseigenschaften und der Alter-Attribute erzeugt werden kann (Herz & Gamper, 2011; Marin & Hampton, 2007; Wolf, 2006).

(C) Um Aussagen über die Struktur der Netzwerke treffen zu können, ist es notwendig Angaben zu den Beziehungen zwischen den Alteri zu erheben. Hierzu dient im dritten Schritt eine sogenannte Alter-Alter-Matrix, mithilfe derer der Befragte gebeten wird, die Beziehungen zwischen den Alteri zu qualifizieren. Ein beispielhaftes Item, das für jedes mögliche Paar der Alteri wiederholt wird, lautet: „Nun würden wir gerne von Ihnen wissen, wie gut sich die Personen in Ihrem Umfeld untereinander kennen. Kennen sich die Personen gut, weniger gut, flüchtig oder gar nicht?" (Herz, 2012).

Neben Fragen zum egozentrierten Netzwerk sind in standardisierten Netzwerkbefragungen immer auch individuelle Attribute des Egos, beispielsweise dessen Alter oder Geschlecht, Teil der Befragung. Diese Fragen können sowohl vor als auch nach der Netzwerkerhebung gestellt werden. Tabelle 1 fasst die Schritte der Erhebung egozentrierter Netzwerke zusammen.

Tabelle 1: Übersicht der drei Schritte einer egozentrierten Netzwerkerhebung

(A) Namensgenerator	(B) Namensinterpretator	(C) Matrix	Ego
Liste an Alteri (Referenzpersonen), mit denen Ego eine oder mehrere Beziehung/-en unterhält, z.B. soziale Unterstützung	Informationen über die Beziehungen zwischen Ego und den Alteri und Eigenschaften der Alteri (Alter-Attribute), z.B. Kontakthäufigkeit, Beziehungsintensität, Geschlecht und Alter der Referenzperson	Informationen über Alter-Alter-Relationen, z.B. Beziehungsintensität zwischen Referenzperson A und Referenzperson B	Informationen über Eigenschaften des befragten Ego (Ego-Attribute), z.B. Alter und Geschlecht von Ego

3   Datenorganisation

Im Folgenden wird die Datenorganisation für konventionelle Statistikanwendungen und grundlegende Analysestrategien in SPSS vorgestellt. Für die Organisation der Daten egozentrierter Netzwerke kann zwischen der Aufbereitung im breiten oder langen Format unterschieden werden (Wolf, 2010, S. 476). Die folgende Einführung im langen Format sowie die Verwendung der gewählten Begrifflichkeiten sind am Vorschlag von Müller, Wellman & Marin (1999) orientiert (Hinweise dazu auch in Schnegg & Lang, 2001, S. 25ff.; Wolf, 1993, 2010). Dabei werden unterschiedliche Informationen bzw. hierarchisch strukturierte Daten und damit auch Analyseebenen differenziert, die bei egozentrierten Netzwerkanalysen Berücksichtigung finden (Diaz-Bone, 1997, S. 56; Müller et al., 1999, S. 84): Wie in Tabelle 2 verdeutlicht, beziehen sich Analysen von egozentrierten Netzwerken auf drei Ebenen: Die Ebene der Beziehungen, der Netzwerke und der befragten Egos. Für die Organisation empfiehlt sich die Aufteilung in zwei Dateien. Im ersten Datensatz werden sowohl netzwerkspezifische Angaben als auch Angaben der fokal Befragten abgelegt. Zu den netzwerkspezifischen Angaben zählen sowohl kompositionale Eigenschaften der Netzwerke, also aggregierte Eigenschaften über die Ego-Alter-Beziehungen (z.b. durchschnittliche Kontakthäufigkeit) und aggregierte Informationen über die Eigenschaften der Alteri (z.b. Anteil an weiblichen Alteri) sowie strukturelle Informationen der Netzwerke (z.b. Dichte, Anzahl an Komponenten). Zur Bezeichnung der kompositionalen Merkmale wird in der deutschen Literatur auch der Begriff der analytischen Eigenschaften verwendet. In den Analysen werden die netzwerkspezifischen Eigenschaften wie persönliche Eigenschaften der befragten Egos (z.b. Alter, Bildungsstand) behandelt und können daher im gleichen Datenblatt abgelegt werden. Dieser Datensatz enthält so viele Fälle, wie Egos bzw. Netzwerke erhoben wurden. Der zweite Datensatz berücksichtigt die beziehungsspezifische Perspektive und enthält sowohl Angaben zu Eigenschaften der Ego-Alter-Beziehungen (z.b. Kontakthäufigkeit) als auch zu Eigenschaften der Alteri (z.b. Geschlecht der Referenzperson). Dieser Datensatz enthält so viele Fälle wie die Anzahl an Referenzpersonen, die von allen Egos angegeben wurden. Zur Unterscheidung der beiden Dateien schlagen Müller, Wellman & Marin (1999) die Bezeichnung „net" (englisch: Netz) für die Datei mit netzwerkspezifischen Variablen und „tie" (englisch: Beziehung) für die Datei mit den beziehungsspezifischen Variablen vor. Wenn tie-Daten und net-Daten nach der Erhebung im gleichen Datensatz abgelegt sind, d.h. im breiten Format, so empfiehlt sich die Informationen zu den Beziehungen zunächst in eine separate Datei im langen Format abzulegen (Wolf, 1993).

Tabelle 2: Daten- und Analyseebenen egozentrierter Netzwerke

Analyseebene	Beschreibung	Beispiel	Datensatz
Netzwerkebene	Kompositionale Eigenschaften des Netzwerks: aggregierte Eigenschaften der Ego-Alter-Relationen oder der Alteri (network composition)	Größe des Netzwerkes, durchschnittliche Kontakthäufigkeit, Anteil an Frauen im Netzwerk	net
	Strukturelle Eigenschaften des Netzwerks: aggregierte Eigenschaften über die Verbundenheit der Alteri (network structure)	Dichte, Anzahl der Komponenten, Zentralität	
Egoebene	Eigenschaften der fokal Befragten (ego attribute)	Alter, Geschlecht	
Beziehungs- ebene	Eigenschaften von Beziehungen zwischen Ego und Alteri (relational)	Kontakthäufigkeit, Beziehungsinhalt	tie
	Eigenschaften der Alteri (alter attribute)	Alter, Geschlecht, Wohnort	

Tabelle 3:   Datenorganisation egozentrierter Netzwerke

net-Datensatz

netID	egosex	v_size
1	1	2
...		
102	0	3
...		

tie-Datensatz

netID	tieID	altersex	dauer	b1
1	101	1	3	1
1	102	0	25	1
...				
102	10201	0	54	0
102	10202	1	36	1
102	10203	0	12	0

Tabelle 4:   Variablenlabels und Codierung

Variablenname	Variablenlabel	Codierung
netID	Nummer des Netzwerks bzw. Ego	
tieID	Nummer der Beziehung	
Age	Alter	
egosex	Geschlecht (Ego)	0=weiblich; 1=männlich
altersex	Geschlecht (Alter)	0=weiblich; 1=männlich
v_size	Netzwerkgröße	
dauer	Beziehungsdauer in Jahren	
b1	Emotionale Unterstützung	0=Alter leistet keine emotionale Unterstützung; 1=Alter leistet emotionale Unterstützung

Zur Organisation der unterschiedlichen Datenebenen werden Identifikationsvariablen verwendet: Die Fälle des netzwerkbezogenen Datensatzes (net) und des beziehungsbezogenen Datensatzes (tie) enthalten dieselbe Identifikationsvariable (netID), worüber beide Datensätze aufeinander bezogen werden können (siehe Tab. 3 sowie Variablenlabels und Codierung Tab. 4). Im tie-Datensatz bestimmt die netID-Variable die Zugehörigkeit der Beziehungen (Fälle im tie-Datensatz) zu den egozentrierten Netzwerken (Fälle im net-Datensatz). Gehören mehrere Beziehungen dem gleichen Netzwerk an, so erhalten diese in der tie-Datei die gleiche Nummer in der netID-Variable. Weiterhin wird jeder Beziehung im tie-Datensatz eine eindeutige Beziehungsidentifikationsnummer (tieID) zugewiesen. Für die Generierung dieser tieID bietet sich die Kombination aus der netID und der Nummer der Beziehung im jeweiligen egozentrierten Netzwerk an. Im Beispiel in Tabelle 3 repräsentieren die ersten drei Stellen der tieID die Nummer des egozentrierten Netzwerkes, also die netID, und die beiden folgenden Stellen repräsentieren die Nummer der Beziehung (des Alter) innerhalb des Netzwerkes. Das Netzwerk mit der netID 1 umfasst zwei Beziehungen, das Netzwerk mit netID 102 enthält drei Beziehungen (10201, 10202, 10203).

4   Auswertungsmöglichkeiten

Nachdem die Datenorganisation egozentrierter Netzwerkdaten beschrieben wurde, werden folgend Auswertungsmöglichkeiten vorgestellt. Allgemein ist zunächst festzuhalten, dass sowohl für Beziehungsdaten als auch für kompositionale und strukturelle Netzwerkdaten eigene Beschreibungsmaße zur Verfügung stehen. Im Folgenden werden für beide Datenebenen Auswertungsmöglichkeiten thematisiert. Dabei werden die Berechnungen der Multiplexität auf Beziehungsebene und der Netzwerkgröße und der Dichte auf Netzwerkebene exemplarisch anhand der Umsetzung im Statistikpaket SPSS besprochen. Diese drei Beschreibungsmaße wurden ausgewählt, da sie einerseits sehr gängige Maßzahlen der egozentrierten Netzwerkanalyse darstellen und sich über sie andererseits die grundlegenden Analyseabläufe verdeutlichen lassen. Für eine ausführliche Auseinandersetzung mit den einzelnen Maßzahlen seien die geneigten Leser/-innen auf die angegebene Literatur verwiesen.

Analysiert man Beziehungen, also Ego-Alter-Dyaden, so ist man neben einfachen Deskriptionen der Kontakthäufigkeit, Beziehungsstärke oder Beziehungsdauer beispielsweise an deren Homophilie oder Multiplexität interessiert. Ist man am Ausmaß der Ähnlichkeit von Ego und Alter interessiert, so kann dies über den Homophilieindex beschrieben werden (Wolf, 2010, S. 479ff.). Dieser bringt zum Ausdruck, ob eine überzufällige Ähnlichkeit zwischen zwei verbundenen Akteuren (Ego und Alter) hinsichtlich deren Merkmalen (z.B. Geschlecht, Status) vorliegt (McPherson, Smith-Lovin & Cook, 2001). Wolf (2010) beschreibt mit Hilfe des Homophilieindex die Gleichheit von Ego und Alter hinsichtlich der Berufsgruppe.

Multiplexität

Über das Maß der Multiplexität kann ausgedrückt werden, wie viele Dimensionen eine Beziehung beinhaltet, d.h. Multiplexität ist ein Maß zur Beschreibung der Vielfalt an Beziehungsinhalten, die innerhalb einer gegebenen Beziehung ausgetauscht werden. Diese Berechnung setzt den Einsatz eines mehrdimensionalen Namensgenerators voraus. So kann die Multiplexität an Unterstützungsinhalten Ziel der Untersuchung sein. Gibt eine Beziehung nur eine Form der Unterstützung, beispielsweise emotionale Unterstützung, dann ist diese uniplex. Leistet eine Beziehung dazu noch andere Formen von Unterstützung, also erhält Ego von einem bestimmten Alter nicht nur emotionale Unterstützung, sondern darüber hinaus auch Geld oder Hilfe bei der Gartenarbeit, dann wird diese Beziehung als multiplex bezeichnet (Hennig, 2006, S. 159ff.; Jansen, 2006, S. 209f.; Mewes, 2010, S. 143f.; Petermann, 2005, S. 191ff.). Bei der Messung von Uniplexität bzw. Multiplexität wird überprüft, ob eine Beziehung einen oder mehrere Beziehungsinhalte hat. Sobald ein gewisser, festgelegter Grenzwert an Beziehungsinhalten überschritten wird, so gilt die Beziehung als multiplex. Jansen (2006, S. 209f.) schlägt hierfür den Wert zwei vor, sodass diejenigen Beziehungen als multiplex gelten, innerhalb derer mindestens zwei der möglichen Beziehungsinhalte realisiert sind. Um die

Multiplexität der Beziehungen zu bestimmen, wird zunächst die Anzahl an Beziehungsinhalten für jede Relation bestimmt. In SPSS wird hierzu der sum-Befehl verwendet, der
die realisierten Beziehungsinhalte aufsummiert. Im vorliegenden Beispiel werden realisierte Beziehungsinhalte für fünf potenziell mögliche Beziehungsinhalte (Variablen b1
bis b5) berechnet. Dies setzt voraus, dass im tie-Datensatz eine dichotome Kodierung
vorliegt: 0 bedeutet, dass dieser Beziehungsinhalt nicht vermittelt wird, 1 bedeutet, diese
Beziehung gibt diese Form der Unterstützung (siehe Tabelle 3 und 4). Mit dem sum-
Befehl werden für jede Beziehung alle Einsen addiert und als Wert in der neu gebildeten
Variablen Anzahl an Beziehungsinhalten (v_anzbez) ausgegeben. Der zugehörige Syntax-Befehl lautet folgendermaßen:

```
COMPUTE v_anzbez=SUM(b1,b2,b3,b4,b5).
EXECUTE.
```

Die neu gebildete Variable v_anzbez bringt nun für jede Beziehung die Anzahl an Beziehungsinhalten zum Ausdruck. Zur Bestimmung der Multiplexität kann die Variable
v_anzbez in eine neue Variable (v_multi) umkodiert werden. Alle Beziehungen, in denen
maximal ein Inhalt realisiert ist, sind uniplex und erhalten den Wert 0, während alle
anderen Beziehungen mit mindestens zwei Beziehungsinhalten den Wert 1 erhalten.

```
RECODE v_anzbez (1=0) (2 thru 5=1) INTO v_multi.
VALUE LABEL v_multi 0 „uniplex" 1 „multiplex".
EXECUTE.
```

Multiplexität kann auch auf die Ebene der Netzwerke bezogen werden. Die Berechnung
des Grades von Multiplexität auf Netzwerkebene folgt in SPSS der Logik, welche im
Abschnitt zur Netzwerkgröße erläutert wird. Strukturelle Multiplexität drückt dann den
Anteil an Akteuren aus, mit denen Ego mehr als eine Beziehungsform oder mehr als
einen Beziehungsinhalt unterhält. Ein egozentriertes Netzwerk gilt als stärker integriert,
wenn Ego mehrdimensionale Beziehungen zu vielen Alteri unterhält (Diaz-Bone, 1997).
Eine höhere Multiplexität des egozentrierten Netzwerkes bedeutet für die einzelnen Egos
gute Möglichkeiten zur Mobilisierung von sozialer Unterstützung, aber gleichzeitig auch
einen hohen Grad an sozialer Kontrolle, also Abhängigkeit von und Verpflichtungen
gegenüber dem Netzwerk. So kann ein Kollege, der gleichzeitig auch Nachbar ist, leicht
feststellen, ob man tatsächlich mit Grippe im Bett liegt oder ob man lediglich „blau"
macht (Jansen, 2006, S. 105).

Die Auswertung der Dyaden ist aus statistischer Sichtweise zum Teil problematisch,
da eine Grundannahme der herkömmlichen Analyseverfahren bezüglich der Unabhängigkeit der Beobachtungseinheiten verletzt ist. Dies ist darin begründet, dass alle Beziehungsdaten und die Eigenschaften der Referenzpersonen in der Befragung von den
befragten Egos angegeben werden, und diese Informationen nicht als unabhängig voneinander anzusehen sind (Wolf, 2010, S. 479).

Netzwerkgröße

Für die Ebene der netzwerkspezifischen Beschreibungen bestehen ebenfalls unterschiedliche Maße. Diese sind von Diaz-Bone (1997, S. 56ff.) sowohl formal als auch anhand
derer inhaltlichen Bedeutung dargestellt. Sie stellen verschiedene Möglichkeiten dar, den

„Range" (Campbell, Marsden & Hurlbert, 1986) der egozentrierten Netzwerke zu bestimmen. Unter Range versteht man die Reichweite der egozentrierten Netzwerke, welche anhand der Verschiedenartigkeit der Beziehungen bzw. Variabilität der Alteri bestimmt wird. So sind über den Grad der Unterschiedlichkeit der Alteri Aussagen über die
Ressourcenausstattung der Egos möglich (z.B. bzgl. Informationspool, Kompetenzpool)
(Campbell et al., 1986). Eine einfach zu berechnende Strukturdimension der egozentrierten Netzwerkanalyse ist die Netzwerkgröße. Die Netzwerkgröße entspricht der Anzahl
der Alteri, die von Ego genannt werden, also von Ego ausgehende Beziehungen (auch
Degree genannt). So hat das egozentrierte Netzwerk in Abbildung 1 ein Degree von
sechs. Die Netzwerkgröße ist oft Bestandteil anderer Strukturmaße, z.B. der Dichte, dem
Anteil der Verwandten oder struktureller Multiplexität. Zur Berechnung der Netzwerkgröße und anderer kompositionaler Netzwerkmaße, wird in SPSS der aggregate-Befehl
verwendet, welcher ermöglicht, aus Beziehungsdaten Informationen über Netzwerke zu
generieren. Der aggregate-Befehl erlaubt es, Beziehungsinformationen des tie-Datensatzes für jedes egozentrierte Netzwerk zusammenzufassen. Die Ergebnisse der Aggregation, also die kompositionalen Werte der Netzwerke, werden in eine neue Datendatei
geschrieben. In dieser Datei sind die Informationen der Beziehungen aus dem tie-
Datensatz für die Netzwerke zusammengefasst. Die Berechnung aggregierter Werte ist
dabei nur für numerische Variablen möglich. Für die Kalkulation von aggregierten
Werten stehen verschiedene Aggregierungsfunktionen, wie die Summe, das arithmeti-
sche Mittel, die Standardabweichung oder zur Berechnung von Anteilen zu Verfügung
(Brosius, 2005, S. 281f.). Um die aggregierten Netzwerkinformationen von der neu
gebildeten Datei in den net-Datensatz zu überführen, verwendet man in SPSS den match
files-Befehl. Zu beachten ist dabei, dass beide Datensätze anhand der netID in aufstei-
gender Richtung sortiert sein müssen. Beide Schritte werden folgend anhand der Berechnung der Netzwerkgröße in SPSS verdeutlicht.

Zunächst werden zur Berechnung der Anzahl der Alteri je Netzwerk (Netzwerkgröße)
die Beziehungsdaten auf der Basis des tie-Datensatzes folgendermaßen verdichtet. Der
zugehörige Syntax-Befehl lautet wie folgt:

```
AGGREGATE
/OUTFILE='D:\data\size.sav'
/BREAK=netID
/v_size=N.
```

Alle Beziehungen, die demselben Netzwerk angehören und damit in der Variablen netID
den gleichen Wert enthalten, werden zu einem Fall zusammengefasst. Hierzu dient der
Unterbefehl /BREAK=netID. Die aggregierten Werte werden in eine neue Datendatei mit
dem Namen size.sav im Verzeichnis d:data\ geschrieben. Die Gruppierungsvariable
netID wird dabei automatisch in die Zieldatei (OUTFILE) übernommen. Der Subkom-
mand v_size=N erzeugt die Anzahl der Fälle je Netzwerk, also die Netzwerkgröße in der
neuen Datei. Um die Werte der Netzwerkgröße anschließend in den net-Datensatz zu
überführen, dient der match files-Befehl. Anhand des Unterbefehls FILE wird die Quell-
datei, welche die Werte der Netzwerkgröße liefert, angegeben. Ausgehend vom net-

Datensatz werden mit der folgenden Syntax bei Verwendung des Subbefehls table=* die Werte zur Netzwerkgröße in die net-Datei übertragen.

    MATCH FILES /TABLE=*
    /FILE='D:\data\size.sav'
    /BY netID.
    EXECUTE.

Dichte

Die Dichte ist ein Maß zur Beschreibung der Verbundenheit eines Netzwerkes, d.h. für persönliche Netzwerke, wie stark die Alteri im Netzwerk untereinander in Kontakt stehen. Die Dichte wird aus dem Verhältnis der vorhandenen Beziehungen zur Zahl der möglichen Beziehungen im Netzwerk gebildet (Marsden, 1987). Für die Berechnung der Dichte werden – wie für andere strukturelle Maße (Anzahl an Komponenten, Zentralität) – bei egozentrierten Netzwerken die Beziehungen zwischen Ego und den Alteri gewöhnlich nicht berücksichtigt (Diaz-Bone, 1997, S. 59), da Untersuchungsteilnehmer in der Befragung aufgefordert werden, Personen anzugeben und diese Beziehungen somit „artifiziell" durch das Erhebungsverfahren bedingt sind (Scott, 2007, S. 69ff.; Wellman, 1979, S. 1215). Inhaltlich bedeutet eine hohe Dichte, dass sich die Akteure im Netzwerk leichter erreichen können, d.h. es besteht ein hoher Interaktionsgrad zwischen ihnen, was einen höheren Grad an sozialer Kontrolle und Konformität des Verhaltens zur Folge hat (Schweizer, 1996). Im folgenden Beispiel gehen wir von symmetrisch erhobenen Beziehungen zwischen den Alteri aus, d.h. es wurden ungerichtete Beziehungen wie „einander kennen" (im Gegensatz zu gerichteten Beziehungen wie z.B. „jemanden um etwas bitten" oder „um etwas gebeten werden") abgefragt, wodurch maximal $n*(n-1)*0,5$ Beziehungen möglich sind. Für das Eingangsbeispiel in Abbildung 1 mit sechs Alteri sind maximal $6*(5)*0,5=15$ Beziehungen möglich, von denen vier Beziehungen realisiert sind (Dichtewert $d=4/15=0,266$). Die Angaben zu den tatsächlich realisierten Alter-Alter-Relationen werden im net-Datensatz jeweils für eine Beziehung zwischen zwei Alteri in einer Zelle abgelegt. Beispielsweise ist Beziehung zwischen Alter 1 und Alter 2 für jedes Netzwerk in Variable b1_2 abgelegt, die Beziehung zwischen Alter 1 und Alter 3 in Variable b1_3. Zur Berechnung des Zählers der Dichte wird die Anzahl der Alter-Alter-Beziehungen (Variable v_sumaa) über den sum-Befehl für jedes Netzwerk aufaddiert. Hierzu dient folgende Syntax. Die Anzahl der angegebenen Variablen variiert dabei je nachdem, wie viele Beziehungen zwischen Alteri erhoben wurden. Im folgenden Beispiel wurden Beziehungen zwischen acht Alteri erhoben (b1_2 bis b7_8).

    COMPUTE v_sumaa= SUM(b1_2 to b7_8).
    EXECUTE.

Zur Kalkulation der maximal möglichen Anzahl Alter-Alter-Relationen (v_maxaa) wird im net-Datensatz mithilfe des compute-Befehls eine neue Variable erzeugt. In die Berechnung geht die zuvor erzeugte Netzwerkgröße (v_size) ein.

COMPUTE v_maxaa= v_size * (v_size - 1) * 0.5.
EXECUTE.

Die Dichte bildet dann den Quotienten aus den Werten der realisierten Alter-Alter-Relationen (v_sumaa) und der maximal möglichen Anzahl (v_maxaa). Die Dichte wird wiederum um net-Datensatz über den compute-Befehl erzeugt.

COMPUTE v_dichte= v_sumaa / v_maxaa.
EXECUTE.

Weiterhin bestehen verschiedene Maße zur Beschreibung der Verschiedenheit der Alteri (Diaz-Bone, 1997). Diversitätsmaße, wie der Index qualitativer Variation (IQV-Index) oder der Aw-Index, basieren auf nominalskalierten Informationen. Die Umsetzung des IQV-Index in SPSS erläutert Marbach (1996). Für Alter-Attribute (z.B. Alter) oder Beziehungseigenschaften (z.B. Dauer der Beziehung) mit Intervallskalenniveau bestehen Heterogenitätsmaße wie die Standardabweichung oder der Variationskoeffizient, welche die Verschiedenartigkeit der Alteri zum Ausdruck bringen.

Nachdem beispielhaft die Berechnung der Multiplexität, der Netzwerkgröße und der Dichte in SPSS verdeutlicht wurde, sollen im Folgenden unterschiedliche Vorgehensweisen skizziert werden, wie strukturelle Beschreibungsmaße egozentrierter Netzwerke für sich oder in Kombination mit individuellen Attributen oder Eigenschaften von Beziehungen in weiteren statistischen Analysen in Verbindung gebracht werden können. Die Darstellung kann dabei keinen Anspruch auf Vollständigkeit erheben, vielmehr sollen unterschiedliche Möglichkeiten aufgezeigt werden, wie Daten egozentrierter Netzwerke in weiteren Auswertungsschritten für die Beantwortung spezifischer Forschungsfragen Berücksichtigung finden können. Ist man beispielsweise an unterschiedlichen Formen der Einbettung einzelner Personen in deren soziale Umwelt interessiert, so bietet sich eine Typenbildung über Clusteranalysen an. D.h. egozentrierte Netzwerke werden anhand von kompositionalen und strukturellen Eigenschaften so in unterschiedliche Cluster zusammen gefasst, dass die Unterschiede in den einzelnen Eigenschaften innerhalb eines gebildeten Typus möglichst klein, die Unterschiede zwischen den Typen aber möglichst groß ausfallen (Wiedenbeck & Züll, 2001). Die gebildeten Cluster stellen sodann verschiedene Typen von egozentrierten Netzwerken (also Einbettungstypen) dar, in denen systematisch ähnliche Fälle zusammengefasst sind. Beispielsweise nutzen Lubbers, Molina & McCarty (2007, S. 729) das strukturentdeckende Verfahren der Clusteranalyse um persönliche Netzwerke von Migranten/-innen in Spanien in fünf unterschiedliche Netzwerkprofile zu gruppieren (vergleichbares Vorgehen siehe auch Herz, 2012). Die unterschiedlichen Einbettungsformen untersuchen die Forscher in weiteren Analysen auf deren Zusammenhang mit unterschiedlichen individuellen Identifikationsmustern (Lubbers et al., 2007, S. 731ff.).

Weiterhin werden strukturelle und kompositionale Charakteristika von egozentrierten Netzwerken häufig auf deren Zusammenhang mit individuellen Attributen der befragten Egos hin untersucht. Hierzu werden Eigenschaften von egozentrierten Netzwerken wie Eigenschaften der befragten Egos behandelt. So zeigt Mewes (2009, S. 50) für die deutsche Wohnbevölkerung, dass die Heterogenität, gemessen an der geographisch-räumlichen Ausdehnung der egozentrierten Netzwerke mit wachsendem Status und dabei insbesondere mit steigendem Bildungsgrad ansteigt. In ähnlicher Weise verdeutlicht Moore (1990, S. 729f.) Unterschiede in persönlichen Diskussionsnetzwerken von Männern und Frauen in den USA: Frauen unterhalten im Vergleich zu den männlichen Befragten mehr verwandtschaftliche und nachbarschaftliche Beziehungen, aber weniger freundschaftliche Beziehung oder Beziehungen zu Arbeitskollegen/-innen.

Andere Analysestrategien sollten eingeschlagen werden, sobald die abhängige Variable auf der Ebene der Beziehungen angesiedelt ist. Aufgrund der wechselseitigen Abhängigkeit der Beziehungen von den egozentrierten Netzwerken, die durch die Erhebungsweise bei egozentrierten Netzwerken gegeben ist, wird von der Verwendung von herkömmlichen Analysen (z.B. OLS-Regressionen) dringend abgeraten (van Duijn, van Busschbach & Snijders, 1999). Die Aggregierung der Beziehungsdaten auf Ebene der Befragten (beispielsweise durchschnittlicher Anteil an unterstützenden Beziehungen einer bestimmen Unterstützungsdimension) wäre im statistischen Sinne zwar korrekt, geht aber mit dem Verlust von Information einher. Darüber hinaus ist es nach Aggregierung nicht mehr möglich Unterschiede zwischen einzelnen Beziehungen zu betrachten. Angemessene Verfahren, welche die „geschachtelte" Struktur der Daten berücksichtigten (Beziehungen als „nested" in Ego bzw. Netzwerken) stellen Mehrebenenanalysen dar (de Miguel Luken & Tranmer, 2010; Snijders & Bosker, 2003; Snijders, Spreen & Zwaagstra, 1995). So zeigen Wellman & Frank (2001) mithilfe von Mehrebenenregressionen, dass „the provision of support in ties is a joint product of the characteristics of people, ties and networks" (S. 239). Die Bereitstellung von sozialer Unterstützung hängt also neben Eigenschaften der Unterstützungsnehmer/-innen sowohl von Beziehungseigenschaften als auch von Netzwerkeigenschaften der betrachteten egozentrierten Netzwerke ab. Sowohl mit steigender Beziehungsintensität als auch einer höheren Kontakthäufigkeit steigt die Wahrscheinlichkeit für die Bereitstellung von sozialer Unterstützung. Neben diesen Beziehungsfaktoren können Wellman & Frank (2001) mit Hilfe des Mehrebenenansatzes zeigen, dass strukturelle Merkmale von egozentrierten Netzwerken als Erklärungsfaktoren für soziale Unterstützung heranzuziehen sind: So zeigt sich, dass mit zunehmender Größe der persönlichen Netzwerke die Wahrscheinlichkeit, dass eine Beziehung soziale Unterstützung bereitstellt, abnimmt. Sowohl für eine Zunahme der Netzwerkdichte, der durchschnittlichen Erreichbarkeit der Personen im persönlichen Netzwerk (Index aus Kontakthäufigkeit und geographischer Distanz) als auch für den Anteil an Beziehungen zu Verwandten zeigen sich positive Effekte auf die Vermittlung von sozialer Unterstützung. Über diese Mehrebenenmodellierungen können sowohl Analysen mit abhängigen Variablen auf der Beziehungsebene vollzogen als auch Beziehungs- und Netzwerkeffekte voneinander differenziert werden.

5   Ausblick und Softwareentwicklungen

Die egozentrierte Netzwerkanalyse stellt ein Verfahren dar, mit welchem die soziale Einbettung von Akteuren untersucht werden kann. Es erlaubt insbesondere netzwerkanalytische Verfahren in standardisierte Survey-Forschung zu integrieren, wodurch unter Rückgriff auf konventionelle Auswahl- und Befragungsformate Netzwerkstrukturen für große Samples beschrieben werden können. Gegenstand dieses Beitrags war erstens die

Erhebung egozentrierter Netzwerke, die anhand von drei Schritten erläutert wurden (Namensgenerator, Namensinterpretator, Alter-Alter-Matrix). Zweitens wurden die Organisation der Daten und drittens zentrale Auswertungsmöglichkeiten vorgestellt. Sowohl die Organisation der Beziehungs- und Netzwerkdaten als auch zentrale Beschreibungsmaße und deren Umsetzung im Statistikprogramm SPSS wurden beispielhaft aufgezeigt.

Die Literaturlage zur Erhebung von egozentrierten Netzwerken kann als vergleichsweise angemessen eingeschätzt werden, insbesondere sind Beiträge zur Erfassung von egozentrierten Netzwerken in den einschlägigen Netzwerkanalyse-Zeitschriften enthalten (Social Networks, Connections, Journal of Social Structure und ein Special Issue in Field Methods (Wellman, 2007)). Auch in der deutschsprachigen Literatur bestehen sehr anschauliche Systematisierungen (Diaz-Bone, 1997; Pfennig & Pfennig, 1987; Sattler & Diewald, 2009; Wolf, 1993, 2006, 2009, 2010). Publikationen zur Zuverlässigkeit von Netzwerkinstrumenten sind hingegen seltener (Bidart & Charbonneau, 2011; Coromina & Coenders, 2006; Wolf, 2006) und stellen ein Desiderat dar – insbesondere wenn man Untersuchungsergebnisse berücksichtigt, die zeigen, dass Befragte unterschiedliche Dinge im Sinn haben, wenn sie auf den Burt-Generatoren („wichtige Dinge besprechen") antworten und es dadurch zu systematischen Verzerrungen in den Antworten auf Namensgeneratoren beispielsweise zwischen Männern und Frauen kommen kann (Bearman & Parigi, 2004). Für die Analyse von egozentrierten Netzwerken gibt es anders als im Vergleich zu den Gesamtnetzwerken kein „Standardwerk": Vielmehr werden Auswertungsmöglichkeiten für egozentrierte Netzwerke zum Teil auch in den Standardwerken der Gesamtnetzwerkanalyse thematisiert. Eine systematische Darstellung vor allem zur Analyse von egozentrierten Netzwerken ist bislang nicht vorhanden. Die Erhebungs- und Auswertungsmöglichkeiten von Daten egozentrierter Netzwerke sind dabei eng an die Entwicklung von Computeranwendungen gebunden. Während für die Auswertung von Daten zu Gesamtnetzwerken eigene Programme zur Verfügung stehen (UCInet, Gephi, Pajek), so werden Analysen egozentrierter Netzwerkdaten häufig mit „herkömmlichen" Statistikprogrammen (SPSS, Stata, SAS) bewerkstelligt. Da die Darstellung der Umsetzungsmöglichkeiten von Datenorganisation und Auswertung in diesem Beitrag auf das Statistikpaket SPSS beschränkt bleiben musste, ist es umso bedeutender, auf neuere Software-Entwicklungen hinzuweisen: So sind in den vergangenen fünf bis zehn Jahren eigens Anwendungen für die Erhebung und Analyse von egozentrierten Netzwerken entstanden. EgoNet ist ein auf Java basierendes Tool zur Erhebung und Auswertung egozentrierter Netzwerke (http://sourceforge.net/projects/egonet/). Hierüber können sowohl computerunterstützt mündliche oder computergestützt schriftliche Interviews durchgeführt werden. EgoNet erlaubt weiterhin die Analyse der erhobenen Netzwerke. Neben Visualisierungen der Graphen können kompositionale und strukturelle Maßzahlen der egozentrierten Netzwerke berechnet werden. Die Daten können zur Weiterverarbeitung exportiert und in andere standardmäßige Statistik- und Netzwerkanalyseprogramme importiert werden. VennMaker erlaubt die kommunikative Erhebung und Visualisierung persönlicher Netzwerke über digitale Netzwerkkarten (http://www.vennmaker.com/) (siehe Gamper & Kronenwett in diesem Band). Dieses Tool verfügt ebenfalls über eine Administratoren- und Interviewebene. Es erlaubt grundlegende Analysen der Netzwerke und auch das Exportieren der erhobenen Netzwerkdaten sowie darüber hinaus das Importieren vorhandener Netzwerkdaten. Ein eigens für die Analyse und die visuelle Darstellung von egozentrierten Netzwerkdaten erstelltes Programm ist E-NET (http://www.analytictech.com/e-net/e-net.htm), welches als Beta-Version erhältlich ist. In den drei genannten Anwendungen können für jedes Netzwerk einzelne netzwerkspezifische Analysen durchgeführt werden, welche anschließend die Grundlage für weitere Auswertungen in gängigen Statistikpaketen bilden können.

Literatur

Bearman, P. & Parigi, P. (2004). Cloning headless frogs and other important matters: Conversation topics and network structure. *Social Forces, 83* (2), 535–557.

Berkemeyer, N., Bos, W., Manitius, V. & Müthing, K. (2008). *Unterrichtsentwicklung in Netzwerken. Konzeptionen, Befunde, Perspektiven.* Münster: Waxmann.

Bidart, C. & Charbonneu, J. (2011). How to generate personal networks: Issues and tools for a sociological perspective. *Field Methods, 23* (3), 266–286.

Borgatti, S. P., Mehra, A., Brass, D. L. & Labianca, G. (2009). Network analysis in the social sciences. *Science, 323*, 892–895.

Brosius, F. (2005). *SPSS-Programmierung. Effizientes Datenmanagement und Automatisierung mit SPSS-Syntax.* Bonn: mitp.

Burt, R. S. (1984). Network items and the general social survey. *Social Networks, 6*, 293–339.

Campbell, K. E. & Lee, B. A. (1991). Name generators in surveys of personal networks. *Social Networks, 13*, 203–221.

Campbell, K. E., Marsden, P. V. & Hurlbert, J. S. (1986). Social resources and socioeconomic status. *Social Networks, 8* (1), 97–117.

Coromina, L. & Coenders, G. (2006). Reliability and validity of egocentered network data collected via web. A meta-analysis of multilevel multitrait multimethod studies. *Social Networks, 28*, 209–231.

De Miguel Luken, V. & Tranmer, M. (2010). Personal support networks of immigrants to Spain: A multilevel analysis. *Social Networks, 32*, 253–262.

Diaz-Bone, R. (1997). *Ego-zentrierte Netzwerkanalyse und familiale Beziehungssysteme.* Wiesbaden: Deutscher Universitäts Verlag.

Diaz-Bone, R. (2006). Gibt es eine qualitative Netzwerkanalyse? In B. Hollstein und F. Straus (Hrsg.), Qualitative Netzwerkanalyse. Konzepte, Methoden, Anwendungen. *Forum Qualitative Sozialforschung*: Verfügbar unter: http://nbn-resolving.de/urn:nbn:de:0114-fqs0701287 [20.03.2011].

Fischer, C. S. (1982). *To dwell among friends. Personal Networks in Town and City.* Chicago and London: The University of Chicago Press.

Hennig, M. (2006). *Individuen und ihre sozialen Beziehungen.* Wiesbaden: VS Verlag für Sozialwissenschaften.

Herz, A. (2012). *Strukturen transnationaler sozialer Unterstützung – eine ego-zentrierte Netzwerkanalyse von personal communities im Kontext von Migration.* Dissertation Universität Hildesheim (in Vorbereitung).

Herz, A. & Gamper, M. (2011). Möglichkeiten und Grenzen der Erhebung ego-zentrierter Netzwerke im Online-Fragebogen und über digitale Netzwerkkarten. In M. Gamper, L. Reschke & M. Schönhuth (Hrsg.), *Knoten und Kanten 2.0. Soziale Netzwerkanalyse in Medienforschung und Kulturanthropologie.* Bielefeld: transcript (im Erscheinen).

Hollstein, B. & Pfeffer, J. (2010). *Netzwerkkarten als Instrument zur Erhebung egozentrierter Netzwerke.*
Verfügbar unter: http://www.pfeffer.at/egonet/Hollstein%20Pfeffer.pdf [10.03.2011].

Hollstein, B. & Straus, F. (2006). *Qualitative Netzwerkanalyse: Konzepte, Methoden, Anwendungen.* Wiesbaden: VS Verlag für Sozialwissenschaften.

Jansen, D. (2006). *Einführung in die Netzwerkanalyse: Grundlagen, Methoden, Forschungsbeispiele.* Wiesbaden: VS Verlag für Sozialwissenschaften.

Laireiter, A. (1993). Begriffe und Methoden der Netzwerk- und Unterstützungsforschung. In A. Laireiter (Hrsg.), *Soziales Netzwerk und soziale Unterstützung. Konzepte, Methoden und Befunde* (S. 15–44). Bern: Huber.

Laumann, E. O. (1966). *Prestige and Association in an Urban Community. An Analysis of an Urban Stratification System.* Indianapolis and New York: Bobbs-Merrill.

Lin, N. & Dumin, M. (1986). Access to occupations through social ties. *Social Networks, 8,* 365–385.

Lubbers, M. J., Molina, J. L. & Mccarty, C. (2007). Personal networks and ethnic identifications. *International Sociology, 22* (6), 721–741.

Marbach, J. H. (1996). *Rekonstruktion und Umsetzung (SPSS) eines Index für qualitative Variation (IQV) in Stichproben mit Netzwerkdaten.* DJI-Arbeitspapiere, *8* (134), 1–18.

Marin, A. & Hampton, K. (2007). Simplifying the personal network name generator: Alternatives to traditional multiple and single name generators. *Field Methods, 19* (2), 163–193.

Marsden, P. V. (1987). Core discussion networks of americans. *American sociological review, 52,* 122–131.

Matzat, U. & Snijders, C. (2010). Does the online collection of ego-centered network data reduce data quality? An experimental comparison. *Social Networks, 32,* 105–111.

Mccallister, L. & Fischer, C. S. (1978). *A Procedure For Surveying Personal Networks. Sociological Methods & Research, 7* (2), 131-148.

Mccarty, C., Molina, J. L., Aguliar, C. & Rota, L. (2007). A comparison of social network mapping and personal network visualization. *Field Methods, 19* (2), 145–162.

Mcpherson, M., Smith-Lovin, L. & Cook, J. M. (2001). Birds of a feather: Homophily in social networks. *Annual Review of Sociology, 27,* 415–444.

Mewes, J. (2009). Die räumlichen Grenzen persönlicher Netzwerke. In R. Häußerling (Hrsg.), *Grenzen von Netzwerken* (S. 33–53). Wiesbaden: VS Verlag für Sozialwissenschaften.

Mewes, J. (2010). *Ungleiche Netzwerke – vernetzte Ungleichheit. Persönliche Beziehungen im Kontext von Bildung und Status.* Wiesbaden: VS Verlag für Sozialwissenschaften.

Mitchell, C. J. (Ed.). (1969). *Social networks in urban situations: Analysis of personal relationships in central African towns.* Manchester: Manchester University Press.

Moore, G. (1990). Structural determinants of men's and women's personal networks. *American Sociological Review, 55,* 726–735.

Müller, C., Wellman, B. & Marin, A. (1999). How to use SPSS to study ego-centered networks. *Bulletin de Méthodologie Sociologique, 64,* 83–100.

Nestmann, F. (2001). Soziale Netzwerke – Soziale Unterstützung. In H. Thiersch & H.-U. Otto (Hrsg.), *Handbuch Sozialarbeit Sozialpädagogik* (S. 1684–1692). Neuwied: Wolters Kluwer.

Petermann, S. (2005). Persönliche Netzwerke: Spezialisierte Unterstützungsbeziehungen oder hilft jeder jedem? In U. Otto & P. Bauer (Hrsg.), Mit Netzwerken professionell zusammenarbeiten. Band 1: *Soziale Netzwerke in Lebenslauf- und Lebenslagenperspektive* (S. 181–206). Tübingen: dgvt-Verlag.

Pfennig, A. & Pfennig, U. (1987). Egozentrierte Netzwerke: Verschiedene Instrumente – verschiedene Ergebnisse? *ZUMA-Nachrichten, 21*, 64–77.

Rehrl, M. & Gruber, H. (2007). Netzwerkanalysen in der Pädagogik. Ein Überblick über Methode und Anwendung. *Zeitschrift für Pädagogik, 53* (2), 243–264.

Sattler, S. & Diewald, M. (2009). *Kosten und Nutzen der Sparsamkeit – Zur Erhebung sozialer Netzwerke und sozialer Unterstützungspotentiale in der Umfrageforschung.* SOEPpapers on Mulitdisciplinary Panel Data Research (No 165).

Schauwecker, P. (2008). Unternehmen als Akteure egozentrierter Netzwerke. In C. Stegbauer (Hrsg.), *Netzwerkanalyse und Netzwerktheorie. Ein neues Paradigma in den Sozialwissenschaften* (S. 517–527). Wiesbaden: VS Verlag für Sozialwissenschaften.

Schnegg, M. & Lang, H. (2001). *Netzwerkanalyse. Eine praxisorientierte Einführung.* Verfügbar unter: http://www.methoden-der-ethnographie.de/heft1/Netzwerkanalyse.pdf [10.03.2011].

Schweizer, T. (1996). *Muster sozialer Ordnung. Netzwerkanalyse als Fundament der Sozialethnologie.* Berlin: Dietrich Reimer Verlag.

Scott, J. (2007). *Social Network Analysis.* London: Sage.

Snijders, T. & Bosker, R. J. (2003). *Multilevel Analysis. An introduction to basic and advanced multilevel modeling.* London: Sage Publications.

Snijders, T., Spreen, M. & Zwaagstra, R. (1995). The use of multilevel modeling for analysing personal networks: Networks of cocaine users in an urban area. *Journal of Quantitative Anthropology, 5*, 85–105.

Van Der Gaag, M. & Snijders, T. (2004). Proposals for the measurement of individual social capital. In H. Flap and B. Völker (Eds.), *Creation and returns of social capital. A new research program* (pp. 199–218). London: Routledge.

Van Der Poel, M. G. M. (1993). Delineating personal support networks. *Social Networks, 15*, 49–70.

Van Duijn, M., Van Busschbach, J. & Snijders, T. (1999). Multilevel analysis of personal networks as dependent variables. *Social Networks, 21* (2), 187–209.

Wasserman, S. & Faust, K. (1994). *Social Network Analysis: Methods and Applications.* Cambridge: Cambridge University Press.

Wellman, B. (1979). The community question: The intimate networks of East Yorkers. *American Journal of Sociology, 84* (5), 1201–1231.

Wellman, B. (2007). Challenges in collecting personal network data: The nature of personal network analysis. *Field Methods, 19* (2), 111–115.

Wellman, B. & Frank, K. (2001). Network capital in a multi-level world: Getting support from personal communities. In N. Lin, K. S. Cook and R. S. Burt (Eds.), *Social Capital. Theory and Research* (pp. 223–273). New Brunswick: Transaction Publishers.

Wiedenbeck, M. & Züll, C. (2001). Klassifikation mit Clusteranalyse: Grundlegende Techniken hierarchischer und K-means-Verfahren. *ZUMA How-to-Reihe, 10*.

Wolf, C. (1993). Egozentrierte Netzwerke. Datenorganisation und Datenanalyse. *ZA-Information, 32*, 72–94.

Wolf, C. (2006). Egozentrierte Netzwerke. Erhebungsverfahren und Datenqualität. *Kölner Zeitschrift für Soziologie und Sozialpsychologie, 44*, 244–273.

Wolf, C. (2009). Netzwerke und soziale Unterstützung. *GESIS-Working Papers, 9*.

Wolf, C. (2010). Egozentrierte Netzwerke. Datenerhebung und Datenanalyse. In C. Stegbauer und R. Häußling (Hrsg.), *Handbuch Netzwerkforschung* (S. 471–483). Wiesbaden: VS Verlag für Sozialwissenschaften.

Markus Gamper & Michael Kronenwett

Visuelle Erhebung von egozentrierten Netzwerken mit Hilfe digitaler Netzwerkkarten

1   Einleitung

In der sozialen Netzwerkforschung haben sich im Laufe der Zeit unterschiedliche Erhebungs- und Analysemethoden herauskristallisiert (Gamper & Reschke, 2010; Freeman, 2004). Neben den dominierenden quantitativen Verfahren (z.B. Wassermann & Faust, 1994; Jansen, 2006) existieren auch deskriptive und beschreibende Methoden (z.B. Straus, 2002; Hollstein & Straus, 2006). In der Erhebung zeigt sich eine Vielfalt, die von Beobachtungen (z.B. Bott, 1957), qualitativen Interviews (z.B. Uzzi, 1997) über Interneterhebungen (z.B. Mislove, Marcon, Gummadi & Bhattacharjee, 2007) bis hin zu klassischen Fragebögen (z.B. Wellmann, 1979; Fischer, 1982) reicht. In den letzten Jahren werden auch häufig sogenannte Netzwerkbilder und -karten eingesetzt. Diese können unter dem Begriff der *visuellen Datenerhebung* subsumiert werden. Bei dieser speziellen Form der Datenerhebung werden die Informationen anhand von Visualisierungen durch die Befragten generiert, indem visuelle Elemente (z.B. Kreise, Linien) in Merkmalausprägungen transformiert werden. Diese Bilder und Karten lassen sich anhand des Strukturierungs- und Standardisierungsgrades unterscheiden und entsprechend qualitativ und/oder quantitativ auswerten (Gamper, Schönhuth & Kronenwett, 2011). Hinsichtlich dieser relativ neuen Methode der visuellen Datenerhebung stellen Hogan, Carrasco & Wellman (2007, S. 140) fest: „It is more dependable, pleases respondents, looks visually compelling, and can be seen at once (making it a useful prop in addition to a data gathering technique)". Dies ist wohl auch ein Grund, weshalb sich dieses Verfahren speziell in der qualitativen Forschung – aber nicht nur dort – großer Beliebtheit erfreut (Kahn & Antonucci, 1980; Straus, 2002; Hollstein & Straus, 2006).

In diesem Kapitel wird anhand eines Beispiels gezeigt, wie egozentrierte Netzwerkdaten mit Hilfe der visuellen Datenerhebung gewonnen werden können. Im Blickpunkt steht hierbei die Netzwerkkarte, speziell eine neue Form der Netzwerkkarte, die sogenannte *digitale Netzwerkkarte*. Sie bietet neue Möglichkeiten der Visualisierung und Erhebung sozialer Netzwerke, indem die visuelle Datenerhebung mit digitalen Hilfsmitteln, wie beispielsweise Computer oder Tablet-Computer, kombiniert wird. Im Folgenden wird zunächst eine Unterscheidung zwischen Gesamtnetzwerk und egozentriertem Netzwerk wie auch zwischen quantitativer und qualitativer Netzwerkforschung getroffen. Danach werden verschiedene Arten der visuellen Erhebung von Netzwerken vorgestellt. Der Fokus liegt hier auf den unterschiedlichen Typen von Netzwerkkarten. Im Anschluss zeigen wir, welche Elemente es im Allgemeinen gibt, um Informationen zu visualisieren, bevor wir die Erhebung an einem konkreten Beispiel vorstellen. Dabei kommt das Computerprogramm VennMaker[1] zur Anwendung. Der Beitrag schließt mit einer Diskussion der Vor- und Nachteile visueller Erhebungen mit Hilfe digitaler Netzwerkkarten.

2   Arten der Netzwerkanalyse

Im Allgemeinen können Netzwerke als eine „[...] abgegrenzte Menge von Knoten oder Elementen und der Menge der zwischen ihnen verlaufenden sogenannten Kanten" (Jansen, 2006, S. 58) definiert werden, wobei die Knoten Elemente wie z.B. Personen oder kollektive Akteure darstellen und die Kanten die unterschiedlichen Beziehungen zwischen diesen beschreiben. Auch wenn Netzwerke aus den gleichen Elementen bestehen, kann in der Netzwerkforschung – in Bezug auf den Forschungszugang – zwischen Gesamtnetzwerken und egozentrierten Netzwerken unterschieden werden (Burt, 1980). Bei der Gesamtnetzwerkanalyse stehen die Beziehungen jedes Akteurs in einem ausgewählten sozialen System im Mittelpunkt. Innerhalb der definierten Grenzen (z.B. Schulklasse, Stadtviertel, Fußballfeld) wird untersucht, inwieweit die Akteure, die sich innerhalb dieser gezogenen Abgrenzungen befinden, miteinander verwoben sind. Beziehungen zu Akteuren außerhalb des so definierten Personenkreises werden nicht berücksichtigt (Jansen, 2006). Somit liegt das Forschungsinteresse auf einer beschränkten Anzahl von Akteuren und ihren Beziehungen innerhalb bestimmter *Boundaries*[2]. Der Fokus der egozentrierten Netzwerkforschung liegt hingegen auf der Deskription und Analyse der interpersonalen Verflechtung eines Akteurs aus seiner subjektiven Sicht (Wellmann, 1979; Fischer, 1982; Burt, 1984). Somit liegt der Forschungsfokus auf dem „[...] um eine fokale Person, das Ego, herum verankerte(n) soziale(n) Netzwerk" (Jansen, 2006, S. 80). Mit Hilfe der egozentrierten Netzwerkerhebung wird die subjektive Sicht von Ego auf seine Kontaktpersonen (Alteri) eruiert. Dazu wird auf sogenannte Akteurs- bzw. Namensgeneratoren[3] zurückgegriffen. Es werden mit gezielten Fragen Personen (Alteri) empirisch erhoben, zu denen Ego eine oder mehrere definierte Beziehung(en) (z.B. Freundschaft) unterhält. Diese Daten werden anschließend um vertiefende Informationen erweitert, sogenannte Akteurs- oder Namensinterpretatoren, welche sowohl die abhängigen wie auch unabhängigen Variablen in der Netzwerkforschung bilden (Wolf, 2006, 2010). Darunter fallen beispielsweise persönliche und soziodemographische Angaben wie Alter, Geschlecht, Wohnort oder Bildungsstand, oder aber auch relationale Daten wie Informationen über die Ego-Alter- oder auch die Alter-Alter-Relationen (z.B. Kontakthäufigkeit oder Art des Kontakts wie z.B. Face-to-Face-Kontakt). Besonders geeignet ist die egozentrierte Netzwerkanalyse speziell dann, wenn die Untersuchungsgruppe schwer abgrenzbar bzw. die Grundgesamtheit sehr groß ist. Der wohl größte Gewinn besteht darin, dass sie in die allgemeine Umfrageforschung integriert werden kann (z.B. ALLBUS). Hinsichtlich der Auswertungsmöglichkeiten ist die egozentrierte Netzwerk-

---

1 VennMaker wird im Rahmen des Exzellenzclusters „Gesellschaftliche Abhängigkeiten und soziale Netzwerke" der Universitäten Trier und Mainz unter der Leitung von Prof. Michael Schönhuth entwickelt (http://www.vennmaker.com).

2 Zur Problematik der Grenzziehung vgl. Laumann, Marsden & Prensky (1983).

3 Neben Namensgeneratoren gibt es weitere Generatoren, z.B. der Positions- oder Ressourcengenerator (van der Gaag, Snijders & Flap, 2004).

analyse, im Vergleich zur Gesamtnetzwerkanalyse, allerdings begrenzt (Pappi, 1987). Auch wenn beide Verfahren die Entstehung von Strukturen oder die Auswirkung von Strukturen auf bestimmte soziale Phänomene in den Fokus ihrer Analyse stellen, zeigen sich Unterschiede vor allem in der Datenerfassung und -auswertung. Während bei der Analyse von egozentrierten Netzwerken die Einbettung einzelner Akteure und ihre persönliche soziale Umgebung im Vordergrund steht, liegt der Fokus der Gesamtnetzwerkanalyse auf den Fragen der internen Struktur von Gruppen und erlaubt insgesamt mehr Möglichkeiten, strukturelle Berechnungen durchzuführen (Wassermann & Faust, 1994).

Auch beim methodologischen Vorgehen können zwei Unterscheidungen getroffen werden, nämlich zwischen quantitativer und qualitativer Netzwerkforschung (Schnegg, 2010). Bei dem ersten Vorgehen handelt es sich um rein standardisierte Erhebungsarten, mit denen anhand bestimmter Kriterien die Beziehungen, die die Netzwerkpersonen untereinander unterhalten, sowie Attribute der befragten Personen eruiert werden. Hier stehen vor allem allgemeine Aussagen, signifikante sowie repräsentative Ergebnisse und Strukturmaße (z.B. Dichte, Multiplexität, Triaden, Cliquen usw.) im Mittelpunkt der Auswertung (Jansen, 2006; Wasserman & Faust, 1994; Scott, 2000). Das zweite Vorgehen, das speziell in der Ethnologie (Roethlisberger & Dickson, 1939; Davis, Gardner & Gardner, 1941; Barnes, 1954) und Psychologie (Moreno, 1934; Bott, 1957) eine lange Tradition besitzt und seit den 1980er Jahren wieder – dies auch in unterschiedlichen Fachdisziplinen – verstärkt Anwendung findet (Kahn & Antonucci, 1980; Antonucci & Akiyama, 1995; Trotter, 1999; Uzzi, 1997), fokussiert eher auf die subjektiv-deskriptiven Beschreibungen und Explorationen von Beziehungen und versucht, die Vorstellungen der Befragten auf ihre persönlichen Netzwerke zu verstehen. Auch wenn diese Daten nicht repräsentativ sind, geben sie dennoch einen Einblick in die Funktionsweise bestimmter relationaler Mechanismen innerhalb eines Netzwerkes (z.B. Dynamiken, Veränderungen).[4]

Um egozentrierte oder auch Gesamtnetzwerke zu analysieren und zu visualisieren, werden seit den 1980er Jahren Computerprogramme (z.B. UCINET, Visone, PAJEK, E-NET, Egonet) eingesetzt (Gamper & Reschke, 2010). Seit geraumer Zeit kommen Computerprogramme nun jedoch auch immer stärker bei der Erhebung der Netzwerke zum Einsatz (für die egozentrierte Netzwerkanalyse vgl. exemplarisch Herz & Gamper, 2011). Vor diesem Hintergrund wurden in den vergangenen Jahren Verfahren entwickelt, welche die digitale Erfassung von Daten erlauben (Gerich & Lehner, 2006; Manfreda, Vehovar & Hlebec, 2004; Matzat & Snijders, 2007). Diese Verfahren, vor allem digitale Umfragen, können unter dem Begriff der *Computer Assisted Survey Information Collection* (CASIC) zusammengefasst werden. Diese lassen sich wiederum in *computerunterstützte* und *computergestützte* Verfahren differenzieren. Sie sind als computerunterstützt anzusehen, wenn Fragen vom Interviewer in der Befragung mündlich gestellt werden (Computer Assisted Personal Interview – CAPI) und Antworten simultan von diesem am Computer eingegeben werden. Von computergestützt spricht man, wenn die Befragung ohne die Hilfe eines Befragungsleiters am PC durchgeführt wird. Die Fragen werden

---

4 Zur Diskussion über qualitative und quantitative Netzwerkforschung vgl. Diaz-Bone (2007) oder Schnegg (2010).

hierbei in schriftlicher Form ohne Hilfe eines Interviewers am Computer präsentiert (Computer Assisted Self Interview – CASI).

Zur Anwendung kommen hierbei einerseits Programme für die standardisierte schriftliche Erhebung von Netzwerken via digitaler Fragebögen (z.B. EgoNet), zum anderen Software zur visuellen Datengewinnung anhand von Netzwerkkarten (z.B. EGONET QF, VennMaker), die zwar auch zur quantitativen, jedoch eher zur Erhebung von qualitativen Daten eingesetzt werden.

Dieses Verfahren der Datengewinnung ist relativ neu und steckt bisher noch in den „Kinderschuhen". Möglichkeiten und Grenzen sind wissenschaftlich kaum beleuchtet. Vor diesem Hintergrund soll nun ein visuelles digitales Verfahren der Datenerhebung von egozentrierten Netzwerken näher erleutert werden.[5] Im Mittelpunkt stehen dabei die Möglichkeiten bei der Erstellung digitaler Netzwerkkarten.

3   Visuelle Erhebungsmethoden

Die Fähigkeit des Menschen, Informationen zu strukturieren, in Bildern anzuordnen und dabei komplexe Zusammenhänge zu vereinfachen, wird bei den sogenannten kognitiven Karten (cognitive maps[6]) genutzt, die als Ausdruck einer Internalisierung der äußeren physikalischen Welt verstanden werden können (Krempel, 2005). Bekannte Verfahren sind hier z.B. mind maps oder concept maps (Jackson & Trochim, 2002). Bei der Erhebung sozialer Netzwerke kommt ein ähnliches Konzept zum Tragen, indem mithilfe sogenannter Netzwerkkarten die „innere Landkarte" sozialer Beziehungen und die Interpretation dieser Beziehungen des Befragten abgebildet werden. Diese Gewinnung von qualitativen und quantitativen Daten anhand visueller Verfahren findet vor allem auf Grund der einfachen sowie optisch ansprechenden Anwendung und motivierenden Art der Erhebung in der Netzwerkforschung immer größere Bedeutung (Hollstein & Straus, 2006; Hogan, Carrasco & Wellman, 2007; Schönhuth, Gamper, Kronenwett & Stark, 2012), wobei zwei Verfahren unterschieden werden können. Zuerst ist die Übertragung von Relationen, die z.B. mit Hilfe von Beobachtungen eruiert werden, auf eine visuelle Form zu nennen. Hier werden Kontakte zwischen Personen auf einer Zeichenfläche (z.B. Papier) eingetragen. Ein solches Verfahren, soziale Netzwerke zu visualisieren, ist das Soziogramm. Ein Soziogramm zeigt die Struktur einer gesamten Gruppe und die Positionen der Mitglieder innerhalb dieser Struktur (Moreno, 1953; Roethlisberger & Dickson, 1939). Akteure werden hierbei meist als geometrische Figuren (z.B. Kreise oder Dreiecke) gekennzeichnet, während die Beziehungen als Linien zwischen ihnen dargestellt werden. Für Moreno (1953, S. 96) ist das Soziogramm nicht nur eine Form der Darstellung, sondern er verwendet die Visualisierung als Hilfsmittel, um weitere Erkenntnisse zu gewinnen: „[...] the sociogram [...] is more than merely a method of presentation. It is first of all a method of exploration". Das zu erforschende Subjekt spielt bei dieser

---

5 Auch wenn die hier vorgestellten Verfahren zur Gesamtnetzwerkanalyse verwendet werden können, basieren die weiteren Ausführungen aufgrund des später dargestellten Beispiels auf der Erhebung von egozentrierten Netzwerkdaten.

6 Ein bekanntes Beispiel sind cognitive maps von Experten, die dabei helfen sollen zu verstehen, welche Entscheidungen eines Akteurs wie und warum stattgefunden haben (Axelrod, 1972).

Visualisierung keine aktive Rolle. Daneben steht zweitens die Erhebung von Netzwerk-daten, die zusammen mit den Probanden visualisiert und besprochen werden. Zu nennen ist hier die Netzwerkkarte und das Netzwerkbild (Straus, 2002; Hollstein & Straus, 2006; Hogan, Carrasco & Wellman, 2007; Gamper, Schönhuth & Kronenwett, 2011). Beide erweitern den Ansatz dahingehend, dass die Exploration simultan in einem Interview mit dem Interviewpartner stattfindet; Datenerhebung, Darstellung und Analyse laufen paral-lel, im gleichen Moment, zueinander. Auch wenn beide Visualisierungen mithilfe von Namensgeneratoren konstruiert werden, unterscheiden sie sich dennoch in einem Punkt. Netzwerkbilder entstehen eher als freie Zeichnung durch den Interviewten selbst. Hier kann der Proband selbst bestimmen, wie er Attribute visualisieren und strukturieren möchte (Straus, 2002), wodurch es zu einer sehr starken deskriptiven Darstellung der individuellen Netzwerke kommt. Aufgrund der fehlenden Standardisierung ist auch eine Vergleichbarkeit zwischen mehreren so entstandenen Netzwerkbildern schwer. Die Netzwerkkarten hingegen sind strukturiert und ggf. standardisiert. Der Forscher gibt bestimmte Vorgaben (konzentrische Kreise, Sektoren etc.) und belegt diese mit ausge-wählten Attributen (z.B. Dauer der Beziehung, Geschlecht von Alter). Je mehr visuelle Elemente vorgegeben sind, desto strukturierter wird die Netzwerkabbildung. Bei einer starken Standardisierung – hier werden bei der Messung jeweils die gleichen visuellen Elemente für die jeweils gleichen Merkmale verwendet – erhöht sich gleichsam die Vergleichbarkeit zwischen den erhobenen Netzwerkabbildungen (Hollstein & Pfeffer, 2010; Gamper, Schönhuth & Kronenwett, 2011).

Netzwerkkarten können durch drei idealtypische Verfahren eruiert werden: Erstens mit Hilfe von Stiften und Papier. Hier zeichnen die Interviewten die Alteri und die Re-lationen selbst (Kahn & Antonucci, 1980). Neben dieser Erhebung mit Papier und Zeichenstift entwickelte Eva Schiffer (2007) ein Instrument, das neben den zwei Raum-dimensionen Länge und Breite die dritte Dimension Höhe mit einbezieht. Spielsteine lassen sich auf der Netzwerkkarte übereinander türmen, damit kann die Höhe ein zusätz-liches Merkmal abbilden (z.B. subjektive Wichtigkeit der Alteri). Seit Neuestem existie-ren als dritte Variante Computerprogramme, mit denen visuell egozentrierte Netzwerkda-ten gewonnen werden können: die sogenannten digitalen Netzwerkkarten. Der wesentli-che Unterschied zwischen den bereits vorgestellten Arten von Netzwerkkarten und einer digitalen Netzwerkkarte besteht darin, dass Letztere mithilfe eines Computers erstellt wird. Eine Software ermöglicht hier die Abbildung des sozialen Netzwerks. Mit Hinzu-nahme von technischen Hilfsmitteln ergeben sich auf der einen Seite neue Möglichkeiten hinsichtlich der Erhebung, Darstellung und Analyse, auf der anderen Seite kommt es aber auch zu bestimmten Einschränkungen. Diese Vor- und Nachteile werden am Ende dieses Beitrags anhand eines praktischen Beispiels diskutiert. Zuvor wird jedoch die Visualisie-rung von Merkmalen mit Hilfe visueller Elemente näher beleuchtet.

4 Graphische Elemente der Erhebung

Neben der Art des Erhebungsinstruments spielen auch die graphischen Elemente – die bei allen Arten der visuellen Erhebung essentiell sind – eine bedeutende Rolle für die Datengewinnung. Dabei werden graphischen Elementen bestimmte Netzwerkinformationen durch den Forscher zugewiesen. Auf der Ebene der Visualisierung können nach Jacques Bertin (1974) im Allgemeinen acht *visuelle Variablen*, die bestimmte Merkmale abbilden können, unterschieden werden. Diese ist zuerst die Position des Elements, die durch eine Position auf der X- und Y-Achse beschrieben wird. Weitere Informationen liefern *Größe, Helligkeitswert, Muster, Farbe* sowie *Richtung* und *Form* des Elements (Bertin, 1974, S. 50). Jedoch sind nicht alle Elemente für jede darzustellende Information gleich gut geeignet. Je nach Skalierung der quantitativen Informationen – nominal, ordinal oder metrisch – eignen sich bestimmte visuelle Merkmale mehr oder weniger gut zur Darstellung (Mackinlay, 1986, S. 16). Für eine optimale Illustration von Variablen mit unterschiedlichen Skalierungen hat Krempel (2005, S. 34) eine Reihenfolge erarbeitet, die wie in Tabelle 1 dargestellt zusammengefasst werden kann.

Tabelle 1: Skalenniveau und deren geeignetste Visualisierung

Skalenniveau	Merkmal (Beispiel)	Reihenfolge der Visualisierung
Quantitative (Intervall) Informationen	Dauer der Beziehung	Position, Länge, Größe, Farbsättigung, Farbton, Textur, Form
Ordinal skaliert	Emotionale Nähe, Art der Beziehung	Position, Farbsättigung, Farbton, Textur, Länge, Größe, Form
Nominal skaliert	Geschlecht	Position, Farbton, Textur, Farbsättigung, Form, Länge, Größe

Quelle: In Anlehnung an Krempel (2005, S. 34).

Die graphischen Variablen dienen als Bindeglied zwischen der internen, mentalen Karte des Befragten und den anschließend auswertbaren Netzwerkdaten. Beispielsweise kann die Größe eines Akteurssymbols die Bedeutung eines Akteurs darstellen, sodass die Größe des Symbols in einen numerischen Wert übertragen werden kann. Parallel hierzu kann die Dicke einer Linie die Intensität der Beziehung darstellen und ebenfalls mit einem ordinal skaliierten Wert assoziiert sein.

   Ein bekanntes Beispiel für die Visualisierung von Attributen ist die von Kahn und Antonucci (1980) verwendete Darstellung mit drei konzentrischen Kreisen (siehe Abb. 1), welche in ihrer Logik auf die Idee Norways (1940) zurückgeht. Abbildung 1 zeigt ein Beispiel eines „convoy" mit den entsprechenden Rollen der Alteri. In der Mitte ist Ego positioniert, dargestellt durch ein P. Vom inneren Kreis ausgehend, nimmt die Wichtigkeit in Bezug auf Unterstützungsleistungen für Ego ab. Im äußersten Kreis befinden sich Personen, die nur geringe Unterstützung für Ego leisten (Kahn & Antonucci, 1980).

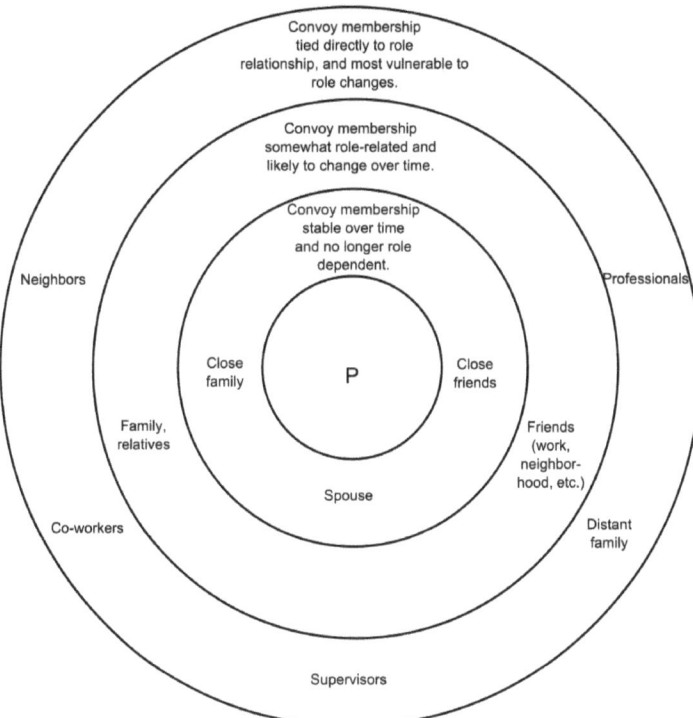

Abbildung 1: Social convoy model und konzentrische Kreise (nach Kahn & Antonucci, 1980, S. 273)

Auf das Konzept der konzentrischen Kreise wird zurückgegriffen, um auf diese Weise diskrete Merkmale abzufragen und zugleich eine visuelle Orientierung mithilfe unterschiedlich großer, konzentrischer Kreise zu geben (siehe Abb. 1). Gleichzeitig kann eine Aussage darüber getroffen werden, ob ein Alter z.B. die gleiche emotionale Nähe zu Ego hat wie ein anderer Alter, indem nämlich beide im gleichen konzentrischen Kreis positioniert sind. Position und Distanz (Länge) können nicht nur über die konzentrischen Kreise erhoben werden. Weitere Methoden sind bspw. Sektoren (Position) und Land- oder Dorfkarten (Position und Distanz).

Je mehr graphische Variablen der Interviewer einsetzt, um damit Merkmale abzufragen, desto strukturierter, aber auch unübersichtlicher kann die Netzwerkkarte werden. Gerade eine Vielzahl visueller Elemente kann zu einer Überforderung des Interviewten führen. Wie „gut" eine Visualisierung letztlich ist, lässt sich daran messen, wie schnell ein Betrachter die Abbildung entschlüsselt (Krempel, 2005, S. 25). Im nächsten Schritt wird nun gezeigt, welche Möglichkeiten VennMaker besitzt, um Informationen visuell abzubilden. Darüber hinaus werden weitere Funktionen der Software vorgestellt.

5   Erhebung digitaler Netzwerkkarten mit VennMaker – ein Beispiel

VennMaker ist ein Programm, mit dem Netzwerkdaten visuell erhoben werden können. Damit ähnelt es in seiner Benutzung einem Zeichenprogramm. Während eines Interviews kann der Interviewer oder der Interviewte Symbole und Linien in einen freien Bereich innerhalb des Bildschirms platzieren. Dieser Bereich wird, wie zuvor beschrieben, *digitale Netzwerkkarte* genannt. Die digitale Netzwerkkarte ist hier vergleichbar mit einem Stück Papier, auf dem während des Interviews alle Akteure und Beziehungen und weitere visuelle Informationen eingezeichnet werden. Bei der Darstellung von Informationen wird zwischen relationalen und personalen Elementen unterschieden (siehe Tab. 2). Angaben zu den Alteri und Ego können als Symbole dargestellt werden. Diese wiederum können in ihrer Form, in ihrer Größe wie auch Farbe differenziert werden. Hinzu kommt, dass Informationen um das Symbol selbst angeordnet werden können, dem sogenannten *Actor pie*. Damit können multiple Informationen (z.B. die Person ist Freund und gleichzeitig Familienmitglied) abgetragen werden. Hinzu kommen visuelle Informationen, die sich auf die Beziehungen im Netzwerk beziehen. Gemeint sind damit die Dicke, die Farbe, die Textur sowie die Richtung der Beziehung. Als drittes kann die Position und die Distanz bei der Visualisierung mit einbezogen werden. Die Position der Alteri und die Entfernung der Alteri zu Ego können mit Hilfe konzentrischer Kreise (vgl. Abschnitt 4) abgefragt werden. Die Position lässt sich zusätzlich mit Sektoren erheben. Konzentrische Kreise und Sektoren dienen der Skalierung und Strukturierung. In Tabelle 2 sind die in VennMaker möglichen visuellen Variablen sowie deren Darstellung und Interpretationsmöglichkeiten als Beispiel aufgelistet.

Die digitale Netzwerkkarte unterscheidet sich von der analogen Papiervariante nun darin, dass das aufgemalte Netzwerk abgespeichert und sofort ausgewertet werden kann. Mit anderen Worten, wenn der Interviewte sein Netzwerk mit VennMaker abträgt, werden Informationen über das Ego (z.B. Alter, Geschlecht), die Alteri (z.B. Rolle, Wohnort) und die Relationen (z.B. Dauer und Art der Beziehung) in Tabellen und Matrizen festgehalten. Dies erlaubt eine statistische Auswertung der Daten. Hierbei sind bereits Analysen während des Interviews möglich. In einem separaten Fenster lassen sich einzelne Häufigkeitswerte, z.B. die Anzahl der Akteure oder die Anzahl der Akteure pro konzentrischem Kreis anzeigen. Der Interviewer kann während des Interviews mithilfe dieser Angaben den weiteren Interviewverlauf steuern, indem er gezielt auf Ergebnisse eingeht und diese mit Fragen postwendend mit dem Probanden vertieft. Am Ende des Interviews können die digitalen Netzwerkkarten als Bilddateien oder als Tabellen und Matrizen exportiert werden. Die Tabellen und Matrizen enthalten alle Attribute, Attributwerte und die von VennMaker berechneten z.B. Häufigkeits- oder Zentralitätswerte und Multiplexität. Diese Daten können anschließend in weitere Analyse- oder Präsentationsprogramme geladen werden, wie z.B. in die Statistiksoftware SPSS oder PowerPoint. Hinzu kommt, dass während der Visualisierung ein Mikrofon dazu geschaltet werden kann, sodass VennMaker Audioaufzeichnungen des Interviews anfertigt. Im Unterschied zu einem externen Aufnahmegerät verknüpft VennMaker jede Zeichenaktion auf der Netzwerkkarte mit der Audioaufzeichnung. Damit ist es möglich, zu einem späteren Zeitpunkt die Audioaufnahme mit den Aktivitäten auf der Netzwerkkarte, wie bei einem Film, abzuspielen und für qualitative Analysen zu verwenden.

Tabelle 2: Überblick der graphischen Variablen und deren Darstellung in VennMaker mit Interpretationsbeispielen

Visuelle Variable	Darstellung in VennMaker	Merkmale (Bsp.)	Visuelle Darstellung in VennMaker
Größe	Akteursgröße	Wichtigkeit, Erreichbarkeit von Alter	
Form	Akteurssymbol	Geschlecht	
Farbsättigung, Farbton	Akteurssymbol	Rolle (z.B. Freund, Familie)	
Textur	Akteurssymbol	Position (z.B. Arzt, Mechaniker)	
Farbsättigung, Farbton	Akteursdiagramm („actor pie")	Rolle (multiple Attribute)	
Größe der Relation	Liniendicke der Beziehung	Beziehungsstärke	
Textur Relation	Linientextur der Beziehung	Beziehungsstärke	
Farbsättigung, Farbton	Linienfarbe der Beziehung	Beziehungsart	
Richtung der Relation	gerichtete Beziehungen	Richtung der finanziellen Hilfe	
Position der Personen, Distanz zwischen Personen	Konzentrische Kreise	emotionale Nähe, geographische Nähe	
Position der Personen	Sektoren	Nationalität, Geschlecht (nominal)	

Darüber hinaus können während des Interviews sogenannte *Filter* eingeschaltet werden. Der Interviewer kann mit ihrer Hilfe Teile des Netzwerks ausblenden und das Interview auf essentielle Aspekte fokussieren. Möchte der Interviewer das Gespräch beispielsweise auf die Frauen im Netzwerk konzentrieren, erlaubt ihm die Filterfunktion alle Männer auszublenden. In den Filtern werden Bedingungen anhand nicht-relationaler Attribute und Attributwerte festgelegt; die einzelnen Bedingungen lassen sich durch logische

Operatoren (z.B. und, oder, größer als, kleiner als, gleich) miteinander kombinieren. VennMaker erlaubt zusätzlich zur digitalen Netzwerkkarte die Einbindung eines digitalen Fragebogens. Wie mit einem klassischen Fragebogen lassen sich so schnell Informationen abfragen. Es werden sequentiell Fragefelder präsentiert, in denen die gewünschten Antworten durch den Interviewten angegeben werden können. Der digitale Fragebogen lässt sich parallel zur digitalen Netzwerkkarte einsetzten; eine Kombination aus quantitativer und qualitativer Erhebung während des Interviews ist damit möglich.[7] Hierbei kann jede Art von Skalenniveau präsentiert werden. Darüber hinaus besteht die Möglichkeit, Netzwerke, die mit anderen Verfahren visuell erhoben wurden, im VennMaker nachzuzeichnen und im Anschluss mit Hilfe des Programms statistisch auszuwerten.[8] Die bislang theoretischen Ausführungen werden nun anhand eines Beispiels konkretisiert.

Im nächsten Schritt wird anhand eines Auszugs einer Studie[9] der Einsatz einer digitalen Netzwerkkarte exemplarisch vorgestellt. In diesem Fall wurden 71 Aussiedler per klassischem Fragebogen und 10 Aussiedler aus der ehemaligen Sowjetunion per VennMaker über ihre transnationalen Unterstützungsnetzwerke befragt. Dies geschah vor dem Hintergrund, dass in der Transmigrationsforschung im Allgemeinen davon ausgegangen wird, dass Identitäten und wirtschaftliche, soziale wie auch kulturelle Ressourcen von Migranten nicht isoliert in einem nationalstaatlichen „Container" konstruiert bzw. produziert werden, sondern diese Prozesse über nationale Grenzen hinweg von statten gehen (zum Thema Netzwerk und Transmigration vgl. exemplarisch Dahinden, 2010). Transnationalität kann demnach als „[...] die multiplen Verbindungen [...], die Personen an verschiedenen Orten gleichzeitig und über nationale Grenzen hinweg aufrechterhalten" (Dahinden, 2009, S. 17) verstanden werden. Konkret wurde somit eruiert, inwieweit die 10 befragten Aussiedler noch Kontakte zu Alteri besitzen, die in anderen Ländern leben und welche soziale Unterstützung diese leisten. Um diese empirisch abbilden zu können, wurde auf folgenden Namensgenerator zurückgegriffen: „Als erstes interessieren wir uns für Personen, über die Sie häufig nachdenken und mit denen Sie aktiv Beziehungen unterhalten. Bitte nennen Sie mir alle Personen, die Ihnen einfallen. Dabei kann es sich um Verwandte, Bekannte, Freunde, Nachbarn, Arbeitskollegen usw. handeln." Die Anzahl der angegebenen Kontaktpersonen wurde dabei nicht beschränkt. Mit Namensinterpretatoren wurden anhand digitaler Eingabefelder weitere Informationen zu den Alteri erfragt (z.B. Ort des Kennenlernens und die Rolle der Alteri für Ego). Nachdem die Namen der Alteri genannt wurden, wechselten der Interviewer und der Interviewte auf die Ebene der Visualisierung. Von diesem Zeitpunkt an wurde auch die Audioaufnahme aktiviert. Im Zentrum der Netzwerkkarte steht Ego. In den konzentrischen Kreisen um Ego wurde die Entfernung des Wohnortes der Alteri innerhalb Deutschlands abgetragen: von „gemeinsamer Haushalt", über „direkter Nachbarschaft" und „gleicher Stadt" bis „irgendwo in Deutschland". Kontakte ins Ausland wurden auf der Fläche außerhalb der Netzwerkkarte abgebildet. Des Weiteren wurde die ethnische Zugehörigkeit in vier Sektoren unterteilt (einheimische Deutsche, jüdische Migranten, Aussiedler und andere

---

7 Zur Kombination von qualitativem und quantitativem Interview siehe auch Tashakkori und Teddlie (1998).

8 Eine Importfunktion von quantitativen Daten besteht bisher noch nicht.

9 Gesamtstudie siehe: Fenicia, Gamper & Schönhuth (2010).

Ethnien). Die Farbe der Akteurssymbole spiegelt die Rolle der Alteri zu Ego wider: Familienangehörigen wurden unterschiedliche Rottöne zugeordnet (von rosa bis dunkelrot); Freunde wurden braun, Bekannte orange, Nachbarn hellgrün, Berufskollegen dunkelgrün, Gemeinde-, Vereins- und Hilfsorganisationsmitglieder blau sowie Sonstige weiß gehalten. Im nächsten Schritt wurden die Beziehungen zwischen Ego und den genannten Alteri hinsichtlich der sozialen Unterstützung eingezeichnet. Die Unterstützungen umfassten: finanzielle Unterstützung (braun), emotionale Unterstützung (rot), Jobsuche (blau) und Freizeit (dunkelgrün).

In dieser Erhebung wurden 10 Spätaussiedler, 7 Frauen und 3 Männer mit VennMaker interviewt, von denen eine Netzwerkkarte als Beispiel herausgegriffen wird. Es handelt sich dabei um das soziale Netzwerk von Eugen, 35 Jahre alt.

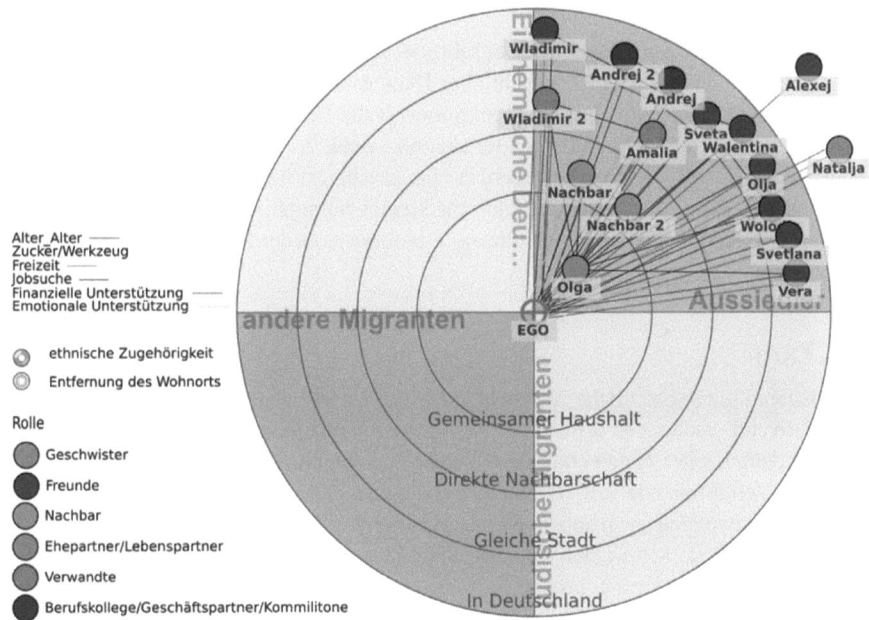

Abbildung 2:   Darstellung eines sozialen Netzwerks eines Spätaussiedlers

Der Aussiedler ist im Jahr 1996 mit seiner Frau und seinen zwei Kindern nach Deutschland gekommen. Nach seiner Berufsumschulung zum Heizungsinstallateur ist er seit vier Jahren in diesem Bereich tätig. Sein Netzwerk besteht nur aus Aussiedlern (hohe ethnische Homophilie; siehe Sektor oben rechts, Abb. 2), von denen einer im selben Haus, zwei in der unmittelbaren Nachbarschaft, zwei in der gleichen Stadt und neun in einer anderen Stadt in Deutschland leben. Er besitzt zwei Kontakte nach Russland: zum einen zu einem sehr guten Freund, zum anderen zu seiner Schwester, die nicht wie der größte Teil der Familie nach Deutschland ausreiste (außerhalb der konzentrischen Kreise, siehe Abb. 2). Auch wenn der Kontakt zu beiden Alteri nach der Ausreise vorerst verloren ging, hat er durch die Soziale Netzwerk-Seite Odnoklassniki[10] im Internet diese wieder revitalisieren können:

> Die Freundschaft aus der Kindheit versuche ich aufrecht zu erhalten. Die Jugend habe ich mit denen verbracht. Den Kontakt zur Schwester und auch Alexej habe ich dann verloren. Wir haben die Fachschule beendet, wurden in die Armee eingezogen und haben uns dann verloren. In „Odnoklassniki" haben wir uns dann gefunden, gerade vor vier Jahren. Ich habe mich da registriert, er hat mich dann etwas später gefunden und dann haben wir telefoniert. Die Freundschaft ging irgendwie verloren. Und jetzt sind wir irgendwie befreundet. Ich bin dann Mal nach Russland gefahren, nun zu der Schwester und zu ihm. Dann sind wir auch mit der Familie zu ihm, haben gegrillt und Uha gekocht. Wir telefonieren auch miteinander. Übers Internet, sogar über Skype [...] (Eugen, 35 Jahre alt).

Speziell seine Schwester leistet hierbei sehr viel soziale Unterstützung. Er spricht mit ihr über „dies und das" (Freizeit), spricht über Herzensangelegenheiten und könnte von ihr auch finanzielle Unterstützung erhalten. Somit ist die Beziehung multiplex. Sein Freund ist nur Teil seiner Freizeit und kann hier eher als „weak tie", also als eine Person, die ihm nicht so nahe steht, beschrieben werden. Er spricht explizit von irgendeiner Art von Freundschaft. Damit besitzt Eugen ein sehr kleines homophil-transnationales Netzwerk, welches ihm jedoch soziale Unterstützung – besonders in der Person seiner Schwester – leisten kann.

6   Fazit

Es existieren unterschiedliche Möglichkeiten, um soziale Netzwerke zu erheben. Neben quantitativen Forschungen erfreut sich besonders die qualitative Forschung mit Hilfe von Netzwerkkarten oder Netzwerkbildern großer Beliebtheit. Dabei werden die Daten mit visuellen Verfahren wie z.B. Papiernetzwerkkarten oder seit geraumer Zeit auch mit digitalen Netzwerkkarten erhoben. Netzwerkkarten bieten während eines Interviews eine Orientierung für den Befragten und den Interviewer. Je nach dem Grad der Strukturierung und Standardisierung lassen sie sich einerseits für qualitative Interviews (z.B. narrative Interviews, problemzentrierte Interviews), andererseits aber auch für quantitative Interviews anwenden. Ferner bekommt der Interviewte während des Interviews eine Gesamtsicht seines Netzwerks, was dazu führt, dass er immer wieder über sein Netzwerk reflektiert und Änderungen durchführen kann. Dadurch erhöht sich evtl. die Reliabilität des erhobenen Netzwerks. Die Abbildung bietet ebenso eine Orientierung, sodass auch der Interviewer gezielte Fragen zu bestimmten Personen oder Beziehungen des Netzwerks stellen kann.

Eine Form der Netzwerkkarte ist die digitale Netzwerkkarte. Hier werden die Netzwerke mit Hilfe von Rechnern, Laptops oder auch Tablet-Computer visualisiert. Anhand des Softwaretools VennMaker wurde gezeigt, welche Möglichkeiten digitale Netzwerkkarten in der Erhebung, Darstellung und Analyse von Netzwerken bieten. Beispielsweise können Größe, Farben und Formen der Alteri festgelegt und mit Merkmalsausprägungen

---

10 Dies ist eine russische Netzwerkseite. Sie ist vergleichbar mit Facebook oder mit Wer-kennt-Wen.

automatisch verknüpft werden. Auch Relationen zwischen Ego und Alter oder zwischen Alter und Alter sind veränderbar. Zusätzliche visuelle Elemente wie konzentrische Kreise, Sektoren oder Hintergrundbilder können hinzu geschaltet werden. Qualitative Informationen lassen sich durch eine integrierte Audioaufnahmefunktion und freier Eingabe von Merkmalsausprägungen mit den quantitativen Daten verbinden. Damit lassen sich digitale Netzwerkkarten flexibel an die jeweilige Interviewsituation anpassen und qualitativ wie quantitativ analysieren. Sie bieten dabei den Vorteil, dass Änderungen an der Netzwerkabbildung im Gegensatz zu Papiernetzwerkkarten beliebig oft durchgeführt werden können. Auch können die gesammelten Daten sofort abgespeichert, analysiert und immer wieder aufgerufen und verändert werden.

Digitale Netzwerkarten besitzen allerdings auch spezifische Nachteile. Erstens ist diese Art der Erhebung nicht für jeden Informanten gleich gut geeignet. Speziell für nichtcomputeraffine Personen (z.B. manche ältere Menschen) ist diese Art der Datengewinnung eher ungeeignet, sei es durch fehlende Kenntnisse im Umgang mit der Technik oder allein durch die einschüchternde Wirkung eines Computers. Zu bedenken ist des Weiteren, dass eine adäquate Hardware und meist auch eine Stromquelle vorhanden sein muss, was eine Erhebung, v.a. die Feldforschung, erschwert. Da eine digitale Speicherung das Kopieren von Daten vereinfacht, müssen auch die Datensicherheit und der Datenschutz stärker berücksichtigt werden.

Vor dem Hintergrund der Datenerhebung zeigen Studien, dass der Erhebungsprozess durch das Anfertigen von Netzwerkkarten – im Vergleich zu klassischen Erhebungsverfahren wie dem Papier oder auch digitalen Fragebogen – von den Probanden als motivierender empfunden wird. Es wird deutlich, dass die Interviewten im Allgemeinen Spaß haben, ihr eigenes Netzwerk aufzuzeichnen und zu diskutieren (Hogan, Carrasco & Wellman, 2007; Herz & Gamper, 2011). Dennoch zeigen sich auf der Ebene der Visualisierung Beeinträchtigungen. Zum einen müssen bestimmte Ausprägungen der Informationen in die richtigen visuellen Elemente übersetzt werden. Nicht jedes Element ist für jede Ausprägung (z.B. nominal, ordinal, metrisch oder mehrfach Ausprägungen) gleich geeignet. Daher ist es wichtig, darauf zu achten, ob eine visuelle Variable geeignet ist, um das gewünschte nominal, ordinal oder metrisch skalierte Merkmal abzubilden (Krempel, 2005, S. 34). Auch sind die visuellen Elemente so zu wählen, dass Verzerrungseffekte so gut wie möglich vermieden werden. Signalfarben oder unterschiedlich große Sektoren sollten deshalb kaum oder keine Anwendung finden, da diese ggf. das Antwortverhalten beeinflussen können. Ferner ist darauf zu achten, dass ein zu intensiver Einsatz von visuellen Elementen die Komplexität der Netzwerkkarte steigern kann. Damit sinkt die Qualität des Interviews, der Interviewte kann überfordert werden. Die Größe der Netzwerkkarte stellt eine weitere Einschränkung dar. Bei herkömmlichen Netzwerkkarten geschieht dies durch die Papiergröße; bei digitalen Netzwerkkarten geschieht diese Einschränkung durch die Bildschirmgröße, wobei im Vergleich zu den Papiervarianten bei computerunterstützten Erhebungen – Ausnahme bilden hier die großen aber auch schwer zu transportierenden elektronischen White-Boards – eher eine kleinere Fläche für die Visualisierung von Netzwerken zur Verfügung steht.

Literatur

Antonucci, T. C. & Akiyama, H. (1995). Convoys of Social Relations: Family and Friendships within a Life Span Context. In R. Blieszner & V. H. Bedford (Eds.), *Handbook of Aging and the Family* (pp. 355–371). Westport, CT/London: Greenwood Press.

Axelrod, R. (1972). The analysis of cognitive maps. In R. Axelrod (Ed.), *Structure of decision. The cognitive maps of political elites* (pp. 55–73). Princeton: Princeton University Press.

Barnes, J. A. (1954). Class and Committees in a Norwegian Island Parish. *Human Relations, 39,* 39–58.

Bertin, J. (1974). *Graphische Semiologie.* Berlin: de Gruyter.

Bott, E. (1957). *Family and social network.* London: Tavistock.

Burt, R. S. (1980). Models of network structure. *Annual Review of Sociology, 6,* 79–141.

Dahinden, J. (2009). Die transnationale Perspektive. *Terra Cognita. Schweizer Zeitschrift zu Integration und Migration, 15,* 16–19.

Dahinden, J. (2010). Wenn soziale Netzwerke transnational werden: Migrationsnetzwerke, Transnationalität, Lokalität und soziale Ungleichheitsverhältnisse. In M. Gamper & L. Reschke (Hrsg.), *Knoten und Kanten. Soziale Netzwerkanalyse in Wirtschafts- und Migrationsforschung* (S. 393–420). Bielefeld: transcript Verlag.

Davis, A., Gardner, B. B. & Gardner, M. R. (1941). *Deep south. A social anthropological study of caste and class.* Chicago: University of Chicago Press.

Diaz-Bone, R. (2007). *Does Qualitative Network Analysis Exist?* Verfügbar unter: http://www.qualitative-research.net/index.php/fqs/article/viewArticle/224/493 [21.11.2010].

Fenicia, T., Gamper, M. & Schönhuth, M. (2010). Integration, Sozialkapital und soziale Netzwerke. Egozentrierte Netzwerke von (Spät-)Aussiedlern. In M. Gamper & L. Reschke (Hrsg.), *Knoten und Kanten. Soziale Netzwerkanalyse in Wirtschafts- und Migrationsforschung* (S. 305–333). Bielefeld: transcript Verlag.

Fischer, C. S. (1982). *To Dwell Among Friends. Personal Networks in Town and City.* Chicago: The University of Chicago Press.

Freeman, L. C. (2004). *The development of social network analysis: A study in the sociology of science.* Vancouver: Empirical Press.

Gamper, M. & Reschke, L. (2010). Soziale Netzwerkanalyse. Eine interdisziplinäre Erfolgsgeschichte. In M. Gamper & L. Rechke (Hrsg.), *Knoten und Kanten. Soziale Netzwerkanalyse in Wirtschafts- und Migrationsforschung* (S. 13–51). Bielefeld: transcript Verlag.

Gamper, M., Schönhuth, M. & Kronenwett, M. (2011). Bringing qualitative and quantitative data together. In M. Safar & K. Mahdi (Eds.), *Social Networking and Community Behavior Modeling: Qualitative and Quantitative Measures.* Hershey: IGI Global (in press).

Gerich, J. & Lehner, R. (2006). Collection of Ego-Centered Network Data with Computer-Assisted Interviews. *Methodology, 2* (1), 7–15.

Herz, A. & Gamper, M. (2011). Möglichkeiten und Grenzen der Erhebung ego-zentrierter Netzwerke im Online-Survey und über digitale Netzwerkkarten. In M. Gamper & M. Schönhuth (Hrsg.), *Knoten und Kanten 2.0.* Bielefeld: transcript Verlag.

Hogan, J., Carrasco, A. & Wellman, B. (2007). Visualizing Personal Networks: Working with Participant-aided Sociograms. *Field Methods, 19,* 116–144.

Hollstein, B. & Pfeffer J. (2009). *Netzwerkkarten als Instrument zur Erhebung egozentrierter Netzwerke.* Verfügbar unter: http://www.wiso.uni-hamurg.de/fileadmin/sozioloekonomie/hollstein/Literatur_Betina/Netzwerkkarten_Hollstein_Pfeffer_2010.pdf [14.11.2010].

Hollstein, B. & Straus, F. (2006). *Qualitative Netzwerkanalyse: Konzepte, Methoden, Anwendungen.* Wiesbaden: VS Verlag für Sozialwissenschaften.

Jackson, K. & Trochim, W. (2002). Concept Mapping as an Alternative Approach for the Analysis of Open-Ended Survey Responses. *Organizational Research Methods*, *5*, 307–336.

Jansen, D. (2006). *Einführung in die soziale Netzwerkanalyse*. Wiesbaden: VS Verlag für Sozialwissenschaften.

Kahn, R. L. & Antonucci, T. C. (1980). Convoys of life course: Attachment, roles, and social support. In D. L. Featherman, R. M. Lerner & M. Perlmutter (Eds.), *Life-span development and behaviour* (pp. 253–286). Hillsdale: Lawrence Erlbaum.

Krempel, L. (2005). *Visualisierung komplexer Strukturen*. Frankfurt a.M.: Campus.

Laumann, E. O., Marsden, P. V. & Prensky, D. (1983). The Boundary-Specification Problem in Network Analysis. In R. S. Burt & M. Minor (Eds.), *Applied Network Analysis: A Methodological Introduction* (pp. 18–34). Beverly Hills: Sage.

Mackinlay, J. (1986). Automating the design of graphical representations of relational information. *ACM Transactions on Graphics*, *5* (2), 111–141.

Manfreda, K. L, Vehovar, V. & Hlebec, V. (2004). Collecting ego-centered network data via the web. *Metodolzski zvezki*, *1*, 295–321.

Matzat, U. & Snijders, C. (2007). The Online Measurement of Ego Centered Online Social Networks. In M. Welker & O. Wenzel (Hrsg.), *Online-Forschung 2007. Grundlagen und Fallstudien* (S. 273–292). Köln: Halem.

Mislove, A., Marcon, M., Gummadi, K. P. & Bhattacharjee, B. (2007). *Measurement and Analysis of Online Social Networks*. Proceedings of the 5th ACM/USENIX Internet Measurement Conference (IMC'07).

Moreno, J. L. (1934). *Who shall survive?* Washington: Nervous and Mental Disease Publishing Company.

Northway, M. L. A. (1940). Method for depicting social relations by sociometric testing. *Sociometry*, *3*, 144–150.

Pappi, F. U. (1987). Die Netzwerkanalyse aus soziologischer Perspektive. In F. U. Pappi (Hrsg.) *Methoden der Netzwerkanalyse* (S. 11–38). München: Oldenbourg.

Roethlisberger, F. J. & Dickson, W. J. (1939). *Management and the worker*. Cambridge: Harvard University Press.

Schiffer, E. (2007). *Net-Map Toolbox. Influence Mapping of Social Networks*. Verfügbar unter: http://www.ifad.org/english/water/innowat/tool/Tool_2web.pdf [15.07.2011].

Schnegg, M. (2010). Strategien und Strukturen. Herausforderungen der qualitativen und quantitativen Netzwerkforschung. In M. Gamper & L. Rechke (Hrsg.), *Knoten und Kanten. Soziale Netzwerkanalyse in Wirtschafts- und Migrationsforschung* (S. 55–75). Bielefeld: transcript Verlag.

Schönhuth, M., Gamper, M., Kronenwett, M. & Stark, M. (Hrsg.). (2012). *Visuelle Netzwerkforschung. Quantitative, qualitative und partizipative Zugänge*. Bielefeld: transcript Verlag.

Scott, J. (2000). *Social Network Analysis*. London: Sage.

Straus, F. (2002). *Netzwerkanalysen: Gemeindepsychologische Perspektiven für Forschung und Praxis*. Wiesbaden: Deutscher Universitäts-Verlag.

Tashakkori, A. & Teddlie, C. (1998). *Mixed methodology. Combining qualitative und quantitative approaches*. London: Sage.

Trotter, R. T. (1999). Friends, Relatives and Relevant Others: Conducting Etnographic Network Studies. In J. J. Schensul, M. D. LeCompte, R. T. Trotter, E. K. Cromley & M. Singer (Eds.), *Mapping social networks, spatial data, and hidden populations* (pp. 1–50). Thousand Oaks: AltaMira Press.

Uzzi, B. (1997). Social Structure and Competition in Interfirm Networks: The Paradox of Embeddedness. *Administrative Science Quarterly, 42*, 35–67.

van der Gaag, M., Snijders, T. A. B. & Flap, H. D. (2004). Position Generator measures and their relationship to other Social Capital measures. In N. Lin & B. H. Erickson (Eds.), *Social Capital. An International Research Program* (pp. 27–48). Oxford: University Press.

Wasserman, S. & Faust, K. (1994). *Social network analysis: Methods and applications.* New York: Cambridge University Press.

Wellman, B. (1979). The community question: The intimate networks of East Yorkers. *American Journal of Sociology, 84*, 1201–1233.

Wolf, C. (2006). Egozentrierte Netzwerke. Erhebungsverfahren und Datenqualität. *Kölner Zeitschrift für Soziologie und Sozialpsychologie, 44*, 244–273.

Wolf, C. (2010). Egozentrierte Netzwerke. Datenerhebung und Datenanalyse. In C. Stegbauer & R. Häußling (Hrsg.), *Handbuch Netzwerkforschung* (S. 471–483). Wiesbaden: VS Verlag für Sozialwissenschaften.

Tobias C. Stubbe

Netzwerkanalysen in der Forschung – Zusammenfassung und Diskussion

1   Einleitung

Im Rahmen der wissenschaftlichen Tagung „Soziale Netzwerkanalyse und ihr Beitrag zur sozialwissenschaftlichen Forschung", die im März 2011 vom *Zentrum zur Unterstützung der wissenschaftlichen Begleitung und Erforschung schulischer Entwicklungsprozesse* (ZUSE) unter der Leitung von Detlef Fickermann und Prof. Dr. Knut Schwippert durchgeführt wurde, bestand unter anderem auch die Möglichkeit, Forschungsarbeiten, die netzwerkanalytische Verfahren nutzen, als Poster zu präsentieren. Einige dieser Präsentationen werden in dem vorliegenden Band ausführlicher vorgestellt. Das Ergebnis ist ein Überblick über methodische und interpretatorische Zugänge zu egozentrierten Netzwerken. Auch wenn nicht alle in diesem Band vorgestellten Arbeiten unmittelbar der erziehungswissenschaftlichen Forschung zugeordnet werden können, lassen sich doch das methodische Vorgehen und die Analysen auf erziehungswissenschaftliche Fragestellungen übertragen.

Das statistische Verfahren der Netzwerkanalyse findet heute in den meisten wissenschaftlichen Disziplinen ihre Anwendung. Sei es die Analyse des Kaufverhaltens von Personen („Kunden, die diesen Artikel gekauft haben, kauften auch"), des Aufbaus von Computernetzwerken, der Ausbreitung von Epidemien, der Organisationsstruktur krimineller Vereinigungen usw.

Bei der eigentlichen Netzwerkanalyse handelt es sich um eine Anwendung der mathematischen Graphentheorie, wobei Graphen Strukturen aus sogenannten Knoten und Kanten sind. Mit Hilfe dieser Theorie, deren Vorläufer im 18. Jahrhundert entwickelt wurden, lassen sich unterschiedlichste Fragestellungen bearbeiten. Werden Knoten als Fälle (Personen, Organisationen, Geräte etc.) und Kanten als Beziehungen zwischen diesen Fällen interpretiert, bietet die Graphentheorie die Möglichkeit, diese Beziehungen detailliert zu analysieren.

In diesem Punkt unterscheidet sich die Netzwerkanalyse auch von allen anderen statistischen Verfahren. Während in der Statistik üblicherweise Fälle und Variablen in rechteckigen Datenmatrizen angeordnet sind, liegen der Analyse von Netzwerken quadratische Matrizen zugrunde, in denen sowohl in den Zeilen als auch in den Spalten die Fälle aufgeführt werden. Der Fokus der Netzwerkanalyse liegt somit nicht auf der Betrachtung der Merkmale einzelner Elemente, sondern auf den Beziehungen der Elemente zueinander. Diese Tatsache macht die Netzwerkanalyse für sozialwissenschaftliche Fragestellungen so attraktiv, weil dort der Fokus häufig auf den Beziehungen zwischen Akteuren liegt und weil diese Beziehungen in Zusammenhang zu individuellen Merkmalen stehen (vgl. zum Überblick Jansen, 1999).

Wie diese Beziehungen durch Erhebungs- und Auswertungsmethoden für die Analyse von Gesamtnetzwerken in der erziehungswissenschaftlichen Forschung untersucht und interpretiert werden können, wurde bereits im Rahmen der vorliegenden Reihe dargestellt (Berkemeyer, Bos, Manitius & Müthing, 2008; Berkemeyer, Kuper, Manitius & Müthing, 2009).

2   Soziales Kapital

Die Beziehungsnetzwerke, über die eine Person verfügt, werden in der Soziologie auch als soziales Kapital bezeichnet (Bourdieu, 1983) und stellen entsprechend einen zentralen Forschungsgegenstand dieser Disziplin dar. So ist es nicht überraschend, dass die (soziale) Netzwerkanalyse insbesondere in der Soziologie seit vielen Jahrzehnten weite Verbreitung gefunden hat.

Wiebke Bruns von der Universität Hamburg hat in ihrem Beitrag „Egozentrierte Netzwerkanalyse in der Gesundheitsforschung" das Erhebungsverfahren der egozentrierten Netzwerkanalyse genutzt, um (1) die Einbindung sogenannter Gesundheitsagenten in lokale gemeinnützige Organisationen und (2) die sozialen Netze derjenigen Familien, die von diesen Gesundheitsagenten betreut werden, zu erfragen. Das Ausmaß der Einbindung der beteiligten Personen in die sozialen Strukturen – also das soziale Kapital der Personen – hat sie dann weiter genutzt, um die Qualität der vorgestellten Gesundheitsfördermaßnahmen zu analysieren.

Ihr Beitrag macht deutlich, dass es die egozentrierte Netzwerkanalyse erlaubt, Aussagen über das individuelle Beziehungsnetz einer Person und damit über ihr individuelles soziales Kapital zu machen. Für bestimmte Fragestellungen reicht es aus, von Ego nur einige allgemeine Informationen über seine sozialen Beziehungen zu erheben. Will man aber das soziale Kapital einer Person detailliert erfassen, ist es notwendig, weitere Informationen über die verschiedenen Alteri in Egos Netzwerk zu erhalten. So macht es einen Unterschied, ob Ego vier Rechtsanwälte kennt oder aber einen Rechtsanwalt, einen Arzt, einen Computerspezialisten und einen Automechaniker. Aus diesem Grund eignet sich die egozentrierte Netzwerkanalyse nicht, um im Rahmen von Large-Scale-Assessments zur Messung des sozialen Kapitals eingesetzt zu werden. Selbst wenn jede Schülerfamilie nur 30 Bekannte nennt, würde dies ausgehend von 5.000 Befragten bedeuten, dass Daten über 150.000 Alteri erhoben werden müssten.

Anknüpfend an die egozentrierte Netzwerkanalyse stehen aber Erhebungsinstrumente zur Verfügung, die in der Umfrageforschung ökonomisch eingesetzt werden können. Lin und Dumin (1986) schlagen vor, eine Liste mit Berufen vorzugeben, aus der die Befragten diejenigen auswählen sollen, die in ihrem sozialen Netzwerk vorhanden sind (*Positionsgenerator*). Diese Beschränkung auf die Berufe der Alteri kritisieren van der Gaat und Snijders (2005) und schlagen mit dem *Ressourcengenerator* eine Alternative vor, die umfassender nach Fähigkeiten und Talenten der Personen in Egos Netzwerk fragt (vgl. zum Einsatz dieser Instrumente in der empirischen Bildungsforschung Stubbe, 2012).

3 Wo gibt es Netzwerke?

Die Einsatzmöglichkeiten der Netzwerkanalyse sind keineswegs auf Strukturen be-schränkt, die unmittelbar als Netzwerk zu erkennen sind. Mit anderen Worten: Relatio-nen zwischen Akteuren sind nicht auf Interaktionen („A kennt B", „A hilft B", „A und B gehen in dieselbe Klasse") beschränkt. Relationen in einem Netzwerk können beispiels-weise auch darin bestehen, dass zwei Personen in einem Onlinehandel das gleiche Buch gekauft haben. Ebenso ließen sich – um ein Beispiel aus der Erziehungswissenschaft zu nennen – Gemeinsamkeiten in Schulprogrammen als Relation zwischen Schulen analy-sieren. Das Vorhandensein einer Beziehung zwischen zwei Schulen bedeutet dann noch nicht einmal, dass die Schulen von der Existenz der anderen wissen, geschweige denn, dass von einer bewussten Vernetzung der beiden Schulen gesprochen werden könnte. Wie man sieht, sind die Einsatzmöglichkeiten der Netzwerkanalyse in den Sozialwissen-schaften sehr viel größer, als man auf den ersten Blick vermuten würde.

Schließlich ist es auch möglich, dort Netzwerkstrukturen zu schaffen, wo es keine gibt. Von dieser Möglichkeit macht insbesondere die erziehungswissenschaftliche For-schung in jüngerer Zeit häufig Gebrauch, wenn es um die gezielte Vernetzung von Schu-len mit dem Ziel der Schulentwicklung geht (vgl. zum Überblick Berkemeyer et al., 2009). Netzwerkanalytische Verfahren können dann beispielsweise genutzt werden, um die Qualität der Schulentwicklungsprozesse an den beteiligten Schulen zu untersuchen, wie es Irene Leser und Rubina Vock von der Freien Universität Berlin in ihrem Beitrag machen.

Sie analysieren in ihrem Beitrag „Wie bedeutsam sind Schulentwicklungsnetzwerke? Eine Analyse netzwerkspezifischer Kooperationsbeziehungen im Rahmen der Schulent-wicklungsinitiative ,prima(r)forscher' – Naturwissenschaftliches Lernen im Grundschul-netzwerk" die Zusammenarbeit von Schulen innerhalb eines Schulentwicklungsnetz-werkes. Hierzu sollten in einem methodisch-triangulativen Design zwei teilnehmende Schulen unter anderem auf Netzwerkkarten mit Hilfe der Methode der konzentrischen Kreise die Wichtigkeit der anderen Akteure (andere Netzwerkschulen, Moderatorin, Ministerien etc.) in ihrem Netzwerk verorten. Ein Vorteil bei diesem Ansatz ist es, dass auf jeden Fall eine (mehr oder weniger gelungene) Vernetzung vorliegt und dass die Angehörigen des Netzwerkes von Anfang an bekannt sind.

4 Gesamt- und Teilnetzwerke

Ganz allgemein lässt sich in der Netzwerkanalyse die Beschreibung von Gesamtnetzwer-ken von der Beschreibung von Teilnetzwerken unterscheiden. Bei ersterem Verfahren werden Informationen über alle Elemente eines Netzwerkes erhoben. Also beispielsweise über alle Kinder in einer Klasse, über alle Lehrkräfte in der Schule oder über alle Schulen in einem Regierungsbezirk. Die gesamte Bandbreite graphentheoretischer Analysen kann auch nur für solche Gesamtnetzwerke genutzt werden, was bedeutet, dass dieser Ansatz klare Vorteile gegenüber alternativen Verfahren besitzt.

In der Praxis ist es aber häufig nicht möglich, Gesamtnetzwerke zu erheben. So könn-te beispielsweise unklar sein, wer einem bestimmten Netzwerk angehört und entspre-chend befragt werden müsste. Oder die Größe des Netzwerkes lässt es aus praktischen beziehungsweise finanziellen Gründen nicht zu, über alle Elemente im Netzwerk vollständige Informationen zu erheben.

In diesen Fällen kommt häufig die egozentrierte Netzwerkanalyse zum Einsatz – wie auch in den meisten Beiträgen in diesem Tagungsband. Nina Kolleck von der Freien Universität Berlin nutzt in ihrem Beitrag „Wandel durch Netzwerke, Netzwerke im Wandel: Qualität im Bereich Bildung für nachhaltige Entwicklung" die egozentrierte Netzwerkanalyse, um die relevanten Netzwerke möglichst vollständig zu erfassen.

Sie hat in fünf deutschen Städten sowohl egozentrierte Netzwerke als auch Gesamtnetzwerke erhoben, um Bedingungen für die erfolgreiche Implementierung einer Bildung für nachhaltige Entwicklung zu analysieren. Dabei hat sie zunächst ausgewählte Personen befragt und unter anderem deren egozentrierte Netzwerke erhoben. In weiteren Erhebungsschritten hat sie dann diejenigen Alteri befragt, die ursprünglich nicht berücksichtigt wurden, um so die tatsächlichen Netzwerkgrenzen besser erfassen zu können.

Auch Sabrina Kulin von der Universität Hamburg hat für ihren Beitrag „Netzwerke von Instrumentallehrkräften – Eine Untersuchung im Rahmen des Programms ‚Jedem Kind ein Instrument' das Verfahren der egozentrierten Netzwerkanalyse genutzt. Mit dem Ziel die Unterstützungsnetzwerke der JeKi-Lehrkräfte zu analysieren, wurden diese danach befragt, welche Personengruppen sie in bestimmten Aufgabenbereichen unterstützen.

Ein vollständiges soziales Netzwerk analysierte Jens Ridderbusch von der Technischen Universität Darmstadt in seinem Beitrag „Deutschland auf dem Weg zum zweigliedrigen Schulsystem? – Über das Wirken von Policy-Netzwerken in der Schulpolitik". Die Netzwerkgrenzen wurden dabei zunächst über qualitative Interviews bestimmt, um anschließend die eigentlichen Netzwerkrelationen zu erfragen. Mit dem von ihm erfassten Gesamtnetzwerk aus 38 Organisationen und Akteursgruppen, die 2006/07 in die Schulgesetzänderung in Schleswig-Holstein involviert waren, gelingt es ihm, exemplarisch die Entwicklung zu einem zweigliedrigen Schulsystem nachzuzeichnen.

Unerwähnt bleiben sollte an dieser Stelle nicht das Problem, das fehlende Werte für die Analyse von Netzwerken (insbesondere von Gesamtnetzwerken) bedeuten. Zunächst einmal existieren keine Verfahren, die das Ersetzen von fehlenden Daten – beispielsweise entsprechend der *Multiple Imputation* – ermöglichen. Zudem können die Auswirkungen nur weniger fehlender Angaben massive Auswirkungen auf die Ergebnisse der Analysen haben.

Nicoline Scheidegger von der Züricher Hochschule für Angewandte Wissenschaften betont in ihrem Beitrag „Netzwerkstruktur oder Beziehungsinhalt zur Erklärung intraorganisatorischer Ergebnisse? Inhaltliche Differenzierung und Clusteranalyse arbeitsrelevanter Ties in egozentrierten Managernetzwerken" die Bedeutung von strukturellen Löchern. Sie nutzt das Erhebungsverfahren der egozentrierten Netzwerkanalyse, um die Vernetzung von Managern innerhalb eines schweizerischen Unternehmens zu untersuchen. Dabei kommen verschiedene Namensinterpretatoren zum Einsatz, um die Beziehungen zu den einzelnen Alteri möglichst detailliert beschreiben zu können. Die Eigenschaften der individuellen Netzwerke der Manager werden anschließend auf Zusammenhänge mit dem Karriereerfolg und dem Einfluss untersucht. Problematisch bei solchen Ansätzen ist, dass fälschlicherweise der Eindruck des Zerfalls des Netzwerkes in zwei (oder mehr) Teile entstehen kann, wenn ausgerechnet die Informationen des Akteurs fehlen, der dieses strukturelle Loch überbrückt.

5 Triangulation

Eine besonders vielversprechende Entwicklung ist die triangulative Verknüpfung der Netzwerkanalyse mit anderen – insbesondere qualitativen – Verfahren. Qualitative Verfahren können beispielsweise genutzt werden, um die Grenzen eines Netzwerkes zu ermitteln oder um die vorhandenen Relationsformen zu erfragen. Möglich ist es aber auch, im Anschluss an die quantitative Beschreibung eines Netzwerkes mit Hilfe der Graphentheorie qualitative Interviews zu nutzen, um wesentliche Abläufe, Deutungsmuster und Strukturmerkmale vertiefend zu explorieren. Hat man beispielsweise das soziale Netzwerk in einer Schulklasse erhoben, kann man durch gezieltes Nachfragen bei den Schülerinnen und Schülern versuchen, besser zu verstehen, wie die vorhandenen Beziehungsstrukturen sich entwickelt haben.

Michael Rehberg von der Justus-Liebig-Universität Gießen zeigt in seinem Beitrag „Die Internationalisierung der Optischen Technologien – Das Anwendungsbeispiel einer qualitativen Netzwerkanalyse in der wirtschaftsgeographischen Internationalisierungsforschung" zudem, dass auch die Netzwerke selbst mit Hilfe von qualitativen Verfahren untersucht werden können. Er analysiert in seinem Beitrag den Internationalisierungsprozess kleiner und mittlerer Unternehmen mit Hilfe einer qualitativen Netzwerkanalyse. Diese ergebnisoffene Herangehensweise erlaubt es, explorativ Informationen über den Forschungsgegenstand zu gewinnen und konkrete Hypothesen zu generieren.

6 Ausblick

Es ist zu vermuten, dass die Bedeutung der (sozialen) Netzwerkanalyse in der erziehungswissenschaftlichen Forschung in den kommenden Jahren weiter wachsen wird. Mit einer steigenden Bekanntheit dieses Erhebungs- und Analyseverfahrens – die insbesondere durch entsprechende Tagungen und Buchpublikationen erreicht werden kann – werden auch immer mehr Wissenschaftlerinnen und Wissenschaftler deren Nutzen für unterschiedliche Fragestellungen erkennen.

Wie der Beitrag „Publikations- und Forschungsnetzwerke von Nachwuchswissenschaftler/innen in der empirischen Bildungsforschung" von Martina Kenk vom Deutschen Institut für Internationale Pädagogische Forschung (DIPF) deutlich macht, eignet sich die Netzwerkanalyse dabei auch, um die wissenschaftliche Disziplin selbst zu untersuchen – also die Netzwerke zwischen den Forscherinnen und Forschern. Sie analysierte in ihrem Beitrag mit Hilfe der egozentrierten Netzwerkanalyse die Publikations- und Forschungsnetzwerke ehemaliger Doktorandinnen und Doktoranden vor dem Hintergrund ihrer weiteren wissenschaftlichen Karriere. Dazu können häufig auch existierende Datenbanken genutzt werden, wie beispielsweise Literaturdatenbanken, die Informationen über Co-Autorenschaften enthalten (vgl. http://www.oakland.edu/enp).

Literatur

Berkemeyer, N., Bos, W., Manitius V. & Müthing, K. (Hrsg.). (2008). *Unterrichtsentwicklung in Netzwerken. Konzeptionen, Befunde, Perspektiven.* Münster: Waxmann.

Berkemeyer, N., Kuper, H., Manitius V. & Müthing, K. (Hrsg.). (2009). *Schulische Vernetzung: Eine Übersicht zu aktuellen Netzwerkprojekten.* Münster: Waxmann.

Bourdieu, P. (1983). Ökonomisches Kapital, kulturelles Kapital, soziales Kapital. In R. Kreckel (Hrsg.), *Soziale Ungleichheiten* (S. 183–198). Göttingen: Schwartz.

Jansen, D. (1999). *Einführung in die Netzwerkanalyse. Grundlagen, Methoden, Anwendungen.* Opladen: Leske + Budrich.

Lin, N. & Dumin, M. (1986). Access to occupations through social ties. *Social Networks, 8,* 365–385.

Stubbe, T. C. (2012). *Measuring social capital in large-scale-assessments.* Manuskript in Vorbereitung.

van der Gaag, M. & Snijders, T. A. B. (2005). The resource generator: social capital quantification with concrete items. *Social Networks, 27,* 1–29.

Wiebke Bruns

Egozentrierte Netzwerkanalyse in der Gesundheitsforschung

1   Einleitung

Auch wenn der Themenbereich *Gesundheit* lange Zeit von den Sozialwissenschaften vernachlässigt wurde, so ist er in den letzten Jahren vermehrt in den Fokus der interdisziplinären Forschung gerückt, da Gesundheit inzwischen als ein mehrdimensionales Konstrukt verstanden wird, das nicht nur von physischen, psychischen und genetischen, sondern auch in großem Maße von sozial-kulturellen Faktoren determiniert wird (Hurrelmann, 2006).

Obwohl die Vorstellung von Gesundheit und Krankheit kulturellen, sozialen und historischen Bedingungen unterliegt und nicht als allgemeingültig verstanden werden kann (Ortmann, 2004; Bengel, Strittmatter & Willmann, 2001), stellt sich die Frage, was den Menschen gesund bleiben lässt bzw. wie die Gesundheit wiedererlangt werden kann. Um diese Frage zu beantworten, wird im Rahmen dieses Beitrags erläutert, inwieweit soziale Netzwerke zur Gesundheitsförderung genutzt werden können. Nach einer theoretischen Analyse zum Einfluss sozialer Netzwerke wird mit Hilfe einer egozentrierten Netzwerkanalyse, die im Rahmen eines deutsch-brasilianischen Forschungsprojektes erhoben wurde, erläutert, inwieweit soziale Netzwerke in einer primären Gesundheitsversorgung den Gesundheitszustand determinieren.

2   Gesundheit und soziale Netzwerke

2.1   Der gesundheitsrelevante Einfluss sozialer Netzwerke

Lange Zeit interessierte sich die Gesundheitsforschung lediglich für die Analyse und Bewertung von individuellen oder kollektiven Risikofaktoren (Franke, 2006) und ignorierte dabei die soziale Gruppe oder das soziale Netzwerk als gesundheitsrelevante Analyseeinheit (Bruhn, 2009).

Das Bewusstsein, dass soziale Netzwerke einen Effekt auf die Gesundheit ausüben, entwickelte sich in den 1960er Jahren, in denen die ersten Untersuchungen zum Einfluss sozialer Netzwerke durchgeführt wurden. Bruhn und Wolf begannen 1963 mit einer 15 Jahre andauernden Untersuchung der amerikanischen Kleinstadt Roseto, in der italienisch-amerikanische Einwanderer lebten, die jedoch ihre ursprüngliche italienische Sozialordnung, die traditionell aus starken Familienbeziehungen bestand und durch einen respektvollen Umgang mit insbesondere älteren Familien- und Gemeindemitgliedern gekennzeichnet war, aufrecht erhielten (Bruhn & Wolf, 1979). Dabei stellten sie fest, dass in Roseto die Anzahl an tödlichen Herzinfarkten, im Gegensatz zu vier Kontrollgemeinden, weniger als die Hälfte betrug, was sie auf den starken sozialen Rückhalt, der in dieser Gemeinde herrschte, zurückführten (Bruhn & Wolf, 1979).

Auch Berkman und Syme (1979) konnten in ihrer Alameda-County Studie zeigen, dass der Erhalt sozialer Unterstützung, der durch dichte soziale Netzwerke ermöglicht wurde, das Sterberisiko von Menschen verringerte. Sie stellten fest, dass nicht individuelle gesundheitsrelevante Verhaltensweisen wie Konsumgewohnheiten oder körperliche Betätigung einen Einfluss auf die Sterblichkeit besaßen, sondern dass der soziale Rückhalt und die soziale Einbettung eines Individuums einen signifikanten Effekt auf das Sterberisiko ausübten.

Jedoch können dichte soziale Netzwerke, die zumeist familiär geprägt sind, auch negative Effekte auf die Gesundheit haben, da sich gesundheitsschädliche Verhaltensweisen durch starke soziale Beziehungen reproduzieren und verfestigen können (Kardorff, 2010). Ebenso gelangen in dichte soziale Netzwerke oft weniger gesundheitsrelevante Informationen, die zu einer Änderung des gesundheitsschädlichen Verhaltens führen können, da die Akteure oft den gleichen sozioökonomisch geprägten Lebens- und Konsumstil besitzen (Avenarius, 2010; Bourdieu, 1982). Demzufolge ist die Qualität der sozialen Unterstützung, die über das soziale Netzwerk geleistet wird, maßgeblich für den gesundheitsrelevanten Einfluss des Netzwerkes verantwortlich (Diewald & Sattler, 2010; Siegrist, 1988).

White (2002, S. 68) fasst die grundlegenden Erkenntnisse der Literatur, die sich mit dem Einfluss sozialer Unterstützung auf den Gesundheitszustand beschäftigt, unter Berufung auf Thoits (1995) folgendermaßen zusammen:

1. „Social integration is positively linked to mental and physical health and lower mortality rates.
2. Perceived emotional support leads to better physical and mental health and helps to buffer the impact of major life events.
3. The most powerful form of support is an intimate and confiding relationship".

Um die Frage, ob soziale Netzwerke systematisch zur Gesundheitsförderung implementiert und genutzt werden können, zu beantworten, werden im Folgenden zuerst unterschiedliche Dimensionen von Netzwerkebenen vorgestellt, die für die Analyse und die Beantwortung der Frage von zentraler Bedeutung sind.

3   Netzwerkebenen

3.1   Primäre, sekundäre und tertiäre Netzwerke

Um Netzwerke systematisch für die Gesundheitsförderung zu nutzen, werden drei Formen von Netzwerkstrukturen kategorisch unterschieden, die auf unterschiedlichen Gesellschaftsebenen angesiedelt sind. Die Kategorisierung erfolgt in primäre, sekundäre sowie tertiäre Netzwerke, die sich aufgrund ihrer Akteure und ihrer verschiedenen Wirkungsfelder unterteilen lassen, wobei dies jedoch als idealtypisch zu bezeichnen ist, da es Überschneidungen der Netzwerkebenen geben kann (Trojan & Hildebrandt, 1987; Trojan & Süß, 2010).

Zu den primären Netzwerken wird die Einbindung eines Individuums in den mikrosozialen Bereich gezählt. Insbesondere Familienangehörige, Verwandte, Freunde und

Nachbarn, zu denen ein Individuum Kontakt hält, sind die Akteure in primären Netzwerken (Bullinger & Nowak, 1998; Waller, 2006; Kirschniok, 2010).

Primäre Netzwerke leisten üblicherweise den Großteil sozialer Unterstützung (Bullinger & Nowak, 1998), da die Beziehungen innerhalb dieser Netzwerkstrukturen in der Regel durch die Intimität der Akteure als vertrauenswürdig eingeschätzt werden (Thoits, 1995; White, 2002). Da die Stärke einer Beziehung durch das Zusammenspiel von gemeinsam verbrachter Zeit, emotionaler Intensität, Intimität sowie der wechselseitigen Hilfeleistung gekennzeichnet ist, sind die Beziehungen innerhalb primärer Netzwerke oft als stark zu bezeichnen (Granovetter, 1973; Bruhn, 2009).

Die Akteure der sekundären Netzwerke sind u.a. Vereine und gemeinnützige Organisationen, lokale Bürgervereinigungen, kirchliche oder religiöse Einrichtungen, Gewerkschaften, Wohlfahrtsverbände, Selbsthilfegruppen sowie schulische Einrichtungen oder Nachbarschaftsvereinigungen (Waller, 2006; Bullinger & Nowak, 1998; Trojan & Süß, 2010). Die Beziehungen der sekundären Netzwerke sind in der Regel schwächer als die der primären Netzwerke, da sie sowohl in der zeitlichen als auch in der emotionalen Intensität oft geringer sind. Dennoch kann die Einbindung und Partizipation eines Akteurs in sekundäre Netzwerke gesundheitsförderliche Effekte haben, da zusätzliche Informationen aus beispielsweise Vereinen oder Selbsthilfegruppen in ein primäres Netzwerk übertragen und dort verbreitet werden können (Granovetter, 1973, 1983). Demnach werden sowohl primäre als auch sekundäre Netzwerke als eine informelle Möglichkeit der Gesundheitsförderung angesehen, da sie als sogenannte Laiensysteme im Bereich der Gesundheitsversorgung fungieren (Waller, 2006).

Im Gegensatz dazu zeichnen sich tertiäre Netzwerke dadurch aus, dass die Gesundheitsversorgung und Gesundheitsförderung professionell betrieben werden. So zählen zu den Akteuren der tertiären Netzwerke professionelle Hilfssysteme wie Arztpraxen, Gesundheitsämter, Krankenhäuser und öffentliche Beratungsstellen (Waller, 2006; Trojan & Süß, 2010). Die Beziehungen der tertiären Netzwerke sind in der Regel oft schwach, jedoch durch einen professionellen Umgang im Bereich der Gesundheitsförderung und -versorgung gekennzeichnet.

Die Analyse der unterschiedlichen Netzwerkebenen, für die sich insbesondere die Methode der egozentrierten Netzwerkbefragung eignet, ist für die Gesundheitsförderung von großer Bedeutung, da demgemäß die verschiedenen gesundheitsrelevanten Akteure analytisch erfasst werden können, um so deren Bedeutung zu ermitteln. Damit wird das Prinzip *Vermitteln und Vernetzen* aufgegriffen, welches als eins der zentralen Handlungsfelder in der Ottawa-Charta von 1986 zur Gesundheitsförderung definiert wurde (WHO, 1986).

Damit geleistete soziale Unterstützung und sozialer Rückhalt positiv eingeschätzt werden können, müssen die Beziehungen zu den Akteuren des jeweiligen Netzwerkes als befriedigend und hilfreich wahrgenommen werden. Dies gilt für alle Netzwerkebenen und die dort agierenden Akteure. Insbesondere im Bereich der Gesundheitsförderung ist dieser Aspekt nicht zu vernachlässigen, da diese nur erfolgreich sein kann, wenn die Beziehungen als vertrauensvoll und zufriedenstellend eingeschätzt werden:

[…] hohe Zufriedenheitswerte, von denen Rückschlüsse auf ein hohes Gesundheitssystemvertrauen gezogen werden können, [sind] nicht nur auf die Leistungen der Gesundheitssysteme zurückzuführen [...]. Von Bedeutung für den Aufbau von Vertrauen sind außerdem spezifische Organisationsprinzipien, beispielsweise die Organisation des Arzt-Patienten-Verhältnisses, sowie das jeweilige Ausmaß an Transparenz und Partizipation. Diese Kriterien sind insbesondere in Gesundheitssystemen gegeben, die eine lokale Organisationsstruktur aufweisen und damit eine enge Beziehung zwischen Patient, Leistungserbringern und gesundheitspolitischen Akteuren ermöglichen (Wendt, 2003, S. 371).

Das brasilianische Gesundheitssystem bietet ein wie oben gefordertes „spezifisches Organisationsprinzip", das nun im Folgenden vorgestellt wird.

3.2   Das brasilianische Gesundheitssystem

Brasilien, das größte und bevölkerungsstärkste Land Lateinamerikas mit geschätzten 194 Millionen Einwohnern, ist gekennzeichnet von großen regionalen Unterschieden. Um die daraus resultierenden sozialen Ungleichheiten zu minimieren, die sich auch im Gesundheitszustand der Bevölkerung widerspiegeln, implementierte Brasilien im Jahr 1994 im Rahmen des einheitlichen Gesundheitssystems (Sistema Ùnico de Saúde – SUS) ein spezielles Programm zur Gesundheitsförderung von sozial Benachteiligten (Kleba, 2000; Escorel, 1988; Escorel, 1995).

Das Programa de Saúde da Família (PSF) ist ein Gesundheitsprogramm, welches priorisiert sozial benachteiligte Familien betreut und in dessen Rahmen ein niedrigschwelliges Angebot zur Gesundheitsförderung geschaffen wurde. Dazu führte das PSF sogenannte Gesundheitsagenten (Agente Comunitário de Saúde – ACS) ein, die als gatekeeper den Zugang zur medizinischen Versorgung erleichtern sollen. Die Gesundheitsagenten sind Teil lokaler Gesundheitsteams, die sich aus einem Allgemeinmediziner, einer Krankenschwester und bis zu 6 Gesundheitsagenten zusammensetzen und für die Versorgung von bis zu 900 Familien zuständig sind. Sie haben keine medizinische Ausbildung, sondern sind aus den Gemeinden und Nachbarschaften der Gesundheitsbezirke rekrutiert, in denen sie seit mindestens drei Jahren leben. Sie werden von den Gemeinden angestellt und in Bezug auf Präventionskampagnen, Vorsorgeuntersuchungen, Krankheitsbilder u.Ä. geschult und unterstehen in den Gesundheitsteams den Krankenschwestern (Giovanella & Souza Porto, 2004; Kleba, 2000). In der Regel besuchen die Gesundheitsagenten 14-tägig die ihnen zugeteilten Familien in der Gemeinde und informieren diese über gesundheitsrelevante Verhaltensweisen, Impf- und Aufklärungskampagnen (bspw. Aids, Dengue), wiegen die Kinder, kümmern sich um Pflegebedürftige und vermitteln bei Bedarf Arzttermine.

Die so entstehende soziale Beziehung zwischen den Gesundheitsagenten und den Familien ist das zentrale Element der gesundheitlichen Basisversorgung, die bestehende soziale sowie daraus resultierende gesundheitliche Unterschiede minimieren soll. Da die Gesundheitsagenten an der Schnittstelle zwischen Gesundheitssystem und Bevölkerung angesiedelt sind, gewährleisten sie die Basis-Gesundheitsversorgung „auf Augenhöhe". Damit versucht das brasilianische PSF, den positiven Einfluss sozialer Netzwerke zur Gesundheitsförderung systematisch zu nutzen und dementsprechend das Vertrauen und die Zufriedenheit in die Gesundheitsversorgung zu steigern (Wendt, 2003). Im Weiteren wird darauf detaillierter eingegangen.

3.3　Strukturelle Nutzung sozialer Netzwerke zur Gesundheitsförderung

Da die Gesundheitsagenten in ihrer Funktion als *community health care workers* zwischen dem formalen Gesundheitssystem (tertiäres Netzwerk) und den Menschen in ihrem sozialen Nahraum (primäres Netzwerk) angesiedelt sind, versucht das brasilianische PSF, die Einbettung in soziale Netzwerke systematisch zur Gesundheitsförderung zu nutzen. Indem die Gesundheitsagenten durch die Akteure der tertiären Netzwerkebene über gesundheitsrelevante Verhaltensweisen oder Präventionskampagnen geschult werden und sie diese Informationen durch ihre Tätigkeit in die Familien weitertragen, stellt die Arbeit der ACS per se eine Möglichkeit der gezielten Nutzung sozialer Netzwerke zur Gesundheitsförderung dar (Escorel, 1995).

Auch wenn die Gesundheitsagenten nicht zu den Alteri der primären Netzwerke der Familien gehören, so sind sie dennoch im Sinne von Granovetters (1973, 1983) *Strength of weak ties* in der Situation, gesundheitsrelevante Informationen in die in der Regel oft dichten Netzwerke zu bringen. Durch diese Funktion können sie die Netzwerkebenen verbinden und demzufolge den Zugang zu gesundheitsrelevanten Informationen ermöglichen (Wellman, Carrington & Hall, 1988).

Aufgrund ihres sozioökonomischen Status sind die Teilnehmer des PSF oft weniger sozial mobil, sodass die primären Netzwerkstrukturen oft stark und familiär geprägt sind (Espinoza, 1999). Wie zuvor bereits angesprochen wurde, können starke soziale Beziehungen sowohl einen positiven als auch einen negativen Einfluss auf den individuellen wie auch auf den familiären Gesundheitszustand ausüben, da sich gesundheitliche Ungleichheiten auch über den familiären Habitus reproduzieren (Bourdieu, 1982).

Dementsprechend sollen durch die regelmäßigen Besuche der Gesundheitsagenten die gesundheitsschädlichen Effekte der starken familiären Beziehungen abgeschwächt und die positiven zur Gesundheitsförderung genutzt werden. Die gesundheitsrelevanten Informationen, die von den ACS in die primären Netzwerkstrukturen gelangen, können durch die starken Beziehungen weitergegeben werden. Das primäre Netzwerk wird von den ACS strukturell als Multiplikator zur Gesundheitsförderung genutzt (Ministério da Saúde, 2009).

Des Weiteren sind die Gesundheitsagenten ebenso in sekundäre Netzwerke eingebunden. Auch hier kann davon ausgegangen werden, dass die gesundheitsrelevanten Informationen, die die Gesundheitsagenten aus ihrer Einbindung in sekundäre Netzwerke erhalten, durch die regelmäßigen Face-to-face-Interaktionen an die Teilnehmer des PSF weitergegeben und über die starken Beziehungen des primären Netzwerkes multipliziert werden. Auch hier gilt die Annahme, dass die Beziehungsqualität die Zufriedenheit und das Vertrauen in die Gesundheitsversorgung determiniert (Wendt, 2003).

4　Empirische Untersuchung

Die Analyse des Vertrauens und der Zufriedenheit mit der Gesundheitsversorgung ermöglicht, dass Rückschlüsse auf die Strukturen gezogen werden können, die einen gesundheitsfördernden Einfluss haben. Dementsprechend wird im Folgenden mit Hilfe einer egozentrierten Netzwerkanalyse, die im Rahmen eines deutsch-brasilianischen Forschungsprojekts durchgeführt wurde, erläutert, inwieweit die Einbindung in sekundäre Netzwerke das Vertrauen und die Zufriedenheit in die Gesundheitsversorgung beeinflusst und dementsprechend maßgeblich den Gesundheitszustand determiniert.

4. 1   Forschungsprojekt

Das Forschungsprojekt „Soziale Netzwerke und Gesundheit" basiert auf einer Kooperation des Instituts für Soziologie der Universität Hamburg (Deutschland) und dem Soziologischen Institut der Universidade Federal de Pernambuco in Recife (Brasilien). Im Rahmen dieser Forschung wurden zwischen 2005 und 2007 insgesamt 1.215 Teilnehmer des Familiengesundheitsprogramms (PSF) sowie 277 Gesundheitsagenten (ACS) in vier Städten (Fortaleza, Recife, Campinas, Porto Alegre) quantitativ mit Hilfe der egozentrierten Netzwerkanalyse befragt. Bei den ACS handelt es sich um eine Vollerhebung aller dort tätigen Gesundheitsagenten, wobei die krankheits- und urlaubsbedingten Ausfälle nicht berücksichtigt wurden.

In einer Zufallsstichprobe mit einem Signifikanzniveau von 5% (bei Annahme einer Gleichverteilung) wurden mit Hilfe einer Listenziehung in Recife 336 Teilnehmer des PSF, in Fortaleza 326 Teilnehmer, in Campinas 182 Teilnehmer und in Porto Alegre 371 Teilnehmer des PSF aus insgesamt 31 Gesundheitseinheiten (Distrito Sanitário) befragt. Dazu wurden, mit Unterstützung der jeweiligen örtlichen Verwaltung (Gestão), alle in den ausgewählten Gesundheitsbezirken tätigen Gesundheitsagenten gelistet und die von ihnen betreuten Familien benannt. Auf Grundlage dieser Information wurde eine Liste erstellt, die Informationen über alle tätigen Gesundheitsagenten, die von ihnen betreuten Familien und die dazugehörige Gesundheitseinheit (Unidade de Saúde) enthält. Der Kontakt zu den Gesundheitsagenten wurde telefonisch mit den Gesundheitsteams, in denen diese tätig sind, aufgenommen und so Termine zur Befragung vereinbart.

Von den 277 befragten Gesundheitsagenten können 186 Gesundheitsagenten insgesamt 985 Familien zugeordnet werden, wobei diese zwischen einer und 26 Familien betreuen. Von diesen Familien werden insgesamt 374 Familien von Agenten betreut, die sich in kirchlichen Organisationen, Nichtregierungsorganisationen, gemeindeorientierten Vereinigungen etc. engagieren. Die Größe der sekundären Netzwerke variiert dabei zwischen 1–5 Alteri (Ø 1.49).

Die Erhebung wurde von der Brasilianischen Ethikkommission (Comissão de Ètica) genehmigt; finanziert und unterstützt wurde das Projekt vom Conselho Nacional de Desenvolvimento Científico e Tecnológico (CNPq).

4.2   Methode und Forschungsdesign

Die Gesundheitsagenten wurden mit einer egozentrierten Netzwerkerhebung zu ihrer Einbindung in sekundäre Netzwerke befragt. Dazu wurden sie zu ihrer Partizipation in Nichtregierungsorganisationen, kirchlichen/religiösen Gemeinschaften sowie schulischen und gesundheitlichen Einrichtungen, die in der Gemeinde angesiedelt sind, interviewt. Die Gesundheitsagenten wurden gebeten, bis zu neun Institutionen, die sie aus der Gemeinde kennen und mit denen sie schon mal zusammengearbeitet oder mit denen sie privat zu tun haben, namentlich anzugeben. Des Weiteren sollten die Gesundheitsagenten angeben, wie sie die Qualität der Zusammenarbeit mit den sekundären Netzwerkakteuren einschätzen und wie sie die Zeitintensität dieser Zusammenarbeit beurteilen.

Die Teilnehmer des PSF wurden mit einer 5-Punkte-Likert-Skala (1 = nicht zufrieden, 5 = sehr zufrieden) zu ihrer Zufriedenheit mit dem PSF und ihrem Vertrauen in das PSF sowie zu der Arbeit der ACS befragt. Dabei wurde zum einen die allgemeine Zufriedenheit mit der Arbeit der ACS mit sechs Items erfasst (Regelmäßigkeit der Besuche; Freundlichkeit und Sympathie; angemessene Thematisierung gesundheitsrelevanter Probleme; Präsenz in der Nachbarschaft; Gleichbehandlung aller; Mühelosigkeit der Beziehung; Cronbachs Alpha = .92; n = 985). Zum anderen wurden die Teilnehmer des PSF gebeten, die Zufriedenheit mit ihrem betreuenden ACS anzugeben.

4.3   Ergebnisse

Die Teilnehmer des PSF bewerten sowohl die Arbeit der Gesundheitsagenten als auch das Vertrauen und die Zufriedenheit in die professionelle Gesundheitsversorgung (tertiäres Netzwerk) durchweg positiv. Damit gelingt es dem PSF ein „spezifisches Organisationsprinzip" (Wendt, 2003, S. 371) zu implementieren, das von den Patienten als vertrauenswürdig und zufriedenstellend wahrgenommen wird (siehe Abb. 1).

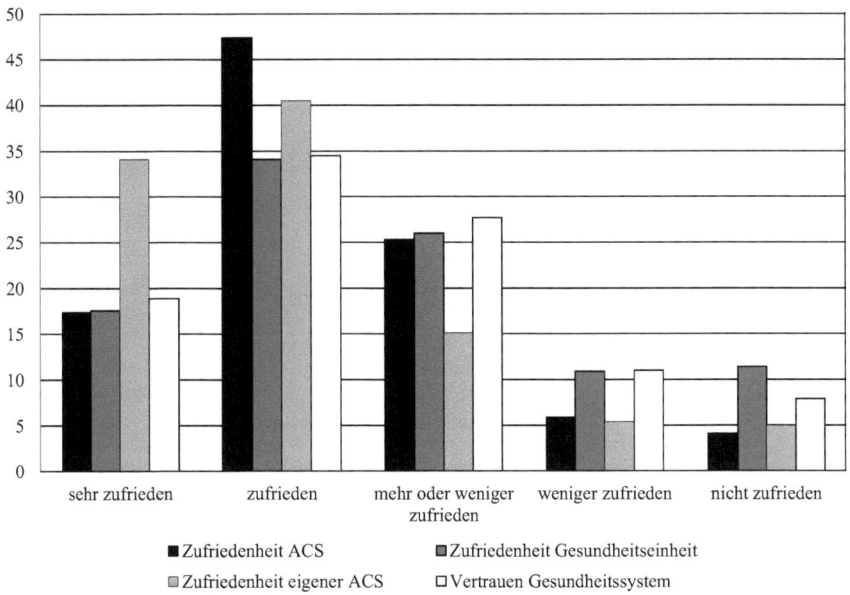

Abbildung 1:   Vertrauen und Zufriedenheit mit dem Familiengesundheitsprogramm PSF (ACS = Gesundheitsagenten).

In einem weiteren Schritt wird nun gezeigt, inwiefern die weitere Verknüpfung der unterschiedlichen Netzwerkebenen einen Einfluss auf die Zufriedenheit und das Vertrauen in die Gesundheitsversorgung hat. Dazu wird aufgrund des zuvor dargestellten theoretischen Rahmens angenommen, dass die Partizipation der Gesundheitsagenten in lokal angesiedelten Nichtregierungsorganisationen, kirchlichen Organisationen oder Selbsthilfegruppen (sekundäre Netzwerke) einen Einfluss auf die Zufriedenheit und das Vertrauen der Teilnehmer des PSF in die Gesundheitsversorgung hat.

4.3.1 Einfluss sekundärer Netzwerke

Wie der Mittelwertvergleich in Tabelle 1 zeigt, unterscheiden sich die Zufriedenheit und das Vertrauen in die Gesundheitsversorgung, unter Berücksichtigung der Partizipation der Gesundheitsagenten in sekundäre Netzwerke, nicht signifikant. Es muss angenommen werden, dass sekundäre Netzwerke nicht per se zur strukturellen Gesundheitsförderung genutzt werden können. Auch die Netzwerkgröße, die ebenfalls getestet wurde, zeigt keinen Effekt in Bezug auf die Zufriedenheit mit und das Vertrauen in die Versorgung. Auch wenn, wie oben diskutiert, in der Gesundheitsforschung angenommen wird, dass von sozialen Netzwerken ein positiver Effekt ausgeht, insbesondere wenn diese systematisch vom Gesundheitssystem genutzt werden, kann dies nicht bestätigt werden. Es stellt sich nun vielmehr die Frage, welche Faktoren einen Effekt auf das Vertrauen und die Zufriedenheit haben.

Tabelle 1: Einbindung in sekundäre Netzwerke

	Sekundäres Netzwerk	**N**	**mean**	**p**
Vertrauen in das Gesundheitssystem	keine Einbindung in sekundäre Netzwerke	611	3.41	.355
	Einbindung in sekundäre Netzwerke	374	3.51	
Zufriedenheit mit der Gesundheitseinheit	keine Einbindung in sekundäre Netzwerke	607	3.31	.082
	Einbindung in sekundäre Netzwerke	369	3.43	
Allgemeine Zufriedenheit mit ACS	keine Einbindung in sekundäre Netzwerke	591	3.98	.458
	Einbindung in sekundäre Netzwerke	363	4.01	
Zufriedenheit mit eigenem ACS	keine Einbindung in sekundäre Netzwerke	588	3.91	.904
	Einbindung in sekundäre Netzwerke	360	3.94	

* $p < 0.05$; ** $p < 0.001$

4.3.2 Qualität der Zusammenarbeit

Da die Qualität der sozialen Unterstützung, die über ein soziales Netzwerk geleistet wird, ein gesundheitsrelevanter Faktor ist, wird ebenfalls davon ausgegangen, dass die Qualität der Zusammenarbeit zwischen Gesundheitsagent und sekundärem Netzwerk die Zufriedenheit und das Vertrauen in die Gesundheitsversorgung determiniert.

Tabelle 2: Qualität der Zusammenarbeit

	Qualität Zusammenarbeit	**N**	**mean**	**p**
Vertrauen in das Gesundheitssystem	sehr schlechte bzw. schlechte Zusammenarbeit	114	3.67	.068
	sehr gute bzw. gute Zusammenarbeit	216	3.45	
Zufriedenheit mit der Gesundheitseinheit	sehr schlechte bzw. schlechte Zusammenarbeit	113	3.66	.006*
	sehr gute bzw. gute Zusammenarbeit	214	3.32	
Allgemeine Zufriedenheit mit ACS	sehr schlechte bzw. schlechte Zusammenarbeit	111	3.76	.000**
	sehr gute bzw. gute Zusammenarbeit	210	4.16	
Zufriedenheit mit eigenem ACS	sehr schlechte bzw. schlechte Zusammenarbeit	111	3.65	.001**
	sehr gute bzw. gute Zusammenarbeit	208	4.10	

* $p < 0.05$; ** $p < 0.001$

Die Qualität der Zusammenarbeit zwischen Gesundheitsagent und sekundärem Netzwerk unterscheidet sich, wie in Tabelle 2 zu sehen ist, signifikant zwischen den Gruppen in Bezug auf die Zufriedenheit der Teilnehmer mit den Gesundheitsagenten. Dabei wirkt sich insbesondere die sehr gute bzw. gute Zusammenarbeit zwischen Agent und sekundärem Netzwerk positiv auf die Zufriedenheit der Teilnehmer des PSF mit dem eigenen bzw. mit den Gesundheitsagenten im Allgemeinen aus. Es kann angenommen werden, dass die sehr gute bzw. gute Zusammenarbeit zwischen Gesundheitsagent und sekundärem Netzwerk einen Mehrwert für die Teilnehmer des PSF darstellt, der die Beziehung positiv beeinflusst.

4.3.3 Dauer der Zusammenarbeit

Da die Beziehungsqualität, wie in den theoretischen Überlegungen bereits erläutert, auch von der Intensität der Beziehung abhängt, wird in einem weiteren Schritt davon ausge-

gangen, dass die Dauer der Zusammenarbeit zwischen Gesundheitsagent und sekundärem Netzwerk die Zufriedenheit und das Vertrauen in die Gesundheitsversorgung determiniert.

Tabelle 3: Dauer der Zusammenarbeit

	Dauer Zusammenarbeit	N	mean	p
Vertrauen in das Gesundheitssystem	einmalige bzw. sporadische Zusammenarbeit	198	3.54	.394
	regelmäßige Zusammenarbeit	176	3.46	
Zufriedenheit mit der Gesundheitseinheit	einmalige bzw. sporadische Zusammenarbeit	196	3.34	.108
	regelmäßige Zusammenarbeit	173	3.55	
Allgemeine Zufriedenheit mit ACS	einmalige bzw. sporadische Zusammenarbeit	191	4.12	.022*
	regelmäßige Zusammenarbeit	172	3.90	
Zufriedenheit mit eigenem ACS	einmalige bzw. sporadisch Zusammenarbeit	189	4.08	.012*
	regelmäßige Zusammenarbeit	171	3.77	

* $p < 0.05$; ** $p < 0.001$

Die Dauer der Zusammenarbeit zwischen Gesundheitsagent und sekundärem Netzwerk
bewirkt, wie in Tabelle 3 zu sehen ist, einen signifikanten Unterschied in Bezug auf die
Zufriedenheit mit der Arbeit der ACS. Das Vertrauen in das Gesundheitssystem bzw. in
die lokale Gesundheitseinheit ist davon nicht betroffen. Die Arbeit der ACS wird dabei
signifikant besser bewertet, wenn die Zusammenarbeit zwischen Gesundheitsagent und
sekundärem Netzwerk aufgrund von einer einmaligen bzw. sporadischen Zusammenarbeit zustande kommt. Demzufolge kann davon ausgegangen werden, dass schwache
Beziehungen – im Sinne von Granovetters Strength of weak ties – zwischen den Akteuren der unterschiedlichen Netzwerkebenen für die Gesundheitsförderung einen positiven
Effekt haben, da durch den sporadischen Kontakt möglicherweise mehr und neuartige
Informationen in das primäre Netzwerk gelangen, die wiederum die Beziehung zwischen
Gesundheitsagent und Teilnehmern des PSF intensivieren.

5   Zusammenfassung und Fazit

Die Annahme, dass soziale Netzwerke einen Einfluss auf die Gesundheit ausüben, wird vom brasilianischen PSF systematisch genutzt. Durch die formalisierte Einbindung der Gesundheitsagenten in die tertiäre sowie in die primäre Netzwerkebene gelingt es dem PSF, soziale Netzwerke systematisch zur Gesundheitsförderung zu nutzen. Da die Beurteilung der Arbeit der Gesundheitsagenten, der lokalen Gesundheitseinheit sowie die Einschätzung des Vertrauens in das Gesundheitssystem durchweg positiv sind, kann davon ausgegangen werden, dass die systematische Nutzung von sozialen Netzwerken durchaus zum Erhalt von Gesundheit bzw. zu deren Wiederherstellung eingesetzt werden kann.

Auch die Verknüpfung der primären und sekundären Netzwerkebene kann einen Effekt auf die Zufriedenheit und das Vertrauen in die tertiäre Netzwerkebene haben, wobei das alleinige Vorhandensein der Netzwerke noch keine Auswirkungen hat. Von Bedeutung sind dabei sowohl die Qualität als auch die Dauer der Beziehungen zwischen den Akteuren der unterschiedlichen Netzwerkebenen.

Die egozentrierte Netzwerkanalyse bietet dabei ein sinnvolles Instrumentarium zur Erfassung der unterschiedlichen Netzwerkebenen, sodass die Vernetzung mehrerer Handlungsfelder, wie in der Ottawa-Charta gefordert, auch wissenschaftlich evaluiert werden kann. Nur so ist es möglich, dass die systematische Nutzung sozialer Netzwerke zur Gesundheitsförderung methodisch sinnvoll untersucht wird.

Literatur

Avenarius, C. B. (2010). Starke und schwache Beziehungen. In C. Stegbauer & R. Häußlinger (Hrsg.), *Handbuch Netzwerkforschung* (S. 99–111). Wiesbaden: VS Verlag für Sozialwissenschaften.

Bengel, J., Strittmatter, R. & Willmann, H. (2001). *Was erhält Menschen gesund? Antonovskys Modell der Salutogenese – Diskussionsstand und Stellenwert.* Köln: Bundeszentrale für gesundheitliche Aufklärung.

Berkman, L. F. & Syme, L. (1979). Social Networks, Host Resistance, and Mortality: A Nine-Year Follow-Up Study of Alameda County Residents. *American Journal of Epidemiology, 109*, 186–204.

Bourdieu, P. (1982). *Die feinen Unterschiede. Kritik der gesellschaftlichen Urteilskraft.* Frankfurt a.M.: Suhrkamp.

Bruhn, J. G. & Wolf, S. (1979). *The Roseto Story. An Anatomy of Health.* Oklahoma: University of Oklahoma Press.

Bruhn, J. (2009). *The Group Effect. Social Cohesion and Health Outcomes.* Dordrecht: Springer.

Bullinger, H. & Nowak, J. (1998). *Soziale Netzwerkarbeit.* Freiburg im Breisgau: Lambertus.

Diewald, M. & Sattler, S. (2010). Soziale Unterstützungsnetzwerke. In C. Stegbauer & R. Häußlinger (Hrsg.), *Handbuch Netzwerkforschung* (S. 689–699). Wiesbaden: VS Verlag für Sozialwissenschaften.

Escorel, S. (1988). Movimento Sanitário: Revirada na Saúde. *Tema/Radis, 6*, 5–7.

Escorel, S. (1995). Saúde: Uma questão nacional. In S. F. Teixeira (Hrsg.), *Reforma Sanitária. Em Busca de uma Theoria* (S. 181–192). São Paulo: Cortez Editora.

Espinoza, V. (1999). Social Networks Among the Urban Poor: Inequality and Integration in a Latin American City. In B. Wellman (Ed.), *Networks in the Global Village* (pp. 147–184). Boulder/Oxford: Westview Press.

Franke, A. (2006). *Modelle von Gesundheit und Krankheit*. Bern: Huber.

Giovanella, L. & Souza Porto, M. F. de (2004). *Gesundheitswesen und Gesundheitspolitik in Brasilien*. Arbeitspapier Nr. 25, Klinikum der Johann Wolfgang Goethe-Universität, Zentrum der Psychosozialen Grundlagen der Medizin. Frankfurt a.M.: Institut für Medizinische Soziologie.

Granovetter, M. (1973). The Strength of Weak Ties. *American Journal of Sociology, 78*, 1360–1380.

Granovetter, M. (1983). The Strength of Weak Ties: A Network Theory Revisited. *Sociological Theory, 1*, 201–233.

Hurrelmann, K. (2006). *Gesundheitssoziologie*. Weinheim: Juventa.

Kardorff, E. von (2010). Soziale Netzwerke in der Rehabilitation und im Gesundheitswesen. In C. Stegbauer & R. Häußlinger (Hrsg.), *Handbuch Netzwerkforschung* (S. 715–724). Wiesbaden: VS Verlag für Sozialwissenschaften.

Kirschniok, A. (2010). *Circles of Support. Eine empirische Netzwerkanalyse*. Wiesbaden: VS Verlag für Sozialwissenschaften.

Kleba, E. M. (2000). *Dezentralisierungsprozeß des Gesundheitssystems in Brasilien: Grenzen und Möglichkeiten einer Strategie des Empowerments*. Unveröffentlichte Dissertation, Universität Bremen.

Ministério da Saúde (2009). *O SUS de A a Z. Garantindo Saúde Nos Municípios*. Brasilia DF.

Ortmann, K. (2004). Modelle und Definitionen von Gesundheit und Krankheit. In R. Brennecke (Hrsg.), *Lehrbuch Sozialmedizin* (S. 104–110). Bern: Huber.

Siegrist, J. (1988). *Medizinische Soziologie*. München: Urban & Schwarzenberg.

Thoits, P. (1995). Stress, Coping and Social Support Processes: Where are We? What Next? *Journal of Health and Social Behaviour, Extra Issue*, 53–79.

Trojan, A. & Süß, W. (2010). Soziale Netzwerke und Netzwerkförderung. Bundeszentrale für gesundheitliche Aufklärung (Hrsg.), *Leitbegriffe der Gesundheitsförderung*. Schwabenheim a.d. Selz: Sabo.

Trojan, A. & Hildebrandt, H. (Hrsg.). (1987). *Gesündere Städte – kommunale Gesundheitsförderung: gesunde Städte, Aktionsstrategien zur Gesundheitsförderung*. Hamburg: Verein Sozialwissenschaften und Gesundheit.

Waller, H. (2006). *Gesundheitswissenschaften. Eine Einführung in Grundlagen und Praxis von Public Health*. Stuttgart: Kohlhammer.

Wellman, B., Carrington, P. J. & Hall, A. (1988). Networks as Personal Communities. In B. Wellman & S. D. Berkowitz (Eds.), *Social Structures. A Network Approach* (pp. 130–184). Cambridge: Cambridge University Press.

Wendt, C. (2003). Vertrauen in Gesundheitssysteme. *Berliner Journal für Soziologie, 13*, 371–393.

White, K. (2002). *An Introduction to the Sociology of Health and Illness*. London, Thousand Oaks: Sage.

World Health Organization. (1986). *Ottawa Charta for Health Promotion*. First International Conference on Health Promotion, 21 November 1986, Ottawa.

Nicoline Scheidegger

Netzwerkstruktur oder Beziehungsinhalt zur Erklärung intraorganisationaler Ergebnisse? Inhaltliche Differenzierung und Clusteranalyse arbeitsrelevanter Ties in egozentrierten Managernetzwerken

1 Einleitung

Die Untersuchung von Netzwerken in Organisationen gewinnt in der Managementforschung zusehends an Bedeutung. Es herrscht ein breiter Konsens darüber, dass Netzwerken für die Leistungsfähigkeit von Individuen, Gruppen und Organisationen eine zentrale Rolle zukommt (Tsai & Ghoshal, 1998). Auf eine individuelle Ebene bezogen werden Netzwerkstrukturen auf ihren Beitrag hin untersucht, den sie in Bezug auf die Arbeitsperformance, den Einflussgewinn, Kreativität und den Karriereerfolg leisten. Granovetter (1973) betont die Leistungsfähigkeit schwacher Beziehungen, so genannter Weak Ties, für den Zugang zu neuartigen Informationen. Die Theorie struktureller Löcher fokussiert die Netzwerkstruktur und erörtert die Chancen, die aus der Positionierung in einem Netzwerk reich an strukturellen Löchern resultieren (Burt, 1992). Die Mechanismen, die den Netzwerkeffekten der verschiedenen Theorieansätze zu Grunde liegen, betreffen eine frühzeitige Erreichbarkeit neuartiger Informationen, bessere politische Lenkungs- und Steuerungsmöglichkeiten sowie einen Zugang zu vielfältigeren Ressourcen.

Trotz des breiten Konsenses bezüglich der Bedeutung von Netzwerkbeziehungen für intraorganisationale Ergebnisse gibt es eine Kontroverse bezüglich der Netzwerkeigenschaften, die einen Einfluss auf die Ergebnisse haben. Dabei sind insbesondere zwei Themen zentral: Einerseits wird der Fokus auf die erreichten Netzwerkakteure gerichtet, wie das bei der Debatte um die Vorteilhaftigkeit struktureller Löcher und Weak Ties zu beobachten ist. Andererseits wird die Beziehungsqualität im Sinne von Strong Ties betrachtet. Diese werden im Hinblick auf ihre Leistungsfähigkeit für die Übertragung impliziter und komplexer Wissensbestände diskutiert (Hansen, 1999). Als Konsequenz dieser zwei Diskussionsstränge stellt sich die Frage, inwiefern lose gekoppelte Netzwerkstrukturen und strukturelle Löcher mit Strong Ties kombiniert werden sollen (Tiwana, 2008).

Zum anderen stellt sich die Frage, inwiefern der Austausch unterschiedlicher Ressourcen durch je andere Netzwerkeigenschaften gekennzeichnet ist. Hier ist ein differenzierter Einblick in die Inhalte der Netzwerkbeziehungen notwendig.

Im nächsten Kapitel werden die theoretischen Überlegungen entwickelt und daraus die zu untersuchenden Hypothesen abgeleitet. Danach werden das Sample, das methodische Vorgehen und die Operationalisierung der Variablen dargestellt. Die Resultate werden präsentiert und die Hauptaussagen zusammengefasst und diskutiert.

2   Netzwerkstruktur oder Beziehungsinhalt?

Die Wirkung sozialer Netzwerke wird in Studien im Hinblick auf vielerlei intraorganisationale Ergebnisse untersucht. In dieser Arbeit werden die Auswirkungen auf zwei Ergebnisse hin überprüft. Zum einen interessiert der Beitrag der Netzwerke zum Karriereerfolg der Manager, zum anderen der Beitrag zum innerorganisationalen Einfluss der Manager auf Entscheidungen.

Die Performance und im Anschluss daran der berufliche Erfolg von Managern wird mit bestimmt von ihren Fähigkeiten, Ressourcen zu beschaffen, Kontakte zu stiften und Leistungen durch die Initiierung und Steuerung der Zusammenarbeit zu erbringen. Die Netzwerkperspektive hilft dabei, den Effekt sozialer Beziehungen auf den Karriereerfolg zu bestimmen. Dabei kann Karriereerfolg in einen objektiven und einen subjektiven Aspekt unterteilt werden. Der objektive Aspekt bezieht sich auf die formale Position, die Beförderungen als auch auf finanzielle Kompensation. Oftmals werden aber auch weniger tangible, eher subjektive Ergebnisse gesucht. Diese drücken sich in der Arbeitsbefriedigung und dem Erreichen subjektiv gesetzter Ziele aus. In dieser Arbeit wird der Karriereerfolg mittels einer Einschätzung des Karriereerfolgs an sich als auch im Vergleich zu demjenigen von Arbeitskollegen und Freunden eingeschätzt. Diese Skala liegt auf der Schnittstelle zwischen einer objektiven und einer subjektiven Beurteilung des Karriereerfolgs.

Der innerorganisationale Einfluss von Managern auf Entscheidungen ergibt sich nicht ausschließlich aus ihrer formalen Position, sondern kann als strukturelles Phänomen begriffen werden (Pfeffer, 1981). Er ergibt sich aus dem Informationstausch über formal nicht vorgesehene Kanäle und resultiert aus den informalen Interdependenzen. Dabei ist die Zentralität in Netzwerken bedeutsam (Brass, 1984), die Position zwischen strukturellen Löchern (Burt, 1992) oder als Verbindungsglied zwischen verschiedenen Arbeitsgruppen.

Speziell bei der Erstellung wissensintensiver Dienstleistungen[1] stellt sich die Frage nach der optimalen Vernetzung der Mitarbeitenden. Komplexe Aufgabenstellungen erfordern die Fähigkeit, für neue Problemlösungen die richtigen Informationen zu finden und integrieren zu können; Informationen und Wissensbestände, die in unterschiedlichen Divisionen angesiedelt sein können. Die Vernetzung kann im Hinblick auf die Netzwerkstruktur (z.B. strukturelle Löcher) untersucht werden, im Hinblick auf die Austauschqualität der Netzwerkbeziehung (Strong Ties) oder im Hinblick auf die Ähnlichkeit der Attribute zwischen Ego und seinen Netzwerkpartnern (Diversität bzw. Ähnlichkeit). Diese drei Theorierichtungen werden im Weiteren diskutiert und daraus Hypothesen abgeleitet.

2.1   Informations- und Steuerungsvorteile durch strukturelle Löcher

Eine Richtung von Netzwerktheoretikern beschäftigt sich mit dem Fehlen von Beziehungen in Netzwerken (Burt, 1992). Damit wird direkt die Einbettung in die Sozialstruktur fokussiert. Vorteile werden durch die Positionierung als Brücke über ein strukturelles

---

1   Zur Bestimmung und zu Unterscheidungskriterien von wissensintensiven Dienstleistungsunternehmen siehe von Nordenflycht (2010).

Loch generiert (siehe Ego in Abb. 1), die einem Akteur einerseits Steuerungs- und andererseits Informationsvorteile bietet.

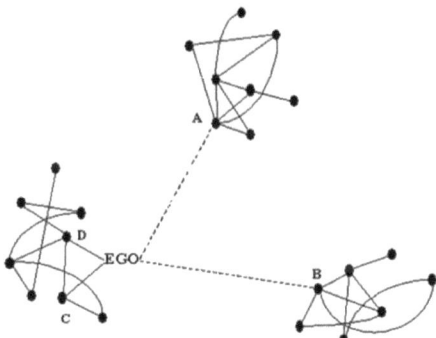

Abbildung 1:   Ego überbrückt strukturelle Löcher (Burt, 1992, S. 27)

Steuerungsvorteile:

Die Position in einem strukturellen Loch verschafft einem Akteur strukturelle Autonomie (Simmel, 1908). Diese beruht auf den Möglichkeiten einer Person, zwischen anderen Akteuren zu vermitteln. Unterhält ein Manager Beziehungen zu untereinander unverbundenen Gruppen, so fungiert er als kommunikatives Bindeglied mit der Möglichkeit, die Zusammenarbeit von Akteuren und Gruppen zu beeinflussen. Strukturelle Löcher ermöglichen einem Akteur, trotz beschränkter zeitlicher Investitionen frühzeitig Gelegenheiten wahrzunehmen und durch Vermittlungstätigkeiten organisatorische oder auch persönliche Ziele zu erreichen.

Informationsvorteile:

Die Position als Überbrücker struktureller Löcher generiert neben den Steuerungsmöglichkeiten auch Informationsvorteile. Diese ergeben sich durch den Zugang zu nicht-redundanten Informationen.

Innovationen und Kreativität bedeuten oftmals eine Verbindung von Wissensteilen verschiedener sozialer Welten und Problemlösungskontexten. Eine Gruppe mit intensiven Beziehungen untereinander tendiert zu homogenen Sichtweisen, Meinungen und Handlungsweisen. Ein strukturelles Loch deutet an, dass die Akteure der beiden Cluster in unterschiedliche Informationsflüsse eingebunden sind. Durch die Verbindung zu untereinander möglichst unverbundenen Gruppen vergrößert sich für einen Akteur der Pool an alternativen Sicht- und Handlungsweisen, was zu einem besseren Problemverständnis beiträgt. Ein Akteur kann sich dabei durch Selektion und Synthese reichhaltigeres Wissen erschaffen, das er sich isoliert oder eingebettet in bloß eine dichte Netzwerkstruktur kaum erarbeiten kann.

Anhand der Arbeitstätigkeit in Unternehmen kann eine solche Wissensvermittlung und Integration neuen Wissens auf vier unterschiedliche Ebenen eingeteilt werden (Burt,

2004, S. 355f.). Diese beziehen sich auf die Problemvermittlung, die Übermittlung von Best Practices, die Analogiebildung und die Synthese. Bei der Problemvermittlung resultiert der Informationsvorteil in der Vermittlung zwischen den Interessen und Schwierigkeiten der an einem Problem beteiligten Gruppen, indem ein Broker als Ansprechperson und Kommunikator wirkt. Auf einer komplexeren Ebene können Broker Praktiken und Handlungsweisen einer Gruppe, die einer anderen bei der Problemlösung behilflich sein können, erkennen und als Best Practices vermitteln. Eine dritte Ebene stellt die Analogiebildung zwischen Gruppen, die vordergründig nichts miteinander zu tun haben, dar. Die vierte Ebene betrifft die Synthese, bei der Elemente der Meinungen und Handlungsweisen beider Gruppen miteinander verknüpft werden.

Die vier beschriebenen Ebenen möglicher Informations- und Wissensvermittlung legen den Schluss nahe, dass strukturelle Löcher in sozialen Netzen Lernprozesse und Kreativitätsentwicklung fördern und damit einen positiven Effekt haben auf die eigene Karriere wie auch auf den innerbetrieblichen Einfluss auf Entscheidungen.

Hypothese 1: Strukturelle Löcher haben einen positiven Effekt auf den Karriereerfolg und den Einfluss.

2.2   Strong Ties und Wissensintegration

Die Bedeutung von Strong Ties in innerorganisationalen Studien wurde in der Netzwerkforschung lange Zeit vernachlässigt. Wird in der Produktinnovationsforschung zumeist argumentiert, dass regelmäßige und enge Interaktionen, sogenannte Strong Ties, für den Wissensaustausch förderlich sind (z.B. Henderson & Cockburn, 1994), werden in der Netzwerkforschung im Anschluss an die Arbeiten von Granovetter (1973) Weak Ties für den Informationsreichtum für effizient gehalten. Erst in jüngerer Zeit hat die Untersuchung zur Leistungsfähigkeit von Strong Ties in der organisationalen Netzwerkforschung wieder vermehrt Einzug gehalten.

Hansen (1999) hat die Beziehungsstärke im Hinblick auf den Wissensaustausch untersucht. Er ging der Frage nach, weshalb einige organisatorische Teileinheiten in der Lage sind, ihr Wissen miteinander auszutauschen und zu teilen, während dies anderen Einheiten nicht gelingt. Er konzipiert die Wissensteilung zwischen organisatorischen Einheiten als Such-Transfer-Prozess. Zur Suchphase gehören die Suche, Selektion und das Identifizieren neuen Wissens. Zur Transferphase gehören die Übermittlung und das Inkorporieren des neuen Wissens. Er fand heraus, dass Weak Ties besonders vorteilhaft sind, wenn einfaches, wenig komplexes Wissen involviert ist. Lose, weniger eng vermaschte Beziehungen begünstigen die Suche, also insbesondere das Finden und Identifizieren neuen Wissens, erschweren aber den Transfer komplexen Wissens zwischen Einheiten. Für den Transfer komplexer Wissensbestandteile sind Strong Ties notwendig. Sie begünstigen den eigentlichen Wissensproduktionsprozess. Da die Theorie der strukturellen Löcher die Suchvorteile direkt an die Netzwerkstruktur knüpft und das Austauschpotenzial eines Ties nicht fokussiert, lässt sich argumentieren, dass die Such- und die Transfervorteile kombiniert werden können (siehe hierzu auch Tiwana, 2008). Das lässt sich mit einem Netzwerk aus Strong Ties und strukturellen Löchern erreichen.

Hypothese 2: Strong Ties haben in Kombination mit strukturellen Löchern einen positiven Effekt auf den Karriereerfolg und den Einfluss.

2.3 Verhinderung kognitiver Asymmetrien durch fachliche Ähnlichkeit

Ähnlichkeit stiftet Verbindungen. Dieses Homophilieprinzip strukturiert Netzwerke vieler Beziehungstypen. Es resultieren homogene Netzwerke in Charakteristika wie Geschlecht, Alter, fachlicher Hintergrund, ethnische Zugehörigkeit, Betriebszugehörigkeit etc. (McPherson, Smith-Lovin & Cook, 2001). Homophile Verbindungen müssen aber keineswegs vorteilhaft sein. Insbesondere Diversityforscher (z.B. Williams & O'Reilly, 1998) sowie Kreativitätsforscher (z.B. Oldham & Cummings, 1998) heben die Effektivität der Diversität für die Zusammenarbeit, Kreativität und Innovation hervor. Die gemischten empirischen Resultate in diesem Forschungszweig erklären sich auch dadurch, dass sich die Vorteile nur entfalten können, wenn notwendige Voraussetzungen für eine Wissensübertragung erfüllt sind.

Im Hinblick auf die Zusammenarbeit in einer wissensintensiven Dienstleistungsorganisation interessiert speziell das Zusammenspiel des fachlichen Hintergrundes mit der Arbeitsperformance. Dabei zeigen die empirischen Untersuchungen keine einheitlichen Resultate (Jehn, Northcraft & Neale, 1999). Auf der einen Seite wird argumentiert, dass Homophilie die Informationsvielfalt der Akteure limitiert und somit Gruppen mit hoher Diversität Vorteile verzeichnen. So konnten z.B. Norburn und Birley (1988) zeigen, dass die fachliche Diversität von Top-Management-Teams positiv verbunden ist mit der Performance auf Unternehmensebene. Andere machen auf die Schwierigkeiten aufmerksam, die beim Informationsaustausch über fachliche Grenzen hinweg entstehen. Fachliche Diversität ist mit mehr Aufgabenkonflikten verbunden (Jehn et al., 1999). Organisationsmitglieder poolen ihre komplementären Wissensbestände und unterschiedlichen Kenntnisse für eine effektive Problemlösung. Hohe kognitive Asymmetrien, die aus fachlicher Heterogenität resultieren, verstärken Verständigungsprobleme zwischen Organisationsmitgliedern. Aus den kognitiven Asymmetrien kann eine Art Inkommensurabilität der spezifischen Kenntnisse und absorptiven Kapazitäten der Organisationsmitglieder resultieren. Szulanski (1996) macht für den oftmals unbefriedigenden Transferprozess von Best Practices zwischen organisatorischen Einheiten als wesentliche Ursache die mangelnde absorptive Kapazität der empfangenden Einheit verantwortlich. Sie hängt vom bereits vorhandenen Wissensstock ab. Kognitive Nähe, die sich aus der fachlichen Ähnlichkeit ergibt, erleichtert den Austausch und damit die effiziente Nutzung und Anwendung der komplementären Wissensbestände der Organisationsmitglieder (Nooteboom, 2000).

Hypothese 3: Fachliche Ähnlichkeit zwischen einem Akteur und seinen Netzwerkkontakten hat einen positiven Effekt auf den Karriereerfolg und den innerbetrieblichen Einfluss.

2.4 Inhaltliche Differenzierung arbeitsrelevanter Ties

Eine weitere Differenzierung erfolgt mit der Betrachtung der ausgetauschten Ressourcen bzw. des relationalen Inhalts. In dieser Arbeit werden acht im Arbeitskontext relevante Kommunikationsbeziehungen betrachtet. Diese richten sich auf unterschiedliche Dimensionen der Zusammenarbeit und des Informations- und Wissensaustausches, die für die Arbeitstätigkeit eine zentrale Rolle spielen und für die Performance mitverantwortlich sind. Sie sind einerseits aus der Forschungsliteratur abgeleitet (Podolny & Baron, 1997), andererseits in Abstimmung auf den spezifischen Arbeitskontext im Unternehmen entwickelt worden.

Direkt auf die Arbeitsrolle bezogen werden die Netzwerke der *fachlichen Kommunikation*, des *Ratschläge Erteilens* und *Erhaltens* relevant. Diese Kommunikationsbeziehungen dienen unmittelbar der Erledigung der Arbeitsaufgabe. Um bezüglich strategischer Initiativen und den Zielen zentraler Personen eines Unternehmens oder einer Abteilung auf dem Laufenden zu sein, werden neben den formalen Weisungsbeziehungen und den offiziellen Mitteilungen – insbesondere für sensitive Informationen – auch informale Kanäle benutzt. Diese stellen das Netzwerk *strategische Information* dar. Das *Buy-in-Netzwerk* umfasst wichtige Personen zur Initiierung von Initiativen in der eigenen Abteilung. Buy-in zu erhalten bedeutet, Commitment involvierter Gruppen für einen Antrag, einen Projektvorschlag oder eine Strategieausrichtung zu erhalten. Das Netzwerk *Organisationskultur* umfasst Kontakte, über die Mitarbeiter ungeschriebene Regeln, die das alltägliche Handeln anleiten, Werte, Normen und Wissensbestände des Unternehmens vermittelt bekommen. Das Netzwerk *berufliche Entwicklung* umfasst Personen, die der individuellen Förderung zuträglich sind, sei dies durch eine Beratung, Unterstützung oder die Zuteilung von anspruchsvollen Aufgaben. Das Netzwerk *persönliche Unterstützung* ist – ähnlich wie Freundschaftsbeziehungen am Arbeitsplatz – nicht direkt mit der Arbeitsaufgabe verbunden, gilt jedoch als wichtige Hintergrundressource (Lazega & Pattison, 1999).

Eine Differenzierung der Beziehungsinhalte erlaubt einen Einblick in das relative Potenzial von Beziehungsinhalten zur Erschließung unterschiedlicher Ressourcen. Dabei interessiert, wie Bündel von Beziehungen sich auf strukturelle Eigenschaften hin unterscheiden.

3 Methode

Zur Untersuchung der Hypothesen werden egozentrierte Netzwerke erhoben. Sie eignen sich besonders gut bei großen Populationen (Wellman, 1982) sowie zur Untersuchung der Typisierung sozialer Beziehungen, in die Akteure eingebunden sind (Burt, 1980, S. 131).

3.1 Sample

In die Untersuchung eingeschlossen sind alle Kaderpersonen des Hauptsitzes einer wissensintensiven Dienstleistungsorganisation in der Schweiz. Die Datenerhebung erfolgte mittels einer Online-Befragung, die an 1154 Personen verschickt wurde. Der Rücklauf beträgt rund 25 Prozent, das Sample umfasst 288 auswertbare Fragebögen. Der Rücklauf zeigt in Bezug auf den hierarchischen Grad und das Geschlecht keine Verzerrung.

Das Unternehmen weist eine flache Hierarchie auf und unterscheidet die zwei hierarchischen Positionen Kaderstufe (69.1 Prozent der Antwortenden) und Direktionsstufe (30.9 Prozent). Die Manager verfügen zu 73.2 Prozent über einen Universitäts- oder Fachhochschulabschluss.

Das Unternehmen bietet einen internen Arbeitsmarkt an. Auf der Kaderstufe sind die Stellen zu 74.9 Prozent durch einen internen Aufstieg besetzt worden, auf der Direktionsstufe zu 94.4 Prozent (davon 70.8 Prozent von der Mitarbeiter- über die Kader- zur Direktionsstufe). Das Unternehmen bietet deshalb für die Untersuchung von Netzwerkeffekten auf den Karriereerfolg ideale Bedingungen.

3.2   Namensgeneratoren

Die Manager benennen Alteri, mit denen sie eine bestimmte Beziehung unterhalten oder spezifische Ressourcen austauschen. Verwendet wurden – wie zuvor dargelegt wurde – acht Namensgeneratoren, die die Netzwerke für fachliche Kommunikation, Ratschlag einholen, Ratschlag erteilen, Austausch strategischer Informationen, Buy-in, Organisationskultur, persönliche Unterstützung und berufliche Entwicklung erzeugten. Die Netzwerke umfassen ausschließlich unternehmensinterne Personen, obwohl das bei den Namensgeneratoren keine Anforderung war. Das durchschnittliche Managernetzwerk (über alle acht Beziehungen) umfasst 12.74 Personen. Es wurden insgesamt 3.681 Kontaktpersonen genannt.

3.3   Namensinterpretatoren und weitere unabhängige Variablen

Die *Tie-Strength* wird als eine direkte Operationalisierung der Beziehungsstärke in Termini von Nähe oder Distanziertheit erhoben (Marsden & Campbell, 1984, S. 499). Zur Differenzierung der Tie-Strength steht eine Drei-Punkte-Likert-Skala zur Verfügung (von 1 = kein naher Kontakt bis 3 = sehr nah).

- Die *fachliche Nähe* ermittelt die Ähnlichkeit von Alter zu Ego in Bezug auf den fachlichen Hintergrund. Sie wird auf einer 5-Punkte-Likert-Skala erhoben (differenziert zwischen 1 = sehr gering bis 5 = sehr hoch).
- Die *räumliche Nähe* wird mit einer 6-stufigen Skala gemessen mit 1 = anderes Land bis 5 = gleiches Stockwerk und 6 = nebenan.
- Die *Kontaktdauer* wird mit einer 4-Punkte-Likert-Skala gemessen von 1 = weniger als 1 Jahr bis 4 = 5 Jahre und länger.
- Die *organisatorische Verortung* wird mit einer 6-Punkte-Likert-Skala gemessen von 1 = innerhalb des gleichen Unternehmens bis 6 = innerhalb der gleichen Arbeitsgruppe.
- Die *Multiplexität* bezieht sich auf die Überlappung mehrerer Beziehungsinhalte in einer Dyade. Bei acht Beziehungsinhalten variiert sie zwischen 1 und 8.

Um Informationen zur Einbettung von Alter in das größere Unternehmensnetzwerk zu erhalten, wird Ego nach dem *Machtzugang der Alteri* gefragt. Auf einer 5-Punkte-Likert-Skala wird erfasst, inwiefern die Alteri ihrerseits Kontakte pflegen mit in der Organisation wichtigen oder einflussreichen Personen (von 1 = überhaupt nicht bis 5 = zu einem hohen Ausmaß). Das entspricht in der Abbildung 2 der Information, ob Alter h seinerseits mit Alteri verbunden ist, die Einfluss besitzen, z.B. Alter 1.

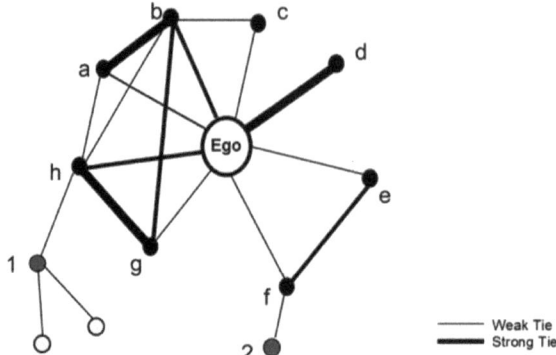

Abbildung 2: Egozentriertes Netzwerk

Strukturelle Löcher entziehen sich einer direkten Messbarkeit. Sie werden durch verschiedene Maße indirekt konzeptualisiert (Burt, 1992, Kapitel 2): die effektive Netzwerkgröße, die Effizienz, die Netzwerkbeschränkung und die hierarchische Beschränkung. In dieser Arbeit wird das Maß der *Netzwerkbeschränkung* (*structural constraint*)
verwendet, das ein zusammenfassendes Konzept aus den aufsummierten dyadischen
Beschränkungen im Netzwerk darstellt. Es erschließt, zu welchem Ausmaß Ego Verbindungen zu Alteri hat, die ihrerseits untereinander verbunden sind. Die dafür erforderlichen Informationen zum Vorhandensein und der Beziehungsstärke der Alter-Alter-
Beziehungen werden ebenfalls durch die Befragung von Ego ermittelt.

3.4   Abhängige Variablen

Der *Karriereerfolg* wird auf Grund der bereits erläuterten Gründe vornehmlich als subjektive Bewertung erfasst. Er wird mit vier Items auf einer 7-Punkte-Likert-Skala gemessen von 1 = überhaupt nicht erfolgreich bis 7 = sehr erfolgreich (z.B. „Wie erfolgreich
schätzen Sie Ihre Karriere ein?", „Wie erfolgreich schätzen Sie Ihre Karriere im Vergleich zu derjenigen Ihrer Arbeitskollegen/Arbeitskolleginnen ein?"). Die Skala wurde
bereits in früheren Studien zur Messung des Karriereerfolgs von Managern verwendet
(z.B. Kirchmeyer, 1998; Turban & Dougherty, 1994). Die Werte der Items sind normal-
verteilt, die Skala ist eindimensional und weist ein Cronbachs Alpha von .875 auf.

Der *Einfluss* wird mit drei Items von Parker (1998) gemessen. Die Skala wurde
der Organisationsstruktur des befragten Unternehmens angepasst und misst auf einer
5-Punkte-Likert-Skala den Einfluss, den ein Individuum auf Ziele und Vorgaben der
Arbeitsgruppe, der Abteilung oder aber des Departementes hat (von 1 = überhaupt nicht
bis 5 = bis zu einem hohen Ausmaß). Die Skala ist eindimensional mit einem Cronbachs
Alpha von .814. Die Maße der Namensinterpretatoren und der abhängigen Variablen
wurden z-standardisiert.

3.5   Kontrollvariablen

Das *Alter* wird als Dummy-Variable eingeführt. 69.4 Prozent sind jünger oder höchstens 45 Jahre alt, 30.6 Prozent sind älter. Auch der *Beschäftigungsgrad* wird als Dummy-Variable eingeführt. 87.5 Prozent der Befragten arbeiten Vollzeit. *Geschlecht*: Von den Befragten sind 78.8 Prozent Männer und 21.2 Prozent Frauen. Die *Seniorität* wird in Monaten erfasst und weist einen Mittelwert von 124.48 bzw. rund 10 Jahren auf.

3.6   Datenstruktur und Auswertungslogik egozentrierter Netzwerkdaten

Die egozentrierten Netzwerkdaten werden auf die Ebenen Ego, Dyaden und Netzwerke (Adjazenzmatrizen) unterteilt (siehe Abb. 3).

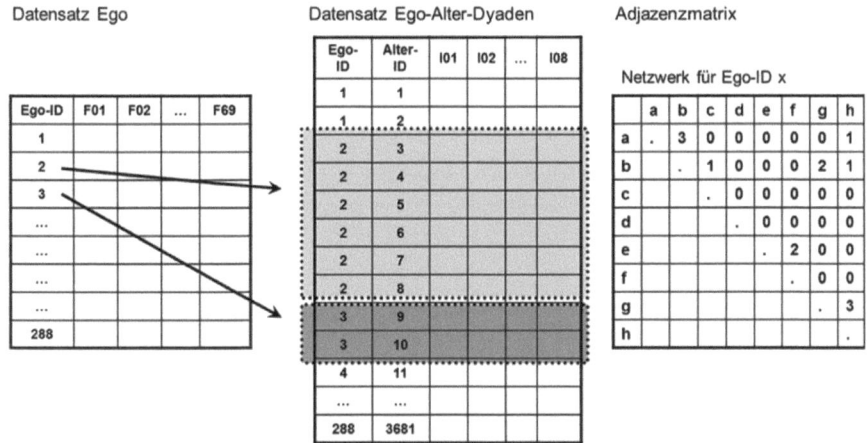

Abbildung 3:   Datenstruktur egozentrierter Netzwerke (in Anlehnung an Gerich & Lehner, 2003, S. 60)

Die Logik in der Auswertung egozentrierter Netzwerkdaten entspricht einer Auswertung einer Vielzahl von Netzwerken in Bezug auf interessierende Effekte. Die Netzwerke der Manager liegen als *Adjazenzmatrizen* vor. Sie bilden die Grundlage für die Berechnung der Netzwerkbeschränkung als Maßzahl für strukturelle Löcher mit Hilfe des Programms UCINET (Borgatti, Everett & Freeman, 2002, Version 6).

Auf der Ebene der *Dyaden* werden die Merkmale der Beziehung, also die Namens-interpretatoren, sowie die Beziehungsinhalte erfasst. Für die Regressionsanalysen werden die Daten aggregiert, indem die Mittelwerte je Ego ermittelt und in den Ego-Datensatz importiert werden.

Auf der Ebene der Egos stehen die soziodemographischen Merkmale Egos inkl. Kon-trollvariablen und abhängiger Variablen zur Verfügung. Aus den Berechnungen im Dyadendatensatz werden, wie zuvor erläutert, die unabhängigen Variablen integriert. So können sie in den Regressionsanalysen verwendet werden.

4   Resultate

4.1   Strukturelle Löcher, Strong Ties und fachliche Nähe als Determinanten des Karriereerfolgs und Einflusses

Durch multiple lineare Regressionsanalysen wird die Erklärungskraft der unabhängigen Variablen auf den Karriereerfolg und Einfluss getestet (Korrelationsmatrix siehe Tab. 1, Regressionsmodelle siehe Tab. 2). Als Kontrollvariablen werden das Geschlecht, das Alter, der Beschäftigungsgrad und die Seniorität berücksichtigt (Schritt 1). In Modell 1 zur Erklärung des Karriereerfolgs steigt das R^2 signifikant aufgrund des Einschlusses der unabhängigen Variablen (Schritt 2), der F-Wert steigt um 3.001. Das legt die Relevanz der unabhängigen Variablen für die Erklärung des Karriereerfolgs nahe. Im Modell 2 wird der Einfluss erklärt. Das R^2 beträgt im zweiten Schritt 12.3 Prozent, der F-Wert steigt um 5.076 und ist signifikant. In beiden Modellen sind die Kontrollvariablen nicht signifikant.

Tabelle 1:   Mittelwerte, Standardabweichungen und Korrelationen

	Variable	Mean	S.D.	1	2	3	4	5	6	7	8	9	10
1	Geschlecht (78.8% M, 21.2% W)		.41	1									
2	Alter (Dummy, > 45 Jahre = 30.6%)	.	.46	.178**	1								
3	Beschäftigungsgrad (Dummy, Vollzeit = 87.5%)		.33	.215**	.046	1							
4	Seniorität (in Monaten)	124.48	81.60	.128*	.447**	-.095	1						
5	Machtzugang der Alteri	3.18	.75	-.036	.006	.033	.054	1					
6	Fachliche Ähnlichkeit	3.67	.65	.071	.007	.136*	-.050	.077	1				
7	Tie-Strength	2.21	.37	-.027	.033	-.026	.080	.123*	.149*	1			
8	Netzwerkbeschränkung	.33	.15	.004	-.022	.016	-.056	.049	.158**	-.124*	1		
9	Karriereerfolg	5.08	.97	-.069	.040	.029	.010	.147*	.150*	.200**	-.132*	1	
10	Einfluss	2.5	.99	.082	.046	.039	.086	.284**	.173**	.157**	-.129*	.443**	1

N = 288, ** p < .01, * p < .05 (zweiseitig)

Die Hypothese H1 bezüglich der Nützlichkeit struktureller Löcher kann bestätigt werden: die Netzwerkbeschränkung ist negativ verbunden mit dem Karriereerfolg und dem Einfluss. In teilweiser Bestätigung von H2 weisen Strong Ties einen positiven Effekt auf den Karriereerfolg auf, nicht jedoch auf den Einfluss. H3 sagte voraus, dass fachliche Nähe von Ego zu den Alteri einen positiven Effekt auf den Karriereerfolg und den innerbetrieblichen Einfluss hat; sie wird bestätigt. Darüber hinaus hat der Machtzugang der Alteri einen positiven Effekt auf den Karriereerfolg und in stärkerem Ausmaß auf den Einfluss.

Tabelle 2: Regressionsanalysen zur Erklärung des Karriereerfolgs und Einflusses

Modell 1	Schritt 1 Coeff. (S.E.) Beta	Schritt 2 Coeff. (S.E.) Beta	Modell 2	Schritt 1 Coeff. (S.E.) Beta	Schritt 2 Coeff. (S.E.) Beta
Konstante	.054 (.188) -	.394 (.223) -	Konstante	-.202 (.186) -	.180 (.215) -
Geschlecht (Mann)	-.216 (.151) -.088	-.202 (.146) -.082	Geschlecht (Mann)	.158 (.150) .065	.184 (.141) .075
Alter (über 45 Jahren)	.115 (.145) .053	.115 (.140) .053	Alter (über 45 Jahren)	-.009 (.144) -.004	-.003 (.135) -.001
Beschäftigungsgrad (100%)	.138 (.185) .045	.075 (.180) .025	Beschäftigungsgrad (100%)	.099 (.184) .033	.004 (.174) .001
Seniorität (in Monaten)	.003 (.076) .002	-.022 (.074) -.019	Seniorität (in Monaten)	.094 (.076) .083	.063 (.071) .056
Machtzugang Alteri		.122 (.058) **.122 ***	Machtzugang Alteri		.268 (.056) **.269 *****
Fachliche Ähnlichkeit		.144 (.060) **.143 ***	Fachliche Ähnlichkeit		.162 (.058) **.162 ****
Tie-Strength		.146 (.059) **.145 ***	Tie-Strength		.078 (.057) .078
Netzwerk- beschränkung		-.926 (.379) **-.143 ***	Netzwerk- beschränkung		-1.005 (.366) **-.156 ****
R^2	.010	.096	R^2	.014	.148
Adj. R^2	-.004	.070	Adj. R^2	.000	.123
df	283	279	df	283	279
F-Statistik	.683	3.684 ***	F-Statistik	.973	6.049 ***
N	288	288	N	288	288

* $p < .05$; ** $p < .01$; *** $p < .001$ (zweiseitig)
Abhängige Variable: **Karriereerfolg**

* $p < .05$; ** $p < .01$; *** $p < .001$ (zweiseitig)
Abhängige Variable: **Einfluss**

4.2   Clusteranalyse der Beziehungsinhalte

Neben der Wirkung bestimmter struktureller Merkmale interessiert in diesem Abschnitt die Strukturierung unterschiedlicher Netzwerke. Es wird der Frage nachgegangen, inwiefern die acht erhobenen Netzwerkinhalte sinnvoll zu Gruppen geclustert werden können, die sich in Bezug auf die erhobenen strukturellen Merkmale möglichst ähneln. Hierzu wird der Datensatz der Dyaden (siehe Abb. 3) herangezogen. In einem ersten Schritt werden für die acht Netzwerke die Mittelwerte der z-Scores berechnet (siehe Tab. 3).

Tabelle 3: Mittelwerte der z-Werte in verschiedenen Netzwerken (Analyseebene Dyaden)

Beziehungsinhalt Strukturelle Charakteristika	Fachliche Kommunikation	Ratschlag holen	Ratschlag erteilen	Buy in	Persönliche Unterstützung	Strategische Information	Organisations-kultur	Berufliche Entwicklung
Machtzugang Alter	-0.027	0.037	-0.070	0.211	0.257	0.475	0.387	0.499
Fachliche Nähe	0.282	0.446	0.364	0.501	0.227	0.136	0.056	0.215
Tie-Strength	0.238	0.372	0.303	0.303	0.659	0.151	0.011	0.165
Hierarchie Alter	-0.043	0.008	-0.192	-0.001	0.237	0.343	0.483	0.649
Räumliche Nähe	0.098	0.179	0.230	0.412	0.168	0.110	-0.061	0.024
Multiplexität	0.387	0.793	0.570	0.836	1.027	0.709	0.579	0.807
Organisatorische Verortung	0.262	0.344	0.506	0.689	0.307	0.348	0.108	0.219
Kontaktdauer	-0.057	0.018	-0.096	-0.165	0.155	0.041	0.224	0.288
N	1781-1865	1080-1136	1353-1399	971-990	683-726	1096-1131	1018-1106	738-808

Für die Gruppierung der Netzwerke wird eine Clusteranalyse durchgeführt (hierarchische Clusteranalyse mit quadratischem euklidischem Abstand, siehe Abb. 4). Das Dendrogramm der Clusteranalyse zeigt die Stufen der Clusterbildung. Je früher die Netzwerke in ein Cluster integriert werden, desto ähnlicher sind sie sich. Die Größe der Distanzen lässt sich auf der x-Achse ablesen, bei der die Distanzwerte transformiert im Wertebereich von 0 bis 25 dargestellt sind. Die Zuordnungsübersicht zeigt die Clusterbildung und die Koeffizienten. Die Koeffizienten vergrößern sich nach Schritt 5 bedeutend, weshalb die Clusterbildung auf dieser Stufe abgebrochen und eine dreifache Clusterlösung gewählt wird:

- Cluster 1: Fachliche Kommunikation, Ratschlag holen, Ratschlag erteilen, Buy-in
- Cluster 2: Organisationskultur, berufliche Entwicklung, strategische Information
- Cluster 3: Persönliche Unterstützung

Das *Cluster 1* bezieht sich auf die fachliche Arbeitskommunikation und die zentralen Personen für Buy-in. Diese Beziehungen werden zu fachnahen Personen etabliert und zeichnen sich durch Strong Ties aus. Obwohl die Beziehungen stark sind, bestehen die Ties meistens noch nicht so lange. Sie vermitteln keinen Machtzugang und laufen horizontal auf derselben Hierarchiestufe zu Peers (mit Ausnahme des Netzes „Ratschlag erteilen", bei dem Kontakte zu hierarchisch Unterstellten läuft). Die Personen befinden sich räumlich eher nahe und gehören zumeist der gleichen Arbeitsgruppe oder zumindest der gleichen Abteilung an. Bei diesem Cluster zeigt sich, dass räumliche Nähe die Beziehungsstärke mit beeinflusst.

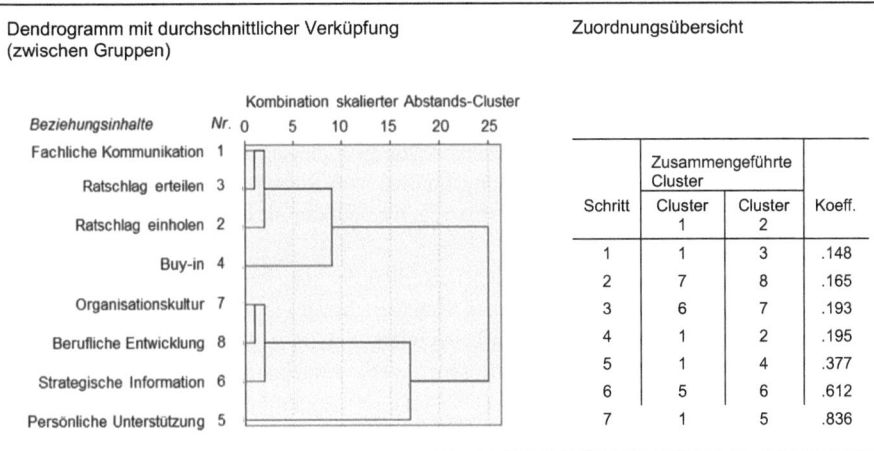

Abbildung 4:   Clusteranalyse der Beziehungsinhalte (Borgatti et al., 2009, S. 894)

Das *Cluster 2* enthält die politischen und kulturellen Beziehungen, in denen die Organisationskultur vermittelt wird und strategisch bedeutsame Informationen übermittelt werden. Mächtige Personen auf höheren Hierarchiestufen verschaffen Zugang zu solchen strategischen Informationen und vermitteln die Organisationskultur. Sie dienen zusätzlich der beruflichen Entwicklung. Es ist typischerweise ein Weak-Tie-Netz. Diese Beziehungen werden zu einflussreichen Personen unterhalten, die ihrerseits gut ins Unternehmensnetz eingebunden sind.

Das *Cluster 3* enthält Beziehungen, die der persönlichen Unterstützung dienen. Persönliche Unterstützungsbeziehungen können am ehesten als Freundschaftsbeziehungen bezeichnet werden. Diese haben nicht unmittelbar einen Zusammenhang mit dem Arbeitsergebnis oder der Performance. Sie hängen eher mit der Arbeitszufriedenheit (Roberts & O'Reilly, 1979) und dem organisationalen Commitment (Morrison, 2002) zusammen. Persönliche Unterstützungsbeziehungen sind durch ihre hohe Beziehungsstärke gekennzeichnet.

5   Zusammenfassung und Diskussion

Netzwerkansätze divergieren hinsichtlich ihrer Annahmen bezüglich der Konsequenzen verschiedener Netzwerkaspekte und -strukturen auf Handlungsmöglichkeiten der Akteure. Die Diskussion zu den Vorteilen von Weak Ties oder struktureller Löcher wird insbesondere in den Begrifflichkeiten des sozialen Kapitals geführt. Dabei steht die Frage offen, welche Netzwerkstruktur als soziales Kapital begriffen werden kann und in konkreten Kontexten einen Nutzen stiftet.

Ziel der Studie war in einem ersten Schritt, Netzwerkcharakteristika zu bestimmen, die für den Karriereerfolg und den Einfluss von Managern von Bedeutung sind. Die Untersuchung zeigt, dass die Netzwerkstruktur relevant ist und Netzwerkeigenschaften einen positiven Effekt haben. Dabei wurden drei Struktureigenschaften untersucht: strukturelle Löcher, Tie-Strength und fachliche Ähnlichkeit.

Strukturelle Löcher sind sowohl mit dem Karriereerfolg wie auch mit dem Einfluss positiv verbunden. Allerdings zeigte sich, dass im Hinblick auf den Untersuchungs-gegenstand einer wissensintensiven Dienstleistungsorganisation eine Kombination von strukturellen Löchern mit der Beziehungsqualität von Strong Ties als optimal erweist. Wissensproduktionsprozesse und die Übertragung von komplexem Wissen werden durch Strong Ties begünstigt.

Der Effekt von *Strong Ties* zeigt sich bezüglich des Karriereerfolgs, nicht jedoch be-züglich des Einflusses. Der Einfluss eines Managers hängt vielmehr zusätzlich von seiner Einbindung in das Netzwerk von einflussreichen Personen ab, also damit, wie seine Kontaktpartner ihrerseits in das Einflussnetzwerk eingebunden sind. Dieser Befund knüpft an die Erkenntnisse von Brass (1984) an, der zeigen konnte, dass Verbindungen mit der dominanten Koalition mit Macht und Beförderungen verbunden sind.

Als dritter Strukturfaktor wurde der Effekt der *fachlichen Ähnlichkeit* untersucht. Ent-gegen der These von Diversityforschern zur Effektivität von heterogenen Gruppen und Arbeitsbeziehungen zeigt sich ein positiver Effekt fachlicher Nähe auf den Karriereerfolg und den Einfluss. Fachliche Nähe vermindert kognitive Asymmetrien und macht die individuellen Wissensbestände füreinander anschlussfähig.

Im zweiten Teil wurden die Ressourcenflüsse inhaltlich differenziert und die Ties hin-sichtlich ihrer Ähnlichkeiten bezüglich der Struktureigenschaften geclustert. Das erste Cluster ermöglicht einen Zugang zu unmittelbar mit der Arbeitsaufgabe verbundenen Ressourcen. Diese werden durch Kontakte zu fachnahen Personen auf derselben Hierar-chieebene gewährleistet, zu denen ein eher enger Kontakt besteht. Im zweiten Cluster sind Ressourcen gebündelt, die über die unmittelbare Arbeitsaufgabe hinausgehen und politische wie identitätsstiftende Inhalte vermitteln. Sie werden durch höherrangige Personen gewährleistet, die im Betrieb gut eingebunden sind und mit denen eher ein Weak Tie besteht. Somit zeigt sich, dass spezifische Ressourcen über die engen Grenzen der leichter zugänglichen Kontaktmöglichkeiten erschlossen werden müssen. Politische und strategische Informationen sind nicht unmittelbar in räumlicher Nähe oder durch fachnahe Personen erreichbar, spielen aber für den Einflussgewinn und die Arbeitsper-formance eine Rolle. Das dritte Cluster bilden die persönlichen Unterstützungsbeziehun-gen, die am ehesten als Freundschaftsbeziehungen bezeichnet werden können. Es sind die engsten Beziehungen und am stärksten multiplex.

Die Untersuchung der Zusammenhänge zwischen unterschiedlichen Netzwerkcharak-teristika und Netzwerkressourcen vermag die allgemein gehaltene Diskussion rund um Netzwerke als soziales Kapital zu verfeinern. Durch die inhaltliche Differenzierung der Ressourcenflüsse konkretisiert sich der Beitrag der Netzwerke zum Karriereerfolg. Darauf haben bereits Flap & Völker (2001) hingewiesen, die betonen, dass das Erlangen spezifischer Ziele wie z.B. Karrierevorteile nicht nur das Vorhandensein gewisser Netz-werkstrukturen oder das Vorhandensein von Ties eines gewissen Inhalts erfordern, sondern in ihrer Verwobenheit in den Blick genommen werden müssen: sie erfordern spezifisch strukturierte Netzwerke aus Ties eines spezifischen Inhalts.

Literatur

Borgatti, S. P., Everett, M. G. & Freeman, L. C. (2002). *UCINET for Windows: Software for Social Network Analysis*. Natick: Analytic Technologies.

Brass, D. J. (1984). Being in the right place: A structural analysis of individual influence in an organization. *Administrative Science Quarterly, 29* (4), 518–539.

Burt, R. S. (1980). Models of network structure. *Annual Review of Sociology, 6,* 79–141.

Burt, R. S. (1992). *Structural holes: The social structure of competition*. Cambridge, MA: Harvard University Press.

Burt, R. S. (2004). Structural holes and good ideas. *American Journal of Sociology, 110* (2), 349–399.

Flap, H. & Völker, B. (2001). Goal specific social capital and job satisfaction: Effects of different types of networks on instrumental and social aspects of work. *Social Networks, 23* (4), 294–320.

Gerich, J. & Lehner, R. (2003). Egozentrierte Netzwerkerhebung mittels selbstadministrierter Computerinterviews. *Österreichische Zeitschrift für Soziologie, 4,* 45–70.

Granovetter, M. (1973). The strength of weak ties. *American Journal of Sociology, Supplement, 78* (6), 1360–1380.

Hansen, M. T. (1999). The Search-Transfer Problem: The Role of Weak Ties in Sharing Knowledge Across Organization Subunits. *Administrative Science Quarterly, 44* (1), 82–111.

Henderson, R. M. & Cockburn, I. (1994). Measuring Competence? Exploring Firm Effects in Pharmaceutical Research. *Strategic Management Journal, 15*, 63–84.

Jehn, K. A., Northcraft, G. & Neale, M. (1999). Why differences make a difference: a field study of diversity, conflict, and performance in workgroups. *Administrative Science Quarterly, 44* (4), 741–763.

Kanter, R. M. (1979). Power failures in management circuits. *Harvard Business Review, 57* (4), 65–75.

Kirchmeyer, C. (1998). Determinants of managerial career success: Evidence and explanation of male/female differences. *Journal of Management, 24* (6), 673–692.

Lazega, E. & Pattison, P. E. (1999). Multiplexity, generalized exchange and cooperation in organizations: a case study. *Social Networks, 21*, 67–90.

Marsden, P. V. & Campbell, K. E. (1984). Measuring Tie Strength. *Social Forces, 63* (2), 482–501.

McPherson, M. J., Smith-Lovin, L. & Cook, J. M. (2001). Birds of a Feather: Homophily in Social Networks. *Annual Review of Sociology, 27* (1), 415–444.

Morrison, E. W. (2002). Newcomers' relationships: The role of social network ties during socialization. *Academy of Management Journal, 45*, 1149–1160.

Nooteboom, B. (2000). *Learning and Innovation in Organizations and Economies*. Oxford: Oxford University Press.

Norburn, D. & Birley, S. (1988). The top management team and corporate performance. *Strategic Management Journal, 9* (3), 225–237.

Oldham, G. R. & Cummings, A. (1998). Creativity in the organizational context. *Productivity, 39* (2), 187–194.

Parker, S. K. (1998). Enhancing role breadth self-efficacy: The roles of job enrichment and other organizational interventions. *Journal of Applied Psychology, 83* (6), 835–852.

Pfeffer, J. (1981). *Power in Organizations*. Marshfield, MA: Pitman.

Pfenning, A., Pfenning, U. & Mohler, P. P. (1991). Zur Reliabilität von egozentrierten Netzwerken in Massenumfragen. *ZUMA-Nachrichten, 28*, 92–108.

Podolny, J. M. & Baron, J. N. (1997). Resources and relationships: Social networks and mobility in the workplace. *American Sociological Review, 62* (5), 673–693.

Roberts, K. H. & O'Reilly, C. A. (1979). Some correlates of communication roles in organizations. *Academy of Management Journal, 22*, 42–57.

Simmel, G. (1908). Der Streit. In G. Simmel (Hrsg.), *Soziologie. Untersuchungen über die Formen der Vergesellschaftung* (S. 186–255). Berlin: Duncker & Humblot.

Szulanski, G. (1996). Exploring Internal Stickiness: Impediments to the Transfer of Best Practice Within the Firm. *Strategic Management Journal, 17*, 27–43.

Tharenou, P. (2001). Going up? Do traits and informal social processes predict advancing in management? *Academy of Management Journal, 44* (5), 1005–1017.

Tiwana, A. (2008). Do Bridging Ties Complement Strong Ties? An Empirical Examination of Alliance Ambidexterity. *Strategic Management Journal, 29*, 251–272.

Tsai, W. & Ghoshal, S. (1998). Social capital and value creation: The role of intrafirm networks. *Academy of Management Journal, 41* (4), 464–476.

Tsui, A. S. & O'Reilly, C. A. (1989). Beyond simple demographic effects: The importance of relational demography in superior-subordinate dyads. *Academy of Management Journal, 32*, 402–423.

Turban, D. B. & Dougherty, T. W. (1994). Role of protégé personality in receipt of mentoring and career success. *Academy of Management Journal, 37*, 688–702.

von Nordenflycht, A. (2010). What is a Professional Service Firm? Toward a Theory and Taxonomy of Knowledge-Intensive Firms. *Academy of Management Review, 35* (1), 155–174.

Wellman, B. (1982). Studying Personal Communities. In P. V. Marsden & N. Lin (Eds.), *Social Structure and Network Analysis* (pp. 61–80). Beverly Hills: Sage.

Williams, K. Y. & O'Reilly, C. A. (1998). Demography and Diversity in Organizations: A Review of 40 Years Research. *Research in Organizational Behavior, 20*, 77–140.

Michael Rehberg

Die Internationalisierung der Optischen Technologien – Das Anwendungsbeispiel einer qualitativen Netzwerkanalyse in der wirtschaftsgeographischen Internationalisierungsforschung

1   Einleitung

Die der Globalisierung innewohnenden Entgrenzungsprozesse bieten Unternehmen Chancen, arbeitsteilig neue Märkte weltweit zu erschließen. In diesem Kontext ist der internationale Markteintritt für kleinere und mittlere Unternehmen nicht nur Chance, sondern zugleich aufgrund des Betriebsgrößennachteils eine Herausforderung (Kabst, 2008, S. 1f.; Schwens, 2008, S. 1f.). Das geringe Maß an Eigenkapital sowie der mangelnde Zugang zu Finanzierungsquellen bedingen eine quantitative Einschränkung im Aufbau internationaler Geschäftsprozesse mit qualifiziertem Humankapital. Technisch ausgebildete Unternehmenseigner sind mit komplexen Managemententscheidungen konfrontiert, denen sie sich bei eingeschränkt betriebswirtschaftlicher Kompetenz stellen müssen. Diese qualitative Einschränkung (im Sinne von fehlendem Wissen und eingeschränkter Kompetenz) können die Unternehmen mangels Eigenkapital nicht finanziell (quantitativ) substituieren. Mangelnde Ressourcenverfügbarkeit und unzureichende Rücklagen lassen ein Scheitern der Internationalisierung für viele kleinere und mittlere Betriebe zur Existenzbedrohung werden. Ein enormer Erfolgsdruck entsteht (Forster, 2006, S. 672f.).

Für diesen thematischen Zusammenhang sind die Optischen Technologien ein Paradebeispiel. Zugerechnet zu den Spitzentechnologien umfassen sie mit ihren querschnittsorientierten Charakteristika „[...] die Gesamtheit physikalischer, chemischer und biologischer Naturgesetze und Technologien zur Erzeugung, Verstärkung, Formung, Übertragung, Messung [sowie] Nutzbarmachung von Licht" (Lenkungskreis Optische Technologien für das 21. Jahrhundert, 2002, S. IX). Analog zur deutschen Volkswirtschaft (Statistisches Bundesamt, 2010, S. 493f., 499f.) wird die Branche der Optischen Technologien von kleinen und mittleren Unternehmen (KMU) dominiert (Spectaris, 2010, S. 6). Auffällig ist hier, dass im Vergleich zu der Entwicklung anderer Branchen seit dem Zweiten Weltkrieg für die Optischen Technologien insgesamt höhere Umsatzzuwachsraten gegenüber dem Bruttoinlandsprodukt erzielt wurden, was auch auf die ausgesprochen hohe Exportorientierung zurückzuführen ist (Mossig & Klein, 2003, S. 240). Damit sind in eng definierten Nischen wie der Lasertechnologie deutsche Unternehmen im Weltmarkt als „Hidden Champions" führend (Schricke, 2007, S. 75; Rehner, 2006, S. 709). Die Unternehmen generieren entsprechend einen maßgeblichen Anteil ihres Umsatzes auf dem ausländischen Markt. In den Jahren 2006 bis 2009 lag die Quote des Auslandsanteils am Gesamtumsatz[1] stabil bei 67% (Spectaris, 2010, S. 11ff.). Diese Quote wird von der Lasertechnologie mit 80% nochmals übertroffen (Bundesministerium für Bildung und Forschung, 2007, S. 8). Ein Branchenvergleich verdeutlicht die hohe Bedeutung der Internationalisierung für die Optischen Technologien, die mit ihrem Internationalisierungsgrad von 67,4% (Spectaris, 2010, S. 11) sogar bei sinkendem Umsatz im Krisenjahr 2009 über alle Branchen die Spitzenposition einnehmen (Statistisches Bundesamt, 2010, S. 379).

Ausgehend von dieser kurzen Einführung wird folgend am Fallbeispiel der Optischen Technologien der Forschungsfrage nachgegangen, inwiefern egozentrierte Netzwerke auf den Internationalisierungsprozess kleiner und mittlerer Unternehmen einwirken. Damit adressiert diese Fragestellung die von Glückler (2006, S. 389) sowie Schwens (2008, S. 84) diagnostizierte Forschungslücke bezüglich dem mangelnden Einsatz netzwerktheoretischer Analyse in der Internationalisierungsforschung. Zudem ist in der wissenschaftlichen Literatur bis dato noch keine fallspezifische Untersuchung der Optischen Technologien als eine herausragend internationalisierte Branche der deutschen Volkswirtschaft zu finden. Anknüpfend gliedert die dargestellte Forschungsfrage diesen Artikel inhaltlich. Einführend wird der zugrunde liegende theoretische Rahmen erläutert. Hierauf aufbauend nähert sich das Forschungsdesign und das methodische Vorgehen dem Forschungsgegenstand theoriegeleitet sowie diskutiert im folgenden Kapitel als Untersuchungsergebnis die aus einer egozentrierten Perspektive gewonnenen Netzwerkkonfigurationen. Eine abschließende Zusammenfassung mit Hinweisen zum weiteren Forschungsbedarf rundet diesen Beitrag ab.

2   Internationalisierung und Netzwerke – eine theoretische Perspektive

Wie die Einführung skizziert, ist die unternehmerische Internationalisierung kleiner und mittlerer Unternehmen der Optischen Technologien ein von Relevanz gekennzeichneter Untersuchungsgegenstand. Da kein einheitlicher Theorieansatz für den spezifisch adressierten Unternehmenstypus vorliegt (Schwens, 2008, S. 1f.), konzeptualisiert der wirtschaftsgeographische Analyserahmen thematisch den Gegenstand mit der betriebswirtschaftlichen Internationalisierungstheorie (Abschnitt 2.1) und der wirtschaftssoziologischen Netzwerktheorie (Abschnitt 2.2).

2.1   Betriebswirtschaftliche Internationalisierungstheorie

Die Betriebswirtschaftslehre versteht mit der Internationalisierungsprozesstheorie die Internationalisierung als einen durch Lernen charakterisierten prozesshaften Verlauf inkrementeller Entscheidung aufgrund begrenzt verfügbaren Wissens (Johanson & Vahlne, 1977, S. 23). Dabei zielt dieses Modell auf einen (Lern-)Prozess kontinuierlicher Aneignung, Integration sowie Anwendung von Wissen ab, der das Unternehmen stufen-

---

1   Das Statistische Bundesamt (2010, S. 381) definiert und misst als Internationalisierungsgrad (respektive Exportquote) den prozentualen Anteil des Auslandsumsatzes am Gesamtumsatz.

weise als eine dem Verhalten angepasste Expansion an den Auslandsmarkt bindet (Kabst, 2008, S. 13; Rehner 2006, S. 695)[2]. Hinsichtlich dessen stellt die Internationalisierungsentscheidung das Marktwissen über den Zielraum („Market Knowledge") als Kernproblem in den Fokus der Analyse (Johanson & Vahlne, 1977, S. 23; Knight & Liesch, 2002, S. 981). Ein Mehr an Wissen über den Zielmarkt reduziert das Risiko der durch fehlende Informationen verursachten Kosten; die Unternehmen sind somit einem Zwang zur Informationsbeschaffung ausgesetzt (Knight & Liesch, 2002, S. 985f.).

Dieses Wissensdefizit wird von Johanson und Vahlne (1977, S. 24) „as the sum of factors preventing the flow of information from and to the market" definiert. Für diese Faktoren sind Unterschiede in Sprache, Bildung, Kultur, Entwicklungsstand sowie Verhaltensregeln ausschlaggebend. Die hemmende Distanz hat Auswirkungen auf die Vertrauensbildung unter den Geschäftspartnern, welche aufgrund der kulturellen Unterschiede und des Informationsdefizits ihr Verhalten gegenseitig schwer abschätzen können. Sie kennen sich nicht.

Somit thematisiert dieses in der Internationalisierungsprozesstheorie zusammengefasste internationalisierungsrelevante Wissen die ökonomischen Gegebenheiten („Business Knowledge") und das politisch-rechtliche Umfeld („Institutional Knowledge"). Unter „Internationalisation Knowledge" wird der gesamte Wissenskomplex zusammengefasst (Chetty & Eriksson, 2002, S. 309).

Wie die Internationalisierungsprozesstheorie (Johannson & Vahlne, 1977) beschreibt, wird dieser Wissenskomplex durch das (ressourcenaufwändige) Erfahrungslernen bzw. „Learning-by-doing" (Arrow, 1962) erworben. Diesbezüglich wendet aus innovationsökonomischer Perspektive de Man (2008, S. 21f.) ein, dass „[i]nternal knowledge build-up and knowledge transfer is easier than external acquisition of knowledge […]. Even with extreme specialization companies may not have all the knowledge they require inhouse. Learning from other companies may be necessary to further develop core competences". Dabei ist eine grundlegende Annahme des Netzwerkgedankens, dass Unternehmen abhängig von den Ressourcen der Geschäftspartner sind. Die Teilhabe an einem Netzwerk ist gleichbedeutend mit dem Zugang zu externen Ressourcen in Form von Wissen und weiteren Geschäftskontakten (Kunden, Zulieferer, Distributoren) (Kabst, 2008, S. 16). Diese Lernform im Sinne des Erfahrungsaustausches („Learning-by-Interacting") ist gekennzeichnet durch die persönliche Interaktion (beispielsweise zwischen Produzent und Konsument) (Lundvall, 1988, S. 352). Dabei stellt sich der persönliche Kontakt als vorteilhafter für den Lerneffekt heraus, da er einen effizienteren Austausch bei hoher Wissensspezifität garantiert (Storper & Venables, 2004, S. 353f.). Für ein stabiles Lernarrangement ist Vertrauen unabdingbar und kann durch opportunistisches Verhalten der Handelnden entscheidend beeinträchtigt werden. Der Nutzen der Kooperation muss für beide Partner als vertrauensbildender Anreiz die aufgewendeten Kosten überwiegen. Dies mindert die opportunistische Handlungsweise (Koschatzky, 2001, S. 52).

---

2 Der *„International New Venture"*-Ansatz (Oviatt & McDougall, 1994) ergänzt hier den Erklärungsgehalt der Internationalisierungsprozesstheorie hinsichtlich der Prä-Internationalisierungsphase.

2.2   Wirtschaftssoziologische Netzwerktheorie

Den durch das über den persönlichen Kontakt vermittelte Vertrauen skizzierten Erfahrungsaustausch, wird in der wirtschaftsgeographischen Netzwerkforschung von Bathelt und Glückler (2003, S. 169) mit dem Begriff des *Sozialen Kapitals* assoziiert. Das Zustandekommen von Sozialem Kapital begründet Burt (1992) aus einer egozentrierten Perspektive mit einer fragmentierten Netzwerkstruktur („Structural Hole"). Hierbei entwickelt der zentrale Akteur Bindungen zu entfernten Netzwerkclustern. Zwischen diesen Clustern wird eine vermittelnde Position eingenommen, indem die einzelnen und in sich geschlossenen Netzwerkcluster über den Mittler indirekt miteinander verknüpft werden (Bathelt & Glückler, 2003, S. 169). Die zentrale Position zwischen den Netzwerkclustern verschafft dem Akteur durch einen Informationsvorsprung Kontroll- und Wettbewerbsvorteile (Walker, Kogut & Shan, 1997, S. 110). Den Wettbewerbsvorteil definiert Burt (1992, S. 18) aus dieser egozentrierten Perspektive als strukturelles Loch: „I use the term structural hole for the seperation between nonredundant contacts. Nonredundant contacts are connected by a structural hole. A structural hole is a relationship of nonredundancy between two contacts. […] As a result of the hole between them, the two contacts provide network benefits that are in some degree additive rather than overlapping". Diese Argumentation von Burt (1992) zielt auf den additiven Effekt heterogener Informationsquellen ab, die über ein Netzwerk an das Ego angebunden sind. Ein konkreter Zugang wird umso bedeutender, je stärker die Nachfrage nach Wissen (wie bei der unternehmerischen Internationalisierung) zeitkritisch ist. Denn die schnelle Übermittlung führt von einem Informations- zu einem Wettbewerbsvorteil, da „[p]ersonal contacts get significant information to you before the average person receive it" (Burt, 1992, S. 14). Die Folge ist eine unmittelbare Anpassungsreaktion auf Umweltveränderungen im Sinne eines „First-Mover Advantage" (Lieberman & Montgomery, 1988).

Aufbauend auf dieser Vorstellung von strukturellen Löchern fokussieren sich Bell und Zaheer (2007) auf den Zusammenhang zwischen einem räumlichen Netzwerk und dem zugrunde liegenden Wissensfluss. Sie stellen fest, dass die Wissensflüsse, welche über eine geographische Distanz hinweg verlaufen, wertvoller sind als räumlich homogenes Wissen. Erklärt wird dieser Zusammenhang damit, dass die verschiedenen Räume unterschiedliche Perspektiven auf die gleichen Probleme ermöglichen. Ein Austausch findet dennoch statt, weil dem kollektiven Interpretationsschema eine vertrauensvolle, da freundschaftliche Basis, zugrunde liegt (Bell & Zaheer, 2007, S. 968): „[…] [F]riends bridging 'geographic holes' will be able to draw upon their common worldviews to learn about, understand, and exploit knowledge from different geographic locations unavailable to friends who share a common geographic space". Ausgehend von diesem Phänomen kann darauf geschlossen werden, dass „firms and managers may gain a competitive advantage by linking into diverse geographic regions via friendship ties across those regions" (Bell & Zaheer, 2007, S. 968). Zum egozentrierten Ansatz („Structural Hole") von Burt (1992) ziehen Bell und Zaheer (2007, S. 956, 966) eine Analogie im Sinne einer räumlichen Strukturlücke („Geographic Hole").

Dieser im „Geographic Hole" thematisierte raumüberbrückende Netzwerkkanal wird von Bathelt, Malmberg und Maskell (2004) mit dem Begriff des transnationalen Kanals („Global Pipeline") belegt. Der Wert des transnationalen Kanals beruht auf der Erkenntnis, dass dieser neues Wissen aus dem globalen Markt transferiert und somit langfristig Wachstumschancen eröffnet (Maskell, Bathelt & Malmberg, 2006, S. 998). Aus einer egozentrierten Netzwerkperspektive schematisieren Rychen und Zimmermann (2008, S. 770) diesen transnationalen Kanal in eine Multispot-Konfiguration, eine Gatekeeper-Konfiguration und eine temporär-räumliche Konfiguration.

3 Qualitative Netzwerkanalyse und methodisches Vorgehen

Die formulierte Forschungsfrage (Abschnitt 1) thematisiert die Bedeutung eines Netzwerks im Internationalisierungsprozess. Dabei besteht der Anspruch, die qualitative Struktur der Fragestellung am Fallbeispiel zu identifizieren. Für diese Herangehensweise ermöglicht die „qualitative Netzwerkanalyse" durch ihre ergebnisoffene Anlage eine vertiefende Analyse des bisher teilerforschten Terrains. Die Ergebnisse bieten im Sinne eines explorativen Vorgehens die Grundlage für eine weitere Quantifizierung (Hollstein, 2006, S. 20f.). Im Folgenden wird das Forschungsdesign (Abschnitt 3.1) sowie das abgeleitete methodische Vorgehen (Abschnitt 3.2) erläutert.

3.1 Qualitative Netzwerkanalyse

Die qualitative Analyse eines Netzwerks wendet entgegen eines quantitativen Ansatzes (mit mathematisch-formalen Modellen der Graphentheorie) wenig standardisierte Methoden an. Bei diesem Verfahren wird nah am Untersuchungsobjekt agiert (Hollstein, 2006, S. 11f.), so dass „die Struktur der Beziehungen zwischen mehreren Akteuren zu ihrem Gegenstand [ge]macht [wird]" (Hollstein, 2006, S. 13). Diese Gegenständlichkeit zieht ihre Legitimation aus dem „Prinzip der Offenheit" (Lamnek, 2008, S. 21). Mit einem höheren Subjektivitätsgrad setzt sich das Prinzip durch die Abkehr von vorab formulierten reduzierenden Filterinstrumenten zum Ziel, unerkannte Strukturen wahrzunehmen (Lamnek, 2008, S. 21f.). Die damit einhergehende Identifikation mit dem Untersuchungsgegenstand geschieht dennoch nicht losgelöst von dem unausblendbaren (impliziten) Vorwissen des Forschers (z.B. einer quantifizierten Netzwerkstruktur) (Meinefeld, 2009, S. 271f.).

In der qualitativen Netzwerkforschung ist für die Untersuchung der skizzierten Forschungsfrage die Erhebung eines egozentrierten Netzwerks, die auf einer Netzwerkkarte basiert, beispielhaft (Hollstein, 2006, S. 18f.). Unter der „egozentrierten Netzwerkanalyse" versteht Jansen (2006, S. 80) „das um eine fokale Person, das Ego, herum verankerte soziale Netzwerk". Einerseits mildert die egozentrierte Netzwerkanalyse das Problem der Stichprobenziehung, während das Verfahren andererseits den Erklärungsgehalt der quantifizierten Netzwerkstruktur einschränkt. Rückschlüsse auf das Gesamtnetzwerk sind nicht zulässig (Ter Wal & Boschma, 2009, S. 747f.).

Für die Netzwerkanalyse stellt das von Ter Wal und Boschma (2009, S. 748) präferierte Interview eine valide Erhebungsmethode dar, indem es eine vertrauliche Atmosphäre bietet. Nachteilig hingegen ist der erhöhte Zeitaufwand, der gleichzeitig den Untersuchungsrahmen auf kleinteilige Stichproben beschränkt. Als Erhebungsinstrument wird bei einer qualitativen Netzwerkanalyse ebenfalls das offene oder teilstrukturierte Interview genutzt, oft ergänzt um verschiedene Ansätze der Netzwerkkarte oder einer

Triangulation (Hollstein, 2006, S. 12). In diesem Sinne konzentriert sich im vorliegenden Untersuchungsdesign die Erhebung nicht nur primär auf die Unternehmen, sondern bezieht das Unternehmensumfeld (Branchenorganisation, Forschungseinrichtung, Wirtschaftsförderung) ein. Diese Form der Triangulation bildet gleichzeitig mögliche Vernetzungen ab und nutzt für eine differenziertere Fallbewertung wechselseitige Betrachtungsweisen (Grabher & Ibert, 2006, S. 255).

3.2   Methodisches Vorgehen

Wie aus dem Forschungsdesign ersichtlich, ist für die Erhebung qualitativer Netzwerkdaten das leitfadengestützte Interview eine probate Methode, um die kaum strukturiert erforschte Schnittstelle zwischen Internationalisierungsverhalten und Netzwerkanalyse zu untersuchen. Dabei beantworteten alle Interviewpartner den gleichen Leitfaden, um eine Vergleichbarkeit der Aussagen zu erhöhen (Gläser & Laudel, 2009, S. 41f.).

Der theoriegeleitete Leitfaden, der das Interview strukturierte und ihm seinen thematischen Rahmen gab, setzte sich aus sechs Untersuchungsfragen zusammen. Im Gegensatz zur festgelegten Frageabfolge waren die Untersuchungsfragen selbst offen formuliert und konnten von den interviewten Gesprächspartnern frei beantwortet werden. Die einführende Frage befasste sich mit dem Internationalisierungsgrad, woran sich vier Fragen zum internationalisierungsrelevanten Wissen und die Form der Diffusionswege dieses Wissens anschlossen. Der Gesprächsleitfaden endete mit einer das Unternehmen charakterisierenden Netzwerkkarte, die als Namensgenerator mithilfe einer (Welt-)Karte das egozentrierte Netzwerk in eine räumliche Ebene projizierte (Kesselring, 2006, S. 343).

Die Planung der Interviews begann mit der Auswahl der Interviewpartner, die auf drei Kriterien basierte. Erstens mussten die in exponiert leitender Stellung befindlichen Interviewpartner Auskunft über die internationalen Aktivitäten des Unternehmens und die internationalen Kontakte geben können. Zweitens wurde vorausgesetzt, dass aufgrund der heterogenen Branchenstruktur der Optischen Technologien die Unternehmen entweder eine Mitgliedschaft im Branchenverband Spectaris (2011) oder bei OptecNet (2011) aufwiesen. Hier war mit ihren Eigenschaften feststellbar, ob die ausgewählten Unternehmen der „KMU-Definition" (Forster, 2006, S. 671) entsprachen. Drittens mussten die Interviewpartner in Anlehnung an die „Informationsplattform Messe" (Schuldt & Bathelt, 2009) an einer internationalen Leitmesse der Optischen Technologie teilgenommen haben. Dabei sollte die Messeteilnahme sicherstellen, dass sich der interviewte Experte zum Untersuchungsproblem äußern konnte und sich selbst der Untersuchungsbranche zuordnete.

Anhand der Ausstellerpräsenz auf der „Laser World of Photonics 2009" in München (Messe München GmbH, 2009), der „Photonics West 2010" in San Francisco (Spie, 2010) oder der „Optatec 2010" in Frankfurt (P. E. Schall GmbH & Co. KG, 2010) erfolgte die Auswahl von 17 Interviewpartnern. Dieser Auswahl entzogen sich mit einer Verweigerung zwei Unternehmen und eine Branchenorganisation. Aus den 14 durchgeführten Interviews wurden nochmals zwei Transskripte ausgeschlossen, so dass die Analyse auf der nachvollziehbaren Datengrundlage von zwölf digital und in vergleichbarer Kommunikationssituation aufgezeichneten Interviews basiert (sieben Unternehmen, zwei Branchenorganisationen, zwei Wirtschaftsförderungseinrichtungen und eine Forschungseinrichtung). Im Anschluss wurden diese Interviews inhaltsanalytisch nach Mayring (2008) ausgewertet. Die Analyse selbst prüft das konzeptionelle Kategoriesystem wiederholt und modifiziert gegebenenfalls (durch Unterkategorien) dieses mit dem Ziel einer trichterförmigen Materialreduktion (Lamnek, 2008, S. 527f.).

4 Netzwerkkonfigurationen im Internationalisierungsprozess

Als Untersuchungsergebnis beschreibt der vierte Abschnitt ausgehend von dem (in Abschnitt 2.2) durch Rychen und Zimmermann (2008) skizzierten Schema die transnationalen Kanäle in ihrer Multispot-Konfiguration (Abschnitt 4.1), Gatekeeper-Konfiguration (Abschnitt 4.2) sowie temporär-räumlichen Konfiguration (Abschnitt 4.3). Diese Oberkategorien werden durch das in den Interviews gesammelte qualitativen Daten mit Unterkategorien analytisch aufgefüllt.

4.1 Multispot-Konfiguration

Mit der Multispot-Konfiguration managt das Unternehmen seinen globalen Austausch durch den Ausbau firmeninterner Zweigstandorte. Diese Zweigniederlassungen umfassen nicht nur Vertriebsorganisationen, sondern auch Produktionsstandorte und Forschungseinrichtungen. Im Sinne von Lokalisations- und Urbanisationsvorteilen sind sie aufgrund von Kosten, Wettbewerb und Technologiedruck nahe an den relevanten Märkten (Räumen) positioniert und dienen entweder der Marktkontraktion, der Produktion oder dem Abschöpfen von technologischem Wissen. Das dadurch entstehende Netzwerk wird firmenintern koordiniert und genutzt. Aufbau und Unterhalt sind sehr kostenintensiv sowie unflexibel, weshalb in der Mehrzahl größere Unternehmen diese Strategie verfolgen (Rychen & Zimmermann, 2008, S. 770). Im Sinne von Burt (1992) werden nicht-redundante Netzwerkcluster gesucht, um durch die Lokalisation der Unternehmensdependenz mit diesen eine Relation aufzubauen. Aus den Interviews wurden mit der Produktionsniederlassung, der Vertriebsniederlassung sowie der langfristig formalisierten Geschäftsbeziehung drei Unterkategorien der Multispot-Konfiguration identifiziert.

Die im Ausland ansässige Produktionsanlage weist die höchste Form der Ressourcenbindung auf. Aufgrund der Bindung knapper Ressourcen war für die befragten Unternehmen die Produktionsniederlassung jedoch von minderer Bedeutung. Da in den Optischen Technologien der „plakative Effekt, wie billige Arbeitskräfte", nicht zwangsläufig zu einer Produktionsverlagerung führt, folgen die Unternehmen absatzorientiert den Zielmärkten. Die strategische Expansion zielt vielmehr auf den Marktzugang durch eine Vertriebsniederlassung ab. Gerade der lokale Ansprechpartner ist wichtig für die Unternehmen und den direkten Kundenkontakt insbesondere in sensiblen Teilbranchen (wie der Militärtechnologie). Der Zugang erfordert einen lokalen (nationalen) Mitarbeiter, um „überhaupt die Erlaubnis [zu] bekommen, in ein solches Unternehmen [einzutreten]". Im Gegensatz zu den beiden vorher genannten Unterkategorien unterscheidet sich die langfristig formalisierte Geschäftsbeziehung durch die unternehmensexterne Wissensdiffusion und den abgestuften Formalisierungsgrad. Die Formalisierung besteht in periodisch wiederkehrenden oder dauerhaften Vertragsabschlüssen, in denen sich die Partner durch ihre enge Zusammenarbeit auszeichnen. Die Interaktion einer formalisierten Geschäftsbeziehung ist in Reziprozität und Interdependenz durch einen vertrauensvollen Umgang miteinander geprägt. Diese Geschäftsbeziehungen dienen als „erste[r] Ansprechpartner", über den der wesentliche Wissensaustausch verläuft (Rehberg, 2010, S. 84f.).

4.2   Gatekeeper-Konfiguration

Die Gatekeeper-Konfiguration ist dadurch gekennzeichnet, dass Ressourcen und Wissen über Dritte („den Gatekeeper") gemanagt werden. Dieser Intermediär steuert die Informationsströme zwischen den Partnern und tritt im Sinne von Burt (1992) als direkter Mittler der unverbundenen Parteien auf. Exemplarisch für eine solche Mittlerrolle ist der in den Industriedistrikten des Dritten Italien bekannte *Impanatori*. Grundlegend kommt diese Struktur in zweierlei Form zum Tragen. Erstens sind interne Akteure mit externen Ressourcen vernetzt. Lokale Akteure profitieren von überregionalen Akteuren und umgekehrt. Zweitens spielt diese Struktur mit dem Management interner und externer Ressourcenflüsse die Rolle eines Motivators. Dabei forciert der „Impanatori" eine Aktivierung der internen Ressourcen, indem gezielt Problemlösungen angestrebt werden, welche die Entwicklung innovativer Produkte vorantreiben (Rychen & Zimmermann, 2008, S. 771). Aus dem Interviewmaterial wurden wiederum mit dem Distributor, den Öffentlichen Einrichtungen sowie dem privaten Kontakt drei Unterkategorien der Gatekeeper-Konfiguration identifiziert.

Die Beziehung zu einem Distributor nimmt eine Zwitter-Stellung zwischen der formalen Multispot- und der Gatekeeper-Konfiguration ein. Hierbei kann gleichfalls eine formale Geschäftsbeziehung mit einer Distributionsgesellschaft vorliegen. Die Distributoren spielen eine zentrale Rolle beim Zugang zum ausländischen Markt und werden von den Unternehmen als „Multiplikatoren" eingesetzt. In ihrer Funktion als „Türöffner" verfügen die Distributoren über langfristige Beziehungen zu lokalen Unternehmen und bilden eine „Mentalitätsbrücke" über die das deutsche Unternehmen neue Kontakte erschließen kann. Dabei ist es ihre Aufgabe, die Kommunikation (Wissensdiffusion) im Sinne eines „Sprachrohr[s]" vor Ort sicherzustellen, um subtile Internationalisierungshemmnisse zu umgehen. Die öffentlichen Einrichtungen werden kritisch betrachtet und insbesondere der Wirtschaftsförderung und den Branchenorganisationen ein minderer Wert beigemessen. Als ein effektiver Internationalisierungspartner werden hingegen die Forschungseinrichtungen wahrgenommen. Für ein Unternehmen ist gerade der Kontakt mit wissenschaftlichen Einrichtungen interessant, weil die Wissenschaftler als „Multiplikatoren" potentielle Kunden von Produkten vertrauensvoll überzeugen können. Zudem dienen die in Deutschland ansässigen Forschungseinrichtungen als Mittler für technologisches Wissen aus dem Ausland. Diese Rolle betont insbesondere ein Hochschullehrer, da er selbst als Gatekeeper Wissen im Ausland akquiriert und es „veredel[t]" an die heimische „Community" weitervermittelt. Neben der puren Wissensgenerierung dient eine Universität auch als Kontaktplattform. Dabei vermitteln ehemalige Kommilitonen relevantes Wissen, wie ein Unternehmen plakativ am Beispiel des „Buy-American-Act" schilderte. Mit diesen Informationen verstand der Unternehmer den kausalen Zusammenhang, wieso er trotz wettbewerbsfähigeren Produkten keinen Verkaufsabschluss in den USA erzielen konnte. Über seinen ehemaligen Kommilitonen erhielt der Unternehmer das Wissen, inwiefern mit dem subtilen Hemmnis umzugehen ist. Dabei nimmt letztlich auch der private Kontakt eine Zwitter-Stellung zwischen der Gatekeeper-Konfiguration und der folgenden temporär-räumlichen Konfiguration ein. Der private Kontakt kann gleichfalls ein (Unternehmens-)Besuch mit Akteuren aus dem gleichen Milieu sein (Rehberg, 2010, S. 86f.).

4.3 Temporär-räumliche Konfiguration

Ein Unternehmen kann aufgrund der gebotenen Reduktion der Transportkosten die Netzwerkpartner temporär lokal und persönlich treffen (Rychen & Zimmermann, 2008, S. 771). Eine besondere Funktion für die raum-zeitliche Interdependenz nehmen neben gegenseitigen Unternehmensbesuchen die Messeveranstaltung sowie alle Arten temporär internationaler Zusammenkünfte (z.B. wissenschaftliche Kongresse) ein. Der zentralisierte Ort dient dabei als Anziehungspunkt aller Akteure eines Milieus. Räumlich komprimiert werden dadurch die Identifikation und Selektion potenzieller Partner erleichtert. Diese raum-zeitlich eingegrenzte Plattform erfüllt in der Regel die Bedürfnisse der Unternehmer, denn im Allgemeinen sind die Beziehungen zwischen Unternehmen nicht durch persönliche Treffen dauerhaft gekennzeichnet. Die Interaktion basiert zum Großteil auf modernen Kommunikationssystemen (Rychen & Zimmermann, 2008, S. 772). Im Sinne der Argumentation von Burt (1992) werden nicht redundante Netzwerkpartner gesucht und kontaktiert. Insbesondere der raum-zeitlich eingeschränkte Kontakt stellt eine Vorstufe dar, die sich formalisiert zur Gatekeeper-Konfiguration (Abschnitt 4.2) sowie zur Multispot-Konfiguration (Abschnitt 4.1) weiterentwickeln kann. Aus dem Interviewmaterial konnten mit der Delegationsreise, dem Unternehmensbesuch, sowie der internationalen Leitmesse drei Unterkategorien der temporär-räumlichen Konfiguration identifiziert werden.

Mit dem Instrument der Delegationsreise bietet die Wirtschaftsförderung eine Kommunikationsplattform an. Die teilnehmenden Unternehmensvertreter reisen gemeinsam in ein ausgewähltes Land, um Kontakte zu knüpfen und Verträge abzuschließen. Dabei tauschen sich die mitreisenden Unternehmensvertreter über ihre Erfahrungen aus. Jedoch generiert die offizielle Aufwartung des gegenseitigen Unternehmensbesuches für die Akteure auch eine informelle Erwartung. Dennoch präferiert ein interviewtes Unternehmen diesen Austausch bei der Auslandsmarktbearbeitung, denn „[e]s ist zum Beispiel so, dass der US-amerikanische Markt es [anspricht], wenn man [die Unternehmen] besucht". Beim gegenseitigen Miteinander vor Ort erlebt der Unternehmer, „wie das [Geschäftsgebaren] [...] [ab]läuft".

Gleichfalls ist es für den asiatischen Markt wichtig, (das) „Gesicht [zu] zeigen", so dass die Hauptkunden deshalb ein- bis zweimal pro Jahr besucht werden müssen. Jedoch können diese Unternehmensbesuche nur effizient sein, wenn der Vorleistung (in Form von Reisekosten) auch ein renditeerbringender Umsatz entgegensteht. Auch zeitlich schneidet der Besuch den Unternehmer von seinem heimischen Geschäftsprozess ab, der gesteuert werden muss. Aus diesem Grund „ist [das] nicht finanzierbar und auf Dauer durchhaltbar", denn – wie in einem Interview angemerkt – wenn „[ein Unternehmen] bei einem Gerät [nur] ungefähr 2000 Euro Marge ha[t] [und] wenn [das Unternehmen] dreimal per Flugzeug besuch[t] [wird], dann brauch[t] das Gerät nicht mehr verkauf[t] [zu werden]".

Dahingehend erscheint aus der Perspektive des kleinen und mittleren Unternehmens für eine dauerhafte Marktpräsenz im Ausland der strategische Messeauftritt erfolgversprechender. Die Teilnahme an einer Leitmesse der Optischen Technologie löst zwei Probleme gleichzeitig. Erstens baut sie das raum-zeitliche Hemmnis durch die temporäre Kompression der Akteure ab und zweitens mindert eine Teilnahme das Renditeproblem des Unternehmensbesuches. Entsprechend wird die Messeteilnahme von allen Interviewten äußerst positiv bewertet und dient als Pforte zum internationalen Markt. Mit ihren Kommunikationsströmen komprimiert die Veranstaltung die relevanten Akteure aus allen Erdteilen innerhalb weniger Tage und die aufgewendeten Transaktionskosten sinken, denn ein Unternehmer „kann hier sehr viele Geschäfte auf einmal erledigen". Neben der tradierten Stammkundschaft werden auf einer solchen Messe ebenfalls neue Kontakte (Märkte) erschlossen. Interessant ist die Informationsplattform, wenn das Unternehmen in einem Markt noch nicht etabliert ist und sich einen „längerfristigen Kontakt in den Markt" wünscht. Diesbezüglich stellt ein Unternehmen fest, dass die Messen in Asien „hochspannend" seien. Dort könn(t)en noch sehr viele neue Kontakte gewonnen werden, die neue „Themen" eröffnen. Die westlichen Messen seien hingegen traditioneller Natur mit „wenige[n] Überraschungen". Abschließend und zusammenfassend hat für die Interviewpartner „die Teilnahme an internationalen Messen [...] den höchsten Stellenwert in punkto Marktanalyse und auch Kulturanalyse", denn „[...] die Messen sind ein gewisses Zentrum der Optischen Technologien" (Rehberg, 2010, S. 90–98).

5   Zusammenfassung und Ausblick

Das zugrunde liegende Forschungsdesign analysiert den Untersuchungsgegenstand unter qualitativen Aspekten. Hierbei verdichtet einführend die betriebswirtschaftliche Internationalisierungsprozesstheorie eingebettet in einer wirtschaftssoziologischen Perspektive den wirtschaftsgeographischen Analyserahmen. Diese konzeptionelle Herangehensweise zielt auf die Bedeutung von Wissen im Internationalisierungsprozess der kleinen und mittleren Unternehmen, das über ein Netzwerk vermittelt wird, ab. Somit wird in Bezug auf die eingangs aufgeworfene Forschungsfrage deutlich, dass der aktuelle Forschungsstand die Einbettung in ein Netzwerk positiv konnotiert. Insbesondere Schwens (2008) weißt am konkreten Forschungsobjekt sich internationalisierender High-Tech-Unternehmen den positiven Einfluss dieser Netzwerk im Internationalisierungsprozess nach.

Angekoppelt an das dreigliedrige Schema von Rychen und Zimmermann (2008) zeigt die strukturelle Analyse der qualitativen Daten (siehe Abb. 1), dass gegenüber einer stark formalisierten Relation flexiblere Netzwerkmodi bevorzugt werden. Kapitalbindende Produktions- und Vertriebsniederlassungen dienen in erster Linie, die Position an den relevanten Märkten zu festigen. Kostengetriebene Motive spielen eine untergeordnete Rolle. Entsprechend sind auch in Deutschland produzierte Güter der Optischen Technologien bei Distributoren nachgefragt. Diese Mittler katalysieren den Austausch zwischen dem deutschen und dem internationalen Markt. Mit ihrer Funktion als Gatekeeper bilden sie im weiteren Sinne eine Kulturbrücke und liefern somit eine Schnittstelle, um verschiedene Unternehmenskulturen miteinander kompatibel zu vernetzen. Mit der Teilnahme an einer internationalen Leitmesse der Optischen Technologien verbinden die

Interviewpartner ein strategisches Element zur internationalen Marktpräsenz. Nur eine derartige Plattform kann effizient niedrige Transaktionskosten bieten, die weltweit relevanten Akteure raum-zeitlich effektiv zu komprimieren. Dabei ist ein verfolgtes Ziel der Akteure, die flüchtige Bekanntschaft formal zu einer Gatekeeper- oder Multispot-Konfiguration weiterzuentwickeln und in einen langfristig planbaren Internationalisierungsprozess zu überführen. Dementsprechend verändern sich die ausgetauschten Güter im Sinne eines zunehmend formalisierten Beziehungsgeflechts. Zum Verständnis dieses Geflechts erweist sich gerade die qualitative Netzwerkanalyse als ein probates Mittel dynamische Prozesse und ihre strukturelle Einbettung plakativ darzustellen.

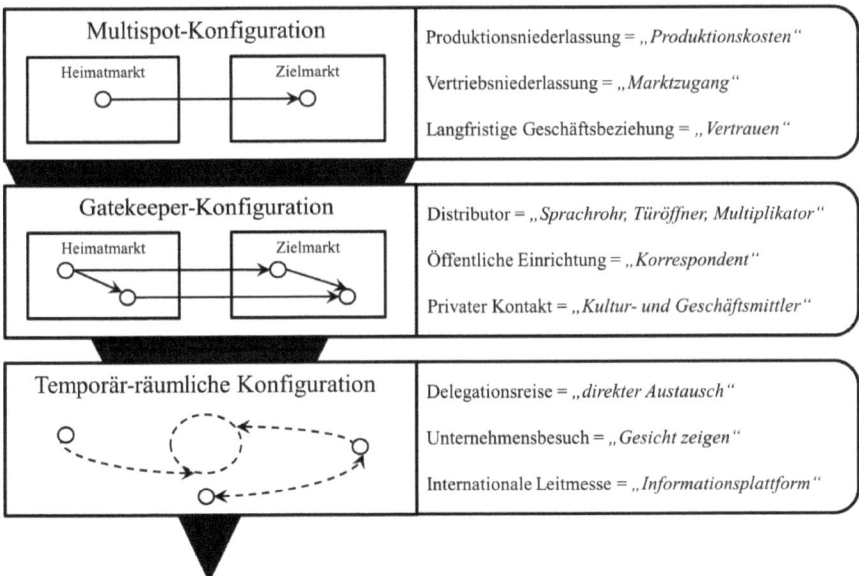

Abbildung 1: Netzwerk-Konfigurationen im Internationalisierungsprozess der Optischen Technologien in Deutschland (eigene Darstellung nach Rehberg, 2010, S. 84ff. und Rychen & Zimmermann, 2008, S. 770)

Jedoch, und damit sei auf die zukünftigen Implikationen verwiesen, sollte analysiert werden, inwiefern eine die kleinen und mittleren Unternehmen der Optischen Technologien analog zu ihrer Internationalisierungsperformance komplementär charakterisierende Netzwerktypologie existiert? Somit ist abschließend davon auszugehen, dass durch den fortschreitenden Internationalisierungsprozess kleiner und mittlerer Unternehmen die Fragestellung nach der strategischen Netzwerkanalyse weiterhin im Fokus der ökonomischen Internationalisierungsforschung ein Gegenstand von hoher Relevanz bleibt.

Literatur

Arrow, K. (1962). The economic implications of learning by doing. *The Review of Economic Studies, 29* (3), 155–173.

Bathelt, H. & Glückler, J. (2003). *Wirtschaftsgeographie. Ökonomische Beziehungen in räumlicher Perspektive.* Stuttgart: UTB.

Bathelt, H., Malmberg, A. & Maskell, P. (2004). Clusters and knowledge. Local buzz, global pipelines and the process of knowledge creation. *Progress in Human Geography, 28* (1), 31–56.

Bell, G. & Zaheer, A. (2007). Geography, networks, and knowledge flow. *Organization Science, 18* (6), 955–972.

Bundesministerium für Bildung und Forschung (BMBF). (2007). *Optische Technologien. Wirtschaftliche Bedeutung in Deutschland.* Verfügbar unter: http://www.bmbf.de/pub/marktstudie-op-tech.pdf [13.03.2010].

Burt, R. (1992). *Structural holes. The social structure of competition.* Cambridge: Harvard University Press.

Chetty, S. & Eriksson, K. (2002). Mutual commitment and experiential knowledge in mature international business relationship. *International Business Review, 11* (3), 305–324.

Forster, B. (2006). Internationalisierung kleiner und mittlerer Unternehmen. In H.-D. Haas & S.-M. Neumair (Hrsg.), *Internationale Wirtschaft. Rahmenbedingungen, Akteure, räumliche Prozesse* (S. 669–690). München: Oldenbourg.

Gläser, J. & Laudel, G. (2009). *Experteninterviews und qualitative Inhaltsanalyse als Instrumente rekonstruierender Untersuchungen.* Wiesbaden: VS Verlag für Sozialwissenschaften.

Glückler, J. (2006). A relational assessment of international market entry in management consulting. *Journal of Economic Geography, 6* (3), 369–393.

Grabher, G. & Ibert, O. (2006). Bad company? The ambiguity of personal knowledge networks. *Journal of Economic Geography, 6* (3), 251–271.

Hollstein, B. (2006). Qualitative Methoden und Netzwerkanalyse – ein Widerspruch? In B. Hollstein & F. Straus (Hrsg.), *Qualitative Netzwerkanalyse. Konzepte, Methoden, Anwendungen* (S. 11–35). Wiesbaden: VS Verlag für Sozialwissenschaften.

Hollstein, B. (2010). Qualitative Methoden und Mixed-Method-Designs. In C. Stegbauer & R. Häußerling (Hrsg.), *Handbuch Netzwerkforschung* (S. 459–470). Wiesbaden: VS Verlag für Sozialwissenschaften.

Jansen, D. (2006). *Einführung in die Netzwerkanalyse. Grundlagen, Methoden, Forschungsbeispiele.* Wiesbaden: VS Verlag für Sozialwissenschaften.

Johanson, J. & Vahlne, J.-E. (1977). The internationalization process of the firm. A model of knowledge developement and increasing foreign market commitments. *Journal of International Business Studies, 8* (1), 23–32.

Kabst, R. (2008). *Internationalisierung mittelständischer Unternehmen.* Mering: Rainer Hampp.

Kesselring, S. (2006). Topographien mobiler Möglichkeitsräume. Zur soziomateriellen Netzwerkanalyse von Mobilitätspionieren. In B. Hollstein & F. Straus (Hrsg.), *Qualitative Netzwerkanalyse. Konzepte, Methoden, Anwendungen* (S. 333–358). Wiesbaden: VS Verlag für Sozialwissenschaften.

Knight, G. & Liesch, P. (2002). Information internationalisation in internationalising the firm. *Journal of Business Research, 55* (12), 981–995.

Koschatzky, K. (2001). *Räumliche Aspekte im Innovationsprozess. Ein Beitrag zur neuen Wirtschaftsgeographie aus Sicht der regionalen Innovationsforschung.* Münster: Lit Verlag.

Lamnek, S. (2008). *Qualitative Sozialforschung.* Weinheim: Beltz Psychologie Verlags Union.

Lenkungskreis Optische Technologien für das 21. Jahrhundert (2002). *Optische Technologien für das 21. Jahrhundert. Potenziale, Trends und Erfordernisse*. Düsseldorf: VDI Verein Deutscher Ingenieure e.V.

Lieberman, M. & Montgomery, D. (1988). First-mover advantages. *Strategic Management Journal, 9* (Special Issue), 41–58.

Lundvall, B.-Å. (1988). Innovation as an interactive process. From user-producer interaction to the national system of innovation. In G. Dosi, C. Freeman, R. Nelson, G. Silverberg & L. Soete (Eds.), *Technical change and economic theory* (pp. 349–369). London: Pinter.

De Man, A.-P. (2008). Networks as the organization form of the knowledge economy. In A.-P. De Man (Ed.), *Knowledge management and innovation in networks* (pp. 15–31) Cheltenham: Edward Elgar Publishing Ltd.

Maskell, P., Bathelt, H. & Malmberg, A. (2006). Building global knowledge pipelines. The role of temporary clusters. *European Planning Studies, 14* (8), 997–1013.

Mayring, P. (2008). *Qualitative Inhaltsanalyse. Grundlagen und Techniken*. Weinheim: Beltz Psychologie Verlags Union.

Meinefeld, W. (2009). Hypothese und Vorwissen in der qualitativen Sozialforschung. In U. Flick, E. von Kardorff & I. Steinke (Hrsg.), *Qualitative Forschung. Ein Handbuch* (S. 265–275). Reinbek: rororo.

Messe München GmbH (2009). *Laser world of photonics 2009*. Ausstellerdatenbank. Verfügbar unter: http://download.messe-muenchen.de/media_pub/exdb/LAS2009A/export_de.xls?r= 1394116045 [13.03.2010].

Mossig, I. & Klein, J. (2003). Die Produktionscluster der optischen Industrie im Raum Wetzlar. *Raumforschung und Raumordnung, 4*, 237–251.

OptecNet (2011). *Mitgliederliste*. Verfügbar unter: http://www.optecnet.de/wirueberuns/mitglieder/Mitglieder_KompetenznetzeOT_2009.pdf [22.02.2011].

Oviatt, B. & McDougall, P. (1994). Toward a theory of international new ventures. *Journal of International Business Studies, 25* (1), 45–64.

P. E. Schall GmbH & Co. KG (Hrsg.). (2010). *Vorläufige Ausstellerliste Optatec 2010*. Verfügbar unter: http://www.optatec-messe.de/sixcms/detail.php?template=aussteller_csv&mand= 1574&mand_txt=OPTATEC& [06.08.2010].

Rehberg, M. (2010). *Die Internationalisierungsentscheidung und Netzwerke. Eine Untersuchung am Fallbeispiel der klein- und mittelständischen Unternehmen der Optischen Technologie in Deutschland*. Unveröffentlichte Diplomarbeit, Justus-Liebig-Universität Gießen.

Rehner, J. (2006). Dynamische Modelle unternehmerischer Internationalisierung. In H.-D. Haas & S.-M. Neumair (Hrsg.), *Internationale Wirtschaft. Rahmenbedingungen, Akteure, räumliche Prozesse* (S. 691–714). München: Oldenbourg.

Rychen, F. & Zimmermann, J.-B. (2008). Clusters in the global knowledge-based economy. Knowledge gatekeepers and temporary proximity. *Regional Studies, 42* (6), 767–776.

Schuldt, N. & Bathelt, H. (2009). Reflexive Zeit- und Raumkonstruktion und die Rolle des Global Buzz auf Messeveranstaltungen. *Zeitschrift für Wirtschaftsgeographie, 53* (4), 235–248.

Schricke, E. (2007). *Lokalisierungsmuster und Entwicklungsdynamik von Clustern der optischen Technologien in Deutschland. Untersucht am Beispiel von Clusterstrukturen in Thüringen, Bayern und Niedersachsen*. Berlin: wvb.

Schwens, C. (2008). *Early internationalizers. Specificity, learning and performance implications*. Universität Dissertation Gießen, 2008. München: Rainer Hampp.

Spectaris (2010). *Branchenbericht 2010. Hightech, Innovationen und Wachstum. Die optische, medizinische und mechatronische Industrie in Deutschland.* Verfügbar unter: http://www. spectaris.de/uploads/tx_newscontent_pi1/Branchenbericht_2010_01.pdf [08.03.2011].

Spectaris (2011). *Mitgliedersuche.*
Verfügbar unter: http://www.spectaris.de/verband/mitgliedersuche.html [25.02.2011].

Spie (2010). *SPIE Photonics West. Exhibitors.* Verfügbar unter: http://spie.org//app/program/ index.cfm?fuseaction=exhibitors&all=1&redir=app/program/index.cfm&ID=x23686&event_ id=890900&export_id=x13090&jsenabled=1 [13.03.2010].

Statistisches Bundesamt. (2010). *Statistisches Jahrbuch 2010 für die Bundesrepublik Deutschland.* Verfügbar unter: http://www.destatis.de/jetspeed/portal/cms/Sites/destatis/Shared Content/Oeffentlich/B3/Publikation/Jahrbuch/StatistischesJahrbuch,property=file.pdf [08.03.2011].

Storper, M. & Venables, A. (2004). Buzz. face-to-face contact and the urban economy. *Journal of Economic Geography 4* (4), 351–370.

Ter Wal, A. & Boschma, R. (2009). Applying social network analysis in economic geography: Framing some key analytic issues. *The Annals of Regional Science, 43* (3), 739–756.

Walker, G., Kogut, B. & Shan, W. (1997). Social capital, structural holes and the formation of an industry network. *Organization Science, 8* (2), 109–125.

Jens Ridderbusch

Deutschland auf dem Weg zum zweigliedrigen Schulsystem oder zu einer Schule für alle? – Policy-Netzwerke in der Bildungspolitik

1   Einleitung

Was die ambitionierten Schulreformen der 1970er Jahre nicht vermocht haben, wird nun durch eine vielgestaltige längerfristige Entwicklung seit der Wiedervereinigung 1990 eingeleitet: die endgültige Ablösung des dreigliedrigen Schulsystems in Deutschland. Denn nahezu alle deutschen Bundesländer – mit Ausnahme Bayerns – haben sich seitdem dazu entschlossen, die eigenständigen Hauptschulen und Realschulen aufzugeben und sie in Richtung stärker verbundener und integrierter Schulformen zusammenzufassen. Noch ist nicht abzusehen, ob die künftige Entwicklung zu einem vielgestaltigen Nebeneinander von verschiedenen neuen Sekundarschulmodellen, Gesamtschulen und Gymnasien oder zu einem zweigliedrigen Schulsystem mit Sekundarschulen und Gymnasien oder zu einer einzigen integrierten Sekundarschule unter Einschluss der Gymnasien führen wird.[1]

Der vorliegende Beitrag will den längerfristigen Entwicklungsprozess der Sekundarschulstrukturen aus politikwissenschaftlicher Sicht reflektieren und am Beispiel von Schleswig-Holstein eingehender untersuchen.[2] Die Fragestellung ist dabei, ob die Entwicklung neuer Sekundarschulstrukturen mit einem grundlegenden Wandel traditioneller parteipolitischer Überzeugungen einhergeht oder ob die Entwicklung eher auf machtpolitischen und pragmatischen Anpassungsprozessen beruht. Dazu werden neben Politikfeld internen Faktoren wie das veränderte Schulwahlverhalten, die Transformation des Schulsystems in Ostdeutschland und die Auswirkungen der PISA-Diskussion (Abschnitt 1) auch Politikfeld externe Faktoren wie die veränderte Parteienlandschaft und Parteiendifferenz in die Betrachtung einbezogen (Abschnitt 2). Ferner ist eine Mikroanalyse konkreter schulpolitischer Akteurskonstellationen hilfreich, um die Beziehungen der Akteure und den Verlauf der Aushandlungsprozesse nachvollziehen zu können. Hierzu wird beispielhaft das Policy-Netzwerk in Schleswig-Holstein untersucht, das an der Einführung der Regional- und Gemeinschaftsschulen 2006/07 beteiligt war (Abschnitt 3). Aus der Netzwerkanalyse für Schleswig-Holstein und der Reflexion des längerfristigen bundesweiten Entwicklungsprozesses wird weiterer Forschungsbedarf deutlich. Es zeigt sich, dass die Entwicklung der künftigen Schulstrukturen einerseits von der Anschlussfähig-

---

1   Die Sonder- und Förderschulen kommen hinzu. Nach der UN-Behindertenrechtskonvention sollen Schüler/innen mit Behinderungen künftig in allgemeinen Schulen aufgenommen werden.

2   Grundlage für den Beitrag ist das gleichnamige Dissertationsvorhaben, das der Autor derzeit am Institut für Politikwissenschaft der Technischen Universität Darmstadt durchführt.

keit an politische Überzeugungen und andererseits von länderübergreifenden Kommunikations- und Diffusionsprozessen abhängig ist (Abschnitt 4).

2   Hauptschulen unter Druck

Der Veränderungsdruck auf das Schulsystem geht von den Hauptschulen aus. Hier hat sich der Schülerrückgang in den letzten Jahren stark beschleunigt. Innerhalb des Zeitraums 2004/05 bis 2009/10 ging die Schülerzahl in den Hauptschulen von knapp 1,1 Millionen auf rund 770.000 zurück. Das bedeutet ein Minus von knapp 30%. In nur fünf Jahren blieb also nahezu jede 3. Schulbank in den Hauptschulen leer. An den Realschulen sanken die Schülerzahlen lediglich um 10%, an den Gymnasien gab es im gleichen Zeitraum noch eine Zunahme von 3%. Damit ist die Zahl der Hauptschüler gegenwärtig auf dem niedrigsten Stand seit Einführung dieser Schulform ab Mitte der 1960er Jahre (Statistische Ämter des Bundes und der Länder, 2011).

Ursächlich für die gegenwärtige Entwicklung ist aber nicht allein der demografische Wandel, wie in der öffentlichen Diskussion oftmals angeführt wird. Stärker wiegt der Ansehensverlust der Hauptschulen, der bei den Schulwahlentscheidungen zu einer massiven Abkehr der Eltern von der Hauptschule führt. So nehmen in stark verdichteten Räumen wie z.B. den Stadtstaaten die Kinderzahlen zum Teil noch zu, während die Abkehr von der Hauptschule hier zumeist noch rasanter verläuft als in den ländlichen Räumen (Ridderbusch, 2009, S. 23). Statistisch betrachtet ist der demografisch bedingte Rückgang der Kinderzahlen nur zu knapp einem Drittel für den gegenwärtigen Schülerschwund an den Hauptschulen verantwortlich (Ridderbusch, 2009, S. 19).

2.1   Entwicklungspfade nach der Wiedervereinigung

Der Ansehensverlust der Hauptschule war bereits Thema in der großen Gesamtschulkontroverse in den 1970er Jahren und kam dann bis Ende der 1980er Jahre wieder stärker auf die politische Tagesordnung zurück. Die Schülerzahlen an den westdeutschen Hauptschulen hatten sich in einem Jahrzehnt nahezu halbiert (Rösner, 1989, S. 56). Der Verband Bildung und Erziehung sprach sich für eine Fusion der Hauptschule mit der Realschule aus, und der Bielefelder Bildungssoziologe Hurrelmann warb für ein Zwei-Wege-Modell aus bestehenden Gesamtschulen bzw. neuen Mittelschulen sowie Gymnasien (Hurrelmann 1988, S. 28).

In diese westdeutsche Diskussion fiel die Wiedervereinigung und die Transformation des ostdeutschen Schulwesens 1990/91, die neue Bewegung in die Schulstrukturfrage brachte (siehe Tab. 1). Vor dem Hintergrund einer integrierten Schulstruktur zu DDR-Zeiten und unter lebhafter Beratung aus dem Westen entschieden sich Sachsen, Sachsen-Anhalt, Thüringen und Brandenburg gegen die Einführung von Hauptschulen, während in Mecklenburg-Vorpommern zunächst das dreigliedrige Schulsystem nach westdeutschem Vorbild eingeführt wurde, bevor die ohnehin meist verbundenen Haupt- und Realschulen 2002 in Regionale Schulen überführt wurden. Die Transformation des ostdeutschen Schulwesens verlief nicht entlang der langjährigen parteipolitischen Positionierungen Westdeutschlands. Vielmehr wurden die neuen Schulstrukturen durch die alten Standorte der Polytechnischen und Erweiterten Oberschulen geprägt. Ein zweigliedriges Schulsystem erwies sich als anschlussfähiger an die Schultradition der DDR (Zymek, 2010, S. 193ff.).

Tabelle 1: Schulstrukturreformen in der Sekundarstufe I im Zeitraum 1990 bis 2011*

BL	Schulstrukturreform in der Sekundarstufe I	Parteien und Minister/in
SH	2007: Regionalschule, kombiniert, ohne Gymnasialzweig 2007: Gemeinschaftsschule, integriert, Sek. II möglich	CDU-SPD(M)
HH	2009: Stadtteilschule, integriert, mit Sek. II	CDU-GAL(M)
NI	2011: Oberschule, kombiniert, mit Gym.zweig in Sek. I	CDU(M)-FDP
HB	2004: Sekundarschule, kombiniert, ohne Gym.zweig 2009: Oberschule, integriert, mit Sek. II	SPD(M)-CDU SPD(M)-GRÜ | CDU
NW	2010: Schulversuch Gemeinschaftsschule, mit Sek. II 2011: Sekundarschule, integriert, Sek. II möglich	SPD-GRÜ(M) SPD-GRÜ(M) | CDU
HE	2011: Mittelstufenschule, kombiniert, ohne Gym.zweig	CDU-FDP(M)
RP	1992/97: Regionale Schule, kombiniert, ohne Gym.zweig 2009: Realschule plus, kombiniert/integriert, ohne Sek. II	SPD(M)-FDP SPD(M)
BW	2009: Werkrealschule (= Hauptschule), daneben Realschule 2012: Gemeinschaftsschule, integriert, Sek. II möglich	CDU(M)-FDP GRÜ-SPD(M)
BY	2010: Mittelschule (= Hauptschule), daneben Realschule	CSU(M)-FDP
SL	1991/96: Erweiterte Realschule, kombiniert, ohne Gym. 2011: Gemeinschaftsschule, integriert, Sek. II möglich	SPD(M) | CDU CDU-FDP-GRÜ(M)
BE	2008: Schulversuch Gemeinschaftsschule, Primar, Sek. II 2010: Integrierte Sekundarschule, mit Sek. II	SPD(M)-LINKE
BB	1991: Gesamtschule, Realschule und Gymnasium 2005: Oberschule, kombiniert/integriert, ohne Sek. II	SPD-FDP-GRÜ(M) SPD(M)-CDU
MV	1991: Hauptschule, Realschule und Gymnasium 2002: Regionale Schule, kombiniert, ohne Gym.zweig	CDU(M)-FDP SPD(M)-LINKE
SN	1991: Gymnasium, Mittelschule, kombiniert, ohne Gym. 2005: Schulversuch Gemeinschaftsschule, mit Sek. II 2012: Oberschule (= Mittelschule), Ausgestaltung offen	CDU(M) CDU(M)-SPD CDU(M)-FDP
ST	1991: Gymnasium, Sekundarschule, kombiniert, ohne Gym. 2012: Gemeinschaftsschule geplant, Ausgestaltung offen	CDU(M)-FDP CDU-SPD(M)
TH	1991: Gymnasium, Regelschule, kombiniert, ohne Gym. 2010: Gemeinschaftsschule, integriert, mit Sek. II	CDU(M)-FDP CDU-SPD(M)

* Eigene Darstellung, Stand 01.01.2012. Ohne Gesamtschulen. Kombiniert = Trennung der Bildungsgänge nach Klasse 6. Integriert = alle Bildungsgänge eingeschlossen über Klasse 6 hinaus.

Zeitgleich zur Transformation des ostdeutschen Schulsystems wurde auch in den ersten westdeutschen Bundesländern eine Zusammenführung von Haupt- und Realschulen vorangetrieben. Im Saarland wurden ab 1991 Haupt- und Realschulen zu gemeinsamen Schulzentren der Sekundarstufe I zusammengelegt, bevor die Hauptschulen 1996 ganz zugunsten der sog. Erweiterten Realschulen abgeschafft wurden. In Rheinland-Pfalz entstanden 1992 im Rahmen eines Schulversuchs erste Regionale Schulen mit Haupt- und Realschulzweig, die dann 1997 als Regelschule im Schulgesetz verankert wurden. Auch in Niedersachsen sind seit den 1990er Jahren nahezu die Hälfte der Haupt- und Realschulen organisatorisch in Schulzentren zusammengefasst (Bonatz, 2003, S. 235; Rösner, 2007, S. 178).

2.2   PISA und die Schulstrukturfrage

Eine neue Dynamik bekam die Schulstrukturfrage nach Veröffentlichung der ersten PISA-Ergebnisse ab Ende 2001 (Baumert et al., 2001). Zwar war sich die Kultusministerkonferenz schnell einig, dass aus dem internationalen Schulleistungsvergleich keine Rückschlüsse auf das Schulsystem zu ziehen seien, was auch von führenden Bildungsforschern bestätigt wurde (Hepp, 2011, S. 210f.). Die mediale und politische Diskussion richtete jedoch den Blick stark auf den Spitzenreiter Finnland, der mit einem weitgehend integrierten Schulsystem erfolgreich ist, in dem alle Schülerinnen und Schüler bis zum Ende der Sekundarstufe I gemeinsam unterrichtet werden. Zudem wurde dem deutschen Schulsystem eine frühzeitige und auffällig hohe soziale Selektion attestiert, was die aufkommende Debatte um den möglichen Nutzen eines längeren gemeinsamen Lernens weiter anheizte (Hepp, 2011, S. 211ff.).

Im Fallbeispiel Schleswig-Holstein spielten die PISA-Ergebnisse durch die Nähe zu Finnland eine besonders wichtige Rolle (Rösner, 2008b, S. 35). Viele Landespolitiker informierten sich frühzeitig vor Ort. Die Schulen der dänischen Minderheit in Schleswig-Holstein orientierten sich ohnehin am skandinavischen Schulmodell. Darüber hinaus wurde die politische Diskussion stark durch die demografische Ausgangslage in dem überwiegend dünn besiedelten Flächenstaat bestimmt. Das Ende 2004 veröffentlichte Rösner-Gutachten führte beide Diskussionslinien zusammen und legte mit der Gemeinschaftsschule ein neues Schulmodell vor, das ein gemeinsames Lernen bis Klasse 10 ermöglichen sollte (Rösner, 2008a). Nachdem die SPD 2004/05 mit dem Konzept der Gemeinschaftsschule in den Landtagswahlkampf gezogen war, konnte sich die folgende CDU-geführte Große Koalition auf ein „Nebeneinander von Schulen des gegliederten Schulwesens und Gemeinschaftsschulen" (CDU Schleswig-Holstein & SPD Schleswig-Holstein, 2005, S. 27) einigen. Nach längeren koalitionsinternen Verhandlungen akzeptierte die CDU letztlich die Einführung der Gemeinschaftsschulen und setzte im Gegenzug durch, dass alle übrigen Haupt- und Realschulen zu Regionalschulen zusammengefasst wurden (Johannsen, 2007, S. 138ff.).

Die Entwicklung in Schleswig-Holstein fand bundesweite Beachtung und beeinflusste die Diskussion auch in anderen Bundesländern (Sachsen, Berlin, Thüringen, Saarland, Nordrhein-Westfalen, Baden-Württemberg, Sachsen-Anhalt), ohne allerdings im Detail zu gleichen Ergebnissen zu führen (siehe Tab. 1). Doch auch Bundesländer, die nicht die

Gemeinschaftsschule favorisieren, treiben in den letzten Jahren die Zusammenführung von Haupt- und Realschulen voran. Das CDU-FDP-regierte Niedersachsen will Oberschulen einrichten, die bis zur Klasse 10 in bestimmten Fällen auch einen gymnasialen Zweig anbieten können. Auch die derzeitige schwarz-gelbe Koalition in Sachsen hat die Weiterentwicklung der Mittelschulen zu Oberschulen angekündigt. Sachsens Kultusminister Roland Wöller war mit Bundesbildungsministerin Annette Schavan für die jüngste Programmkorrektur der Bundes-CDU verantwortlich. Demnach strebt die CDU langfristig ein Zwei-Wege-Modell mit Oberschulen und Gymnasien an und plädiert auch für eine stärkere Annäherung der Schulsysteme in den Ländern (CDU, 2011, S. 17f.). Dieser Positionswechsel ist auch durch das Engagement der Bremer CDU zustande gekommen, die sich mit dem rot-grünen Senat Ende 2008 auf den „Bremer Bildungskonsens" verständigt hat. Danach gibt es in Bremen mit den neuen Oberschulen und den Gymnasien erstmals zwei gleichwertige Bildungswege, die zum Abitur führen können.

Bei aller Vielgestaltigkeit der föderalen Wege lässt sich festhalten: In der grundlegenden und bis dato hochbrisanten Frage der Sekundarschulstruktur hat es in nahezu allen Bundesländern ähnliche Bewegungen gegeben. Die eigenständigen Hauptschulen und Realschulen werden aufgegeben und in Richtung stärker verbundener und integrierter Sekundarschulen zusammenfasst. Allein Bayern hält bislang strikt am dreigliedrigen Schulsystem fest.

3 Veränderte Parteiendifferenz

Die Bundesländer übergreifende Entwicklung hin zu stärker verbundenen und integrierten Sekundarschulen ist insofern bemerkenswert, als dass der parteipolitische Gegensatz in der Frage der äußeren Schulstruktur für die westdeutsche Schulpolitik seit Jahrzehnten konstitutiv war. Dietrich Thränhardt spricht in diesem Zusammenhang von einer bemerkenswerten „Tendenz zur Ideologisierung bildungspolitischer Auseinandersetzungen" (Thränhardt, 1990, S. 187), die auch die beteiligten Verbände stärker erfasse als in anderen Politikfeldern. Sibylle Reinhardt weist darauf hin, dass bildungspolitische Fragen oftmals „kulturelle Identitätsfragen" (Reinhardt, 1999, S. 24) berührten und solche grundsätzlichen Überzeugungen „weder leicht austauschbar noch in einem materiellen Sinne kompromissfähig und deshalb brisant" (ebd., S. 24) seien. Die Bildungspolitik war auch eines jener Politikfelder, aus denen heraus Manfred G. Schmidt 1980 die sog. Parteidifferenzthese ableitete. Demnach waren deutliche Unterschiede in den Länderpolitiken zu erkennen, je nachdem ob CDU oder SPD die politische Vormacht innehatte. Belege hierfür sah er insbesondere in der Höhe der Bildungsausgaben sowie in der Schulstrukturfrage (Schmidt, 1980, S. 130f.).

In der jüngeren Zeit ist die Parteienlandschaft jedoch gewachsen und unübersichtlicher geworden. Die klassischen Wählerklientelen der beiden großen Volksparteien sind in Auflösung begriffen. Die Zahl der nicht parteipolitisch beheimateten Wechselwähler ist deutlich gestiegen. Die Volksparteien erreichen in der Regel keine langjährigen politischen Vormachtstellungen mehr, sondern sind vielfach in wechselnden und lagerübergreifenden Koalitionen eingebunden (Korte, 2010). Ob angesichts der Umbrüche in der

Parteienlandschaft auch die parteipolitischen Positionen und Überzeugungen in der Sekundarschulfrage in Bewegung gekommen sind, zeigt die folgende Analyse.

3.1 Parteienkompromisse, Konsense, eigene Wege

Wertet man die Schulstrukturreformen in der Sekundarstufe I seit 1990 hinsichtlich der
dabei federführenden Ministerien aus, bleiben Differenzen zwischen den Parteien sichtbar (siehe Tab. 1). Obwohl mit Sachsen, Sachsen-Anhalt und Thüringen drei CDU-
geführte Bundesländer Vorreiter waren, wurde die Zusammenführung von Haupt- und
Realschulen in der Folge ganz wesentlich von SPD- oder GRÜNEN-geführten Bildungsministerien vorangetrieben. CDU- und FDP-Bildungsminister hielten in den meisten
Bundesländern lange Zeit an eigenständigen Hauptschulen fest. Deutlich werden auch die
unterschiedlichen Präferenzen bei der Frage, wie stark die Bildungsgänge in den Sekundarschulen miteinander verzahnt werden sollen. SPD und GRÜNE haben überwiegend
integrierte Sekundarschulen geschaffen, die bis über Klasse 6 hinaus gemeinsamen
Unterricht ermöglichen und somit die Festlegung auf einen Haupt- oder Realschulab-
schluss länger offenhalten. Die meisten dieser Sekundarschulmodelle aus jüngerer Zeit
ermöglichen auch die Einrichtung eines gymnasialen Bildungsganges oder einer eigenständigen Oberstufe, sofern dafür die Schülerzahlen vor Ort ausreichen. In den wenigen
Fällen, in denen CDU- bzw. FDP-Bildungsminister federführend waren, entstanden
kombinierte Sekundarschulen oder Verbundschulen, die in der Regel nach Klasse 6 in
Haupt- und Realschulzweige trennen. Eine eigenständige Oberstufe ist dabei nicht vorgesehen und bleibt den Gymnasien vorbehalten.

Was die „deutlich bunter" werdende Schulpolitik ausmacht, ist vielmehr, dass die
CDU in Koalitionsregierungen mit SPD oder GRÜNEN in den letzten Jahren auch häufiger integrierte Sekundarschulmodelle zulässt. Die Gemeinschaftsschulen in Schleswig-
Holstein, Sachsen, Thüringen und Sachsen-Anhalt sind von CDU-geführten Großen Koalitionen beschlossen worden. Unter ähnlichen Vorzeichen haben sich in Hamburg CDU
und GAL auf das Konzept der Primarschulen und Stadtteilschulen geeinigt und haben
damit die Bildung der ersten schwarz-grünen Koalition auf Landesebene überhaupt erst
möglich gemacht. Auch bei der Bildung der sog. Jamaika-Koalition im Saarland hat die
CDU auf Drängen der GRÜNEN der Einführung von Gemeinschaftsschulen zugestimmt.

Bemerkenswert ist weiterhin, dass die CDU auch außerhalb von Koalitionszwängen
an der Einführung integrierter Sekundarschulen mitwirkt. In Bremen hat sich die CDU
aus der Opposition heraus mit dem rot-grünen Senat auf das Zwei-Wege-Modell aus
Oberschulen und Gymnasien verständigt. Auch in Nordrhein-Westfalen – einem ehemaligen Stammland der Gesamtschulkontroverse – haben sich die CDU-Opposition und die
rot-grüne Minderheitsregierung auf ein neues integriertes Sekundarschulmodell geeinigt.
In beiden Ländern wurde der Schulkonsens für die kommenden Jahre festgeschrieben,
um die Schullandschaft bei wechselnden politischen Mehrheiten nicht immer wieder
neuen Strukturänderungen zu unterziehen.

3.2 Aufweichungstendenzen

Die lagerübergreifenden Kompromisse und Konsense zur Sekundarschulstruktur lassen die Frage aufkommen, ob sich möglicherweise auch grundlegendere Einstellungen und Überzeugungen der beteiligten Akteure geändert haben. Nach den Untersuchungen von Paul A. Sabatier, Hank Jenkens-Smith und ähnlichen kognitivistischen Ansätzen der Politikfeldanalyse (Knoepfel & Kissling-Näf, 1998; Bandelow, 2006) ist ein Wandel von politischen Überzeugungen sehr voraussetzungsvoll und allenfalls langfristig zu erwarten. Bevor sich grundlegende Kernüberzeugungen und Politikziele ändern, sind politische Akteure eher bereit, sich in sekundären instrumentellen Fragen anzupassen (Sabatier & Weible, 2007, S. 195f.).

Dies soll für das Fallbeispiel Schleswig-Holstein im Folgenden näher betrachtet werden. Dazu wurden für wichtige Akteure, die an der Schulreform 2006/07 beteiligt waren, über einen längeren Zeitraum hinweg persönliche Pressemitteilungen, Vorträge und Landtagsdebatten ausgewertet, um ihre Äußerungen auf veränderte schulpoltische Einstellungen und Überzeugungen hin zu untersuchen. Zusätzlich wurden alle Akteure des Policy-Netzwerkes schriftlich befragt, um in einer Momentaufnahme für 2011 die inhaltliche Nähe bzw. Distanz ihrer Einstellungen und Überzeugungen einzufangen.

In den Ausgangsjahren 2003/04 belegen die persönlichen Stellungnahmen von führenden SPD- und CDU-Politikern die große Kluft zwischen den Parteien in der Schulstrukturfrage. „Statt frühzeitig auszusortieren, müssen wir ein längeres gemeinsames Lernen ermöglichen" (Kiosz, 2003), lautete die Überzeugung der schleswig-holsteinischen Bildungsministerin, mit der sich die SPD erstmals im November 2003 eindeutig positionierte. Der Bildungsparteitag der SPD in Norderstedt verabschiedete dann als „langfristiges Ziel [...], dass die Schüler/innen auch in Deutschland wie in den meisten europäischen Ländern von der 1. bis zur 10. Klasse gemeinsam unterrichtet werden" (SPD Schleswig-Holstein, 2004, S. 6f.). Die CDU erklärte daraufhin die folgende Landtagswahl zu einer Richtungsentscheidung „zwischen der rot-grünen Einheitsschule auf der einen Seite und mehr und besserem Unterricht im gegliederten Schulwesen auf der anderen Seite" (CDU Schleswig-Holstein, 2004). „Wir brauchen [...] ein Schulsystem, das den unterschiedlichen Begabungen und Leistungen der Kinder und Jugendlichen gerecht wird. [...] Was wir nicht brauchen, ist ein Schulsystem, das Grund-, Haupt-, Realschüler, Gymnasiasten und Sonderschüler über einen Kamm schert, das Begabungen, Fähigkeiten und Leistungen nicht berücksichtigt", bekräftigte die bildungspolitische Sprecherin in einer Landtagsdebatte im September 2004 (Landtag Schleswig-Holstein, 2004, S. 9580).

Bei der Verabschiedung des gemeinsamen Schulgesetzes Anfang 2007 sprechen SPD und CDU im Landtag von einem guten Kompromiss. Aus Sicht der CDU bleibt mit der neuen Regionalschule und den Gymnasien das gegliederte Schulwesen gewahrt. „Gemeinschaftsschulen werden als alternatives integratives System [...] auf Antrag des Schulträgers hinzukommen können" (Landtag Schleswig-Holstein, 2007, S. 3493), erläuterte die bildungspolitische Sprecherin der CDU. Gleichwohl räumt sie aber auch ein, das Schulgesetz sei ein „ausgehandelter Kompromiss, bei dem die CDU ihre ursprünglichen Vorstellungen nach wie vor nicht vergessen hat. Wir stehen zu differenzierten Strukturen

mit homogenen Lern- und Leistungsgruppen" (ebd., S. 3493). Die eigenständigen Hauptschulen werden also mit Blick auf die Realitäten aufgegeben. Die Kernüberzeugung, dass
unterschiedliche Leistungen und Begabungen am besten mit einem differenzierenden
gegliederten Schulangebot gefördert werden, bleibt jedoch bestehen.

Gleichwohl ist der Kreis der Gegner eines längeren gemeinsamen Lernens in seinen
Überzeugungen deutlich unschärfer als der Kreis der Befürworter, wie die schriftliche
Befragung der Akteure im Jahr 2011 zeigt. Im Distanzmodell der Multidimensionalen
Skalierung (siehe Abb. 1) wird sichtbar, dass es auf der negativen Seite (x-Achse) zwei
Gruppen gibt, nämlich strikte Gegner und vorsichtigere Skeptiker eines längeren gemeinsamen Lernens, die in ihren schulpolitischen Einstellungen und Überzeugungen deutlich
auseinander liegen. Selbst innerhalb der CDU-Fraktion und innerhalb der Wirtschafts-
verbände gibt es größere inhaltliche Distanzen. Die FDP, der Philologenverband (PHV),
der Verband Deutscher Realschullehrer (VDR) und ein kleiner eigenständiger Elternverein (EVSH) stehen dem längeren gemeinsamen Lernen am kritischsten gegenüber.

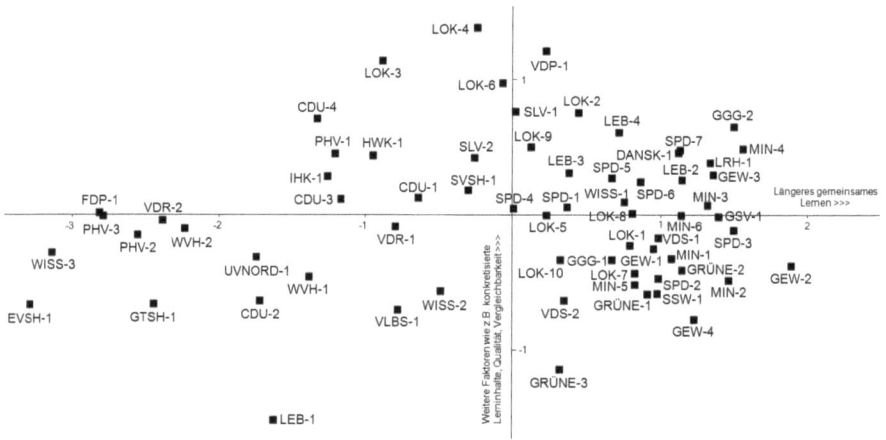

Abbildung 1:   Distanz der schulpolitischen Überzeugungen in Schleswig-Holstein
                2011*

*   Das zugrunde liegende euklidische Distanzmodell ist Ergebnis einer multidimensionalen Skalie-
    rung mit SPSS 11.0. Dazu wurden die Akteure, die 2006/07 an der Schulgesetzänderung in
    Schleswig-Holstein beteiligt waren, mit vorgegebenen Items auf ihre schulpolitischen Überzeu-
    gungen, Zielsetzungen und Kausalannahmen hin befragt (Likert-Skalen). Für 66 von 96 Personen
    liegen verwertbare Ergebnisse vor. Eigene Darstellung 2011.

Die Befürworter des längeren gemeinsamen Lernens – vor allem aus Ministerium, SPD,
BÜNDNIS 90/ DIE GRÜNEN, Gewerkschaft Erziehung und Wissenschaft (GEW) sowie
Gemeinnützige Gesellschaft Gesamtschule (GGG) – liegen in ihren schulpolitischen Ein-
stellungen und Überzeugungen deutlich dichter beieinander. Zum engeren Kreis der
Befürworter gehören zudem einzelne Bürgermeister und Lokalpolitiker aus der CDU
(LOK-1, -2, -5). Dies zeigt zusätzlich, wie weit die schulpolitischen Einstellungen in der
CDU auseinander gehen.

Als Fazit bleibt festzuhalten: Bei den traditionellen Befürwortern des gegliederten Schulwesens werden gewisse „Aufweichungstendenzen" (Hepp, 2011, S. 214) sichtbar. Das Spektrum in der CDU und FDP reicht mittlerweile von Vertretern der klassischen Begabungslehre über vorsichtige Skeptiker und Pragmatiker bis hin zu überzeugten Anhängern eines längeren gemeinsamen Lernens. Mit Blick auf die unterschiedliche Ausgestaltung der Sekundarschulmodelle (kombiniert oder integriert, mit oder ohne Oberstufe usw.) sowie auf allgemeinere schulpolitische Zielsetzungen (Stellenwert der Begabtenförderung, der Inklusion, der Förderung von Migranten und sozial Benachteiligten) lassen sich jedoch weiterhin Parteidifferenzen in der Schulpolitik erkennen. Die Einführung der Regional- und Gemeinschaftsschulen in Schleswig-Holstein war also in erster Linie ein ausgehandelter Kompromiss, bei dem die führenden Protagonisten ihre persönlichen Überzeugungen nicht grundlegend verändert haben.

4   Akteurskonstellationen im Policy-Netzwerk

Um die Aushandlungsprozesse zu verstehen, die zu den neuen Sekundarschulmodellen geführt haben, ist eine eingehende Analyse der konkreten Akteurskonstellationen im Policy-Netzwerk hilfreich, die alle Ebenen des Schulsystems mit einbezieht. Wurden Bildungsreformen in der Vergangenheit zumeist allein mit der politischen-administrativen Ebene in Verbindung gebracht, macht die jüngere Educational-Governance-Forschung nun auch den Blick frei für Veränderungen auf einzelschulischer, unterrichtlicher oder regionaler Ebene, die ihrerseits spürbare (Rück-)Wirkungen auf das politisch-administrative Handeln haben (Heinrich, 2007; Berkemeyer, 2010). Dabei wird verstärkt auch auf konzeptionelle Überlegungen und Methoden der Netzwerkforschung zurückgegriffen (Altrichter, 2010; Berkemeyer et al., 2010).

Mit dem Instrumentarium der Netzwerkanalyse kann für das Fallbeispiel Schleswig-Holstein gezeigt werden, wie verschiedene Interessengruppen und Akteure aus unterschiedlichen Ebenen des Schulsystems in den parlamentarischen Beratungs- und Entscheidungsprozess der Schulreform hinein gewirkt haben. Dazu wurde in qualitativen Interviews ein Policy-Netzwerk mit 96 Personen abgegrenzt, die als wichtige Akteure an der Schulgesetzänderung zur Einführung der Regional- und Gemeinschaftsschulen 2006/07 beteiligt waren. Die verschiedenen Beziehungen der Akteure (persönlicher Informationsaustausch, Gremienarbeit, enge Kooperation, starke Einflussnahme u.a.) wurden durch schriftliche Befragung erhoben. Die Angaben der Akteure wurden dann im zweiten Schritt soweit wie möglich ihren Organisationen zugeordnet. Auf diese Weise entstand ein Gesamtnetzwerk von 37 Organisationen und Akteursgruppen, die im Zeitraum 2006 bis Januar 2007 eng miteinander kooperiert haben oder durch Informationsaustausch und Gremienarbeit bzw. andere berufliche oder private Kontakte miteinander verbunden waren (multiplexe Beziehungen). An diesem Netzwerkgraphen (Abb. 2) lassen sich im Folgenden einige wesentliche Akteurskonstellationen erkennen, die den politischen Aushandlungsprozess geprägt haben. Hieran wird deutlich, wie es zu dem Parteienkompromiss in Schleswig-Holstein gekommen ist.

4.1 Ministerium und Landtagsfraktionen

Dem Ministerium für Bildung und Frauen (MBF) wird von den befragten Akteuren am meisten Einfluss zugerechnet. Aus dem SPD-geführten Ministerium kam der erste Gesetzentwurf zur Änderung des Schulgesetzes im März 2006, der hinsichtlich der Schulstruktur vorsah, Gemeinschaftsschulen als Regelschulen in das Schulgesetz aufzunehmen, die auf Antrag der örtlichen Schulträger eingerichtet werden können.[3] In den folgenden Sitzungen des gemeinsamen Fraktionsarbeitskreises von CDU und SPD waren die Bildungsministerin, der Staatssekretär und weitere hochrangige Ministeriumsmitarbeiter vertreten. In den qualitativen Interviews wird von verschiedenen Seiten berichtet, dass die langjährige Bildungsministerin dort aus einer sehr starken, gut informierten und strategisch professionellen Position heraus agiert hat (Interviews SH 3, 2010; SH 4, 2010; SH 5, 2010). Als „Glücksfall" bezeichnen es Weggefährten, dass zudem im Jahr 2003 ein erfahrener Staatssekretär nach Kiel gewechselt ist, der zuvor lange Jahre im nordrhein-westfälischen Kultusministerium tätig war (Interviews SH 3, 2010; SH 7, 2010). Wie die weiterführende Auswertung zeigt, ist der Staatssekretär einer der beziehungsreichsten und zentralsten Akteure im Policy-Netzwerk, über den sehr viele Wege laufen.[4]

Der Staatssekretär hat auch frühzeitig den Kontakt zur Wissenschaft hergestellt (WISS in Abb. 2). Bereits vor dem SPD-Bildungsparteitag in Norderstedt 2004 und mit Blick auf die Landtagswahl 2005 wurde Ernst Rösner vom Institut für Schulentwicklungsforschung in Dortmund damit beauftragt, ein Konzept zur Weiterentwicklung des Schulwesens in Schleswig-Holstein zu erstellen (sog. Rösner-Gutachten), das im Ergebnis die Einführung einer Gemeinschaftsschule empfiehlt und bereits Grundzüge für die spätere Umsetzung skizziert (Rösner, 2008a). Im weiteren parlamentarischen Beratungsprozess suchen auch die Parteien Kontakte und Kooperationen mit Wissenschaftlern. So startet etwa die SPD eine Veranstaltungsreihe zu Gemeinschaftsschulen, die von einem Erziehungswissenschaftler aus Hamburg moderiert wird. Das Ministerium wiederum holt sich frühzeitig wissenschaftliche Begleitung für die Umsetzung der ersten Gemeinschaftsschulen. Allen diesen Aktivitäten von Bildungsforschern wird von den befragten Akteuren ein deutlicher Einfluss zugeschrieben.

Die Landtagsfraktionen von CDU und SPD können ebenfalls starken Einfluss auf die Schulgesetzänderung nehmen (siehe Abb. 2), wie der weitere Verlauf des Entscheidungsprozesses auch belegt. Bis September 2006 zogen sich die Verhandlungen im gemeinsamen Fraktionsarbeitskreis hin. Um nahezu jedes Wort des Gesetzentwurfes wurde gerungen, immer wieder mussten die Fraktionsvorsitzenden vermittelnd eingreifen, wie Teilnehmer berichten (Interviews SH-4, 2010; SH-12, 2010). Im August 2006 legte die CDU

---

3   Weitere Schwerpunkte der Schulgesetznovelle waren: Verkürzung der Gymnasialschulzeit, Profiloberstufe, Regionale Berufsbildungszentren, Schulentwicklungsplanung (Ministerium für Bildung und Frauen Schleswig-Holstein, 2006).

4   Der Staatssekretär stand über Informationsaustausch, Gremienarbeit, Kooperation oder andere Gelegenheiten mit rund 80% der befragten Akteure in direktem Kontakt (Degree-Zentralität). Bezieht man auch die indirekten Kontakte über andere Akteure mit ein, dann erreichte er rund 46% der Akteure durchschnittlich in einem Schritt (Closeness). Über ihn laufen rund 5% aller kürzesten Wege zwischen den Akteuren (Betweenness).

dann ein eigenes Konzept mit Regionalschulen vor, das sie als Alternative zu den Gemeinschaftsschulen und als Einstieg in ein zweigliedriges Schulsystem verstand. In den
Kompromiss, der Ende September 2006 im Koalitionsausschuss mit den Partei- und
Fraktionsvorsitzenden gefunden wurde, gingen dann beide Konzepte ein. Auf Antrag der
örtlichen Schulträger sollten sich alle bestehenden Haupt- und Realschulen wahlweise zu
Gemeinschafts- oder zu Regionalschulen umwandeln. Die Gesamtschulen sollten ebenfalls zu Gemeinschaftsschulen überführt werden. Der Gesetzentwurf des Ministeriums
wurde dann in der ersten und zweiten Lesung gemäß den Verabredungen durch gemeinsame Anträge von CDU und SPD verändert.

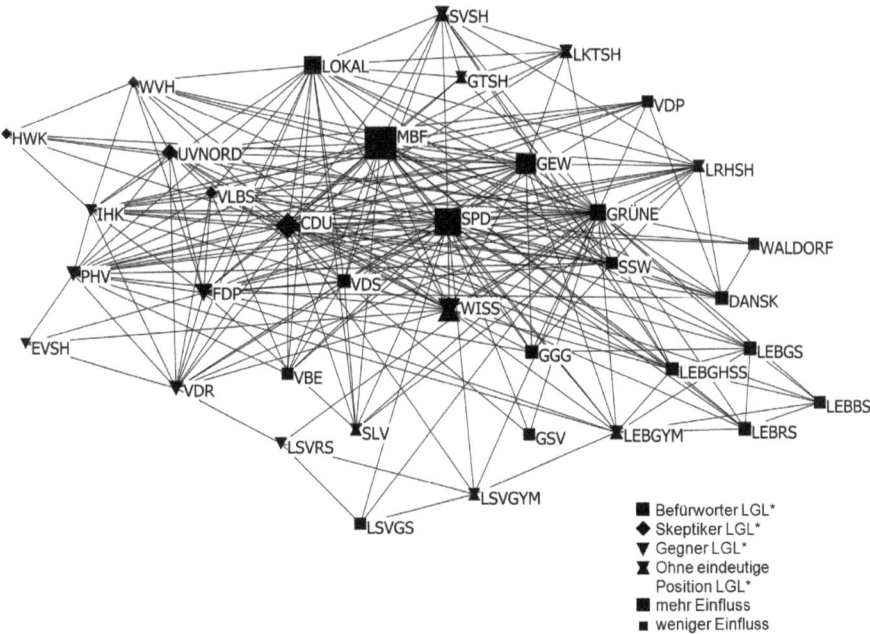

Abbildung 2:   Policy-Netzwerk Schleswig-Holstein bei der Schulgesetzänderung
                2006/7*

* Der zugrunde liegende Netzwerkgraph wurde mit UCINET 6.3 erstellt. Dargestellt sind Organisationen und Akteursgruppen, die 2006/07 eng miteinander kooperiert haben oder durch Informationsaustausch und Gremienarbeit bzw. andere berufliche oder private Kontakte miteinander
  verbunden waren (multiplexe Beziehungen). Für 69 von 96 Personen liegen verwertbare Ergebnisse vor. LGL = längeres gemeinsames Lernen. Eigene Darstellung 2011.

Neben der Einflussnahme im parlamentarischen Beratungsprozess sorgen die Landtagsfraktionen vor allem für die Vermittlung zu den Interessengruppen. Besonders bezie-
hungsreich und zentral ist die SPD-Fraktion und hier insbesondere ihr bildungspolitischer
Sprecher, der noch stärker in das Policy-Netzwerk eingebunden ist als der Staatssekre-

tär.[5] Viele Kooperationswege liefen über Landtagsabgeordnete der SPD und wären zum Teil ohne sie nur schwer zustande gekommen. Neben der Kooperation mit nahezu allen Lehrerverbänden (außer Realschullehrerverband VDR) und dem Schulleitungsverband (SLV) ist die enge Zusammenarbeit mit den Landeselternbeiräten (LEB) hervorzuheben, die dem längeren gemeinsamen Lernen überwiegend aufgeschlossen gegenüber waren und ansonsten eher etwas außerhalb des engeren Kooperationsgeflechts standen.

Die CDU-Fraktion ist insgesamt etwas schlechter vernetzt. Der Kreis ihrer Kooperationspartner ist zwar ähnlich groß wie bei der SPD-Fraktion. Doch verteilen sich die Kooperationsbeziehungen auf verschiedene Personen und können nicht so stark von einer zentralen Sprecherperson gebündelt werden.[6] Dies weist auf den Personalwechsel hin, den die CDU-Fraktion mit Übernahme der Regierungsverantwortung zu bewältigen hatte. Die neue bildungspolitische Sprecherin rückte 2005 in den Landtag nach und auch der Fraktionsvorsitzende wurde neu in das Amt gewählt. Alle CDU-Abgeordneten sind nach 17-jähriger Oppositionszeit neu in der Regierungsverantwortung und sehen sich einem professionell agierenden Bildungsministerium gegenüber. Mit weniger eingespielten Abläufen und Beziehungen ist dies keine leichte Aufgabe, wie auch im Interview bestätigt wird (Interview SH-5, 2010).

4.2   Befürworter der Gemeinschaftsschule

Um die Einbettung der Akteure und den politischen Prozess weiter aufzuklären, ist ein Blick auf die Bündnispartner der Parteien hilfreich. Abbildung 2 unterscheidet die Befürworter eines längeren gemeinsamen Lernens (Quadrat) von den Skeptikern bzw. Gegnern dieses Konzepts (Raute bzw. Dreieck) zum Zeitpunkt der Landtagsanhörung im Dezember 2006. Hierdurch wird die Bedeutung der lokalen Ebene sichtbar: Zu den einflussreichen Unterstützern der Gemeinschaftsschule gehörte ein Kreis von Bürgermeistern, Kreisräten und weiteren Kommunalpolitikern, der quer durch alle Parteien ging (LOKAL). Darunter sind auch die CDU-Bürgermeister, die sich bereits während der Verhandlungen der Landtagsfraktionen für die ersten Standorte von Gemeinschaftsschulen bewarben und mit ihren Schulleitern und dem Ministerium in intensivem Kontakt standen (Johannsen, 2007, S. 139). Dass die Gemeinschaftsschule auf kommunaler Ebene interessiert verfolgt wurde, wird durch das starke örtliche Interesse an der Erhaltung der Schulstandorte verständlich. Von der Zusammenlegung der Haupt- und Realschulen erhoffte man sich, die erforderlichen Schülerzahlen für den Fortbestand der Schulen zu erhalten. Auch Hoffnungen auf die mögliche zusätzliche Angliederung einer eigenständigen Oberstufe spielten eine Rolle, wenngleich sich solche Hoffnungen bis heute eher selten erfüllten (Interview SH 7, 2010).

---

5   Der bildungspolitische Sprecher der SPD-Fraktion stand mit rund 94% der befragten Akteure in direktem Kontakt (Degree). Unter Einbezug der indirekten Kontakte erreichte er 49% der Akteure durchschnittlich in einem Schritt (Closeness). Rund 12% aller kürzesten Wege zwischen den Akteuren laufen über ihn (Betweenness).

6   Die bildungspolitische Sprecherin der CDU-Fraktion stand mit rund 70% der Akteure in direktem Kontakt (Degree), erreichte 44% aller Akteure durchschnittlich in einem Schritt (Closeness) und war für 3% der Akteure der kürzeste Verbindungsweg (Betweenness).

Gleichwohl gab es auf lokaler Ebene auch große Vorbehalte gegen die Aufgabe von eigenständigen Haupt- und Realschulen. Gerade in ländlichen Räumen, in denen die CDU eine starke Vormachtstellung hatte, wurde am gegliederten Schulsystem festgehalten. So wird auch die Haltung der kommunalen Landesverbände verständlich (GTSH, SVSH, LKTSH), die sich in ihren Stellungnahmen einer Bewertung der neuen Schulstrukturen weitgehend enthalten und vielmehr die finanziellen Auswirkungen für die Schulträger thematisieren (Landtag Schleswig-Holstein, 2006d; 2006f; 2006e).[7]

Insgesamt wird deutlich, dass das Konzept des Ministeriums, die Schulträger vor Ort selbst entscheiden zu lassen, in seinem Sinne aufgeht. Das frühzeitige Interesse von CDU-Bürgermeistern an der Gemeinschaftsschule war für die CDU-Fraktion, die bis dahin noch kein eigenes Konzept hatte, in der Außenwirkung verheerend. Die Verhandlungsposition gegenüber dem Ministerium und der SPD-Fraktion war deutlich geschwächt (Interviews SH 4, 2010; SH 5, 2010).

4.3 Gegner und Skeptiker

Die Gegner und Skeptiker des längeren gemeinsamen Lernens und traditionellen Bündnispartner der CDU teilen sich in zwei Gruppen auf, die vergleichsweise wenig miteinander kooperieren. Auf der einen Seite stehen die strikten Gegner der Gemeinschaftsschule, hier vor allem der Verband Deutscher Realschullehrer (VDR), der Philologenverband (PHV), ein kleiner eigenständiger Elternverein (EVSH) sowie die Bildungspolitiker der FDP, die personell stark mit den Philologen verbunden sind.[8] Dieser Kreis suchte den Kontakt zu Wissenschaftlern, die dezidiert für ein begabungsgerechtes Lernen in einem gegliederten Schulwesen eintreten (WISS). Nach der Verabschiedung des Schulgesetzes arbeiteten VDR, Philologenverband und Elternverein weiter eng zusammen, um einen eigenen Gesetzentwurf zu erarbeiten, der die Schulgesetzänderung wieder rückgängig machen sollte. Als der Philologenverband aus diesem Vorhaben ausstieg, startete der VDR im Dezember 2007 eine Volksinitiative zum Erhalt der Realschulen, die jedoch in der Folge die notwendige Unterschriftenzahl zur Durchführung eines Volksentscheids deutlich verfehlte (Interviews SH 9, 2010; SH 11, 2010).

Auf der anderen Seite stehen die Unternehmensverbände (UV Nord, HWK, WVH), die dem längeren gemeinsamen Lernen skeptisch gegenüberstehen, aber die Zusammenführung von Haupt- und Realschulen überwiegend positiv sehen (Landtag Schleswig-Holstein 2006a; 2006c; 2006g). Lediglich die Industrie- und Handelskammer (IHK) hält am bestehenden Schulsystem fest (Landtag Schleswig-Holstein, 2006b). Die Unternehmensverbände stehen untereinander in enger Kooperation, haben jedoch nur wenige Berührungspunkte mit dem Kreis der strikten Gemeinschaftsschulgegner (Interview SH 9, 2010).

Vergleicht man die beiden Lager der Befürworter und der Gegner bzw. Skeptiker der Gemeinschaftsschule miteinander, dann ist auffällig, dass die Befürworter viel intensiver

---

7 Gleichwohl lassen einzelne Repräsentanten der Landesverbände durchaus unterschiedliche schulpolitische Einstellungen erkennen, wie aus Abbildung 1 ersichtlich wird.

8 Zeitweise ist auch die Landesschülervertretung für Realschulen (LSVRS) an dieser Kooperation beteiligt (Interview SH-9, 2010).

untereinander kooperiert haben (11,3 Kooperationen pro Person). Die Gegner und Skeptiker sind auffallend wenig untereinander verbunden (3,9 bzw. 4,2 Kooperationen pro
Person). Dies belegt einerseits, dass unter den Befürwortern sehr beziehungsreiche Akteure waren, die auch auf den Ministeriumsapparat zurückgreifen konnten und zudem
frühzeitig Unterstützung vor Ort gefunden haben. Andererseits gelang es der CDU nicht
in ausreichendem Maße, ihre traditionellen Bündnispartner stärker einzubinden. Dies
weist darauf hin, dass die Gegner und Skeptiker eines längeren gemeinsamen Lernens
inhaltlich weit auseinander liegen (Abschnitt 2). Die CDU stand zwischen Lehrerverbänden, die das differenzierte Schulsystem bewahren wollten und einem Teil ihrer Basis in
den Kommunen, die die Gemeinschaftsschule für aussichtsreich hielt. Sie fand mit der
Regionalschule erst sehr spät ein eigenes Konzept, mit dem sie jedoch aus dem strategischen Dilemma nicht heraus kam. Der Realschullehrerverband fühlte sich verraten (Verband deutscher Realschullehrer, 2007, S. 3), die ersten Bürgermeister hatten sich ohnehin
bereits für die Gemeinschaftsschule entschieden (Interview SH 7, 2010). Das Gemein-
schaftsschulkonzept fand auch bei der weiteren Umsetzung in den Kommunen deutlich
mehr Zuspruch als die Regionalschulen. Insgesamt fast zwei Drittel der Schulträger und
Schulen haben sich für eine Gemeinschaftsschule entschieden (Wiechmann, 2011,
S. 126).

Aus dieser Konstellation heraus wird es verständlich, dass die Protagonisten der CDU
auch in der Folgezeit keine besondere Nähe zur Gemeinschaftsschule entwickeln haben.
So wurden unter der neuen CDU-FDP-Koalition die Differenzierungsmöglichkeiten in
den Gemeinschaftsschulen wieder erweitert (Land Schleswig-Holstein, 2011, S. 25).
Gleichwohl kann das Rad nicht wieder zurückgedreht werden. Der Entwicklungsprozess
in Schleswig-Holstein lässt sich also als machtpolitische und pragmatische Anpassung an
die Realitäten beschreiben. Eine grundlegende Konvergenz parteipolitischer Überzeugungen lässt sich (bislang) nicht beobachten.

5   Zusammenfassung und Ausblick

Nach der weitgehenden Aufgabe eigenständiger Hauptschulen weist die bundesweite
Entwicklung eindeutig in Richtung stärker verbundener und integrierter Sekundarschulen, wobei die Sekundarschulmodelle in den Bundesländern bislang durchaus vielgestal-
tig sind. Bei den konkreten pädagogischen Konzepten und insbesondere bei der Frage,
wie stark die Bildungsgänge integriert und wie lange gemeinsam gelernt werden soll, gibt
es nach wie vor Differenzen zwischen den parteipolitischen Lagern, sofern die Parteien
ihre eigenen Vorstellungen voll umsetzen können. Stark unterschiedlich sind auch die
Vorstellungen, inwieweit die Sekundarschulen zum Abitur führen sollen. Favorisieren
SPD, GRÜNE und LINKE langfristig die Idee der „einen Schule für alle", gehört für
CDU und FDP die Eigenständigkeit der Gymnasien zum politischen Markenkern.

In lagerübergreifenden Koalitionsregierungen wirkt die CDU zunehmend auch an integrierten Sekundarschulen (zumeist Gemeinschaftsschulen) mit. Wie das Beispiel
Schleswig-Holstein zeigt, dürften dabei vor allem machtpolitische und pragmatische Erwägungen eine Rolle spielen. Hinzu kommen ideologische Aufweichungstendenzen im

eigenen Lager. Für viele Unternehmensverbände ist die Hauptschule nicht mehr zukunftsfähig. Für Kommunen, deren Schulstandorte in Frage stehen, ist eine weitgehende Integration der Bildungsgänge aussichtsreich.

Vor diesem Hintergrund geht die CDU in jüngerer Zeit auch aus der Opposition heraus lagerübergreifende Schulkonsense ein (Bremen, Nordrhein-Westfalen). Dabei werden weitgehende integrierte Sekundarschulmodelle akzeptiert, sofern die Stellung und Eigenständigkeit der Gymnasien für die Zukunft gewahrt bleibt. Dies ist in den Vereinbarungen jeweils für die kommende Dekade festgeschrieben.

Offen bleibt, inwieweit die Schulkonsense und die Schulwirklichkeit integrierter Sekundarschulen auf die parteipolitischen Positionen und Überzeugungen zurückwirken. So gibt es in Bremen durchaus Anzeichen für eine stärkere parteipolitische Annäherung, was auch im Bürgerschaftswahlkampf 2011 deutlich wurde.[9] Hierzu sind weitere Politikfeldanalysen erforderlich. Dabei können auch die Policy-Netzwerke in den Bundesländern eingehender miteinander verglichen werden, als dies bislang geschehen ist (Traeger, 2005).

Weiterer Forschungsbedarf besteht auch hinsichtlich der bundesweiten Vernetzung der Schulpolitik. Neuere Studien wie die von Susanne Blancke oder Matthias Rürup, die von der amerikanischen Föderalismusforschung inspiriert sind, weisen darauf hin, dass trotz der föderalen Vielgestaltigkeit länderübergreifende Diffusionsprozesse bestimmter Konzepte und Ideen (wie z.B. Schulautomie) zu beobachten sind (Blancke, 2004; Rürup, 2007). Dass auch in der Sekundarschulfrage eine starke Beobachtung der Bundesländer sowie ein Austausch von Konzepten und Personal stattgefunden haben, belegen die bisherigen Untersuchungen. Spannend wäre die Frage, auf welchen Wegen sich die Sekundarschulkonzepte von Bundesland zu Bundesland verbreitet haben und welche Faktoren die unterschiedliche Adaption bedingen.[10]

Aus beiden Fragestellungen ließen sich Rückschlüsse ziehen, wie sich die Sekundarschulfrage in Deutschland zukünftig entwickeln kann. Ob es bei der föderalen Vielgestaltigkeit bleibt oder sich bundesweit ein Zwei-Wege-Modell durchsetzen wird, ist abhängig von den länderübergreifenden Diffusionsprozessen. Ob die Entwicklung weitergeht hin zu „einer Schule für alle", hängt davon ab, ob sich die schulpolitischen Überzeugungen der Parteien annähern können. Insofern wären traditionelle und neuere Ansätze der Politikwissenschaft und benachbarter Disziplinen zu verbinden, um mehr über das Zustandekommen grundlegender bildungspolitischer Veränderungen zu erfahren. Die Governance-Perspektive und das Instrumentarium der Netzwerkanalyse erweisen sich als gewinnbringend bei der Erkundung von Veränderungsprozessen. Die traditionelle Parteiendifferenzforschung sowie kognitivistische Ansätze der Politikfeldanalyse nehmen zusätzlich auch stärker die Beharrungskräfte in den Blick.

---

9 CDU, SPD und GRÜNE beziehen sich in ihren Wahlprogramm positiv auf den Bremer Schulkonsens und das vereinbarte zehnjährige Moratorium zur Schulstruktur (CDU Bremen, 2011, S. 11; SPD Bremen, 2011, S. 35; BÜNDNIS 90/ DIE GRÜNEN Bremen, 2011, S. 7).
10 Dies soll im laufenden Dissertationsvorhaben weiter untersucht werden.

Literatur

Altrichter, H. (2010). Netzwerke und die Handlungskoordination im Schulsystem. In N. Berkemeyer, W. Bos & H. Kuper (Hrsg.), *Schulreform durch Vernetzung. Interdisziplinäre Betrachtungen* (S. 95–116). Münster: Waxmann.

Bandelow, N. C. (2006). Advocacy Coalitions, Policy-Oriented Learning and Lang-Term Change in Genetic Engineering Policy: An Interpretist View. *German Policy Studies, 3* (3/4), 587–594.

Baumert, J., Klieme, E., Neubrand, M., Prenzel, M., Schiefele, U., Schneider, W., Stanat, P., Tillmann, K.-J. & Weiß, M. (Hrsg.). (2001). *PISA 2000: Basiskompetenzen von Schülerinnen und Schülern im internationalen Vergleich.* Opladen: Leske + Budrich.

Berkemeyer, N. (2010): *Die Steuerung des Schulystems. Theoretische und praktische Explorationen.* Wiesbaden: VS Verlag für Sozialwissenschaften.

Berkemeyer, N., Bos, W. & Kuper, H. (2010): Netzwerke im Bildungssystem. In N. Berkemeyer, W. Bos & H. Kuper (Hrsg.), *Schulreform durch Vernetzung. Interdisziplinäre Betrachtungen* (S. 11–19). Münster: Waxmann.

Blancke, S. (2004). *Politikinnovationen im Schatten des Bundes. Policy-Innovationen und -Diffusionen im Föderalismus und die Arbeitsmarktpolitik der Bundesländer.* Wiesbaden: VS Verlag für Sozialwissenschaften.

Bonatz, E. (2003). *Zur Relevanz von Realschulbildungsgängen: eine Diskussion vor dem Hintergrund der Strukturprobleme der Sekundarstufe I.* Unveröffentlichte Dissertation, Leuphana Universität Lüneburg.

BÜNDNIS 90/ DIE GRÜNEN Bremen (2011). *Wir bleiben dran.* Wahlprogramm von BÜNDNIS 90/ DIE GRÜNEN Bremen.

CDU Deutschland (2011). *Bildungsrepublik Deutschland.* Beschluss auf dem 24. CDU-Bundesparteitag vom 13.-15.11.2011

CDU Bremen (2011). *Jetzt das Richtige tun!* Wahlprogramm der CDU Bremen.

CDU Schleswig-Holstein (2004). *Einheitsschule schafft nur neue Probleme!* Pressemitteilung Nr. 574/04.

CDU Schleswig-Holstein & SPD Schleswig-Holstein (2005). *In Verantwortung für Schleswig-Holstein: Arbeit, Bildung, Zukunft.* Koalitionsvertrag für die 16. Legislaturperiode des Schleswig-Holsteinischen Landtags.

Heinrich, M. (2007). *Governance in der Schulentwicklung. Von der Autonomie zur evaluationsbasierten Steuerung.* Wiesbaden: VS Verlag für Sozialwissenschaften.

Hepp, G. F. (2011). *Bildungspolitik in Deutschland. Eine Einführung.* Wiesbaden: VS Verlag für Sozialwissenschaften.

Hurrelmann, K. (1988). Welche Chance hat die Hauptschule? In Verband Bildung und Erziehung (Hrsg.), *Welche Chance hat die Hauptschule?* Unveröffentlichte Dokumentation des Hauptschul-Symposiums am 04.03.1988.

Johannsen, H.-W. (2007). Auf dem Weg zu einer Schule für alle? Die Gemeinschaftsschule weist einen Ausweg aus der deutschen Schulstrukturkrise. *Die Deutsche Schule, 99* (2), 136–146.

Kiosz, M. (2003). Nord-SPD: Schrittweiser Abschied vom dreigliedrigen Schulsystem. *Flensburger Tageblatt,* 23.11.2003.

Kissling-Näf, I. & Knoepfel, P. (1998). Lernprozesse in öffentlichen Politiken. In H. Albach, M. Dierkes, A. B. Antal & K. Vaillant (Hrsg.), *Organisationslernen – institutionelle und kulturelle Dimensionen* (S. 239–268). Berlin: Ed. Sigma.

Korte, K.-R. (2010). Parteienwettbewerb. Wählen und Regieren im Schatten der Großen Koalition. In D. Gehne, T. Spier & U. v. Alemann (Hrsg.), *Krise oder Wandel der Parteiendemokratie?* (S. 121–132). Wiesbaden: VS Verlag für Sozialwissenschaften.

Land Schleswig-Holstein (2011). *Gesetz- und Verordnungsblatt für Schleswig-Holstein, Nr. 2,* S. 25.

Landtag Schleswig-Holstein (2004). *Plenarprotokoll 15/124,* S. 9580.

Landtag Schleswig-Holstein (2006a). *Umdruck 16/1492.*

Landtag Schleswig-Holstein (2006b). *Umdruck 16/1506.*

Landtag Schleswig-Holstein (2006c). *Umdruck 16/1510 (neu).*

Landtag Schleswig-Holstein (2006d). *Umdruck 16/1529.*

Landtag Schleswig-Holstein (2006e). *Umdruck 16/1538.*

Landtag Schleswig-Holstein (2006f). *Umdruck 16/1547.*

Landtag Schleswig-Holstein (2006g). *Umdruck 16/1566.*

Landtag Schleswig-Holstein (2007). *Plenarprotokoll 16/49,* S. 3493.

Ministerium für Bildung und Frauen Schleswig-Holstein (2006). *Gesetzentwurf zur Weiterentwicklung des Schulwesens in Schleswig-Holstein vom 21.03.2006.*

Reinhardt, S. (1999). Bildung und Bildungspolitik – nur Durcheinander oder auch Strukturen? *Gegenwartskunde, 48* (1), 19–30.

Ridderbusch, J. (2009). Auslaufmodell Hauptschule? Zur Situation der Hauptschulen in Deutschland. *Statistisches Monatsheft Baden-Württemberg, 11,* 18–28.

Rösner, E. (1989). *Abschied von der Hauptschule. Folgen einer verfehlten Schulpolitik.* Frankfurt a.M.: Fischer.

Rösner, E. (2007). *Hauptschule am Ende. Ein Nachruf.* Münster: Waxmann.

Rösner, E. (2008a): *Die Einführung von Gemeinschaftsschulen in Schleswig-Holstein. Veränderungen der Schulstruktur als Konsequenz demografischer und gesellschaftlicher Entwicklungen.* Münster: Waxmann.

Rösner, E. (2008b): Gemeinschaftsschule –Konzept und Akzeptanz eines neuen Schulmodells. In U. Preuss-Lausitz (Hrsg.), *Gemeinschaftsschule – Ausweg aus der Schulkrise? Konzepte, Erfahrungen, Problemlösungen* (S. 34–49). Weinheim: Beltz.

Rürup, M. (2007): *Innovationswege im deutschen Bildungssystem. Die Verbreitung der Idee „Schulautonomie“ im Ländervergleich.* Wiesbaden: VS Verlag für Sozialwissenschaften.

Sabatier, P. A. & Weible, C. M. (2007). The Advocacy Coalition Framework – Innovations and Clarifications. In P. A. Sabatier (Ed.), *Theories of the Policy Process – Theories of the policy process* (pp. 189–220). Boulder, Colorado: Westview Press.

Schmidt, M. G. (1980). *CDU und SPD an der Regierung. Ein Vergleich ihrer Politik in den Ländern.* Frankfurt a.M.: Campus.

Statistische Ämter des Bundes und der Länder (2011). *Regionaldatenbank Deutschland.* Verfügbar unter: https://www.regionalstatistik.de/genesis/online/logon [07.12.2011].

SPD Bremen (2011). *Miteinander! Vielfalt und Zusammenhalt gemeinsam gestalten.* Regierungsprogramm der SPD Bremen.

SPD Schleswig-Holstein (2004). *Leitantrag –Lernen für die Zukunft,* Außerordentlicher Landesparteitag am 07.03.2004.

Thränhardt, D. (1990): Bildungspolitik. In K. v. Beyme & M. G. Schmidt (Hrsg.), *Politik in der Bundesrepublik Deutschland* (S. 177–202). Opladen: Westdeutscher Verlag.

Traeger, M. (2005). *Bildungspolitik in Deutschland. Eine ländervergleichende Netzwerkanalyse.* Marburg: Tectum.

Verband deutscher Realschullehrer (2007). *Die Realschule,* Eigenverlag, S. 3.

Wiechmann, J. (2011). Vollständiger Systemwechsel in Schleswig-Holstein. Die Umwandlung der Schullandschaft in lokaler Entscheidung. *Zeitschrift für Erziehungswissenschaft, 14,* 119–139.

Zymek, B. (2010). Nur was anschlussfähig ist, setzt sich auch durch. Was man aus der deutschen Schulgeschichte des 20. Jahrhunderts (gerade auch der der DDR und der ostdeutschen Bundesländer) lernen kann. *Die Deutsche Schule, 102* (3), 193–208.

Irene Leser & Rubina Vock

Wie bedeutsam sind Schulentwicklungsnetzwerke? Eine Analyse netzwerkspezifischer Kooperationsbeziehungen im Rahmen der Schulentwicklungsinitiative „prima(r)forscher – Naturwissenschaftliches Lernen im Grundschulnetzwerk"

1 Einleitung

„Dem Netzwerk gehört die Zukunft!" So steigt der Wissenschaftler Jürgen Howaldt in seinen Artikel „Innovation im Netzwerk" (2010, S. 131) ein. Dies gelte für die Wissenschaft, Forschung und Wirtschaft genauso wie für Schulentwicklungsprojekte, die immer öfter mittels Netzwerkarbeit Innovationen in Schulen erreichen wollen. Damit argumentiert Howaldt im Sinne derer, die Netzwerke als Innovationssysteme verstehen (Braun-Thürmann, 2005; Bullinger, 2006) und unter einem Netzwerk als sozial operierendes Aggregat ein Instrument zur Lösung verschiedener Problemlagen sehen, die in anderen funktionalen Systemen weniger leicht zu realisieren sind. Innovationsforscherinnen und -forscher betrachten Netzwerke oftmals anderen Koordinations- und Steuerungssystemen, insbesondere Organisationen gegenüber, als überlegen an (Rammert, 1997). Vor allem in der Zeit der zunehmenden Komplexität und Beschleunigung von Wissensproduktionen und -entwertungen scheinen organisationsinterne Ressourcen zur Bewältigung von Umweltfaktoren meist nicht mehr auszureichen (Howaldt, 2010, S. 132). Daher werden Netzwerke und Kooperationen gegründet, in denen die Akteure nicht in ihren alltäglichen Arbeitsstrukturen, sondern in Zusammenhängen von Personen operieren, die nicht tagtäglich miteinander arbeiten, sondern gezielt (oder zumindest bewusst) miteinander operieren und damit – so die dahinter stehende Hoffnung – neue Ideen hervorbringen. In Netzwerken können die beteiligten Akteure Wissen über die Grenzen der Einzelorganisationen hinaus produzieren.

Netzwerke stehen in diesem Sinne für Offenheit, Gleichberechtigung, Anerkennung, selbstbestimmte Arbeitsformen, für Vertrauen und Zugehörigkeit, für einen unzensierten Informationsfluss, für Synergieeffekte und Partizipation (Aderhold, 2009, S. 181; Straus, 2010, S. 163). Netzwerkakteure sollen im situierten Lernen, im gleichberechtigten Handeln sowie in Kooperation miteinander (Sydow & Windeler, 2000, S. 12; Straus, 2010, S. 158) gemeinsam Wissen produzieren, austauschen und gemeinsam etwas bewegen: „Die Beteiligten tauschen sich aus, kooperieren im Rahmen gemeinsamer Angelegenheiten, Ziele, Schwerpunkte oder Projekte. Sie lernen voneinander und miteinander" (Czerwanski, 2003, S. 14). Sie können sich gegenseitig Anregungen holen und damit ihr eigenes Handlungsrepertoire erweitern (Berkemeyer & Bos, 2010, S. 758f.). Sie können unbürokratisch Ressourcen bündeln bzw. bereitstellen (Straus, 2010, S. 157) und damit gemeinsam Ziele leichter erreichen (Kulmer, 2001, S. 115).

Bei diesen sehr hoch gesteckten Hoffnungen bezüglich des gewinnbringenden Arbeitens im Netzwerk bleibt jedoch die Frage offen, inwieweit Netzwerke wirklich die erwünschten Wirkungen hervorbringen. Im Evaluationsprojekt „prima(r)forscher – Naturwissenschaftliches Lernen im Grundschulnetzwerk", einer Schulentwicklungsinitiative zur Verbesserung des naturwissenschaftlichen Lernens in der Grundschule, wurde dieser Frage nachgegangen.[1] In diesem Artikel werden anhand zweier sich hinsichtlich ihrer Rahmenbedingungen maximal unterscheidenden Schulen die Bedeutung des Netzwerks und der Akteure für die kooperierenden Schulen aufgezeigt. Hervorzuheben ist, dass die hier dargestellten Ergebnisse nicht für alle untersuchten prima(r)forscher-Schulen gelten, da die große Heterogenität der Schulen zu sehr unterschiedlichen Beurteilungen der Netzwerkarbeit führen. Im Folgenden geht es nicht darum, einen breiten Fächer an unterschiedlichen Typen von Netzwerken aufzuspannen, sondern gerade durch die Gegenüberstellung zweier sehr unterschiedlicher Schulen aufzuzeigen, wie die Netzwerke und deren Akteure bewertet werden und welche Faktoren dabei eine Rolle spielen. Hierfür wird zur praktischen Einbindung als erstes die Programmatik von prima(r)forscher vorgestellt (siehe Abschnitt 2), um anschließend einen Blick auf den theoretischen Bezugsrahmen der Netzwerkanalyse zu werfen (siehe Abschnitt 3), das Evaluationsdesign vorzustellen (siehe Abschnitt 4) und hiernach im Fallkontrast (siehe Abschnitt 5) die Bedeutung der Kooperation im Netzwerk seitens der beiden ausgewählten Schulen zu analysieren.

2   prima(r)forscher – Naturwissenschaftliches Lernen im Grundschulnetzwerk

Das Ziel des Innovationsnetzwerks prima(r)forscher, einem Modellvorhaben der Deutschen Telekom Stiftung und der Deutschen Kinder- und Jugendstiftung, ist, Grundschullehrkräfte dazu zu befähigen, ihren naturwissenschafts- und technikorientierten Unterricht sowie ihre Schulkultur weiterzuentwickeln und damit das forschend-entdeckende Lernen von Grundschulkindern zu fördern.

Das Mittel zur Umsetzung des Zielvorhabens ist die Kooperation in Netzwerken. Die das Entwicklungsvorhaben initiierenden Stiftungen geben den Schulen keine festen Vorgaben, wie sie einen neuen forschend-entdeckenden Unterricht an ihrer Schule umsetzen sollen, sondern die Schulen entwickeln nach ihren spezifischen Rahmenbedingungen und Möglichkeiten ihre je individuellen Zielsetzungen.

Von Herbst 2007 bis Herbst 2009 arbeiteten hierfür je vier Grundschulen (die sogenannten Pilotschulen) in drei Bundesländern in regionalen Qualitätsnetzwerken zusammen. Über einen Erfahrungsaustausch und gemeinsame Fortbildungen sollten die Schulen von- und miteinander lernen.

Seit Herbst 2009 wurde das prima(r)forscher-Netzwerk um 24 Grundschulen erweitert. Jeder Pilotschule wurden zwei bis drei Partnerschulen zur Seite gestellt. Die Schulen arbeiten nun nicht mehr nur in regionalen Netzwerken, sondern zusätzlich innerhalb ihres Bundeslandes in Schulbündnissen mit ihren Partnerschulen zusammen. Begleitet werden

---

1   Anregungen für diesen Beitrag verdanken wir dem Dialog im Evaluationsteam, zu dem auch Prof. Dr. Jörg Ramseger, Prof. Dr. Günter Mey und Dr. Katja Mruck gehören.

die Schulen in ihrer Entwicklungsarbeit auf regionaler Ebene durch die seitens der Stiftungen eingestellten Moderatorinnen. Diese sollen die Schulen unterstützen, indem sie die Pilotschulen in ihrer Schulbündnisarbeit beraten und die regionalen Netzwerktreffen auf Grundlage der Bedürfnisse, Wünsche und Erwartungen seitens der Schulen organisieren. Die Moderatorinnen sind Bindeglied zwischen den prima(r)forscher-Schulen und den Stiftungen. Sie geben Entwicklungen, Bedürfnisse und Erwartungen an die jeweils andere Seite weiter.

Weitere wichtige Akteure im Rahmen des Entwicklungsvorhabens prima(r)forscher sind die Ländervertreter/-innen sowie externe Wissenschaftler/-innen, die zusammen mit den Stiftungen und dem Leiter des Evaluationsteams den Beirat bilden. Auf diesen Beiratstreffen werden die Ergebnisse der wissenschaftlichen Begleitung präsentiert und die Entwicklungen diskutiert. Eine wichtige Funktion dieses Beirats ist, die Vertreter/-innen der Bildungsministerien frühzeitig in das Projekt einzubinden, um so nach Projektende die Ausweitung der prima(r)forscher-Ideen in das Schulsystem der jeweiligen Bundesländer zu erleichtern.

Erkennbar wird also ein dichtes Geflecht an verschiedenen Akteuren aus unterschiedlichsten Organisationen, die innerhalb von prima(r)forscher miteinander kooperieren. Damit treffen verschiedene soziale Systeme aufeinander, die miteinander interagieren und voneinander lernen sollen. Inwieweit dies gelingt, und ob durch den Zusammenschluss verschiedener Akteure im Netzwerk insbesondere neue Ideen zur eigenen Unterrichts- und Schulentwicklung der beteiligten Schulen generiert werden können, soll im Anschluss diskutiert werden. Zunächst werden jedoch zur theoretischen und analytischen Einbettung der netzwerkanalytische Bezugsrahmen (siehe Abschnitt 3) und die angewandten Forschungsmethoden (siehe Abschnitt 4) vorgestellt.

3 Netzwerkanalytischer Bezugsrahmen

Die sozialwissenschaftliche Netzwerkforschung konzentriert sich in ihrem Kern auf strukturalistische Aspekte. Netzwerke bestehen im Sinne der traditionell eher quantitativ orientierten Netzwerkforschung aus „Knoten" (d.h. Akteuren), die miteinander über sogenannte „Kanten" (d.h. Beziehungen) verbunden sind und gemeinsam bestimmte Aggregate bilden (Häußling & Stegbauer, 2010, S. 57). Die Netzwerkanalyse untersucht Relationen von Personen zueinander. Über die Strukturmerkmale des mittels Knoten und Kanten visualisierten Netzwerks werden soziale Beziehungen dargestellt und soziale Integrationsmerkmale erörtert (Hollstein, 2010, S. 91). Damit werden meist nicht die Akteure mit ihren Merkmalen oder sozialen Positionen in den Mittelpunkt der Forschung gerückt, sondern die Relationen (Wellmann, 1988; Colemann, 1958) der miteinander interagierenden Akteure sowie deren soziale Einbettung (*embeddedness*, Granovetter, 1985). Mittels Netzwerkforschung ist es also möglich, Beziehungen verschiedener Akteure adäquat darzustellen und aus der Struktur des Netzwerks zu untersuchen, inwiefern das Vorhandensein oder die Abwesenheit von Beziehungen Auswirkungen auf die Handlungen einzelner Akteure im Netzwerk hat (Bommes & Tacke, 2006, S. 38) und welche Faktoren der strukturellen Einbettung das Handeln der Akteure limitiert oder ermöglicht (Diaz-Bone, 2007).

Was die traditionelle Netzwerkforschung bis zum jetzigen Zeitpunkt jedoch kaum er-forscht, ist die funktionalistische Analyse des Netzwerks bzw. der Teilnetzwerke (Straus, 2006, S. 493f.), die vor allem bei Innovationsnetzwerken von entscheidender Bedeutung ist. Denn ohne die Konzentration auf die Funktion der Netzwerke bleiben Wirksamkeiten sowie Wirkmechanismen von Netzwerken und Netzwerkfunktionen unerforscht (Straus, 2010, S. 159). Damit bleibt ungeklärt, welchen Nutzen der Zusammenschluss in Netz-werken hat und was für einen Mehrwert die Netzwerkarbeit für die Beteiligten liefert. Daher muss neben der Analyse des Interaktionsnetzwerks danach geforscht werden, welches Selbstverständnis Netzwerkakteure aufgrund ihrer eigenen Vorerfahrungen und ihrer (pädagogischen) Orientierungen haben, wie sie (vor diesem Hintergrund) ihre Funktion und ihre Rolle im Netzwerk verstehen und was sie als sinnvolle Handlung ansehen. Zudem muss berücksichtigt werden, welche Rolle sie den anderen Akteuren im Netzwerk zuschreiben und wie sich dies auf ihr eigenes Handeln auswirkt. Es muss also im Sinne der phänomenologischen Netzwerkforschung nach White (1992) das Soziale in Bezug auf das, was zwischen den Akteuren geschieht, d.h. die akteursverbindenden Transaktionsleistungen, betrachtet werden (Albrecht, 2010, S. 131; Fuhse, 2008, S. 2934), denn die Akteure im Netzwerk sind nicht isolierte Akteure, sondern in erster Linie immer eingebettet in soziale Strukturen (Granovetter, 1985) und werden damit von ihrem sozialen Umfeld geprägt.

Nur mit Konzentration auf die aufgrund der sozialen Einbettung vollzogenen Aktivitä-ten einzelner Akteure kann untersucht werden, wie Prozesse auf der Netzwerkebene wirken und wie einzelne Akteure auf das Handeln anderer (ein)wirken (Häußling, 2010, S. 65). Hierfür bietet die Analyse von qualitativen Interviews, die um Netzwerkkarten (Hollstein & Pfeffer, 2010) als Instrument zur Erhebung von egozentrierten Netzwerken erweitert werden (siehe Abschnitt 4), eine passende Möglichkeit.

4 Die Untersuchung des Netzwerks prima(r)forscher

Zur Analyse der Bedeutung und Wirkung der Netzwerkarbeit in prima(r)forscher wurden im Rahmen der wissenschaftlichen Begleitforschung[2] auf ein methodisch-triangulatives Verfahren (Flick, 2010) zurückgegriffen, um zum einen die unterschiedlichen Perspekti-ven und Handlungsweisen der teilnehmenden Akteure zu erfassen und zum anderen die Komplexität der Netzwerkstrukturen adäquat abbilden zu können. Hierzu wurden Doku-mentenanalysen (Bewerbungsunterlagen, Protokolle etc.), teilnehmende Beobachtungen auf den regionalen Netzwerktreffen, qualitative Leitfadeninterviews mit Schulleitungen, qualitative leitfadengestützte Gruppeninterviews mit den Pädagoginnen und Pädagogen sowie Fragebogenerhebungen an allen Schulen durchgeführt.

Die Gruppeninterviews wurden mit den sogenannten Steuergruppenmitgliedern ge-führt, d.h. mit Personen in den Schulen, die sich zur Umsetzung von prima(r)forscher und damit zur Verbesserung des naturwissenschaftlichen Angebots in ihrer Schule zusam-

---

2 Die wissenschaftliche Begleitforschung erfolgte im Auftrag und unter Finanzierung der Deutschen Telekom Stiftung in Kooperation des Instituts für Schulentwicklung und des Instituts für Qualita-tive Forschung in der Internationalen Akademie für innovative Pädagogik, Psychologie und Öko-nomie (INA gGmbH) an der Freien Universität Berlin.

mengeschlossen haben. Um die Bedeutungen zu erheben, die die einzelnen am Netzwerk prima(r)forscher beteiligten Akteure und Unterstützungssysteme für die jeweiligen Steuergruppenmitglieder haben, wurden die Gruppeninterviews um Netzwerkkarten im Sinne der *Methode der konzentrischen Kreise* (Hollstein & Pfeffer, 2010) erweitert. Hierfür wurde die in der Netzwerkforschung seit längerem durchgeführte Methode mit Blick auf die Erfordernisse von prima(r)forscher leicht modifiziert. Während der Steuergruppeninterviews wurde den Befragten ein Blatt Papier, auf dem zwei konzentrische Kreise gezeichnet waren, sowie Kärtchen, auf denen die an prima(r)forscher beteiligten Akteure bzw. Akteursgruppen (Schulleitung, Steuergruppenmitglieder, Partnerschule, Pilotschule, andere prima(r)forscher-Schulen, Moderatorin, Ministerien, Stiftungen und Evaluation) und weitere für die Umsetzung von prima(r)forscher wichtige Unterstützungssysteme (Kollegium, weitere Kooperationspartner sowie die Fortbildungen) notiert waren, vorgelegt. Die Steuergruppenmitglieder erhielten während des Interviews folgenden Erzählanreiz:

> Wir möchten Sie bitten, die für Ihre Unterrichts- und Schulentwicklung wichtigen Personen bzw. Kooperationspartner und Unterstützungen Ihrer Wichtigkeit nach auf dem Legeplan zu positionieren. In der Mitte des Blattes sollen die wichtigsten Partner/-innen und Unterstützer/-innen gelegt werden. Je weiter sie nach außen gelegt werden, desto unwichtiger waren bzw. sind diese für Ihre eigene Unterrichts- und Schulentwicklung. Dafür haben wir einige Legeblättchen vorbereitet. Bitte erklären Sie uns doch beim Legen, warum die jeweiligen Personen bzw. Kooperationspartner/-innen wichtig bzw. weniger wichtig für Ihre Unterrichts- und Schulentwicklung waren bzw. sind? Sie müssen nicht alle Legeblättchen verwenden. Uns geht es darum, die aus Ihrer Sicht wichtigsten Partner/-innen und Unterstützer/-innen zu sammeln und die dahinter stehende Unterstützung zu erfahren.

Für die Analyse der egozentrierten Sicht auf das Netzwerk prima(r)forscher wurde auf die Methode der Grounded Theory (Strauss & Corbin, 1996; Mey & Mruck, 2009) zurückgegriffen, da diese über ihren offenen Zugang Möglichkeiten zur Entdeckung bisher Unerforschten bietet und das Kodierparadigma besonders für die Analyse von Bedingungen und Wirkungen geeignet ist. Zur Verdeutlichung der Auswertung wurden für diesen Artikel zwei kontrastreiche Fallbeispiele gewählt, die in ihrer maximalen Kontrastierung Aussagen über die Bedeutsamkeit der Netzwerkarbeit und die Wirksamkeit der Unterstützungssysteme prima(r)forscher bieten.

5 Die Bedeutsamkeit des Netzwerks prima(r)forscher im Fallkontrast

Zur Beantwortung der Frage, wie bedeutsam und wirksam die Unterstützungssysteme von prima(r)forscher in der egozentrierten Wahrnehmung verschiedener beteiligter Steuergruppenmitglieder sind, wird zunächst erörtert, unter welchen Kontextbedingungen die beiden maximal divergierenden Schulen (siehe Abschnitt 5.1) in das Projekt prima(r)forscher starteten. Dies soll erste Hinweise zu den Voraussetzungen von und Einstellungen zur Netzwerkarbeit in den beiden Schulen geben.

5.1   Schulcharakteristika im Fallkontrast

Die beiden für die nun folgende Fallkontrastierung ausgewählten Schulen unterscheiden sich hinsichtlich ihrer Größe, der Örtlichkeit und der Schülerzusammensetzung erheblich. Die exemplarisch herangezogene Pilotschule, die seit 2007 am Projekt teilnimmt, kommt aus einem sozialschwachen Stadtteil einer Großstadt. In der Schule lernen 285 Schülerinnen und Schüler in altershomogenen Klassen. 86 Prozent der Schüler/-innen sind nichtdeutscher Herkunft und knapp die Hälfte der Schüler/-innen wird nachmittags im Schulhort betreut. An der Schule arbeiten 23 Lehrkräfte, drei Lehramtsanwärter/-innen sowie eine Sozialpädagogin, eine Lehrerin für die Herkunftssprache Türkisch und eine Schulsozialarbeiterin. Die Schule teilt sich ihr Schulgebäude mit einer weiteren Grundschule, in der ähnlich viele Kinder nichtdeutscher Herkunft unterrichtet werden.

Im Vergleich dazu befindet sich die ausgewählte Partnerschule, die seit 2009 am Projekt teilnimmt, in einem kleinen Dorf. In der Schule werden 86 Schüler/-innen von sechs Lehrerinnen und einem Schulleiter im jahrgangsübergreifenden Unterricht nach einem ganzheitlichen Konzept unterrichtet. Die Schule arbeitet in enger Kooperation mit dem Kindergarten, der sich gleich neben der Schule befindet.

Beide Schulen starteten nach Selbstauskunft auf einem relativ niedrig entwickelten Niveau im naturwissenschaftlichen Bereich. Die ausgewählte Pilotschule bewarb sich – wie die meisten in prima(r)forscher involvierten Schulen – aus Eigenantrieb, auf Initiative zweier Lehrerinnen. Die Partnerschule hingegen bewarb sich auf Anfrage ihres Schulamts.

Vor diesem Hintergrund stellt sich die Frage, inwieweit das Netzwerk prima(r)forscher zu einer Weiterentwicklung der Schulen beigetragen hat. Hat die Zusammenarbeit neue Ideen für die eigene Schule hervorgebracht und zu einem erweiterten Wissen in Bezug auf naturwissenschaftliches Lernen geführt? Konnten die Lehrkräfte mit- und voneinander lernen und damit ihr eigenes Handlungsrepertoire erweitern und sich gegenseitig bei der Erreichung ihrer Ziele unterstützen?

5.2   Das Netzwerk prima(r)forscher – ein Unterstützungsnetzwerk?!

Zur Beantwortung der eben angeführten Fragen dient die Analyse der Legepläne (siehe Abb. 1 und 2), die in Steuergruppengesprächen im Frühjahr 2011 erarbeitet wurden.

Gleich auf den ersten Blick fällt auf, dass die Steuergruppenmitglieder eine unterschiedliche Anzahl an vorbereiteten Legekärtchen auf dem Papier positionierten.

Beim ersten genaueren Betrachten wird des Weiteren erkenntlich, dass die Bedeutung der verschiedenen Unterstützungen unterschiedlich bewertet wird. So befinden sich z.B. in der ausgewählten Pilotschule die dazugehörigen Partnerschulen im Innenkreis. In der Partnerschule hingegen befinden sich die Pilotschule im äußeren Kreis und die Partnerschule außerhalb der konzentrischen Kreise. Im Gegensatz dazu ist in der Pilotschule die Schulleitung im Außenkreis verortet, dagegen in der Partnerschule zentral im Innenkreis.

Welches die Ursachen und Erklärungen für die unterschiedlichen Sichtweisen der Steuergruppenmitglieder sind, wird in den folgenden beiden Abschnitten analysiert.

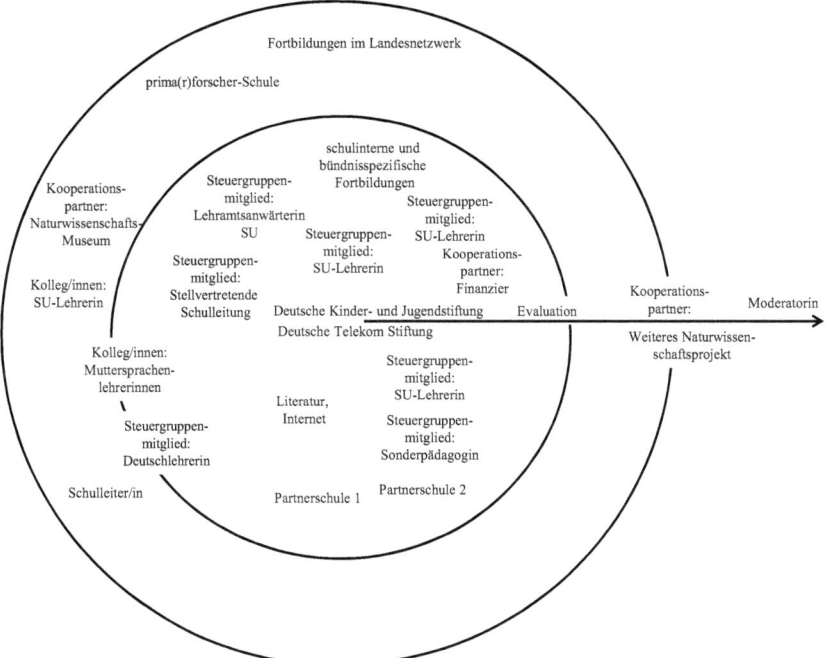

Abbildung 1: Das Unterstützungssystem prima(r)forscher aus Sicht der Steuergruppenmitglieder einer Pilotschule (Pilotschule, Mai 2011)

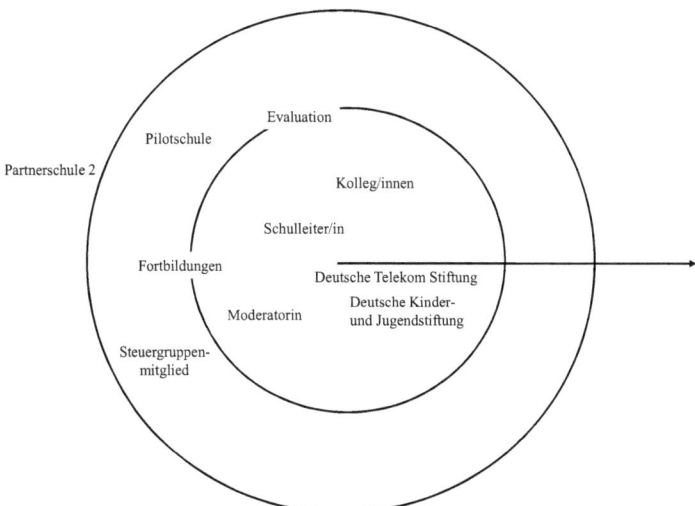

Abbildung 2: Das Unterstützungssystem prima(r)forscher aus Sicht der Steuergruppenmitglieder einer Partnerschule (Partnerschule, April 2011)

5.2.1 Das außerschulische Netzwerk im Vergleich

Neben vielen Differenzen zeigen sich anhand der Legepläne bezüglich des außerschulischen Unterstützungsnetzwerks prima(r)forscher auch einige Gemeinsamkeiten.

Die Stiftungen als Initiatoren und Geldgeber von prima(r)forscher

Einig sind sich die beiden Schulen z.B. in der Gewichtung, die sie den initiierenden Stiftungen beimessen. In beiden Legeplänen wurden diese ins Zentrum der Unterstützungssysteme gelegt. Erklärend hierzu meint die Pilotschule:

> Eigentlich müsste man ja die Stiftungen erst mal als wichtigen Ausgangspunkt legen. Ohne die Stiftungen hätte es nicht angefangen.

Und die Partnerschule sagt:

> Ohne die Finanzen wäre das ja alles überhaupt nicht möglich gewesen.

Beide Schulen haben jedoch – anders als zu vielen anderen gelegten Netzwerkakteuren – keinen bzw. nur kaum Kontakt mit den Stiftungen. Sie zählen aus der Sicht der Steuergruppenmitglieder eher als Initiatoren und Geldgeber.

Reflexionsmöglichkeiten mittels Evaluation

Eine weitere Gemeinsamkeit ergibt sich in der Positionierung der Evaluation. Die Mitglieder beider Steuergruppen legten das Kärtchen zwischen den inneren und äußeren konzentrischen Kreis. Die Pilotschule meint bezüglich der Evaluation:

> Dass es evaluiert wird, das ist schon, sagen wir mal so, o.k. […] Solche [reflektierenden] Gespräche [mit Ihnen als Vertreterin der wissenschaftlichen Begleitung] sind für uns auch wichtig. Also es ist ja nicht so, dass wir, wenn wir [in der Steuergruppe] zusammenhocken, auf diese Art miteinander reden, sondern es sind so hier was Kleines und da und jenes. […] Es ist schon auch gut dann, solche Gespräche [mit Ihnen zu haben].

Die Vertreterinnen aus der Partnerschule sagen folgendes:

> Lehrerin A: „Mir graust ja wieder, weil das [Ausfüllen des Selbstevaluationsbogens] eine Arbeit ist. Aber es ist schon gut, dass man sich diese Gedanken macht."

> Lehrerin B: „Das ist schon wichtig. Evaluation. Sich hinzusetzen und zu überlegen und mir über Sachen klarzuwerden, die schon vielleicht die ganze Zeit im Hinterkopf so nebenher laufen, laufen aber eben immer nur nebenher und das finde ich wichtig."

Für die Pilotschule bringen v.a. die Gruppeninterviews mit Mitgliedern der Evaluation, die diese bei den Schulbesuchen mit den Steuergruppenmitgliedern durchführt, einen Mehrwert. Hier können sie ihren bisherigen Entwicklungsstand, ihren gegangenen Weg sowie ihre weiteren Zielvorhaben reflektieren. Die Partnerschule sieht den Nutzen der wissenschaftlichen Begleitung v.a. in dem von der Evaluation im partizipativen Verfahren gemeinsam mit den Pilotschulen entwickelten Selbstevaluationsbogen[3]. Das Ausfül-

---

3 Der Selbstevaluationsbogen wurde nach einer zweijährigen Projektlaufzeit entwickelt. Er beinhaltet qualitativ wie quantitativ gestellte Fragen zum Unterrichtsverlauf, den Lehr- und Lernorten, zu

len dieser Bögen ist zwar mit einem Zeitaufwand verbunden, hilft aber, sich explizit mit dem Stand der eigenen Unterrichtsentwicklung auseinanderzusetzen, die bisherige Arbeit schriftlich zu fixieren und damit in einen inneren Austausch mit dem bisher Erreichten und noch Geplanten zu gehen.

Fortbildungen als Anregung

Weitere Gemeinsamkeiten sehen die beiden befragten Schulen in der Wichtigkeit der regionalen Fortbildungen. Für beide Steuergruppen haben diese einen mittelwichtigen Stellenwert. Die Steuergruppenmitglieder der Pilotschule meinen in Bezug auf die Fortbildungen, dass diese „anregend", „animierend" und dann auch wieder „ein bisschen erdrückend" oder auch „auf der emotionalen Basis gut[tuend]" waren, zum Teil jedoch zu spät innerhalb des Projektverlaufs stattfanden oder nicht zielgenau für die eigene Entwicklung waren. Für die Steuergruppenmitglieder der Partnerschule waren die Fortbildungen:

> [...] besser als wenn es von sterilem Präsidium oder gar den Schulämtern organisiert ist, weil man einfach merkt, dass Fachleute da sind, die die Fortbildungen machen.

Dementsprechend empfanden sie die Fortbildungen für ihre fachlich-inhaltliche Entwicklung als bereichernd.

Anders als die Pilotschule unterscheidet die Partnerschule jedoch nicht zwischen bündnisinternen bzw. schulspezifischen Fortbildungen und den netzwerkspezifischen Fortbildungen. Für die Pilotschule ist diese Unterscheidung hingegen sehr wichtig. So meint die Konrektorin in Bezug auf die eigenen Fortbildungen:

> Die von uns bestellten, gebuchten, gekauften, initiierten, selbst gemachten Fortbildungen, würde ich sagen, waren immer [gut.] Ja. Weil es war halt, wir haben ja auch versucht, es darauf zuzuschneiden und uns wirklich jemanden zu bestellen, der uns wirklich weiterbringt.

Sie empfinden die eigens gewählten Fortbildungen also als besonders gewinnbringend, da sie diese nach ihren eigenen Bedarfen und Entwicklungswünschen ausgewählt haben und sie somit besser als die für das regionale Netzwerk organisierten Fortbildungen auf ihre Entwicklungslinien abgestimmt waren.

Kooperierende prima(r)forscher-Schulen als Anregung oder Belastung

Die Divergenzen hinsichtlich des Stellenwerts der Fortbildungen geben erste Hinweise darauf, wie verschieden die beiden Schulen ihre Bündnisarbeit und damit die Kooperation mit weiteren in prima(r)forscher involvierten Schulen sehen. Weitere Hinweise geben die Positionierungen der Legekärtchen, die sich auf die anderen in

---

den verwendeten Didaktiken sowie zum fachbezogenen und methodenorientierten Kompetenzerwerb der Schülerinnen und Schüler im naturwissenschaftlichen Unterricht aus Sicht der Lehrkräfte. Damit dient er einerseits den Lehrkräften als Steuerungsinstrument zur Reflexion ihres Unterrichts und ist andererseits ein Instrument für das Evaluationsteam zur Auswertung des Unterrichts an allen beteiligten Schulen. Der Bogen wurde im Rahmen der Abschlussdokumentation zu prima(r)forscher auf der Material-CD veröffentlicht (Leser, Mey, Mruck, Ramseger & Vock, 2011).

prima(r)forscher involvierten Schulen beziehen. Die Pilotschule hat ihre beiden Partner-schulen in den inneren Wichtigkeitskreis gelegt und in den äußeren Wichtigkeitskreis eine weitere in prima(r)forscher involvierte Pilotschule. Die Partnerschule hingegen hat ihre Pilotschule in den äußeren Wichtigkeitskreis gelegt und die zweite im Bündnis involvierte Partnerschule außerhalb der konzentrischen Kreise.

Relativ zu Beginn der Bündnisarbeit hatte die Pilotschule sich mit ihren Partnerschu-len darauf geeinigt, sogenannte Themenwochen im naturwissenschaftsorientierten und technischen Bereich auszutauschen. Jede Bündnisschule sollte an ihrer Schule Themen-wochen, z.B. zu den Themen Schall, Wasser, Gleichgewicht anbieten und die dafür vorbereiteten Materialien und Unterrichtspläne mit den anderen im Bündnis vertretenen Schulen austauschen, sodass diese die geplanten Themenwochen auch an ihrer Schule erproben können. Über gemeinsame Hospitationen und den Austausch über die Themen wollten sie sich gegenseitig unterstützen, miteinander und voneinander lernen. Auch die Kooperation mit einer weiteren in prima(r)forscher involvierten Schule basiert u.a. auf Material- und Erfahrungsaustausch.

Für die ausgewählte Partnerschule hingegen scheint die Zusammenarbeit mit den an-deren prima(r)forscher-Schulen, insbesondere mit ihren Bündnispartnern, über die Zeit nicht ganz so erfolgreich verlaufen zu sein. Sie meinen:

> Ich finde, neutral gesprochen, dass wir uns in unterschiedliche Richtungen entwickelt haben. […] Das ist schon seltsam mit den verschiedenen Seelen, die man da in seiner Brust hat, weil ich auf der einen Seite sage, interessante Anregungen, aber ich nehme es dann als Anregungen und möchte es so nicht machen.

Bezüglich der Begleitung durch die Pilotschule meinen sie:

> SU-Lehrerin A: „Dass unsere Pilotschule unser Begleiter gewesen wäre, das kann man nicht behaupten."

> SU-Lehrerin B: „Es war auch für das erste Jahr auf jeden Fall gut, dass man überhaupt mal mitkriegt, was kann man überhaupt machen. Aber jetzt so nach dem ersten Jahr, in der Phase, wo wir jetzt sind, fehlt es [d.h. die Begleitung der Pilotschule] nicht."

In Bezug auf die Kooperation mit der Partnerschule sagt eine Lehrkraft:

> Zum Teil habe ich in Kontakt mit ihnen auch Energie gelassen, weil […] in den Grundansichten Welten dazwischen liegen.

Es wird deutlich, dass sich die drei im Bündnis der Partnerschule vertretenen Schulen hinsichtlich ihrer pädagogischen Relevanzsetzungen und spezifischen Umsetzungsstrate-gien diametral unterscheiden und damit die Hoffnung, die an Netzwerkarbeit herangetra-gen wird – mit- und voneinander zu lernen und dadurch das eigene Handlungsrepertoire zu erweitern – weniger erfüllt werden konnte. Anregung erhielt die Partnerschule eher zu Beginn, da ihnen die Pilotschule Wege der Unterrichtsgestaltung aufzeigte. Mit Zunahme eigener konkreter Umsetzungsvorstellungen im späteren Projektverlauf war es für sie zwar weiterhin interessant, die unterschiedlichen Ansätze zu sehen, zeigte ihnen aber eher, wie sie ihren Unterricht *nicht* gestalten wollen.

Die begleitende Moderatorin als Motivationsquelle oder Kontrollinstanz

Mehr Unterstützungsleistung sprechen die Lehrkräfte der Partnerschule der sie begleitenden Moderatorin zu, die sie neben den Stiftungen, der Schulleitung und den Kolleginnen in den inneren Wichtigkeitskreis legten. Ihre Wichtigkeit begründen sie wie folgt:

> Ich finde, dass sie einem immer Mut macht, dass der Weg der richtige ist. [...] Denn wenn ich jetzt mal weitergehe, zu den Partnerschulen oder Pilotschulen, dann ist es ja schon so, dass das, was man sieht, ist oft – wie tolle Versuchsaufbauten – dann geht das schon teilweise ziemlich in die Tiefe, dass die Kinder nachher über den Sachverhalt echt Bescheid wissen. Und ich denke, dass mache ich ja jetzt nicht so. Dann werde ich erstmal wieder verunsichert und [die Moderatorin] schafft es dann schon immer wieder, dass sie einem klar macht, nein, es gibt da verschiedene Wege.

Ganz im Gegensatz dazu wird die Moderatorin von der Steuergruppe der Pilotschule weit außerhalb des Unterstützungskreises gelegt. Ihre Begründung hierfür lautet wie folgt:

> Konrektorin: „[Bei der Moderatorin] ist es eher so: ‚Save the date! Achtung! Aufpassen! Termin sichern! Macht mal hier! Habt Ihr schon abgegeben? Die Expertise muss bis zum soundsovielten [da sein].'

> Deutschlehrerin: „Das war kurz gerafft. Genauso ist es. So empfinden wir es. Die bemüht sich wirklich, ist freundlich. Aber man hat immer so das Gefühl, dass es nicht in erster Linie hilfreich ist, sagen wir mal so. Obwohl sie bestimmt uns helfen will."

Da die Schule aus der eigenen Wahrnehmung her genügend Anregungen aus ihrer Bündnisarbeit erhält und die Bündnispartner sich gegenseitig unterstützen, ist die Arbeit der Moderatorin für sie weniger förderlich.

5.2.2 Das schulinterne Netzwerk im Vergleich

Neben dem außerschulischen Netzwerk messen die teilnehmenden Schulen v.a. dem innerschulischen Netzwerk einen wichtigen Stellenwert für die Weiterentwicklung des naturwissenschaftsorientierten Unterrichts und der eigenen Schulkultur bei. Und auch hier lassen sich zwischen den Schulen deutliche Unterschiede festmachen, wie die Legepläne zeigen.

Der Schulleiter und das Kollegium als wichtigste Unterstützungsinstanz

Die Partnerschule setzt zur Verbesserung des eigenen Unterrichts eher an der Weiterentwicklung ihres schon vor der Teilhabe an prima(r)forscher gebahnten Wegs sowie an Ideen aus den Fortbildungen an. Dementsprechend legten sie während des Gesprächs ihren Schulleiter sowie ihre Kolleg/-innen ins Zentrum des inneren Kreises. Der Schulleiter, so die Aussage einer der beiden Pädagoginnen, half

> [...] in erster Linie als Kollege, weniger in seiner Funktion als Schulleiter. Dass ich mich mit ihm austauschen konnte. [...] Also, ich konnte viel mit ihm zusammen entwickeln und natürlich die ständig positive Rückmeldung und Bestärkung, dass ich auf dem richtigen Weg bin, dass ich gelernt habe, mir das auch selber zuzutrauen.

Ähnlich begreifen sie auch die Zusammenarbeit im Kollegium. Nicht ganz so unterstützend hingegen empfanden sie die für prima(r)forscher einberufene Steuergruppenarbeit. So erzählt ein Steuergruppenmitglied:

> Für mich blieb es immer unbefriedigend. [...] Unser Potential ausgeschöpft haben wir sicher nicht. [...] Seit ein paar Monaten ist es jetzt quasi so, dass [...] ich als prima(r)forscher-Sprecherin [...] in jeder Dienstbesprechung jede Woche einen Zehn-Minuten-Block habe, um die neuesten Dinge mitzuteilen. [...] Wenn man dann aber auch den Eindruck hat, dass der restliche Tisch quasi gedanklich, was weiß ich, bei Punkt 38, 39 ist, dann fehlt auch irgendwie der innere Anreiz, es für wichtig zu nehmen, jetzt hier vom [Fortbildungs-]Wochenende zu erzählen [...]. Und dann kommt aber eben dazu, dass [der Schulleiter] einfach super unterstützend in allem [war] und dann auch kurze Wege [anbahnte]. [...] Es ging dann. Für das, wie wenig Zeit wir ex-tra und separat dafür lose machen konnten, war es dann doch erstaunlich viel, was angeschoben und umgesetzt worden ist, fand ich.

Vor allem die Anregungen, die die Steuergruppenmitglieder aus Fortbildungen, Bündnis- und Netzwerktreffen an ihr Kollegium tragen wollten, erhielten wenig Aufmerksamkeit. Auf der anderen Seite wurden sie in ihrer schulinternen Steuergruppenarbeit jedoch durch die bestärkende Haltung seitens des Schulleiters unterstützt. Er steht dafür, Ideen gemeinsam mit den Steuergruppenmitgliedern zu entwickeln, anzuschieben und umzusetzen.

Die Steuergruppe als Motor der Entwicklungsarbeit

Ganz anders beschreiben die Steuergruppenmitglieder aus der Pilotschule ihre Arbeit. Für sie ist die Steuergruppenarbeit für das eigene Fortkommen von zentraler Bedeutung und der Motor zur eigenen Unterrichts- und Schulentwicklung. Alle Steuergruppenmitglieder sowie drei weitere Lehrkräfte haben zur schulischen Profilierung mit ihren jeweiligen Interessensschwerpunkten beigetragen. Die einen haben stärker innerschulisch gewirkt, indem sie sich um die Kommunikation des Projekts im Kollegium kümmerten, Räumlichkeiten herrichteten und pflegten oder das Projekt mit anderen Initiativen der Schule verknüpften. Andere Steuergruppenmitglieder wirkten stärker im außerschulischen Bereich, in der Akquise von Finanzen, Kooperationspartnern und Ideen aus dem Umfeld.

Anders als in der Partnerschule und in den meisten anderen in prima(r)forscher vertretenen Schulen ist für die Pilotschule die Rolle des Schulleiters jedoch nicht wirklich bedeutsam. Im Gespräch erzählen sie:

> Deutschlehrerin: „Er war nie dagegen. Also das muss man wirklich sagen. Aber er hat halt unsere Konrektorin machen lassen. Wirklich gut machen lassen. Aber er war nicht der Motor."

> Konrektorin: „Also es ist ja so, ich kann ja einige Sachen nicht machen, einfach, dafür bin ich eben nur die Stellvertretung. Dann würde ich das vielleicht ganz anders aufziehen. Ich würde andere Konferenzen machen oder so."

Für sie ist das Zentrum der eigenen Entwicklung die Arbeit in der Steuergruppe, wo Ideen und Konzepte gemeinsam ausgearbeitet sowie Beziehungen zu fördernden und unterstützenden Kooperationspartnern gepflegt werden.

6   Zusammenfassung und Fazit

In dem Artikel wurden zwei prima(r)forscher-Schulen vorgestellt, die die Kooperation im Netzwerk und die Zusammenarbeit mit den einzelnen Netzwerkakteuren in vielen Bereichen unterschiedlich unterstützend für die naturwissenschaftsorientierten Unterrichts- und Schulentwicklung an ihrer Schule bewerten.

Hinsichtlich des außerschulischen Netzwerks beurteilen die Schulen die Bedeutung der Stiftungen, der Evaluation sowie der netzwerkspezifischen Fortbildungen ähnlich. Die Rolle der Stiftungen als Initiator und Geldgeber, ohne die es prima(r)forscher nicht gegeben hätte, wird von den beiden Schulen als sehr wichtig erachtet. Die Evaluation erscheint zwar zunächst als sehr arbeitsintensiv, ermöglicht den Lehrkräften aber auch eine Form der Reflexion und wirkt so in ihren eigenen Unterricht und die Schulkultur zurück. Die netzwerkspezifischen Fortbildungen regen die eigene Unterrichts- und Schulentwicklung an und erweitern damit den fachspezifischen Erfahrungsschatz der Lehrkräfte.

Andere Netzwerkakteure, wie die Bündnisschulen oder die Moderatorinnen, werden wesentlich differenter in ihrer Unterstützungsfunktion wahrgenommen. Die Bedeutung der anderen prima(r)forscher-Schulen, vor allem der Schulen in den jeweiligen eigenen Bündnissen, ist davon abhängig, inwieweit die Schulen ähnliche Ziele verfolgen. Zu divergierende Vorstellungen, pädagogische Relevanzsetzungen und Umsetzungsvorhaben scheinen die Arbeit in den Schulbündnissen zu erschweren und dem Ziel des gemeinsamen von- und miteinander Lernens entgegenzustehen. Hingegen erleichtern gemeinsame, im Bündnis gesetzte Themenschwerpunkte, auf deren Grundlage eigens gewählte Fortbildungen eingekauft werden können, die Zusammenarbeit. Ein gegenseitiger Material- und Erfahrungsaustausch ermöglicht die wechselseitige Unterstützung. Sofern neue Ideen innerhalb des Bündnisses ausgetauscht werden können, scheint die Unterstützung seitens der die Schulen begleitenden Moderatorin weniger wichtig zu sein. Ist die Kooperation aufgrund der großen Unterschiedlichkeit der Bündnispartner schwierig, so funktioniert die Moderatorin im Rahmen des Schulentwicklungsprojekts prima(r)forscher als für neue Ideen und Umsetzungsstrategien Mut machende Unterstützerin in der eigenen Schule.

Betrachtet man das innerschulische Netzwerk, so fallen neben rahmenden Differenzen zahlreiche Unterschiede in der Arbeitsweise der beiden Schulen auf, die wiederum Auswirkungen auf die interne Vernetzung haben. Sehr deutlich wird dies bei der Bedeutung der Steuergruppe, die diese für die jeweils Befragten hat. In der hier dargestellten, von den Rahmenbedingungen her sehr großen Pilotschule sind viele Lehrerinnen Mitglied der Steuergruppe und es herrscht eine klare Aufgabenverteilung. Durch das Zusammenwirken vieler Pädagoginnen, die für unterschiedliche Schwerpunkte und Arbeitsbereiche zuständig sind, ist diese Steuergruppe „der Motor" für die Umsetzung von prima(r)forscher an dieser Schule geworden. In der im Gegensatz zur Pilotschule doch sehr kleinen Partnerschule hingegen gestaltet sich die Situation anders: Wichtiger und effektiver als die Arbeit in einer Steuergruppe ist den Befragten die Kooperation mit dem gesamten Kollegium und die kollegiale Unterstützung durch den Schulleiter, der den prima(r)forscher-Lehrerinnen eine motivationale Stütze ist und es ihnen ermöglicht, auf kurzem Wege neue Ideen aufzunehmen und in der eigenen Schule umzusetzen.

Erkennbar wird also, dass die beiden Schulen den jeweiligen Akteuren im Netzwerk aufgrund ihrer eigenen Rahmenbedingungen und der unterschiedlichen Zusammensetzung verschiedene Bedeutungen zuschreiben. Die relevanten Interaktionspartner/-innen unterscheiden sich in beiden Schulen erheblich. In der Pilotschule sind Materialien, Ideen und geldgebende Unterstützungspartner wichtig. Für die Lehrkräfte in der Partnerschule hingegen, die eher auf der Suche nach „emotionaler Stütze" sind, sind die Mut machenden, bestärkenden und austauschorientierten Faktoren bedeutend für die Erprobung neuer Ideen. Die Anknüpfungspartner und akteursverbindenden Transaktionsleistungen unterscheiden sich also aufgrund der jeweiligen Orientierungen.

Auf Grundlage der mit Hilfe von Netzwerkkarten in den Steuergruppeninterviews erhobenen Daten lässt sich schlussfolgern, dass nicht jeder Zusammenschluss in Innovationsnetzwerken automatisch zu einem gewinnbringenden Arbeiten führt. Zu große konzeptionelle Unterschiede können hinderliche Bedingungen für die Generierung neuer Ideen sein. Sofern das Passungsverhältnis an eigenen Zielsetzungen und Umsetzungsstrategien jedoch stimmt, ist es möglich, Ressourcen zu bündeln, sich gegenseitig zu stützen und zu unterstützen, miteinander neue Ideen zu entwickeln und/oder ein erweitertes Wissen zur Verbesserung der eigenen Schul- und Unterrichtsgestaltung zu gewinnen. Erkennbar wird, dass die hier durchgeführte qualitative Netzwerkanalyse Hinweise zur Bedeutung der Netzwerkarbeit aus Sicht der Akteure liefert. Es werden nicht nur die relationalen, sondern auch die funktionalen Aspekte akteursverbindender Transaktionsleistungen untersucht. Diese liefern Aussagen über die Bedeutsamkeit und Wirksamkeit von kooperierenden Netzwerkakteuren hinsichtlich der eigenen Unterrichts- und Schulentwicklung.

Literatur

Aderhold, J. (2009). Selektivität des Netzwerkes im Kontext hybrider Strukturen und systemischer Effekte – illustriert an Beispielen regionaler Kooperation. In R. Häußling (Hrsg.), *Grenzen von Netzwerken* (S. 181–208). Wiesbaden: VS Verlag für Sozialwissenschaften.

Albrecht, S. (2010). Knoten im Netzwerk. In C. Stegbauer & R. Häußling (Hrsg.), *Handbuch Netzwerkforschung* (S. 125–134). Wiesbaden: VS Verlag für Sozialwissenschaften.

Berkemeyer, N. & Bos, W. (2010). Netzwerke als Gegenstand erziehungswissenschaftlicher Forschung. In R. Häußling & C. Stegbauer (Hrsg.), *Handbuch Netzwerkforschung* (S. 755–770). Wiesbaden: VS Verlag für Sozialwissenschaften.

Bommes, M. & Tacke, V. (2006). Das Allgemeine und das Besondere des Netzwerkes. In B. Hollstein (Hrsg.), *Qualitative Netzwerkanalyse. Konzepte, Methoden, Anwendungen* (S. 38–62). Wiesbaden: VS Verlag für Sozialwissenschaften.

Braun-Thürmann, H. (2005). *Innovation*. Bielefeld: Transcript.

Bullinger, H.-J. (2006). Verdammt zur Innovation. *RKW-Magazin, 57*, 12–14.

Coleman, J. (1958). Relational Analysis. The Study of Social Organizations with Survey Methods. *Human Organisation, 17*, 28–36.

Czerwanski, A. (Hrsg.). (2003). *Schulentwicklung durch Netzwerkarbeit. Erfahrungen aus den Lernnetzwerken im ‚Netzwerk innovativer Schulen in Deutschland'.* Gütersloh: Verlag Bertelsmann Stiftung.

Diaz-Bone, R. (2007). Gibt es eine qualitative Netzwerkanalyse? *Forum Qualitative Sozialforschung/Forum: Qualitative Social Research, 8* (1). Verfügbar unter: http://www.qualitative-research.net/index.php/fqs/article/viewArticle/224/493 [21.06.2011].

Flick, U. (2010). Triangulation. In G. Mey & K. Mruck (Hrsg.), *Handbuch Qualitative Forschung in der Psychologie.* (S. 278–289). Wiesbaden: VS Verlag für Sozialwissenschaften.

Fuhse, J. (2008). Menschen in Netzwerken. In K.-S. Rehberg (Hrsg.), *Die Natur der Gesellschaft* (S. 2933–2943). Frankfurt a.M.: Campus.

Granovetter, M. S. (1985). Economic Action and Social Structure: The Problem of Embeddedness. *American Journal of Sociology, 91*, 481–510.

Häußling, R. (2010). Zur Verankerung der Netzwerkforschung in einem methodologischen Relationalismus. In C. Stegbauer (Hrsg.), *Netzwerkanalyse und Netzwerktheorie* (S. 65–78). Wiesbaden: VS Verlag für Sozialwissenschaften.

Häußling, R. & Stegbauer, C. (2010). Einleitung: Selbstverständnis der Netzwerkforschung. In R. Häußling & C. Stegbauer (Hrsg.), *Handbuch Netzwerkforschung* (S. 57–60). Wiesbaden: VS Verlag für Sozialwissenschaften.

Hollstein, B. (2010). Strukturen, Akteure, Wechselwirkungen. Georg Simmels Beitrag zur Netzwerkforschung. In C. Stegbauer (Hrsg.), *Netzwerkanalyse und Netzwerktheorie* (S. 91–103). Wiesbaden: VS Verlag für Sozialwissenschaften.

Hollstein, B. & Pfeffer, J. (2010). Netzwerkkarten als Instrument zur Erhebung egozentrierter Netzwerke. In H.-G. Soeffner (Hrsg.), *Unsichere Zeiten. Verhandlungen des 34. Kongress der Deutschen Gesellschaft für Soziologie, 6.–10. Oktober, Jena.* Frankfurt a.M.: Campus Verlag. Verfügbar unter: http://www.pfeffer.at/egonet/Hollstein%20Pfeffer.pdf [21.06.2011].

Howaldt, J. (2010). Innovation im Netzwerk – Anforderungen an ein professionelles Netzwerkmanagement in Innovationsnetzwerken. In N. Berkemeyer, W. Bos & H. Kuper (Hrsg.), *Schulreform durch Vernetzung. Interdisziplinäre Betrachtungen* (S. 131–150). Münster: Waxmann.

Kulmer, U. (2001). Die Vielfalt der Fähigkeiten nutzen – Neue Möglichkeiten des Lernens in Netzwerken. In H. Adam, I. Fischer, R. Keetman & B. Vössing (Hrsg.), *Lernen im Netzwerk* (S. 115–132). Leipzig: Leipziger Universitätsverlag GmbH.

Leser, I., Mey, G., Mruck, K., Ramseger, J & Vock, R. (2011). SUN. Selbstevaluationsbogen zu einer Unterrichtseinheit im naturwissenschaftlichen Bereich. In Deutsche Telekom Stiftung & Deutsche Kinder- und Jugendstiftung (Hrsg.), *Wie gute naturwissenschaftliche Bildung an Grundschulen gelingt. Ergebnisse und Erfahrungen aus prima(r)forscher.*

Mey, G. & Mruck, K. (2009). Methodologie und Methodik der Grounded Theory. In W. Kempf & M. Kiefer (Hrsg.), *Forschungsmethoden der Psychologie. Zwischen naturwissenschaftlichem Experiment und sozialwissenschaftlicher Hermeneutik. Bd. 3: Psychologie als Natur- und Kulturwissenschaft. Die soziale Konstruktion der Wirklichkeit* (S. 100–152). Berlin: Regener.

Rammert, W. (1997). Innovation im Netzwerk. Neue Zeiten für technische Innovationen: heterogen verteilt und interaktiv vernetzt. *Soziale Welt, 48* (4), 397–416.

Straus, F. (2006). Entwicklungslabor qualitative Netzwerkforschung. In B. Hollstein (Hrsg.), *Qualitative Netzwerkanalyse. Konzepte, Methoden, Anwendungen* (S. 481–494). Wiesbaden: VS Verlag für Sozialwissenschaften.

Straus, F. (2010). Wir brauchen mehr Qualität in der Vernetzung – Anmerkungen aus der Perspektive qualitativer Netzwerkforschung. In N. Berkemeyer, W. Bos & H. Kuper (Hrsg.), *Schulreform durch Vernetzung. Interdisziplinäre Betrachtungen* (S. 151–172). Münster: Waxmann.

Strauss, A. & Corbin, J. (1996). *Grounded Theory: Grundlagen Qualitativer Sozialforschung.* Weinheim: Psychologie Verlags Union.

Sydow, J. & Windeler, A. (Hrsg.). (2000). *Steuerung von Netzwerken. Konzepten und Praktiken.* Opladen: Westdeutscher Verlag und Gabler.

Wellman, B. (1988). Structural Anaysis: From Methode and Metaphor to Theory and Substance. In B. Wellman & St. D. Berkowitz (Eds.), *Social Structures. A Network Approach* (pp. 19–61). Cambridge: Cambridge University Press.

White, H. (1992). *Identity and Control. A Structural Theory of Social Action.* Princeton: Princeton University Press.

Nina Kolleck

Vernetzt für den Wandel? Netzwerke im Bereich Bildung für nachhaltige Entwicklung unter der Lupe

1 Einleitung[1]

Entwicklungen der nationalen und der globalen Nachhaltigkeitspolitik in den letzten Jahrzehnten zeigen, wie problematisch es ist, Vorgaben bezüglich nachhaltiger Entwicklung „von oben" durchzusetzen. Verbindliche globale Regeln sind für die Realisierung einer konsequenten nachhaltigen Entwicklung unerlässlich, scheinen sich jedoch zu verzögern. In Anbetracht der drängenden Probleme sind ergänzende Ansätze gefragt. So bilden sich seit einiger Zeit verstärkt Initiativen und soziale Netzwerke im Kontext nachhaltiger Entwicklung heraus, mit dem Ziel, gesellschaftlichen Wandel durch Lernprozesse und Partizipation zu bewirken. Zugleich mangelt es an wissenschaftlichen Erkenntnissen bezüglich der Möglichkeiten und Grenzen sozialer Netzwerke für eine nachhaltige Entwicklung.

Der vorliegende Artikel geht der Bedeutung sozialer Netzwerke für eine Bildung für nachhaltige Entwicklung (BNE) nach und greift auf Ergebnisse zurück, die größtenteils im Kontext der Durchführung des Projekts QuaSi BNE (Qualitätssicherung in der Bildung für nachhaltige Entwicklung) ermittelt wurden. Theoretisch orientiert sich der Artikel an Ansätzen der Governance- und der Netzwerkforschung. Mit dem Ziel, den Einfluss der strukturellen Eigenschaften von Netzwerken auf die Realisierung und die Qualitätsentwicklung normativer Konzepte wie BNE besser zu verstehen, werden soziale Netzwerkanalysen (SNA) in vier aufeinanderfolgenden Phasen durchgeführt. Methodische Schwerpunkte bilden die Kombination aus quantitativen und qualitativen Verfahren sowie die Verknüpfung eines Forschungsdesigns mit einer Interventionsperspektive.

Untersucht werden fünf unterschiedliche Netzwerke, die sich in den Kommunen Alheim, Erfurt, Gelsenkirchen, Minden und Frankfurt am Main zum Thema BNE herausgebildet haben.[2] Die genannten Kommunen zählen zu den 12 Kommunen, die von der Weltdekade der Vereinten Nationen BNE (2005 bis 2014) für ihr herausragendes Enga-

1   Ich danke dem Bundesministerium für Bildung und Forschung (BMBF) für die Bereitstellung der Fördermittel. Für hilfreiche Hinweise und konstruktive Kritik danke ich Sabrina Kulin, Keno Frank sowie den Teilnehmern der ZUSE-Netzwerktagung im Frühjahr 2011 in Hamburg. Darüber hinaus danke ich Prof. Dr. Gerhard de Haan, Prof. Dr. Inka Bormann, Henrike Schürmann, Theresa Grapentin, Anja Kullrich, Robert Fischbach und Stephanie Albrecht für weitere Unterstützungsleistungen im Zuge des Forschungsprozesses.
2   Wobei sich die Netzwerke oft nicht auf kommunale Grenzen beschränken. Im Folgenden wird jedoch auf die Bezeichnung *Kommune* zurückgegriffen, da die Netzwerkanalysen in einem engen Zusammenhang mit der Auszeichnung der UN Dekade stehen.

gement im Bereich BNE ausgezeichnet wurden.[3] Nicht zuletzt wurden die Kommunen ausgezeichnet, da sich in den letzten Jahren eine zunehmende Anzahl an Initiativen herausgebildet hat, die das Ziel verfolgen, BNE durch Kooperationen zu gestalten. Dabei setzen sich die Netzwerke aus unterschiedlichen staatlichen und nicht-staatlichen Akteuren zusammen und die Bereiche, aus denen die Akteure stammen, sind ebenso vielfältig wie die Aspekte, die in den jeweiligen Initiativen berücksichtigt werden. Politik, Vereine, schulische und außerschulische Bildung, Wirtschaft, Zivilgesellschaft und Medien sind nur einige der Gebiete, denen sich Personen in den Netzwerken zuordnen und die Themen, mit denen sich Initiativen im Kontext BNE auseinandersetzen, reichen von Armutsbekämpfung bis Umweltschutz. Zugleich konzentriert sich der Artikel nicht unbedingt auf formal institutionalisierte Netzwerke. Vielmehr werden sämtliche Kooperationen und Diffusionsprozesse in Betracht gezogen, die in den ausgewählten Kommunen zur Realisierung und zur Weiterentwicklung von BNE beitragen.

Der Artikel gliedert sich in sechs Kapitel. Im Anschluss an die Einleitung wird die praktische Relevanz des Forschungsprojekts verdeutlicht. Das dritte Kapitel reflektiert den theoretischen Hintergrund des Forschungsdesigns. Die methodische Orientierung und die Durchführung der explorativen „Vorstudien" bilden den Inhalt des vierten Kapitels. Im Rahmen der Etablierung von Qualifizierungs- und Beratungsmodulen vor Ort wird hier zudem der Bezug zur Praxis hergestellt. Die Ergebnisse der qualitativen Studien dienen als Hypothesen-generierende Vorstudien zur Entwicklung eines Erhebungsinstruments bzw. zur Vorbereitung der quantitativen SNA, die im fünften Kapitel diskutiert wird. Der Artikel schließt mit einer knappen Zusammenfassung und einem Ausblick auf künftige Forschungsarbeiten.

2   Praktische Relevanz und Hintergründe

Die weltweite Förderung des Konzepts Bildung für nachhaltige Entwicklung geht auf die Agenda 21 zurück, die nachhaltige Entwicklung als Leitbild für das 21. Jahrhundert proklamiert und sich in Kapitel 36 der Bedeutung einer BNE zuwendet. Bildung wird hier als notwendige Ergänzung zu politischen Prozessen konzipiert und als erforderlich für die Veränderung individueller und gesellschaftlicher Bewusstseinsbildung erachtet (Fischbach, Kolleck & De Haan, 2011). BNE kann wiederum als normatives Bildungskonzept verstanden werden, mit dem Menschen in die Lage versetzt werden, Entscheidungen für die Zukunft zu treffen und zugleich abzuschätzen, wie sich das eigene Handeln auf künftige Generationen bzw. das Leben in anderen Weltregionen auswirkt (Bormann & De Haan, 2008; De Haan & Bormann, 2010).

In den letzten Jahren haben sich etliche Initiativen herausgebildet, die sich mit Themen rund um BNE auseinandersetzen. Zahlreiche Netzwerke wurden gegründet, um durch neue Kooperationen und Synergien Bildungsangebote im Nachhaltigkeitskontext weiterzuentwickeln, Impulse für neue Ideen zu fördern und einen Überblick über bestehende Aktionen zu erlangen. BNE hat sich zu einem weltweit geförderten Konzept

---

3 Für die Jahre 2005 bis 2014 hat die UNESCO die Weltdekade „Bildung für nachhaltige Entwicklung (BNE)" ausgerufen. In diesem Rahmen werden seit 2005 Projekte und Kommunen für ihr Engagement im Bereich BNE ausgezeichnet.

entwickelt, das zwar global propagiert wird, dessen konkrete Umsetzung jedoch vornehmlich auf lokaler Ebene oder im Rahmen von Netzwerken aus einzelnen Initiativen erfolgt. Sowohl auf globaler als auch auf nationaler und lokaler Ebene ist eine rasante Verbreitung des Themas zu verzeichnen. Von Akteuren selbst wird BNE als „Virus" konzeptualisiert (Interview, Dezember 2010), dem sich niemand mehr zu entziehen vermag. Während sich ebenfalls eine wachsende Anzahl an Wissenschaftlern dem Themenfeld BNE zuwendet (u.a. Bormann & De Haan, 2008; Rieß, 2010; Rode, 2005), fehlt es an Studien über die Netzwerkstrukturen und -mechanismen auf diesem Gebiet. Auch ein Mangel an Studien über die Governance-Formen und -Mechanismen im Bereich BNE ist zu verzeichnen. Um ein besseres Verständnis über die Chancen und Grenzen sozialer Netzwerke für eine Bildung für nachhaltige Entwicklung zu erlangen, sind weitere theoretisch geleitete empirische Studien notwendig, die die Rolle politischer Dimensionen sowie der Netzwerkstrukturen und -Mechanismen in den Blick nehmen.

Nicht zuletzt fehlt es den Netzwerken im Kontext BNE an Transparenz und Sichtbarkeit. Die wachsende Anzahl an Initiativen und Aktivitäten in diesem Bereich geht mit einer fehlenden Übersichtlichkeit einher, die von relevanten Akteuren im Forschungsfeld zunehmend als Hindernis empfunden wird.[4] Ferner verdeutlichen empirische Studien über den bisherigen Verlauf der UN-Dekade in Deutschland, dass die Qualität der BNE in vielen Projekten nicht weit entwickelt ist und eine stärkere Vernetzung der relevanten Akteure erwünscht wird (Michelsen & Rode, in Druck). Die diesem Artikel zugrunde liegende Studie setzt hier an und will durch die Kombination aus wissenschaftlicher Analyse und praktischer Intervention sowohl einen wissenschaftlichen als auch einen praktischen Beitrag leisten. Mit Techniken der Netzwerkanalyse sollen dabei ebenfalls „Schwachstellen" im Prozess des „capacity-buildings" bzw. der Qualitätsentwicklung und Weiterbildung identifiziert werden, um anschließend eine gezielte Interventionsmaßnahmenplanung und -durchführung zu ermöglichen.

Die für diesen Beitrag ausgewählten fünf lokalen Netzwerke weisen bereits ein großes Interesse für das Thema BNE auf. Angenommen wird demnach, dass das Engagement für BNE ein konstituierendes Merkmal der Netzwerke darstellt und relevante Akteure[5] in den Kommunen selbst ein großes Interesse daran haben, Kooperationen im Bereich BNE zu stärken (Kolleck, De Haan & Fischbach, 2011). Zugleich existiert in den jeweiligen Kommunen bereits eine Vielzahl etablierter (institutionalisierter und informeller) Netzwerke, auf die sich der vorliegende Artikel jedoch nicht beschränkt. Vielmehr wird der Anspruch verfolgt, darüber hinaus relevante informelle Kontakte zu erfassen, die eine Bedeutung für den Transfer und für die Realisierung von BNE aufweisen, um die tatsächlichen Grenzen der sozialen Netzwerke im Kontext von BNE sichtbar zu machen. Unter Rückgriff auf verschiedene Techniken der Netzwerkanalyse soll nicht nur der Bedeutung der Netzwerke für die Realisierung von BNE nachgespürt werden. Darüber hinaus geht es darum, die tatsächlichen Netzwerkgrenzen und -strukturen sichtbar zu machen und möglichst sämtliche Personen und Akteure zu erfassen, die Netzwerkaktivitäten im Bereich BNE aufweisen. Auch die überregionale Vernetzung ist dabei von

---

4 Diese Einschätzungen zählen zu Ergebnissen der qualitativen Vorstudien.
5 Um eine bessere Lesbarkeit zu gewährleisten, verwendet der Artikel die männliche Form als Oberbegriff für Frauen und Männer.

Bedeutung, um die Untersuchung nicht auf kommunale Grenzen zu reduzieren, sondern die faktischen Grenzen der Netzwerke zu skizzieren.

3   Theoretischer Hintergrund

Aufgrund des methodischen Schwerpunktes des vorliegenden Beitrags konzentriert sich der Abschnitt im Folgenden auf eine knappe Bestimmung der für den Artikel relevanten Konzepte. In der erziehungswissenschaftlichen Literatur werden *Netzwerke* häufig als kollektive Akteure konzipiert, die sich auf der Basis gemeinsamer Interessen, Themen oder Probleme herausbilden und den „fragmentalen Charakter des Sozialen kompensieren" (Bormann, 2011, S. 177). Für die Bestimmung des Begriffs Netzwerk greift der vorliegende Artikel auf eine recht offene Definition zurück;[6] unter anderem auch, um die Kombination eines Governance-Ansatzes mit der Methode der Netzwerkanalyse zu ermöglichen und zugleich eine Interventionsperspektive zu unterstützen: „A social network consists of a finite set or sets of actors and the relation or relations defined on them. The presence of relational information is a critical and defining feature of a social network" (Wasserman & Faust, 2009, S. 20).

Die Zusammensetzung von Netzwerken wird durch Netzwerkinhalte oder -themen determiniert. Während Governance in diesem Artikel als Koordination von interdependenten Handlungen konzeptualisiert wird (Kolleck et al., 2011), lassen sich Netzwerke als eine Form der Governance darstellen, die von den Governance-Formen *Markt* und *Hierarchie* unterschieden werden kann. Netzwerke kombinieren marktförmige und hierarchische Dimensionen und fungieren als eine Form hybrider Governance (Wald & Jansen, 2007, S. 96). Somit werden konzeptionell sowohl starke als auch schwache Formen der Koordination integriert. *Starke Koordination* kann definiert werden als: „the spectrum of activity in which one party alters its own political strategies to accommodate the activity of others in pursuit of a similar goal" (Zafonte & Sabatier, 1998, S. 480). *Schwache Koordination* tritt hingegen auf „when organizational actors monitor each other's political behavior, and then alter their actions to make their political strategies complementary with respect to a common goal" (Zafonte & Sabatier, 1998, S. 480).

Durch permanenten Austausch und Verhandlung liegt in Netzwerken ein erhebliches Potential, ideellen Wandel zu bewirken, strukturelle Veränderungen einzuleiten und neues Wissen zu generieren. *Netzwerk-Governance*[7] beschränkt sich folglich nicht auf staatliches Handeln, sondern bezieht sich auf die Suche nach kollektiv und partizipativ orientierten Problemlösungsstrategien, die sowohl die Rolle staatlicher als auch nicht-staatlicher Akteure integrieren: „I use the concept of 'network governance' to refer to the approach to public problem-solving in which we no longer simply rely on the state to impose solutions, but instead conceive of problem-solving as a collaborative effort in

---

6 Wobei in der Literatur nicht selten ein „enger" Netzwerkbegriff gefordert wird, der sich von der traditionellen Netzwerkanalyse distanziert (Mutschke, 2010).

7 Seit einigen Jahren ist zwar ein wachsendes Interesse an der theoretischen Einbettung und der empirischen Beschreibung von Netzwerk-Governance festzustellen. Gleichwohl wurden demokratische Implikationen der wachsenden Bedeutung von Governance durch Netzwerke bislang wenig untersucht. Dabei können die verschiedenen Formen der Netzwerk-Governance sowohl mit negativen als auch mit positiven demokratischen Effekten einhergehen (Sørensen & Torfing, 2005).

which a network of actors, including both state and non-state organizations, play a part" (Hajer, 2009, S. 30f.).

Kooperierende Akteure und Personen besitzen oft divergierende Interessen und weichen bezüglich ihres Umgangs mit Problemen nicht selten voneinander ab. Um Differenzen zu bewältigen, wird in Netzwerken *Handlungskoordination* erforderlich, die sich auf die „Erzeugung und Organisation bzw. Ordnung von Wissen bezieht" (Bormann, 2011, S. 179). Die Methode der Netzwerkanalyse stellt in diesem Zusammenhang eine Chance dar, Mikro- und Makro-Ansätze miteinander zu verknüpfen, Akteur- und Handlungstheorien mit Theorien über Institutionen, Strukturen und Systeme zu verbinden (Jansen, 2006, S. 11) und auf diese Weise die Funktionsweisen und Möglichkeiten des Wandels sozialer Strukturen aufzuspüren. Wie schnell sich wiederum Innovationen oder auch komplexe Themen wie BNE in Netzwerken verbreiten, hängt sowohl von den strukturellen Eigenschaften der Netzwerke als auch von dem im Netzwerk vorherrschenden Vertrauen ab (Jansen, 2006, S. 94).

Bildung für nachhaltige Entwicklung (BNE) ist als normatives Konzept zu verstehen und kann allgemein definiert werden als: „an education that empowers people to foresee, face up to and solve the problems that threaten life on our planet […]. It has the aim to integrate the principles of sustainable development into all aspects of education and learning in order to promote changes in behavior that will shape a more sustainable future" (Kolleck et al., 2011).

Der vorliegende Beitrag versteht Bildung für nachhaltige Entwicklung als normatives Bildungskonzept, mit dem Menschen in die Lage versetzt werden, Entscheidungen für die Zukunft zu treffen und zugleich abzuschätzen, wie sich das eigene Handeln auf künftige Generationen bzw. das Leben in anderen Weltregionen auswirkt (Bormann & De Haan, 2008; De Haan & Bormann, 2010). Bildung wird in diesem Sinne als grundlegende Ergänzung zu politischen und wirtschaftlichen Vorgängen konzeptualisiert, mit dem Ziel, Wandlungsprozesse auf individueller und gesellschaftlicher Ebene zu unterstützen. Nicht zuletzt wird von politischen Entscheidungsträgern oft vergessen, dass die Themen Bildung und Lernen eine entscheidende Bedeutung für die Durchsetzung von nachhaltiger Entwicklung besitzen. Dabei bezieht das Konzept der Bildung für nachhaltige Entwicklung Prozesse des Lernens selbst nicht ausschließlich auf institutionalisierte Formen des Lernens. Vielmehr geht es darum, sämtliche Bereiche des Lebens und zudem informelle als auch nonformale Prozesse des Lernens zu integrieren.

Vor diesem Hintergrund werden zudem die Defizite bezüglich der gegenwärtigen Verwendung des *Educational-Governance-Konzepts* deutlich. Nicht zuletzt wird Educational Governance in Wissenschaft und Praxis meist ausschließlich auf Institutionen formalen Lernens bzw. schulischer und außerschulische Bildung bezogen. Auf diese Weise ist es jedoch nicht möglich, die sozialen Netzwerke mit ihren tatsächlichen Grenzen in Analysen einzubeziehen. Eine ausschließliche Konzentration auf das bislang etablierte Educational-Governance-Konzept wäre für diesen Artikel nicht zielführend, unter anderem auch, da für den Bereich BNE wichtige zentrale Akteure, Tätigkeiten und Inhalte ausgeschlossen werden. Vielmehr ist davon auszugehen, dass durch die Integration netzwerkanalytischer und netzwerktheoretischer Perspektiven sowohl ein wissenschaftlicher als auch ein praktischer Beitrag geleistet werden kann.

4   Forschungsdesign und qualitative Vorstudien

Um Antworten auf die Frage zu finden, welche Bedeutung soziale Netzwerke für eine
Bildung für nachhaltige Entwicklung besitzen, greift der vorliegende Beitrag auf konzeptionelle Elemente und empirische Ergebnisse zurück, die insbesondere im Kontext des
Projektes QuaSi BNE (Qualitätssicherung in der Bildung für nachhaltige Entwicklung)
gewonnen wurden (Fischbach et al., 2011; Kolleck et al., 2011). Das Projekt wurde unter
Leitung von Prof. Dr. Gerhard de Haan am Institut Futur an der Freien Universität Berlin
initiiert und wird vom BMBF gefördert. Abbildung 1 verdeutlicht die vom Projekt verfolgte Verknüpfung von Intervention und Begleitforschung. Ergebnisse des Forschungsprozesses werden für die konkrete Arbeit vor Ort aufbereitet und für die Qualitätsentwicklung der Bildung für nachhaltige Entwicklung nutzbar gemacht. Nicht zuletzt
antwortet das Projektdesign auf den Vorwurf, dass Netzwerkanalysen in der Vergangenheit meist ausschließlich der wissenschaftlichen Community zur Verfügung gestellt und
für die praktische Arbeit nicht ausreichend nutzbar gemacht wurden. Obwohl der Einfluss der strukturellen Eigenschaften von Governance-Netzwerken auf individuelle und
kollektive Lernprozesse in den Sozialwissenschaften analysiert wird (Newig, Günther &
Pahl-Wostl, 2010), mangelt es weiterhin an Studien, die sich dem Beitrag der Netzwerkanalysen für die politische und gesellschaftliche Praxis zuwenden. Die hier verfolgte
Einbettung der Netzwerkanalyse in einen Qualitätsentwicklungsprozess (siehe Abb. 1)
knüpft an das skizzierte Forschungsdesiderat an.

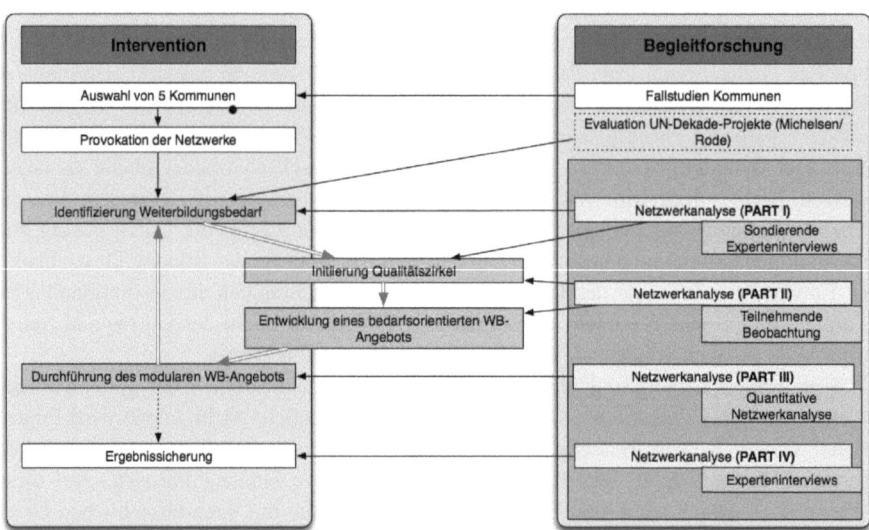

Abbildung 1:   Einbettung der Netzwerkanalyse in das Forschungsdesign (Kolleck et al.,
                2011)

Abbildung 1 unterscheidet die Interventions- und die Forschungsperspektive durch zwei
unterschiedliche Blöcke; in der realen Durchführung sind beide Dimensionen eng in-

einander verwoben. In einem ersten Schritt wurden aus dem Pool von damals elf von der UN Dekade ausgezeichneten Kommunen fünf für die engere Zusammenarbeit ausgewählt (German Commission for UNESCO, 2009). Als Grundlage für die Entscheidung dienten ausführliche Fallstudien über die Realisierung von BNE vor Ort sowie über institutionalisierte Netzwerke in diesem Bereich.[8] Ein weiteres Kriterium für die Auswahl war die Varianz der Fälle (Größe, Bevölkerungsanzahl, Bevölkerungsstruktur, thematische Vielfalt der Projekte und das Potenzial für eine weitere Qualitätsentwicklung im Bereich BNE). In einem zweiten Schritt, der in der Graphik lapidar als „Provokation der Netzwerke" bezeichnet wird, wurden bereits bestehende Netzwerke kontaktiert und im Rahmen von Veranstaltungen zusammengeführt. Wissenschaftlich begleitet wurden diese Phasen unter Rückgriff auf Methoden der teilnehmenden Beobachtung (siehe im Folgenden). Schließlich wurden in Zusammenarbeit mit relevanten Akteuren in den Kommunen Qualitätszirkel[9] etabliert, die sich in regelmäßigen Abständen zusammensetzen, um gemeinsam einen Qualitätsentwicklungsprozess im Bereich BNE zu konzipieren.[10] Ergebnisse der Netzwerkanalyse werden für die Qualitätszirkel aufbereitet und den Akteuren vor Ort zur Verfügung gestellt, um den Qualitätsentwicklungsprozess durch einen „konstruktiv-kritischen" Blick von außen zu unterstützen.[11] Aufgrund des methodischen Schwerpunkts des vorliegenden Bandes soll hier jedoch nicht weiter auf die Interventionsperspektive eingegangen werden. Die wissenschaftliche Begleitforschung wird im zweiten Block der Graphik zusammengefasst. In Abbildung 2 werden die Kernelemente der Netzwerkanalyse nochmals veranschaulicht.

Es wird eine Kombination aus qualitativen und quantitativen Techniken verfolgt. Qualitative Verfahren (Part I und Part II) dienen zunächst als explorative Pretests zur Entwicklung eines quantitativen Erhebungsinstruments. Auf diesem Wege werden die Ziele verfolgt, ein besseres Verständnis über den Forschungsgegenstand zu erlangen und Hypothesen für die quantitative Netzwerkanalyse (Part III) zu generieren. Abschließende qualitative Analysen (Part IV) werden in Zusammenhang mit den Ergebnissen der quantitativen Netzwerkanalyse gebracht, um einen möglichst genauen Überblick über die Struktur (quantitativ) der Netzwerke sowie die qualitativen Merkmale der Beziehungsstrukturen zu finden.

---

8 Ich danke Henrike Schürmann für die Unterstützung bei der Erstellung der Fallstudien.

9 Qualitätszirkel sind „kleine Steuerungsgruppen", die sich aus einer begrenzten Anzahl an Personen zusammensetzen und gemeinsam Entwicklungsprobleme und -aufgaben identifizieren, die in der Folge sämtlichen relevanten Personen und Akteuren widergespiegelt werden. Aufgrund des methodischen Schwerpunkts des vorliegenden Sammelbandes geht der Artikel nur kurz auf die Interventionsperspektive ein.

10 Unterstützt werden die Qualitätszirkel nicht nur im Rahmen der wissenschaftlichen Begleitforschung, sondern zudem durch bedarfsgerecht konzipierte Beratungs- und Qualifizierungsmodule vor Ort.

11 Ein weiterer Ansatzpunkt für die Untersuchung der Fortentwicklung der Netzwerkarbeit und der BNE wären Analysen der Mechanismen und der Effekte weicher Steuerung im Rahmen der Qualitätszirkel. Nicht zuletzt liefert Vertrauen die Basis für Netzwerke; mit Mitteln weicher Steuerung kann es wiederum gelingen, Vertrauen zu erzeugen (Göhler, Höppner, De La Rosa & Skupien, 2010).

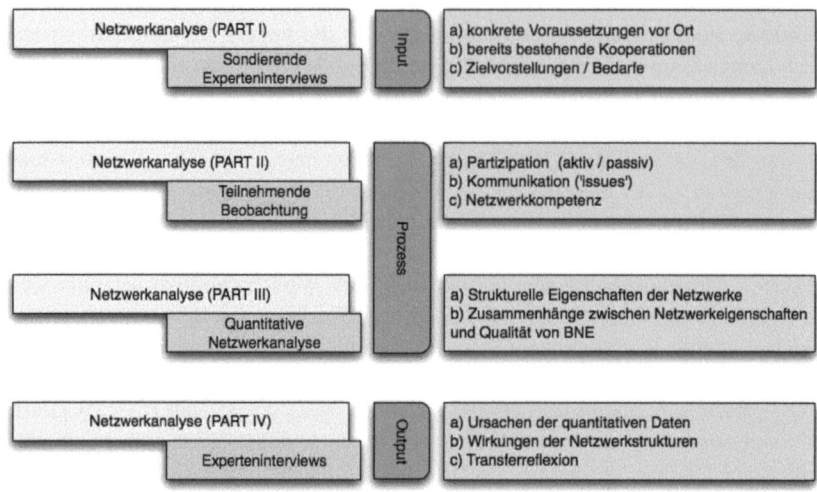

Abbildung 2:   Passagen der Netzwerkanalyse (Fischbach et al., 2011)

Zu Beginn des Forschungsprozesses wurden im Zeitraum November 2010 bis Dezember 2010 insgesamt 15 halbstandardisierte Experteninterviews mit relevanten Akteuren aus Bildung, Politik und Wirtschaft durchgeführt. Experteninterviews gelten als wenig strukturierte, meist Leitfaden-orientierte methodische Verfahren, die auf Expertenwissen abzielen. Zu Experten gehören Akteure, die über ein umfassendes und exklusives Wissen in Bezug auf das Forschungsfeld verfügen und ein gewisses Maß an Verantwortung besitzen. In den fünf Kommunen wurden im Zeitraum November 2010 bis Dezember 2010 jeweils drei Interviews mit Vertretern aus Politik, Bildung und Privatwirtschaft durchgeführt, aufgezeichnet und transkribiert, sodass dem Artikel insgesamt 15 umfangreiche Transkripte für die Inhaltsanalyse zur Verfügung stehen. Ziel der qualitativen Interviews war es insbesondere, einen tieferen Einblick in das Qualitätsniveau der Projekte, die unterschiedlichen Definitionen und Operationalisierungen von BNE sowie die Erfahrungswelten in diesem Kontext zu erlangen, einen Überblick über informelle Kontakte, bestehende Kooperationen zu gewinnen und Schwachstellen zu identifizieren.

Im Zuge der Veranstaltungen[12] vor Ort wurden im Zeitraum Januar 2011 bis Mai 2011 zudem teilnehmende Beobachtungen durchgeführt. Die teilnehmende Beobachtung zählt heute zu den wichtigsten Erhebungsmethoden der Sozialwissenschaften (Lamnek, 1995, S. 239; Häder, 2010, S. 299) und wurde bereits umfassend im Bereich der SNA angewendet (u.a. Schnegg & Lang, 2002). Forscher nehmen beobachtend an der „Alltagswelt" relevanter Akteure des jeweiligen Forschungsfeldes teil, um Interaktionsmuster und Wertvorstellungen für die wissenschaftliche Auswertung dokumentarisch festzuhalten (Lamnek, 1995, S. 240). Hier wurden teilnehmende Beobachtungen insbesondere

---

12 Tagungen in den Kommunen dienten als Initialzündung für die Etablierung der Qualitätszirkel.

eingesetzt, um Informationen über zentrale netzwerkanalytische Kategorien (Stichworte: zentrale Akteure, Dichte, Cliquen) zu generieren (siehe Abschnitt 4) sowie Eindrücke bezüglich der Partizipation sowie der Kommunikation der Netzwerkakteure zu sammeln.

Auf diesem Weg wurde umfangreiches Datenmaterial gewonnen, das im Rahmen einer qualitativen Inhaltsanalyse analysiert wurde. Die qualitative Inhaltsanalyse für diesen Beitrag orientierte sich am Prozess der Zusammenfassung[13] nach Mayring (2003). Auf der Grundlage von netzwerk- und governancetheoretischen sowie netzwerkanalytischen Konzepten wurden von der Autorin Kategorien entwickelt, um diese im Sinne Mayrings an das Datenmaterial heranzutragen. Mit dem Ziel, Hypothesen für die quantitative Überprüfung zu generieren, wurde das Datenmaterial im wiederholten Durchlauf kodiert, analysiert und interpretiert. Somit wurde das Datenmaterial theoriegeleitet auf die für die soziale Netzwerkanalyse wesentlichen Inhalte und Hypothesen reduziert, die als „Abbild des Grundmaterials" (Mayring, 1983, S. 58) betrachtet werden können. Die auf diese Weise ermittelten Hypothesen und Eindrücke werden in einem dritten Schritt durch eine umfassende quantitative Netzwerkanalyse überprüft (siehe Abschnitt 4). Zum Abschluss der Studie werden die quantitativen Ergebnisse unter Rückgriff auf qualitative Verfahren ergänzt und validiert (siehe Abschnitt 5). Im Sinne der methodischen Triangulation[14] werden somit verschiedene Datenerhebungsmethoden miteinander kombiniert (Flick, 2004).

5   Quantitative Netzwerkanalyse

Um über die qualitativen Vorstudien hinaus zu – für die relevanten Netzwerke – repräsentativen Aussagen zu gelangen, wird auf quantitative Techniken der sozialen Netzwerkanalyse zurückgegriffen. Im Mittelpunkt steht dabei die Erlangung weiterer Erkenntnisse über die zentrale Frage der Netzwerkanalyse, nämlich, welche Rolle die Vernetzung relevanter Akteure für die Realisierung von BNE spielt. Im Sinne der egozentrierten Netzwerkanalyse geht es dabei erstens um die Abbildung der Netzwerkgrenzen, die mithilfe von Namensgeneratoren ermittelt werden. Namensinterpretatoren dienen zweitens der Auskunft über die Eigenschaften der genannten Kontaktpersonen bzw. dem Kontext der bestehenden Beziehung. Drittens werden Fragen nach den Beziehungen zwischen den Kontaktpersonen gestellt (Wolf, 2010, S. 471). Unter Berücksichtigung der Interventionsperspektive des Forschungsdesigns soll darüber hinaus ergründet werden, welche weiteren Kooperationen bzw. Entwicklungsschritte im Forschungsfeld selbst erwünscht sind.

Nicht zuletzt soll mithilfe einer umfassenden quantitativen Analyse der Kritik begegnet werden, dass der Begriff Netzwerk in der Vergangenheit meist metaphorisch für andere Zwecke genutzt wurde (Hwang & Moon, 2009, S. 7). Die metaphorische Ver-

---

13 Als eine der drei „Grundformen des Interpretierens" (Mayring, 1983, S. 58).

14 Der Begriff Triangulation stammt ursprünglich aus der Navigation oder Landvermessung und bezeichnet die Bestimmung eines Ortes durch Messung ausgehend von zwei bekannten Punkten (Kelle, 2004, S. 31). In den Sozialwissenschaften wird der Begriff metaphorisch für die Betrachtung eines Untersuchungsgegenstandes von mindestens zwei Punkten aus verwendet (Flick, 2000, S. 309; Kolleck, 2011).

wendung empirischer Modelle ist zugleich wissenschaftlich nicht unbedenklich: „Relying on metaphors as the foundation for policy advice can lead to results substantially different from those presumed to be likely" (Ostrom, 2009, S. 23). Für die Darstellung des Vorgehens im Zuge der Durchführung der quantitativen SNA wird im Folgenden ein Überblick über den Prozess der Datenerhebung, die zu überprüfenden Hypothesen sowie die Datenanalyse und nachfolgende Analysen gegeben.

5.1   Datenerhebung

Relevante Personen wurden im Vorfeld systematisch ermittelt, um im Rahmen der egozentrierten Netzwerkanalyse die tatsächlichen Grenzen der Netzwerke zu erkunden, da auch die von den zu Beginn genannten Personen im Nachhinein zwecks Befragung kontaktiert werden. Nicht zuletzt liegen durch die projektbezogene Anbindung an das Nationalkomitee der Weltdekade der Vereinten Nationen in Deutschland die Kontaktdaten der zuständigen Personen für die ausgezeichneten Projekte und Kommunen vor. Im Rahmen der Veranstaltungen, der Interviews und der teilnehmenden Beobachtungen konnte die Liste der für die Netzwerkanalyse relevanten Personen ergänzt werden. Die Akteure bzw. Personen wurden über die Durchführung der Netzwerkanalysen informiert und um Zustimmung bezüglich der Weitergabe ihrer Kontaktdaten gebeten. Durch diese Vorarbeiten liegen dem Projekt Kontaktdaten für die erste Phase der egozentrierten sozialen Netzwerkanalyse vor (Telefon, Email, postalische Adresse). Die jeweilige Anzahl der im ersten Schritt der SNA vorhandenen personenbezogenen Daten findet sich in Tabelle 1.

Tabelle 1:   Anzahl der vorhandenen personenbezogenen Daten für die erste Phase der egozentrierten Netzwerkanalyse[15]

	Alheim	Erfurt	Frankfurt	Gelsenkirchen	Minden
N (Gesamt) der zu kontaktierenden Personen	53	60	58	108	58
E-Mail-Adresse	53	60	58	108	58
Telefonnummer	41	35	53	74	32
Postalische Adresse	43	32	58	71	30

Im Anschluss an die Sammlung der Kontaktdaten wird ein präziser Fragebogen entwickelt, der eine Überprüfung der Hypothesen gewährleisten soll. Gestaltet wird der Fragebogen so knapp und verständlich wie möglich, ohne relevante Informationen zu vernach-

---

15 Ich danke Anja Kullrich für die Unterstützung bei der Sammlung der personenbezogenen Daten.

lässigen, um die Rücklaufquote[16] zu erhöhen. Für die Optimierung dieser Ziele wurden zudem Pretests durchgeführt. Inhaltlich umfasst der Fragebogen:

- Fragen, die zur Beantwortung der zentralen Forschungsfragen beitragen, nämlich, welche Bedeutung soziale Netzwerke für BNE aufweisen und welchen Einfluss die strukturellen Eigenschaften von Netzwerken für die Realisierung von BNE besitzen

- Fragen nach personenbezogenen Daten (Wohnort und Stadtteil; Beruf; Arbeitgeber; Beschäftigungsverhältnis; Geschlecht; Alter; im Rahmen welcher Institution erfolgt Engagement für BNE bzw. basiert Tätigkeit auf Ehrenamt?)

- Namensgeneratoren bzw. Stimuli, mit denen nach konkreten Kontaktpersonen im Bereich BNE gefragt wird (u.a. für die Ermittlung der Grenzen der Netzwerke)

- Fragen nach Eigenschaften der genannten Kontaktpersonen bzw. der Beziehung zwischen dem Befragten und den Kontaktpersonen (Namensinterpretatoren)

- Fragen nach Beziehungen zwischen den Kontaktpersonen

Erhoben werden die Daten per „mixed-mode"-Befragungen, da die Zielgruppen teils unterschiedlich erreichbar sind und der Studie nicht sämtliche E-Mail-Adressen zur Verfügung stehen. Größtenteils wird auf Online-Tools zurückgegriffen. Falls Online-Umfragen nicht erfolgreich sind, wird zudem Kontakt per Telefon oder per Post aufgenommen. Im Anschluss an den ersten Durchlauf der Datenerhebung werden im Sinne der egozentrierten Netzwerkanalyse weitere Personen in die Analyse mit einbezogen, die im Rahmen der Namensgeneratoren genannt, aber noch nicht kontaktiert wurden. Genannte Alteri erhalten ebenfalls den Fragebogen, so dass am Ende die tatsächlichen Netzwerkgrenzen zu Tage treten und die Netzwerkstrukturen im Bereich BNE visualisiert werden können.

5.2   Hypothesen

Die Generierung der Hypothesen erfolgte auf der Grundlage der teilnehmenden Beobachtungen sowie der inhaltsanalytisch ausgewerteten Interviews. Im Zuge der skizzierten qualitativen Verfahren kristallisierte sich zudem heraus, dass folgenden Variablen bei der Beantwortung der Forschungsfragen besondere Aufmerksamkeit geschenkt werden sollte: Vertrauen; Dichte der Netzwerke bzw. Intensität der Kooperationen; Einfluss und Optimierung der Netzwerkarbeit bzw. Wünsche. Nachfolgend werden einzelne Thesen diskutiert, die auf der Basis der theoretischen Orientierung und der qualitativen Ergebnisse als besonders relevant eingestuft wurden:

---

16 Da fehlende Werte für die Durchführung von Netzwerkanalysen besonders bedenklich sind, wird dem Prozess der Datenerhebung besondere Aufmerksamkeit geschenkt. Nicht zuletzt weil die Auswirkungen fehlender Netzwerkdaten „auf die Ergebnisse nur schwer abschätzbar sind und schon der Ausfall eines Akteurs zu einem völlig verzerrten Bild eines Netzwerks führen kann, wenn es sich beispielsweise um die einzige Verbindungsperson zwischen ansonsten getrennten Teilpopulationen handelt" (Trappmann, Hummell & Sodeur, 2011, S. 25f.).

In Bezug auf die Variable Vertrauen wird insbesondere die Vermutung überprüft, dass die Realisierung von BNE vornehmlich in vertrauten Kreisen erfolgt. Konkret geht es um die Überprüfung der folgenden zwei Hypothesen:

Hypothese 1: Strong ties sind für die Realisierung von BNE wichtiger als weak ties.

Hypothese 2: Weak ties sind für die Verbreitung von BNE wichtiger als strong ties.

Für die Untersuchung von schwachen und starken Beziehungen bzw. von *strong* und *weak ties* wird hier auf die Arbeiten und Definitionen von Granovetter (1973) zurückgegriffen. Granovetter stellte in seinen Untersuchungen fest, dass strong ties insbesondere zu einer Verdichtung der Netzwerkstrukturen beitragen. Weak ties implizierten wiederum die Entwicklung größerer Netzwerke und seien förderlich für die Diffusion wichtiger Informationen sowie die Vergabe von Arbeitsplätzen (Granovetter, 1975). Auf der Grundlage der qualitativen Vorstudien für den vorliegenden Beitrag erscheint die Verbreitung von BNE durch „schwache Beziehungen" mehr Erfolg zu versprechen.

Darüber hinaus entstand bezüglich der Dichte und der Intensität der Kooperationen der Eindruck, dass sich Netzwerke im Bereich BNE aus einzelnen Cliquen zusammensetzen, die jeweils eine unterschiedliche Akteursgruppe (Bsp. Kommunalverwaltung, Bildungseinrichtungen oder Wirtschaft) repräsentieren und individuelle Interessen unter dem Dach BNE verfolgen. Unter die Lupe genommen werden von daher folgende Thesen:

Hypothese 3: Die Netzwerke setzen sich aus einzelnen Cliquen zusammen.

Kooperationen zwischen den einzelnen Akteursgruppen scheinen sich weniger intensiv zu gestalten, wobei einzelne Personen aus einer „Maklerposition" fungieren und strukturelle Löcher (Burt, 1992) überbrücken:

Hypothese 4: Die Netzwerke sind gekennzeichnet durch eine starke Ausprägung von strukturellen Löchern und Maklerpositionen.

Die Konzepte *Maklerposition* und *strukturelles Loch* beziehen sich auf die „strukturelle Einbettung der Akteure in deren Nachbarschaftsknoten und den daraus erwachsenden Handlungsmöglichkeiten und -restriktionen. Eine Person, die mit Personen Verbindungen unterhält, die ihrerseits untereinander nicht verbunden sind, erlangt die Möglichkeit, zwischen diesen Kontakten zu vermitteln und daraus Vorteile zu erzielen" (Scheidegger, 2010, S. 145). Da die Generalisierung der Theorie struktureller Löcher jedoch daran scheitert, dass der „Kontext der empirischen Untersuchungen zur Wirkung struktureller Löcher zu eng ist" (Scheidegger, 2010, S. 153), verspricht eine Fokussierung auf die jeweiligen Beziehungsinhalte einen Erkenntnisgewinn bezüglich der Frage, ob strukturelle Löcher von Vorteil oder von Nachteil für die entsprechenden Netzwerke bzw. Akteure eines Netzwerkes sind (Podolny & Baron, 1997).

Auf der Grundlage einer vergleichenden Studie über fünf unterschiedliche Netzwerke verfolgt die Untersuchung zudem das Ziel, Erkenntnisse bezüglich einer optimalen Netzwerkstruktur im Bereich BNE zu erlangen, die in der Allgemeinheit bislang nicht erreicht werden konnten (Scheidegger, 2010, S. 153). Auch die räumliche Dimension stellt sich in diesem Kontext als bedeutendes Element der qualitativen Ergebnisse heraus. Folgende zwei Thesen sind in diesem Kontext hervorzuheben:

Hypothese 5: Das Engagement im Bereich BNE konzentriert sich auf einzelne Stadtteile und Akteursgruppen.

Hypothese 6: Die Vernetzung der Akteure ist über kommunale Grenzen hinaus gering ausgeprägt.

Als außerordentlich schwierig erwies sich die Einschätzung bezüglich der Variable Einfluss, da hier deutliche Unterschiede zwischen den fünf verschiedenen Netzwerken deutlich wurden. Insgesamt zeigten sich Akteure und Personen mit zentralen Positionen[17] jedoch als einflussreicher Faktor für die Konstitution der sozialen Netzwerke im Bereich BNE. Überprüft werden soll demnach quantitativ:

Hypothese 7: Zentrale Akteure spielen eine maßgebliche Rolle für die Konstitution der Netzwerke im Bereich BNE.

Dabei verfügen zentrale Akteure nicht unbedingt über eine hohe Position in der formalen Hierarchie. Vielmehr zeigt sich bislang, dass der Grad an Zentralität der jeweiligen Positionen innerhalb der „BNE-Community" durch informelle und vertraute Strukturen bestimmt wird. Auch die Unterscheidung zwischen den in Kommunen verfolgten Top-Down- und Bottom-Up-Ansätzen ist hiermit nicht gemeint. Während in der BNE-Community oft das Bild vorherrscht, dass einige Kommunen Top-Down-Strategien bei der Implementierung von BNE verfolgen (Bsp. Alheim) und andere sich ausschließlich an Bottom-Up-Ansätzen orientierten (Bsp. Gelsenkirchen), trat im Zuge der qualitativen Studien zu Tage, dass eine dichotome Unterscheidung beider Strategien im Bereich BNE nicht zutreffend ist (vgl. hier auch Sabatier, 1986).

Zu beachten ist, dass die hier diskutierten Hypothesen eine Auswahl repräsentieren. In der Tat geht es auch um die Frage, welchen Beitrag die soziale Netzwerkanalyse für die Optimierung der konkreten Netzwerkarbeit leisten kann. Um die Relevanz der Analyse für die Praxis noch stärker in den Mittelpunkt zu rücken und visualisierte „Wunschnetzwerke" zu generieren, werden schließlich auch Fragen in Bezug auf Wünsche für künftige Veränderungen integriert.

5.3 Datenanalyse und nachfolgende Analysen

Erhobene Daten werden unter Rückgriff auf Techniken der egozentrierten Netzwerkanalyse sowie der Analyse von Gesamtnetzwerken analysiert und mithilfe der entsprechenden Software visualisiert.[18] Darüber hinaus wird auf „traditionelle" Methoden der empirischen Sozialforschung zurückgegriffen.

Die dem menschlichen Handeln zugrunde liegenden Normen und Ideen können mithilfe der quantitativen Netzwerkanalyse nicht ausreichend analysiert werden. Diesem

---

17 Ein zentraler Akteur lässt sich netzwerkanalytisch als Akteur „involved in many ties" (Wasserman & Faust, 2009, S. 173) beschreiben. Ermittelt werden kann die Zentralität einer Position durch den sogenannten „Degree of connection", der die Zahl der Punkte in der Nachbarschaft des jeweiligen Punktes oder die Zahl der Linien, die den Punkt berühren, bestimmt (Jansen, 2006, S. 94).

18 Da die Daten für die quantitative Netzwerkanalyse bislang weder vollständig erhoben noch analysiert wurden, geht der vorliegende Artikel nicht weiter auf die für die quantitative Analyse gewählten Verfahren ein. Allgemein wird von einem egozentrierten Verfahren ausgegangen. Egozentriert erhobene Daten werden zu Gesamtnetzwerken aggregiert, um weitere Analysen von Gesamtnetzwerken zu ermöglichen.

Desiderat wird begegnet, indem quantitative Befunde durch qualitative Verfahren ergänzt werden, um ein besseres Verständnis über die Deutungen der Akteure, ihre subjektiven Wahrnehmungen und ihre handlungsleitenden Orientierungen zu erlangen (Hollstein, 2010, S. 461). Im Mittelpunkt dieses vierten Schritts der Netzwerkanalyse stehen zudem die Validierung bisheriger Ergebnisse, die Prozess-Reflexion (siehe Abb. 2) sowie die Erlangung eines tieferen Einblicks in die Erfahrungswelten der interviewten Personen. Auch hier antwortet das Forschungsdesign auf den Vorwurf bezüglich des bislang ungenügend durchdachten Verhältnisses zwischen konkreten Netzwerken und Interaktionen sowie den subjektiven Normen, Bedeutungszuschreibungen, Kulturen und Symbolwelten (Jansen, 2006, S. 278).[19]

Schließlich liegt eine große Schwierigkeit für die Durchführung der quantitativen Netzwerkanalyse darin, dass BNE von unterschiedlichen Akteuren verschieden definiert und operationalisiert wird. Als normatives Konzept wird die Auslegung von BNE stark durch subjektive Bedeutungszuschreibungen und Werte geprägt. Ferner sind Kooperationen im Bereich BNE durch eine thematische Vielfalt gekennzeichnet. Verschiedene Dimensionen der Nachhaltigkeit werden tangiert. Zu relevanten Aspekten, die unter dem Deckmantel BNE erfasst werden, gehören insbesondere Themen wie erneuerbare Energien, Klimawandel, wirtschaftliche Verantwortung, Bildungsgerechtigkeit, Migration oder globaler Frieden. Die quantitative Analyse kann diesem Problem nur begrenzt begegnen. Unter Rückgriff auf fortführende Verfahren wird ein besseres Verständnis des Forschungsgegenstandes erwartet.

6   Ausblick

Der vorliegende Artikel ging der Bedeutung der sozialen Netzwerkanalyse für den Bereich BNE nach. Mit dem Ziel, den Einfluss der strukturellen Eigenschaften von sozialen Netzwerken auf die Realisierung und die Qualitätsentwicklung normativer Konzepte wie BNE besser zu verstehen, wurde ein Forschungsdesign vorgestellt, das auf eine vierstufige Netzwerkanalyse zurückgreift, die in fünf verschiedenen Regionen durchgeführt wird. Das methodische Vorgehen in diesem Beitrag integriert sowohl eine Interventions- als auch eine Forschungsperspektive und kombiniert quantitative und qualitative Ansätze.

Während es bislang an systematischen Studien mangelt, die sich unter Rückgriff auf Techniken der sozialen Netzwerkanalyse dem Themenfeld BNE nähern, kann ein deutlicher Beitrag der sozialen Netzwerkanalyse für die Sozialwissenschaften im Allgemeinen und die Nachhaltigkeitsforschung im Besonderen verzeichnet werden. Nicht zuletzt beeinflussen soziale Netzwerke die Realisierung normativer Konzepte wie BNE sowie die Qualitätsentwicklung von BNE. Mit netzwerkanalytischen Methoden kann nachgespürt werden, welchen Einfluss die strukturellen Merkmale von sozialen Netzwerken auf die Verwirklichung von BNE ausüben. Zugleich fehlt es den Netzwerken im Bereich BNE bislang an Transparenz und an Sichtbarkeit. Mithilfe sozialer Netzwerkanalysen können die tatsächlichen Strukturen, Formen und Ausprägungen der Netzwerke erkannt werden. Verborgene Dimensionen unterhalb der sichtbaren Oberfläche treten zu Tage

---

19 Wobei diese Kritik mit dem Streit bezüglich der Priorität von Akteuren oder Strukturen zusammenhängen könnte (Jansen, 2006, S. 278).

und Netzwerkgrenzen werden ersichtlich. Der Blick von außen auf die Struktur der eigenen Zusammenarbeit kann die Entwicklung neuer Ideen sowie die Lösung komplexer Aufgaben wie BNE fördern. Die Optimierung der Netzwerkarbeit dient somit als Grundlage für eine Qualitätsentwicklungsstrategie.

Schließlich muss berücksichtigt werden, dass die UN Dekade BNE in sämtlichen Mitgliedsstaaten der Vereinten Nationen realisiert wird. Während sich der vorliegende Artikel auf die Rolle von sozialen Netzwerken in Deutschland konzentriert, wurden soziale Netzwerke in anderen Teilen der Welt nicht mit berücksichtigt. Weitere Studien könnten hier anschließen, sich der Untersuchung von Kooperationen und Netzwerken in Schwellen- und Entwicklungsländern zuwenden und etwa Antworten auf folgende Fragen finden: Welche Unterschiedlichkeiten lassen sich zwischen sozialen Netzwerken im Bereich BNE in verschiedenen Ländern feststellen? Wie ist der nationale Kontext zu bewerten? Welchen Beitrag leistet die SNA im Bereich BNE in Entwicklungs- und Schwellenländern?

Interessant sind darüber hinaus longitudinale Studien. Wiederholte, systematische Anwendungen quantitativer Netzwerkanalysen zu unterschiedlichen Zeitpunkten können einen wertvollen Beitrag für ein besseres Verständnis über Wandlungs- und Lernprozesse leisten. Lässt sich ein Wandel der strukturellen Eigenschaften der Netzwerke feststellen? Und wenn ja, wie und warum treten Veränderungen auf? Besitzen Wandlungsprozesse einen Einfluss auf das Qualitätsniveau der BNE? Um ein besseres Verständnis über den Beitrag der sozialen Netzwerkanalyse für eine Bildung für nachhaltige Entwicklung zu erlangen, sind Antworten auf diese Fragen von großem Nutzen.

Literatur

Bormann, I. (2011). *Zwischenräume der Veränderung. Innovationen und ihr Transfer im Feld von Bildung und Erziehung.* Wiesbaden: VS Verlag für Sozialwissenschaften.

Bormann, I. & De Haan, G. (2008). *Kompetenzen der Bildung für nachhaltige Entwicklung. Operationalisierung, Messung, Rahmenbedingungen, Befunde.* Wiesbaden: VS Verlag für Sozialwissenschaften.

Burt, R. (1992). *Structural holes: The social structure of competition.* Harvard: Harvard University Press.

De Haan, G., Bormann, I. & Leicht, A. (2010). Introduction: The midway point of the UN Decade of Education for Sustainable Development: current research and practice in ESD. *International Review of Education, 56* (2–3), 199–206.

Fischbach, R., Kolleck, N. & De Haan, G. (2011). Wandel durch Netzwerke. Kommunale Bildung für nachhaltige Entwicklung in der Perspektive der (Educational) Governance-Forschung. In N. Thieme, D. Fürst & M. Heinrich (Hrsg.), *Neue Steuerung – alte Ungleichheiten?* (S. 229–2419). Münster: Waxmann Verlag.

Flick, U. (2000). Triangulation. In U. Flick, E. von Kardorff & I. Steinke (Hrsg.), *Qualitative Sozialforschung. Ein Handbuch* (S. 309–318). Reinbek: Rowohlt.

Flick, U. (2004). *Triangulation: Eine Einführung.* Wiesbaden: VS Verlag für Sozialwissenschaften.

German Commission for UNESCO (2009). *Learning Sustainablility. UN Decade of Education for Sustainable Development (2005–2014). Stakeholders and Projects in Germany.* Bonn: Secretariat, UN Decade of Education for Sustainable Development (2005–2014).

Göhler, G., Höppner, U., De la Rosa, S. & Skupien, S. (2010). Steuerung jenseits von Hierarchie. Wie diskursive Praktiken, Argumente und Symbole steuern können. *Politische Vierteljahresschrift, 51*, 691–720.

Granovetter, M. S. (1995). *Getting a Job: A Study of Contacts and Careers*. Chicago: University of Chicago Press.

Granovetter, M. S. (1997). The strength of weak ties. *American Journal of Sociology, 78*, 1360–1380.

Häder, M. (2010). *Empirische Sozialforschung. Eine Einführung*. Wiesbaden: VS Verlag für Sozialwissenschaften.

Hajer, M. (2009). *Authoritative Governance: Policy-making in the Age of Mediatization*. Oxford: Oxford University Press.

Hollstein, B. (2010). Qualitative Verfahren und Mixed-Methods-Designs. In C. Stegbauer & R. Häußling (Hrsg.), *Handbuch Netzwerkforschung* (S. 459–470). Wiesbaden: VS Verlag für Sozialwissenschaften.

Hwang, S. & Moon, I.-C. (2009). Are We Treating Networks Seriously? The Growth of Network Research. In Public Administration & Public Policy, *Connections, 29* (2), 4–17.

Jansen, D. (2006). *Einführung in die Netzwerkanalyse. Grundlagen, Methoden, Forschungsbeispiele*. Wiesbaden: VS Verlag für Sozialwissenschaften.

Kelle, U. (2004). Integration qualitativer und quantitativer Methoden. In U. Kuckartz, H. Grunenberg & A. Lauterbach (Hrsg.), *Qualitative Datenanalyse: computergestützt. Methodische Hintergründe und Beispiele aus der Forschungspraxis* (S. 27–41). Wiesbaden: VS Verlag für Sozialwissenschaften.

Kolleck, N. (2011). *Global Governance, Corporate Responsibility und die diskursive Macht multinationaler Unternehmen: Freiwillige Initiativen der Wirtschaft für eine nachhaltige Entwicklung?* Baden-Baden: Nomos.

Kolleck, N., De Haan, G. & Fischbach, R. (2011). Social Networks for Path Creation: Education for Sustainable Development matters, *Journal of Futures Studies, 15* (4), 77–92.

Lamnek, S. (2010). *Qualitative Sozialforschung*. Weinheim: Beltz.

Michelsen, G. & Rode, H. (in Druck). *Kommentierte Grundauswertung zur Befragung der Projekte in der UN Dekade*.

Mayring, P. (1983). *Qualitative Inhaltsanalyse: Grundlagen und Techniken*. Weinheim, Beltz.

Mayring, P. (2003). *Qualitative Inhaltsanalyse: Grundlagen und Techniken*. Weinheim: Deutscher Studien Verlag.

Mutschke, P. (2010). Zentralitätsanomalien und Netzwerkstruktur. Ein Plädoyer für einen ‚engeren' Netzwerkbegriff und ein community-orientiertes Zentralitätsmodell. In C. Stegbauer Hrsg.), *Netzwerkanalyse und Netzwerktheorie. Ein neues Paradigma in den Sozialwissenschaften* (S. 261–272). Wiesbaden: VS Verlag für Sozialwissenschaften.

Newig, J., Günther, D. & Pahl-Wostl, C. (2010). Synapses in the Network: Learning in Governance Networks in the Context of Environmental Management. *Ecology and Society, 15* (4).

Ostrom, E. (1998). A Behavioral Approach to the Rational Choice Theory of Collective Action: Presidential Adress, American Political Science Association 1979. *The American Political Science Review, 92* (1), 1–22.

Ostrom, E. (2009). *Governing the Commons: The Evolution of Institutions for Collective Action*. Cambridge: Cambridge University Press.

Podolny, J. M. & Baron, J. M. (1997). Resources and Relationships: Social Networks and Mobility in the Workplace. *American Sociological Review, 62*, 673–693.

Rieß, W. (2010). *Bildung für nachhaltige Entwicklung*. Münster: Waxmann.

Rode, H. (2005). Bildung für eine nachhaltige Entwicklung („21'). Abschlussbericht des Programmträgers zum BLK-Programm. Bonn: Bund-Länder-Kommission für Bildungsplanung und Forschungsförderung.

Sabatier, P. (1986). Top-down and Bottom-up Approaches to Implementation Research: A Critical Analysis and Suggested Synthesis. *Journal of Public Policy*, *6* (1), 21–48.

Scheidegger, N. (2010). Strukturelle Löcher. In C. Stegbauer & R. Häußling (Hrsg.), *Handbuch Netzwerkforschung* (S. 145–157). Wiesbaden: VS Verlag für Sozialwissenschaften.

Schnegg, M. & Lang, H. (2002): Netzwerkanalyse. Eine praxisorientierte Einführung. *Methoden der Ethnographie,* (1).

Sørensen, E. & Torfing, J. (2005). Network Governance and Post-Liberal Democracy. *Administrative Theory & Praxis*, *27* (2), 197–237.

Trappmann, M., Hummell, H. J. & Sodeur, W. (2011). *Strukturanalyse sozialer Netzwerke. Konzepte, Modelle, Methoden.* Wiesbaden: VS Verlag für Sozialwissenschaften.

Wald, A. & Jansen, D. (2007). Netzwerke. In A. Benz, S. Lütz, U. Schimank, & G. Simonis (Hrsg.), *Handbuch Governance. Theoretische Grundlagen und empirische Anwendungsbereiche* (S. 93–106). Wiesbaden: VS Verlag für Sozialwissenschaften.

Wasserman, S. & Faust, K. (2009). *Social Network Analysis: Methods and Applications.* Cambridge: Cambridge University Press.

Wolf, C. (2010). Egozentrierte Netzwerke: Datenerhebung und Datenanalyse. In: C. Stegbauer & R. Häußling (Hrsg.), *Handbuch Netzwerkforschung* (S. 471–483). Wiesbaden: VS Verlag für Sozialwissenschaften.

Zafonte, M. & Sabatier, P. (1998). Shared Beliefs and Imposed Interdependencies as Determinants of Ally Networks in Overlapping Subsystems. *Journal of Theoretical Politics*, *10* (4), 473–505.

Martina Kenk

Publikations- und Forschungsnetzwerke von Nachwuchswissenschaftlerinnen und -wissenschaftlern in der empirischen Bildungsforschung

1 Einleitung

Bisherige Forschungserkenntnisse zur Situation des wissenschaftlichen Nachwuchses liefern statistische Datenanalysen im Sinne eines Systemmonitoring. Das Bundesministerium für Bildung und Forschung (BMBF) konstatiert, dass zwei Drittel der Doktorand/ -inn/en auf dem Weg zur Promotion scheitern (BMBF, 2008, S. 72). Betrachtet man die Disziplinen, die den Nachwuchs für die empirische Bildungsforschung qualifizieren, so zeigt sich ein größerer Mangel an qualifiziertem Nachwuchs in der Erziehungswissenschaft als in der Psychologie (Weishaupt, Kraul, Böhm-Kasper, Schulzeck & Zügenrücker, 2008). Demnach besteht nicht nur forschungspolitischer Handlungsbedarf zur Förderung und Qualifizierung dieses Nachwuchses. Es ist auch notwendig, neue Erkenntnisse über diese Lernphase zu gewinnen. Allein durch die Wahl des Promotionsortes werden wichtige Weichen für die Karriere gestellt: Die Karrierechancen steigen bei einer Promotion an den führenden erziehungswissenschaftlichen Fakultäten (Röbken, 2009). Die Form der Promotion als wissenschaftliche „Lehrlingszeit" ist bei über der Hälfte der Promovierenden verbreitet, daneben finden sich interdisziplinäre Forschungsteams z.B. in Graduiertenkollegs. Neben dem wissenschaftlichen „Handwerkszeug", das Doktorand/-innen bei ihrer Arbeit in der Forschung erlernen, bieten soziale Netzwerke die Möglichkeit, individuelle soziale Ressourcen für die Qualifizierung und die berufliche Entwicklung zu aktivieren. Diesen sozialen Aspekt im Lern- und Qualifizierungsprozess können netzwerkanalytische Studien mit zusätzlichen Einblicken in die Lage der Promovierenden untersuchen.

In diesem Beitrag werden ausgewählte Ergebnisse aus einer Studie vorgestellt, die sich mit sozialer Unterstützung in persönlichen Netzwerken beschäftigt. Die erziehungswissenschaftliche Relevanz dieser Studie besteht in ihrem Beitrag zur Forschung über die Bedeutung von Sozialkapital in Bildungsprozessen, seine Herausbildung und Funktionsweisen (hier am Beispiel einer hochqualifizierten Elite im tertiären Bildungssektor) sowie über die Entstehung sozialer Ungleichheiten, insbesondere im Hinblick auf das Geschlechterverhältnis im Berufsfeld Hochschule.

Für die Netzwerkforschung ist die Studie gerade in methodischer Hinsicht interessant, da sie aus öffentlichen Quellen relationale Daten für die egozentrierte Netzwerkanalyse gewinnt. Gleichzeitig werden für die Methode typischen Probleme, wie z.B. fehlende Daten, deutlich.

Im Beitrag werden zunächst die theoretischen Ansätze zum Sozialkapital und situierten Lernen erläutert und die Forschungsfragen konkretisiert. Anschließend werden die

angewandte Methode der egozentrierten Netzwerkanalyse und das Studiendesign dargestellt. Daraufhin folgen die Beschreibung der Stichprobe und die Darstellung der Ergebnisse der Netzwerkanalyse, die in Bezug auf die Fragestellung diskutiert werden. Abschließend wird ein Ausblick auf die weitere Untersuchung gegeben.

2   Theoretische Ansätze: Sozialkapital und situiertes Lernen

Soziale Unterstützung kann aus Informationen, materiellen und immateriellen Produkten
bestehen, z.B. aktuelle Nachrichten, Hilfeleistungen u.Ä. Die Netzwerkforschung zielt
auf das Verständnis sozialer Beziehungen und der Einbettung von Akteur/-inn/en in ein
Gesamtnetzwerk oder ein soziales System. Soziale Kontakte setzen gegenseitiges Kennen voraus. Durch ständigen Austausch entstehen dauerhafte Beziehungen zwischen den
Akteur/-inn/en, die sich so zu einer Gruppe entwickeln. Indem sie einer Gruppe zugehö-
rig sind, haben Akteur/-inn/en tatsächlich oder potenziell Zugang zu Ressourcen, die auf
einem Netz von Beziehungen beruhen. Die Beziehungsnetze sind die Ergebnisse von
Strategien, die auf den Aufbau und Bestand der Kontakte zielen, aus denen potenzielle
Ressourcen gewonnen werden können. Der Zugang zu Ressourcen und ihre Verteilung
lässt sich mit dem theoretischen Ansatz zum sozialen Kapital von Bourdieu beschreiben:
„Das Sozialkapital ist die Gesamtheit der aktuellen und potentiellen Ressourcen, die mit
dem Besitz eines dauerhaften Netzes von mehr oder weniger institutionalisierten Beziehungen gegenseitigen Kennens oder Anerkennens verbunden sind; oder, anders ausgedrückt, es handelt sich dabei um Ressourcen, die auf der Zugehörigkeit zu einer Gruppe
beruhen" (Bourdieu, 1983, S. 190). Das Sozialkapital aus Beziehungen vermittelt Zugang
zu Informationen, Wissen, Unterstützung und ermöglicht Kooperationen. Der potenzielle
Nutzen aus Beziehungsnetzen hängt von der Größe des Netzwerks wie auch vom Sozialkapital der Netzwerkmitglieder ab. Bei einem heterogenen Netzwerk sind die möglichen
Unterstützungen wesentlich vielfältiger. Um Sozialkapital zu verwerten, sind Kenntnisse
über die Beziehungen sowie Fähigkeiten, die Beziehungen zu nutzen, erforderlich, um
Investitionen nutzbar zu machen (Bourdieu, 1983). Die Wissenschaft wird von Bourdieu
als ein Feld beschrieben, das aus Akteur/-innen und den objektiven Beziehungen zwischen ihnen besteht, in dem sowohl die Struktur der objektiven Beziehungen wie auch
die Stellung in dieser Struktur die Handlungsmöglichkeiten der Wissenschaftler/-innen
bestimmt (Bourdieu & Egger, 1998). Dem wissenschaftlichen Kapital (z.B. Publikationen und Forschungskooperationen) als einem Aspekt des Sozialkapitals kommt in der
Wissenschaft eine hohe Bedeutung auch in Bezug auf die berufliche Entwicklung zu,
ähnlich wie in anderen Berufsfeldern (als eine der ersten Studien s. Granovetter, 1973;
zur Rolle von Arbeitslosigkeit z.B. Diewald, 2007). Wie Sozialkapital in der Wissenschaft aktiviert werden kann, hat z.B. Hollstein (2007) untersucht. Sie zeigt auf, wie
Danksagungen in der Wissenschaft angesichts des steigenden Wettbewerbs gezielt dazu
eingesetzt werden, die eigene Karriere zu fördern.

Welche Ressourcen Akteur/-inn/en mobilisieren können, beruht auf ihren persönlichen Netzwerken, die sich durch mehrere Merkmale (z.B. Größe, Intensität, Art der
Beziehungen etc.) charakterisieren lassen. Informationen und Wissen stellen Ressourcen
dar, die nicht nur personenunabhängig über Medien, sondern auch persönlich über sozia-

le Kontakte vermittelt werden. Dies gilt noch stärker für Erfahrungsaustausch und Beratungen, die in sozialen Kontakten stattfinden. Um den Informationsaustausch und Wissenserwerb in Netzwerken zu verstehen, welche Lernprozesse ermöglichen, werden soziokulturelle Lerntheorien herangezogen. Das soziokulturelle Paradigma fokussiert den sozialen Kontext des Wissenserwerbs und versteht Lernen als einen Prozess, der mit sozialen Interaktionen verbunden ist und durch den eine soziale Integration in eine Gemeinschaft erfolgt (Billett, 2005). Nach dem Konzept des situierten Lernens sind Wissensverbreitung und Lernprozesse immer in soziale Kontexte eingebettet (Brown & Duguid, 1991). Individuen, die mit dem gleichen Ziel an gemeinsamen Aktivitäten teilnehmen und eine gemeinsame Identität durch ihre Beteiligung an diesen Praktiken schaffen, bilden eine *community of practice* (Lave & Wenger, 1991). Dort können sich die Mitglieder durch ihre sozialen Relationen Zugang zu nicht-öffentlichen Informationen verschaffen. Andere Mitglieder sind Quellen der Erfahrung, des impliziten Wissens und der Unterstützung. Wenn durch Austausch und Beratung Fehler vermieden werden, lässt sich die Lernkurve verkürzen. Communities of practice integrieren Neulinge durch Lernprozesse in ihre Gruppe und vermitteln schnellen Zugang zu Informationen, neue Einblicke und Erfahrungsaustausch (Wenger, 1998).

Untersucht man die sozialen Kontexte des Wissenserwerbs und des Lernprozesses, richtet sich der Fokus weniger auf kognitionspsychologische Analysen, sondern auf die sozialen Beziehungen der Akteur/-inn/en. Beispielsweise analysieren Li, Xi & Yao (2008) Unterstützungsnetzwerke von Promovierenden im Hinblick auf den Zusammenhang zwischen Ressourcentransfer und Bindungsstärke unter den Mitgliedern einer akademischen Gruppe an einer Management-Schule einer chinesischen Universität. Starke Beziehungen zu Kernakteur/-inn/en sind die Hauptkanäle des Ressourcentransfers, während durch schwache Beziehungen eher neue Informationen sowie Berufs- und Entwicklungschancen vermittelt werden.

Ein Fokus liegt auf dem Geschlechterverhältnis, das in den Disziplinen der Bildungsforschung im Vergleich zu anderen wissenschaftlichen Disziplinen eher ungewöhnlich ist. Der Frauenanteil ist in den Erziehungswissenschaften, der Psychologie und den Fachdidaktiken mit etwa zwei Dritteln vergleichsweise hoch, sowohl im Studium, wie auch während der Promotion und im akademischen Mittelbau. Das Verhältnis kehrt sich zuungunsten der Frauen bei höheren Positionen um (Weishaupt et al., 2008, S. 19). Möglicherweise reichen die institutionsinternen Kontakte der Frauen nicht aus, um den Aufstieg in höhere Positionen im gleichen Maß zu erreichen wie Männer (Allmendinger & Podsiadlowski, 2001). Deshalb sollte das Geschlechterverhältnis bei der Netzwerkgestalt im Hinblick auf die Homogenität berücksichtigt werden.

Wie hier dargestellt wurde, wird soziale Unterstützung – neben anderen Aspekten wie fachlicher und methodischer Qualifikation – als eine wichtige Ressource in der Qualifikationsphase und der beruflichen Entwicklung angesehen.

3 Forschungsfragen zur Netzwerkgestalt und zum Lernumfeld

Die Studie „Soziale Netzwerke von Nachwuchswissenschaftler/-inne/n in der empirischen Bildungsforschung" geht der übergeordneten Frage nach, wie soziale Unterstützung aus persönlichen sozialen Netzwerken für den Wissenserwerb, für Lernprozesse und für die Qualifizierung in der Wissenschaft genutzt wird. In diesem Beitrag wird über die quantitative Erhebung berichtet, in dem zwei Aspekte behandelt werden: die Netzwerkgestalt sowie das Lernumfeld. Daraus ergeben sich folgende Forschungsfragen:

Forschungsfrage I) *Welche Gestalt haben die sozialen Netzwerke im Hinblick auf Merkmale wie Geschlecht, Lerninhalt, Status?* Diese Frage bezieht sich auf das soziale Kapital, das aus den Netzwerken gewonnen und für die Verbesserung der eigenen Arbeitsergebnisse eingesetzt wurde.

Forschungsfrage II) *Welche Typen von Netzwerken sind in Bezug auf das Lernumfeld unterscheidbar?* Finden sich gemeinschaftliche Typen, wie in der Theorie des situierten Lernens beschrieben, also communities of practice, oder starke Bindungen zwischen Lernenden und Betreuungspersonen wie bei einem Lehrer-Schüler-Modell? Diese Frage bezieht sich auf die Aspekte des Wissenserwerbs, der Lernprozesse und des Betreuungsverhältnisses, bei denen verschiedene Formen von Lernumfeldern möglich sind.

Um Antworten auf diese Forschungsfragen zu finden, wird die sozialwissenschaftliche empirische Forschungsmethode angewandt, durch die relationale Daten (Beziehungen) verarbeitet werden können: die soziale Netzwerkanalyse.

4   Die Forschungsmethode der sozialen Netzwerkanalyse und das Studiendesign

Als soziale Netzwerke werden Strukturen verstanden, die aus Akteur/-innen („Knoten") und Beziehungen („Kanten") bestehen. Die einfachste Form eines Netzwerkes ist die Dyade, ein Netzwerk aus zwei Knoten mit dem sie verbindenden Kanten. Bei drei Knoten und mindestens zwei Kanten ist von einer Triade die Rede. Das für diese Studie verwendete Verfahren der egozentrierten Netzwerkanalyse bestimmt eine Person als Akteur/-in („Knoten"), die als Ego bezeichnet wird, und untersucht ihr Netzwerk, das aus allen Alteri, also den Personen, zu denen Ego Beziehungen („Kanten") hat, besteht (einführend Diaz-Bone, 2006).

Im ersten Schritt wurde das zu untersuchende Netzwerk festgelegt. Als Egos wurden die Mitglieder eines sechsjährigen bundesweiten Forschungsprogramms, die den Status einer Doktorandin bzw. eines Doktoranden hatten, ausgewählt. Die Bildungsphase der Promotion wurde gewählt, um dem Phänomen anhand von hochrangig ausgebildeten Personen nachzugehen. Da seit Anfang des Jahrtausends in Deutschland die Problematik des Nachwuchsmangels in der Bildungsforschung besteht (Schmidt & Weishaupt, 2008), wurde die Untersuchung auf dieses Forschungsfeld eingegrenzt. Die Identifizierung der Egos wurde durch die Auswertung der Internetseite des Forschungsprogramms vorgenommen.

Im zweiten Schritt wurden Daten zu den Akteursmerkmalen ermittelt. Personenbezogene Informationen, also individuelle Merkmale, wurden durch die Recherche in persönlichen bzw. institutionellen Internetseiten gesammelt. Im Fokus standen biografische Informationen und der berufliche Werdegang (z.B. Geschlecht, Geburtsjahr, Promotionsfach, -jahr, -betreuende, berufliche Tätigkeiten, Berufsfeld).

Als dritter Schritt folgte die Datengenerierung für die egozentrierten sozialen Netzwerke im Hinblick auf die Zusammenarbeit bei Publikationen (Co-Autorschaften) und in Forschungsprojekten. Hierfür wurden Daten über wissenschaftliche Aktivitäten (Publikationen, Forschungskooperationen) in persönlichen Internetseiten, Literatur- und Forschungsdatenbanken recherchiert. Für die Analyse des Publikationsnetzwerks wurden nur die Co-Autorschaften und keine Einzelautorschaft verwendet, da relationale Daten gewonnen werden sollten. Die relationalen Daten für die Forschungsnetzwerke, also gemeinsame Forschung in Projekten, wurden ebenfalls Internetquellen (persönliche Homepages, Webseiten der Forschungsprojekte) sowie Forschungsdatenbanken (z.B. GEPRIS) entnommen. Die Recherche fand im Jahr 2010 statt, der Zeitraum für Publikations- und Forschungsdaten umfasst die Dekade 2000–2010. Die relationalen Daten wurden für die Netzwerkanalyse so aufbereitet, dass die Beziehungen zwischen Ego und Alteri und ihre Häufigkeit vorlag.

Zur Datenauswertung werden mehrere Maßzahlen zur Beschreibung der Netzwerke und zur Berechnung ihrer Struktureigenschaften herangezogen (einführend Jansen, 2006). Auf der Grundlage der in dieser Studie erhobenen Daten können bisher zwei Maßzahlen verwendet werden: die Größe des Netzwerks (Anzahl der Alteri) sowie die Intensität der Relationen (Anzahl der Publikations- bzw. Forschungskooperation je Alteri). Das Geschlecht der Alteri wurde anhand der Vornamen zugeordnet.

Nachdem das methodische Vorgehen und das Studiendesign dargelegt wurden, folgt in der Stichprobenbeschreibung die Charakterisierung der Akteur/-innen anhand der gewonnen Informationen über individuelle Merkmale und der Gestalt ihrer Netzwerke.

5   Stichprobe: Beschreibung der Akteursgruppe

Die Gruppe der untersuchten ehemaligen Doktorand/-inn/en des Forschungsprogramms bestand aus 73 Akteur/-innen[1] (im Folgenden als Egos bezeichnet). Verfolgt man die berufliche Entwicklung in der Wissenschaft, lässt sich der erreichte Status einiger Akteur/-innen (n=38) feststellen. Im Jahr 2010 haben etwa 60% den Status als wissenschaftliche/r Mitarbeiter/-in inne. Lehrende ohne Professur sind 17% der Frauen und 8% der Männer. Der nächste Schritt in Richtung Professur (Junior-, Assistenz-, Vertretungsprofessur) ist 20% der Frauen und 16% der Männer gelungen. Bisher haben 17% der Männer eine ordentliche Professur erreicht.

Betrachtet man das Geschlechterverhältnis, so findet man mit 68% Frauen gegenüber 32% Männern eine in den Sozialwissenschaften verbreitete weibliche Dominanz. Bei den abgeschlossenen Promotionen (n=50) steigt dieses Verhältnis auf 78% Frauen zu 24% Männer. Die Promotionsdauer (n=30) variiert zwischen 3 und 9 Jahren und beträgt durchschnittlich ca. 5 Jahre. In den Disziplinen (n=73) ergibt sich folgende Verteilung:

---

1   Die bisherige Internetrecherche ergab nicht nur unvollständige Daten bei persönlichen Merkmalen der Egos, sondern es wurden z.T. auch keine weiteren Informationen über einzelne Egos gefunden. Gründe hierfür werden u.a. in fehlender Internetpräsenz, fehlenden Meldungen in Datenbanken und Namensänderungen nach Heirat vermutet. Aufgrund dieser fehlenden Daten wird im Folgenden die jeweilige Gesamtzahl (n) bei den einzelnen Auswertungen angegeben, für die die notwendigen Angaben vorlagen.

Das Geschlechterverhältnis ist in den Fachdidaktiken (15 weiblich, 13 männlich) fast ausgewogen, dagegen sind die Frauen in der pädagogischen (13 weiblich, 4 männlich) und psychologischen (18 weiblich, 6 männlich) Disziplin in der Mehrheit.

Die Gruppe der Akteur/-innen lässt sich zusammenfassend als interdisziplinär, überwiegend weiblich und in der Wissenschaft tätig beschreiben; vier Jahre nach Ende des Forschungsprogramms sind sie z.T. auf dem Weg zur Professur. Diese Zahlen stellen die Entwicklung der Gruppe anhand individueller Merkmale dar. Eine andere Sichtweise ergibt sich durch die Analyse ihrer professionellen Beziehungen: die Publikations- und Forschungsnetzwerke.

6 Ergebnisse[2] der egozentrierten sozialen Netzwerkanalyse

Neben individuellen Merkmalen der Qualifizierung und Karriere sollen die gemeinsamen wissenschaftlichen Aktivitäten betrachtet werden, um einen Einblick in die kooperativen Produktionen und die daraus resultierenden Netzwerke zu gewinnen. Im wissenschaftlichen Berufsfeld manifestieren sich Relationen zwischen zwei Akteur/-innen u.a. in gemeinsamen Publikationen und Kooperationen in Forschungsprojekten.

6.1 Gestalt der Netzwerke

Der individuelle Vergleich des Publikationsnetzwerks (Pnw) mit dem Forschungsnetzwerk (Fnw) erfolgt nach den zwei Maßzahlen Größe und Intensität. Die Größe des Netzwerks wird anhand der Anzahl der Alteri, die Intensität anhand der Anzahl der Kooperationen (Häufigkeit der Relationen) bestimmt. In der Auswertung der egozentrierten Netzwerke (n=73) wurde ein allgemeines Muster gefunden: Das Publikationsnetzwerk ist i.d.R. kleiner (Pnw Ø 9.23; Fnw Ø 12.34), doch dabei intensiver (Pnw Ø 26.11; Fnw Ø 14.19) als das Forschungsnetzwerk. Dieses Muster findet sich auch im Geschlechtervergleich wieder. Ein geschlechtsspezifischer Unterschied besteht darin, dass die Netzwerke der 23 Männer größer sind als die Netzwerke der 50 Frauen. Im disziplinären Vergleich (n=38) zeigt sich dieses allgemeine Muster ebenfalls. Unterschiede finden sich bei der Netzwerkgröße: Publikations- wie Forschungsnetzwerke sind bei den 15 Psycholog/-inn/en fast gleich groß. Die 12 Erziehungswissenschaftler/-innen haben deutlich kleinere Publikations- als Forschungsnetzwerke, während die Didaktiker/-innen kleinere Forschungs- als Publikationsnetzwerke haben. Je nach beruflicher Position variieren die Netzwerkmuster (n=32): Die Publikationsnetzwerke der 23 wissenschaftlichen Mitarbeiter/-innen sind kleiner und intensiver als die Forschungsnetzwerke (wie auch im allgemeinen Muster). Bei den 9 Professor/-inn/en sind Publikations- und Forschungsnetzwerk ähnlich groß, wobei sie sehr intensive Publikationsrelationen zeigen. Sie unterscheiden sich durch die Größenangleichung beider Netzwerke vom Muster der Gesamtgruppe. Die

---

2 Auf Signifikanztests wurde verzichtet, da hier eine Stichprobe vorliegt, die aufgrund der Forschungsfrage als Netzwerkmitglieder eines spezifischen Forschungsprogramms ausgewählt wurden.

Netzwerke der 9 Schulbeschäftigten sind wesentlich kleiner.[3] Die Gestalt der Publikations- und Forschungsnetzwerke unterscheidet sich je nach Ausprägung der Merkmale Geschlecht, Disziplin und Status, wie anhand der dargestellten Maßzahlen vergleichend dargestellt wurde.

Nachdem die Akteursgruppe und die Gestalt ihrer Netzwerke beschrieben wurden, wird vor diesem Hintergrund nun das Lernumfeld betrachtet.

6.2 Lernumfeld

In der Visualisierung des Publikationsnetzwerks und des Forschungsnetzwerks (siehe Abb. 1) sind die individuellen Merkmale der Egos mit ihren Relationen zu den Alteri dargestellt. Die individuellen Merkmale Geschlecht, beruflicher Status und Promotionsverhältnis sind anhand der Farbe, Form und Größe des Knotens dargestellt. Die relationalen Merkmale der Intensität der Beziehung und der Mitgliedschaft im Forschungsprogramm sind an der Farbe und Dicke der Kanten abzulesen. Um das Lernumfeld zu analysieren, ist die Visualisierung mit dem Fokus auf das Betreuungsverhältnis gestaltet.[4]

In der Visualisierung des Publikationsnetzwerks treten optisch mehrere Gruppen hervor:

a)   Stark vernetzte Gruppen, in denen viele Promovierte und mehrere Betreuende häufig miteinander publiziert haben;

b)   Schwach vernetzte Gruppen mit starken Betreuungsverhältnissen, wobei die Egos schwächere Relationen untereinander und sehr geringe bzw. keine Relationen zum gesamten Netzwerk haben (z.T. sind es kleinere Gruppen, doch wenn man sich auf die stärkeren Relationen konzentriert, sind hier auch Dyaden und Triaden eines Betreuungsverhältnisses sichtbar);

c)   Die unverbundenen Gruppen und Isolierte umfassen randständige Egos, die nur durch eine oder keine Relation an das Netzwerk angebunden sind, darunter auch Akteur/-innen mit hohem Status.

---

3   Die geringe Größe dieser Netzwerke lässt sich vermutlich auf die Datengenerierung zurückführen, die sich im Wesentlichen auf Quellen bezieht, die für das wissenschaftliche Berufsfeld relevant sind.

4   Erläuterung: Die schwarzmarkierten Betreuenden stehen optisch im Vordergrund, ebenso die durch die Strichdicke gekennzeichneten intensiven Relationen der Egos zu ihren Betreuungspersonen. Die Alteri haben alle die gleiche Größe, da ihr beruflicher Status nicht erhoben wurde, auch wenn sie gleich- oder höherrangige Stellungen haben sollten. Das Merkmal Geschlecht ist sowohl bei den Egos als auch bei den Alteri anhand der Form gekennzeichnet. Alle schwarzen Knoten sind demnach Alteri und Betreuungspersonen. Alle größeren Knoten sind Egos. Da nicht bei allen Egos Angaben zum Betreuungsverhältnis (genauer: die Betreuungspersonen) recherchiert werden konnten, haben manche Egos zwar promoviert bzw. haben einen höheren Status, ohne dass ihr Betreuungsverhältnis in der Abbildung sichtbar ist. Alle Egos, bei denen Angaben zum Betreuungsverhältnis vorlagen, sind dunkelgrau eingefärbt. Die Relationen zwischen Mitgliedern des Forschungsprogramms sind anhand der dunkelgrauen Linien zwischen den Knoten zu erkennen. Alle Egos sind Mitglieder des Forschungsprogramms, doch nur ein Teil der Betreuungspersonen und nur ein geringerer Anteil der Alteri. Um die Netzwerkdarstellung übersichtlich zu halten, wurde zum einen auf die Visualisierung der Disziplin, zum anderen auf die Darstellung der „pendants" verzichtet. Isolierte Egos sind oben links eingefügt.

Die Vernetzung innerhalb des Forschungsprogramms lässt sich anhand der dunkelgrauen Linien erkennen. Während die stark vernetzten Gruppen neben den starken Relationen mit Mitgliedern des Forschungsprogramms auch einige schwächere Relationen zu Externen aufweisen, sind die schwach vernetzten Gruppen im Wesentlichen mit Mitgliedern des Forschungsprogramms und nur vereinzelt mit Externen verbunden – bis auf die Ausnahme der Professorin, die viele schwache Relationen mit Externen aufweist und an viele Gruppen schwach angebunden ist.

Die Betreuenden haben keine exklusive Brückenfunktion[5], denn sie stehen in den stark vernetzten Gruppen meist an einer gleichwertigen Position wie andere Egos oder Alteri. Bei manchen schwach vernetzten Gruppen sind die Betreuenden z.T. in einer zentraleren Position, wobei die Egos sowohl untereinander als auch mit weiteren Alteri vernetzt sind und dies deshalb keine Brückenfunktion bedeutet. Diese Egos sind nur durch die Betreuerin und einen weiteren externen Alter mit dem restlichen Netzwerk verbunden.

Während das Publikationsnetzwerk die Relationen anhand der Produkte der wissenschaftlichen Kooperation in Form von Co-Autorschaften darstellt, wird die wissenschaftliche Zusammenarbeit zur Erzeugung der Ergebnisse, auf denen meist die Publikationen basieren, in den Forschungsnetzwerken sichtbar.

Bei der Ansicht des Forschungsnetzwerks, das auf gemeinsamen Projekten basiert, ist zu berücksichtigen, dass sich die Knoten nicht notwendigerweise an den gleichen Stellen wie im Publikationsnetzwerk befinden. In der Betrachtung werden mehrere Aspekte des Lernumfelds offensichtlich:

a)   Die sehr vernetzten großen Gruppen sind auch die beiden Gruppen, die beim Publikationsnetzwerk schon als stark vernetzt identifiziert wurden. Beide Gruppen haben nur wenige stärkere Relationen untereinander, wenige Relationen zu Mitgliedern des Forschungsprogramms und sie sind als Gruppe über einige Knoten an das Forschungsprogramm angebunden.

b)   Die kleinen vernetzten Gruppen sind untereinander recht stark vernetzt, haben viele Relationen zu Mitgliedern des Forschungsprogramms und sind über wenige Knoten an das Forschungsprogramm angebunden.

c)   Die Blöcke sind nur über einen Knoten mit Brückenfunktion an das Forschungsprogramm angebunden und haben meist mehr Relationen zu Mitgliedern als zu Externen. Z.T. haben die Betreuenden die Brückenposition zum Netzwerk inne.

d)   Die isolierten Gruppen haben keinerlei Anbindung an das Forschungsprogramm. Die sehr schwach verbundenen Vierergruppen bestehen nur aus Mitgliedern des Forschungsprogramms.

e)   Die schwach verbundenen Egos haben überwiegend Relationen zu Externen.

f)   Die Egos in Randposition sind über eine Relation an das Netzwerk angebunden, hierunter auch Akteur/-innen mit hohem Status.

---

5   Eine Brückenfunktion hat ein Knoten dann inne, wenn ein Netzwerk ohne ihn in mehrere Komponenten zerfallen würde. Der Knoten bildet also die Brücke zwischen Netzwerkteilen und vermittelt zwischen einzelnen Knoten bzw. Gruppen, die ohne den sogenannten „broker" keinen Kontakt mit dem anderen Teil des Netzwerks hätten (Hanneman & Riddle, 2005).

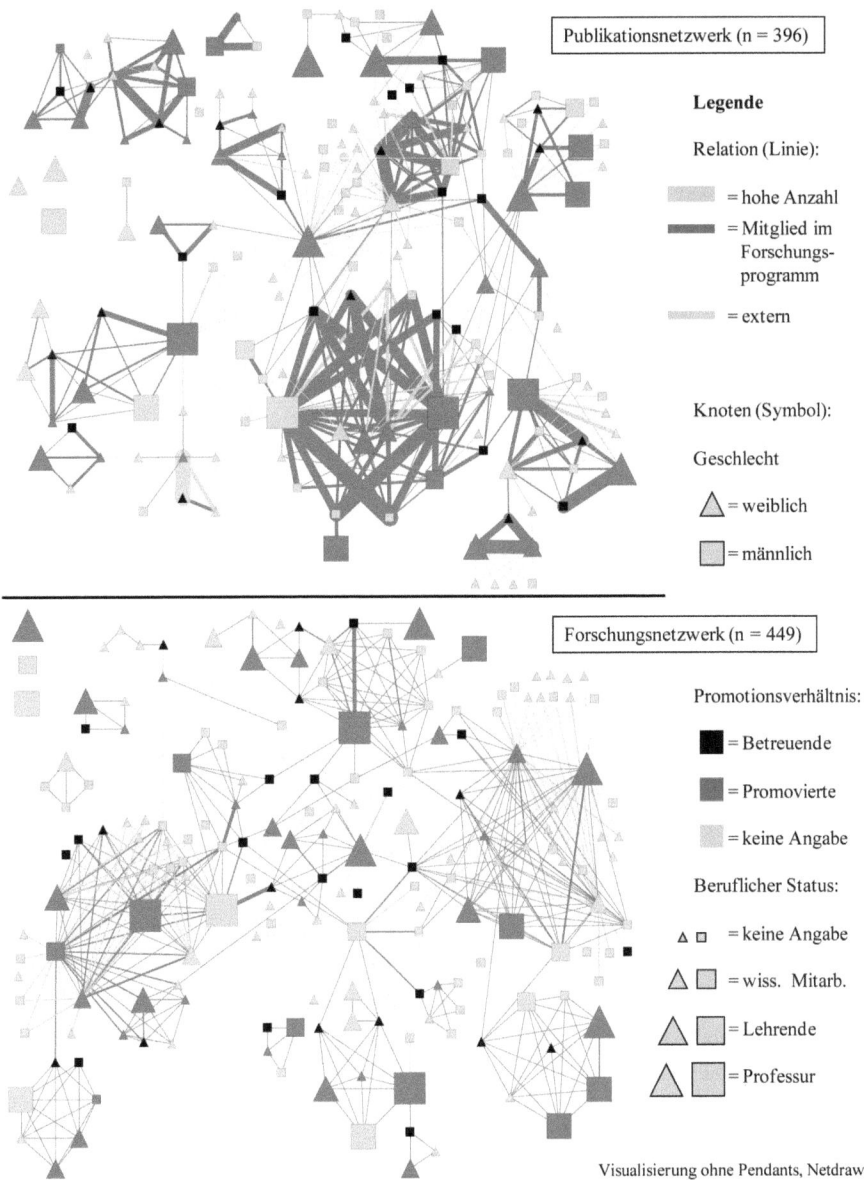

Anmerkung: Publikationsnetzwerk n=396; Forschungsnetzwerk n=449, Software: Netdraw

Abbildung 1:   Publikationsnetzwerk und Forschungsnetzwerk

Die Vernetzung zwischen Mitgliedern des Forschungsprogramms ist innerhalb von Gruppen häufiger als bei den lose angebundenen Akteur/-inn/en und Gruppen. Bei den wenigen Egos mit starken Relationen bestehen diese insbesondere zu Mitgliedern. Die stärksten Relationen sind zwischen Promovierten und ihren Betreuenden. Bei manchen kleineren Gruppen haben die Betreuenden eine „broker"-Position inne, d.h. ohne sie gäbe es keine Verbindung zum Forschungsprogramm. Darüber hinaus haben manche Betreuenden Brückenfunktionen, die jedoch nicht exklusiv sind, sodass die Gruppe über weitere Alteri an das Forschungsprogramm angebunden ist.

Betrachtet man nun im Vergleich das Publikations- und das Forschungsnetzwerk, so zeigen sich deutliche Unterschiede: Im Forschungsnetzwerk sind die Relationen insgesamt schwächer (Maximum von 5 im Fnw zu 24 im Pnw) und es sind deutlich mehr schwache als starke Relationen vorhanden. Im Forschungsnetzwerk finden sich weniger Relationen zwischen Mitgliedern des Forschungsprogramms als im Publikationsnetzwerk, während die Vernetzung mit Externen stärker ist. Andere Konstellationen sind in beiden Netzwerken unterschiedlich (z.B. sind Isolierte oder Alteri nicht identisch).

Die Gemeinsamkeiten beider Netzwerke – über die vorhandenen Egos und die individuellen Merkmale der Akteur/-innen hinaus – bestehen darin, dass

a)   sich die oben identifizierten stark vernetzten Gruppen in beiden Netzwerken finden;

b)   die Vernetzungen sowohl zwischen Mitgliedern des Forschungsprogramms wie auch zu Externen intensiv sind;

c)   die Betreuenden keine exklusive Brückenfunktion, jedoch eine sehr zentrale Position in der Verbundenheit von Gruppen mit dem Gesamtnetzwerk haben.

Die hier detailliert dargestellten Ergebnisse aus der egozentrierten sozialen Netzwerkanalyse zu Co-Autorschaften und Forschungskooperationen werden dahingehend betrachtet, inwieweit sie beide Forschungsfragen zur Netzwerkgestalt und Lernumfeld beantworten können und wie sie in Bezug zu den eingangs aufgeführten theoretischen Ansätzen des Sozialkapitals und des situierten Lernens interpretiert werden.

7   Zusammenfassung, Diskussion und Ausblick

Mit der Methode der egozentrierten sozialen Netzwerkanalyse kann das erworbene Sozialkapital und das wissenschaftliche Kapital anhand von gemeinsamen Publikationen und Forschungsprojekten erfasst und visualisiert werden. Die Analyse der Publikations- und Forschungsnetzwerke ehemaliger Doktorand/-inn/en zeigt, dass sich die Netzwerkgestalt im Hinblick auf individuelle Merkmale wie Geschlecht, Disziplin und beruflicher Status unterscheidet und verschiedene Typen des Lernumfelds existieren. Die Netzwerke derjenigen, die den Status von Professor/-inn/en erreicht haben, unterscheiden sich deutlich von den Statusgeringeren: Sie weisen sehr intensive Publikationsrelationen auf und ihre Forschungs- und Publikationsnetzwerke sind ähnlich groß. Dies könnte auf eine zeitliche Entwicklung hin zu breiteren peer-Kontakten in ihrer community of practice deuten. Ein Lehrer-Schüler-Modell mit starker Bindung zwischen Doktorand/-in und Betreuenden findet sich ebenso wie communities of practice, in denen Nachwuchswissenschaftler/-innen in eine Forschungsgruppe durch die erfahreneren Mitglieder der wissenschaftlichen Gemeinschaft integriert werden. Da die Ressourcenmobilisierung in persönlichen Netzwerken von individuellen Merkmalen abhängig sein kann, sollte die Homogenität der Alteri im Hinblick auf ihren Status und ihr wissenschaftliches Kapital zukünftig ausgewertet werden. Eine Vernetzung, die auf gemeinsam geteilten Forschungsinteressen beruht, könnte z.b. anhand der Disziplinzugehörigkeit analysiert werden. Folgt man dem Konzept des situierten Lernens, könnte man annehmen, dass durch den Austausch und die gesteigerte Lernkurve in communities of practice ein höherer „output" zu erwarten wäre als im Lehrer-Schüler-Modell. Eine detailliertere Auswertung müsste prüfen, ob sich die Egos je nach Lernumfeld in ihrer Anzahl und Vernetzung der wissenschaftlichen Aktivitäten unterscheiden. Eine weitere relevante Forschungsfrage wäre, ob der akademische Status verbessert werden kann, wenn schon in der Promotionsphase das Netzwerk breit angelegt und ausgebaut wird. Im weiteren Verlauf des Forschungsprojekts werden diese Hypothesen geprüft. Um den Prozess der Integration in die communities of practice genauer zu beleuchten, wird in qualitativen Befragungen die zeitliche Entwicklung bzw. aufeinander folgende Phasen der Netzwerkentwicklung mit Fokus auf den soziokulturellen Lernprozess analysiert.

Für die Wissenschaft als Berufsfeld können die Ergebnisse Anregungen geben: Bei der Ausbildung des wissenschaftlichen Nachwuchses sollte neben der fachlichen und methodischen Qualifizierung auch die Netzwerkbildung gefördert und die Vor- und Nachteile unterschiedlicher Lernumfelder bzw. Betreuungsverhältnisse bedacht werden. In der Bildungsforschung liefern umfangreiche quantitative Studien wie z.B. die PISA-Studie wertvolle Erkenntnisse für die Schulentwicklung. Ein zusätzlicher Fokus auf situiertes Lernen kann auch soziale Aspekte von Lernprozessen berücksichtigen, die in Gemeinschaften mit gleichen Interessen und wechselseitiger Unterstützung stattfinden.

Literatur

Allmendinger, J. & Podsiadlowski, A. (2001). Segregation in Organisationen und Arbeitsgruppen. In B. Heintz (Hrsg.), Geschlechtersoziologie. *Kölner Zeitschrift für Soziologie und Sozialpsychologie, Sonderheft 41* (S. 276–307). Opladen: Westdeutscher Verlag.

Billett, S. (2005). Being competent: The relational interdependence between individual and social agency in work life. In H. Gruber (Ed.), *Bridging individual, organisational, and cultural aspects of professional learning* (pp. 113–132). Regensburg: Roderer.

Bourdieu, P. (1983). Ökonomisches Kapital, kulturelles Kapital, soziales Kapital. In R. Kreckel (Hrsg.), *Soziale Ungleichheiten. Soziale Welt Sonderband* (S. 183–198). Göttingen: Schwartz.

Bourdieu, P. & Egger, S. (1998). Vom Gebrauch der Wissenschaft: Für eine klinische Soziologie des wissenschaftlichen Feldes. UVK *Soziologie*: Bd. 12. Konstanz: UVK

Brown, J. S. & Duguid, P. (1991). Organizational learning and communities-of-practice: Toward a unified view of working, learning, and innovation. *Organization Science, 2* (2), 40–57.

Bundesministerium für Bildung und Forschung (BMBF). (Hrsg.). (2008). *Bundesbericht zur Förderung des Wissenschaftlichen Nachwuchses* (BuWiN). Bonn: BMBF.

Diaz-Bone, R. (2006). Eine kurze Einführung in die sozialwissenschaftliche Netzwerkanalyse. *Mitteilungen aus dem Schwerpunktbereich Methodenlehre*: Bd. 57. Berlin: Freie Universität Berlin.

Diewald, M. (2007). Arbeitsmarktungleichheiten und die Verfügbarkeit von Sozialkapital. Die Rolle von Gratifikationen und Belastungen. In A. Franzen & M. Freitag (Hrsg.), Sozialkapital. Grundlagen und Anwendungen. *Kölner Zeitschrift für Soziologie und Sozialpsychologie*, Sonderheft 47 (S. 183–210). Wiesbaden: VS Verlag für Sozialwissenschaften.

Granovetter, M. S. (1973). The strength of weak ties. *American Journal of Sociology, 78* (6), 1360–1380.

Hanneman, R. A. & Riddle, M. (2005). Introduction to social network methods. Riverside, CA: *University of California*, Riverside. Verfügbar unter: http://faculty.ucr.edu/~hanneman/ nettext/ [25.08.2011].

Hollstein, B. (2007). Sozialkapital und Statuspassagen: Die Rolle von institutionellen Gatekeepern bei der Aktivierung von Netzwerkressourcen. In J. Lüdicke & M. Diewald (Hrsg.), *Soziale Netzwerke und soziale Ungleichheit. Zur Rolle von Sozialkapital in modernen Gesellschaften* (S. 53–83). Wiesbaden: VS Verlag für Sozialwissenschaften.

Jansen, D. (2006). *Einführung in die Netzwerkanalyse: Grundlagen, Methoden, Forschungsbeispiele*. Wiesbaden: VS Verlag für Sozialwissenschaften.

Lave, J. & Wenger, E. (1991). *Situated learning: Legitimate peripheral participation.* Cambridge: University of Cambridge Press.

Li, P., Xi, Y. & Yao, X. (2008). Where does help come from: A case study of network analysis in an academic group? *Connections, 28* (1), 73–87.

Röbken, H. (2009). Karrierepfade von Nachwuchswissenschaftlern in der Erziehungswissenschaft. *Zeitschrift für Pädagogik, 55* (3), 430–451.

Schmidt, B. & Weishaupt, H. (2008). Forschung und wissenschaftlicher Nachwuchs. In K.-J. Tillmann, T. Rauschenbach & R. Tippelt (Hrsg.), *Datenreport Erziehungswissenschaft 2008* (S. 113–138). Opladen: Verlag Barbara Budrich.

Weishaupt, H., Kraul, M., Böhm-Kasper, C., Schulzeck, U. & Zügenrücker, I. (2008). *Zur Situation der Bildungsforschung in Deutschland*. Bonn: BMBF.

Wenger, E. (1998). Communities of practice. Learning as a social system. *Systems Thinker, 9* (5), 1–5.

Sabrina Kulin

Netzwerke von Instrumentallehrkräften – Eine Untersuchung im Rahmen des Programms „Jedem Kind ein Instrument"

1   Einleitung

In der Forschungsliteratur zum Thema ‚Kooperation' wird unterstützenden und koordinierenden Institutionen eine bedeutende Rolle zugesprochen. Durch die Vernetzung von Kooperationsbeteiligten und den zugehörigen Institutionen können Ressourcen entstehen, die zur Zielerreichung von Kooperationsvorhaben beitragen. Allerdings ist es nicht nur relevant, *ob* ein Akteur vernetzt ist, sondern auch, *wie* er diese Beziehungen wahrnimmt und realisiert (vgl. Bruns, in diesem Band).

Das Ziel dieses Beitrags ist, durch Maße der egozentrierten Netzwerkanalyse wahrgenommene Unterstützungspotenziale von Institutionen auf ihre Qualität hin zu interpretieren. Hierzu werden anhand des Programms *Jedem Kind ein Instrument* (JeKi) Schulen mit außerschulischen Kooperationspartnern exemplarisch vorgestellt und die Bedeutung der egozentrierten Netzwerke in diesem Kontext dargestellt. Vor allem die Beziehungsstärke und Vielschichtigkeit der Beziehungen (Multiplexität) lassen das Ausmaß von Unterstützung erkennen, die im Rahmen dieser Kooperationen von den beteiligten Institutionen geboten wird.

2   Hintergrund

2.1   Außerschulische Kooperationspartner und Schulnetzwerke

Kooperation meint im Allgemeinen „eine Arbeitsform, bei der mehrere Personen an einer gemeinsamen Aufgabe arbeiten" (Fussangel, 2008, S. 6). Gerade im Schulkontext soll sie dazu beitragen, Innovationen oder Reformanforderungen gerecht zu werden. Hierzu gehören zum Beispiel der Ausbau von Ganztagsschulen und die damit verbundene Organisation einer verlängerten Unterrichtszeit, bei der durch die Zusammenarbeit mit außerschulischen Kooperationspartnern umfassende Bildungs- und Erziehungsziele durch den Einbezug weiterer lebensweltlicher Bereiche der Schülerinnen und Schüler in den Schulalltag erreicht werden sollen (Holtappels, Klieme, Rauschenbach & Stecher, 2007). Des Weiteren werden in Schulnetzwerken beispielsweise Konzepte zur individuellen Förderung (Killus, 2008) oder zur *Steigerung der Effizienz des mathematisch-naturwissenschaftlichen Unterrichts* (SINUS) (Krebs & Prenzel, 2008) entwickelt. Im Ursprung bedeuten die Begriffe der Kooperation und des Netzwerks verschiedene Dinge. Während es sich bei der Kooperation um eine direkte und konkret stattfindende Zusammenarbeit handelt (Fussangel, 2008), stellt ein Netzwerk die Verbundenheit zu anderen Akteuren dar (Jansen, 2000) und bietet somit das Potenzial für Kooperation (Killus, 2008). Da es bei Schulnetzwerken aber auch zu einer konkreten Zusammenarbeit mit einem gesetzten Ziel kommt, können die Begriffe an dieser Stelle nicht eindeutig voneinander abgegrenzt werden. Die mit Kooperation und Schulnetzwerken verbundenen Ziele sind in der Bündelung von Kompetenzen verschiedener Personen und Organisationen sowie in der Ermöglichung von Synergieeffekten durch gemeinsame Projekte zu sehen (Helms, 2002). Der Wissensaustausch, die Weiterentwicklung vorhandener Best Practices, Lern- und Veränderungsprozesse, Schulprogrammentwicklung, Professionalisierung der Lehrkräfte und letztendlich auch Unterrichts- und Schulentwicklung stellen weitere Ziele dar (u.a. Czerwanski, Hameyer & Rolff, 2002).

In der Literatur werden Einflussgrößen benannt, die mit dem Gelingen im Sinne der Zielerreichung eines Kooperationsvorhabens in Zusammenhang stehen. Hierzu zählen zum Beispiel die Innovationsbereitschaft der Beteiligten (Halbheer & Kunz, 2009) oder finanzielle Ressourcen (Maag Merki, 2009).

Als zentrales Merkmal der beschriebenen bzw. untersuchten Netzwerke wurde die tragende Rolle einer unterstützenden und koordinierenden Instanz identifiziert. Diese Koordination kann durch ganz unterschiedliche Akteure übernommen werden. Zum Beispiel kann in einem Netzwerk von mehreren Schulen ein Koordinator ausgewählt werden, der selber dem Netzwerk angehört (Leser &Vock, 2009), oder die Koordination und Unterstützung wird von externen Akteuren übernommen (vgl. Bensmann, in diesem Band; Otto, Sendzik & Bos, 2011). Unabhängig von der Koordination werden bei der Kooperation von zwei oder mehreren Organisationen dem Management dieser Beziehung vier Funktionen zugesprochen (Sydow & Windeler, 1994), und zwar die *Selektion* im Sinne der Netzwerkzusammenstellung und der möglichst einfachen Übertragung von Ressourcen, die *Regulation* der Beziehung durch die Implementation von Informationssystemen o.ä., die *Allokation* im Sinne der Verteilung von Aufgaben und Wissen sowie die *Evaluation* im Sinne der netzwerkbezogenen Kosten- und Nutzenrechnung. Otto et al. (2011) haben diese vier Funktionen auf den Bildungsbereich übertragen und im Rahmen ihrer Untersuchung durch die Beschreibung von beziehungsspezifischen Aufgaben sowie querschnittlichen Tätigkeiten (Veranstaltungsmanagement und Öffentlichkeitsarbeit) ergänzt.

2.2 Instrumentallehrkräfte als außerschulische Kooperationspartner: Das Programm Jedem Kind ein Instrument (JeKi)

Während sich in der Vergangenheit die Zusammenarbeit mit außerschulischen Kooperationspartnern vor allem auf Einrichtungen der Jugendhilfe, der Polizei oder ähnlichen Institutionen (vgl. Behr-Heintze & Lipski, 2005) bezog, etablieren sich mittlerweile auch Musikschulen als feste außerschulische Kooperationspartner (z.B. Bähr, 2001; Helms, 2002; Meyer-Clemens, 2007; Schulten & Lothwesen, 2009). Ein Beispiel dafür ist das Programm JeKi, welches sowohl in Nordrhein-Westfalen als auch in Hamburg großflächig an Grundschulen implementiert ist. Es handelt sich um ein musikalisches Angebot, das zusätzlich zum normalen Musikunterricht einmal in der Woche in den Räumlichkeiten der Grundschule stattfindet. Im ersten JeKi-Jahr findet bei allen Grundschulkindern in ganzen oder halben Klassen eine Grundmusikalisierung statt. In den darauf folgenden JeKi-Jahren haben sie dann die Möglichkeit, in Kleingruppen ein Instrument der eigenen

Wahl zu erlernen. Darüber hinaus finden Aufführungen in Ensembles statt (vgl. Stiftung Jedem Kind ein Instrument, 2007; Landesinstitut für Lehrerbildung und Schulentwicklung Hamburg, 2009). Im Rahmen von JeKi kooperieren vornehmlich Grundschulen zum einen mit der JeKi-Stiftung (Nordrhein-Westfalen) bzw. mit der Projektgruppe JeKi des Landesinstituts (Hamburg).

Zwischen den Bundesländern gibt es einige organisatorische Unterschiede. In Nordrhein-Westfalen beginnt das Programm im zweiten und in Hamburg im ersten Schuljahr. Darüber hinaus ist die Teilnahme ab dem zweiten JeKi-Jahr in Nordrhein-Westfalen kostenpflichtig, und nicht alle Kinder einer Klasse nehmen am Instrumentalspiel teil, während es in Hamburg kostenfrei und für alle Kinder einer Schule, die an JeKi teilnimmt, verbindlich ist. Das Ziel, Kinder aus sozial benachteiligten Familien bzw. Stadtteilen zu fördern, indem Schülerinnen und Schüler aus Elternhäusern mit schwachem soziokulturellen und -ökonomischen Hintergrund einen Zugang zu einem Instrument erhalten und an musischer bzw. kultureller Bildung partizipieren (vgl. Stiftung Jedem Kind ein Instrument, 2007; Landesinstitut für Lehrerbildung und Schulentwicklung Hamburg, 2009), ist in beiden Bundesländern ähnlich.

Die Grundlage für die Umsetzung von JeKi bildet die Zusammenarbeit zwischen den beteiligten Grundschulen und außerschulischen Instrumentallehrkräften, die in der Regel einer Musikschule angehören. Dies entspricht der bereits dargestellten vermehrten Zusammenarbeit von Schulen mit außerschulischen Kooperationspartnern, bei der die notwendigen Ressourcen zur Umsetzung des Programms nicht am eigenen Ort – der Schule – vorhanden sind. Die allgemeine Definition von Kooperation spiegelt sich im Kooperationsansatz des JeKi-Konzepts wider: So ist im ersten JeKi-Jahr ein Tandemunterricht zwischen der Grundschul- und Instrumentallehrkraft vorgesehen, in dem den Kindern verschiedene Instrumente vorgestellt werden. Die Ressourcen werden an dieser Stelle geteilt, um den Kindern zu ermöglichen, ein Instrument zu erlernen: Die Instrumentallehrkraft kann unter anderem ihr Wissen über die Instrumente einbringen und die Grundschullehrkraft ihre pädagogische Kompetenz im Umgang mit Klassenverbänden. In diesem ersten JeKi-Jahr (Hamburg: Klasse 2; Nordrhein-Westfalen: Klasse 1) handelt es sich um eine direkte, sich zwischen zwei Personen manifestierende Zusammenarbeit. In den folgenden JeKi-Jahren (in Hamburg sind dies die dritte und vierte Klasse, in Nordrhein-Westfalen die zweite bis vierte Klasse) ändert sich die Form der Kooperation: Eine Instrumentallehrkraft führt den JeKi-Unterricht alleine in Kleingruppen in den Räumlichkeiten der Grundschule durch (vgl. Beckers & Beckers, 2008; Stiftung Jedem Kind ein Instrument, 2007; Landesinstitut für Lehrerbildung und Schulentwicklung Hamburg, 2009). Diese Form der Kooperation wird als eine *Interorganisationsbeziehung* bezeichnet (Sydow & Windeler, 1994).

Zum Verständnis der Kooperationen im Rahmen der strukturell zwischen den Bundesländern unterschiedlichen JeKi-Programme ist es wichtig zu berücksichtigen, dass bei JeKi zwei Institutionen miteinander arbeiten, die in ihren originären Aufgabengebieten sehr verschiedene Zielsetzungen verfolgen. Während es an den Grundschulen und im JeKi-Konzept vor allem um eine Breitenbildung geht, steht beispielsweise in Musikschulen vor allem die Musikausbildung und Begabtenförderung, zumeist im Einzelunterricht, im Vordergrund (vgl. Meyer-Clemens, 2007). Damit geht einher, dass die beteiligten

Akteure aus den Grundschulen und die Instrumentallehrkräfte aus den Musikschulen ganz unterschiedliche Erfahrungen im Umgang mit Kindern in Klassenverbänden bzw. im Einzelunterricht haben. Aber auch situativ stellt der JeKi-Unterricht eine Besonderheit für die Instrumentallehrkräfte dar: In der Regel erfolgt der JeKi-Unterricht außerhalb der Musikschule und somit arbeiten sie außerhalb ihres gewohnten Umfelds. Durch die JeKi-Konzeption erschließt sich für die Instrumentallehrkräfte eine neue Zielgruppe im neuen Kontext. Insgesamt stehen sie damit vor neuen Herausforderungen, und zwar auch – bedingt durch die neue Zielgruppe, die Gruppengröße und die JeKi-Programmatik – in methodischer und didaktischer Hinsicht (vgl. Beckers & Beckers, 2008).

Um diesen neuen Herausforderungen gerecht zu werden, wurden JeKi-unterstützende Einrichtungen implementiert. In Hamburg entstand die Projektgruppe JeKi des Landesinstituts für Lehrerbildung und Schulentwicklung (LI) und in Nordrhein-Westfalen die JeKi-Stiftung (vgl. Landesinstitut für Lehrerbildung und Schulentwicklung Hamburg, 2009; Stiftung Jedem Kind ein Instrument, 2007). Sie distribuieren den Einsatz der Instrumentallehrkräfte an die Schulen, gestalten die Verträge mit den Instrumentallehrkräften, stellen Unterrichtsmaterial bereit, organisieren Informationstage, Workshops und geben Rückmeldungen zu der Umsetzung des Programms. Zudem stehen sie als Ansprechpartner bei Fragen und Problemen zur Verfügung. Aber nicht nur die JeKi-unterstützenden Institutionen bieten den Instrumentallehrkräften Hilfe. Auch der Austausch der Instrumentallehrkräfte untereinander stellt eine Unterstützung dar (Beckers & Beckers, 2008).

2.3   Netzwerke von Instrumentallehrkräften

Für JeKi-Instrumentallehrkräfte stellen die Instrumentallehrkräfte der Grundschulen, die ebenfalls JeKi unterrichten, und die JeKi-unterstützenden Institutionen wichtige Hilfen dar. Aus der Perspektive von Theorien des Sozialkapitals wird diese Form der sozialen Kontakte allgemein als potenzieller Zugang zu Ressourcen verstanden (vgl. Bourdieu, 2010). Coleman (1991, S. 392) spezifiziert dies durch die Verwendung des Begriffs der *Sozio-Strukturellen Ressourcen* und konstatiert die Möglichkeit, durch Sozialkapital neue Fähig- und Fertigkeiten zu erlangen. Hierzu gehört beispielsweise, durch Informationen oder Rat die eigenen Handlungsmöglichkeiten zu erweitern (Jansen, 2000) oder durch gemeinsamen Austausch die eigene Professionalisierung weiterzuentwickeln (Rehrl & Gruber, 2007).

Die Beschreibung der Beziehungen, die den Zugang zu diesen Ressourcen ermöglichen, oder wie Rehrl und Gruber (2007, S. 245) es ausdrücken: „was mit wem auf welche Weise und mit welcher Relevanz ausgetauscht wird, bilde[t] damit methodisch den kulturellen Kontext ab". Die egozentrierte Netzwerkanalyse bietet die Möglichkeit, den Kontext aus der Sicht eines einzelnen Akteurs zu erforschen. Maße der egozentrierten Netzwerkdaten (siehe hierzu detailliert Herz, in diesem Band) erlauben eine Interpretation der Netzwerkmaße, woraus sich Implikationen für zum Beispiel lernförderliche oder -hemmende Faktoren ableiten lassen. Ein persönliches Netzwerk gilt beispielsweise vor allem dann als besonders effizient, wenn die Alteri (also die jeweils anderen) möglichst heterogene Eigenschaften aufweisen (*Heterogenität*); für eine hohe Qualität der Beziehung spricht wiederum die Häufigkeit der Kontexte, in denen Ego (der zentral betrachtete

Akteur) zu einem Alteri Kontakt hat (*Multiplexität*) (Rehrl & Gruber, 2007). Eine hohe Multiplexität in einem Netzwerk bedeutet, „dass die Akteure auf ein hohes Unterstützungspotential zugreifen können, aber auch, dass sie einer hohen sozialen Kontrolle unterliegen" (Jansen, 2000, S. 214). Bei einer geringen Multiplexität ist der Transport von Informationen anfälliger (Jansen, 2000). Als Maße für die *Beziehungsstärke* gelten beispielsweise die emotionale Verbundenheit oder Kontakthäufigkeit (Wolf, 2006). Avenarius (2010) fasst zusammen, dass besonders starke Beziehungen einen hohen Wissenstransfer ermöglichen, während schwache Beziehungen wiederum eine weitgestreute Suche nach Informationen veranlassen.

3 Forschungsfragen und Studiendesign

3.1 Forschungsfragen

Wie bereits beschrieben wurde, stellt die Tätigkeit an der Grundschule ein neues Aufgabengebiet für die Instrumentallehrkräfte dar. Dabei erhalten sie Unterstützung von externen Institutionen, aber auch durch den Kontakt zu anderen Instrumentallehrkräften. Diese Unterstützung wird als soziales Kapital interpretiert, da angenommen wird, dass die Instrumentallehrkräfte dadurch ihre Handlungsmöglichkeiten und Kompetenzen erweitern. Dieses Sozialkapital im Sinne unterstützender Beziehungen steht bei folgenden Forschungsfragen im Zentrum:

1. Wie lassen sich die Beziehungen zu den JeKi-unterstützenden Institutionen und den anderen Instrumentallehrkräften in ihrer Beziehungsstärke beschreiben?

2. Wie lassen sich die Beziehungen zu den JeKi-unterstützenden Institutionen und den anderen Instrumentallehrkräften in Bezug auf ihre Multiplexität beschreiben?

3.2 Studiendesign

Seit 2009 werden durch das Bundesministerium für Bildung und Forschung (BMBF) im Rahmen des Programms „Empirische Bildungsforschung" insgesamt 13 Studien im Kontext von JeKi gefördert. Eine dieser Studien ist die *Studie zum Instrumentalunterricht in Grundschulen* (SIGrun). Dabei handelt es sich um ein Kooperationsprojekt zwischen den Universitäten Bremen (Institut für Musikwissenschaft und Musikpädagogik) und Hamburg (Fachbereich Erziehungswissenschaft 1: Allgemeine, Interkulturelle und International Vergleichende Erziehungswissenschaft) unter Gesamtprojektleitung von Prof. Dr. Andreas Lehmann-Wermser (Universität Bremen). SIGrun nimmt in vier Teilprojekten unterschiedliche Aspekte von JeKi in den Blick; die Teilprojektleitungen erfolgen an der Universität Bremen durch Prof. Dr. Veronika Busch und Prof. Dr. Andreas Lehmann-Wermser sowie an der Universität Hamburg durch Prof. Dr. Knut Schwippert. Bei SIGrun handelt es sich um eine Längsschnittuntersuchung von vier Jahren (2009–2012), in der Schülerinnen und Schüler, deren Eltern, ihre Schulleitungen sowie JeKi- und Grundschullehrkräfte vom ersten bis zum vierten Grundschuljahr wissenschaftlich begleitet werden. Abbildung 1 fasst das Untersuchungsdesign und die verwendeten Instrumente zusammen.

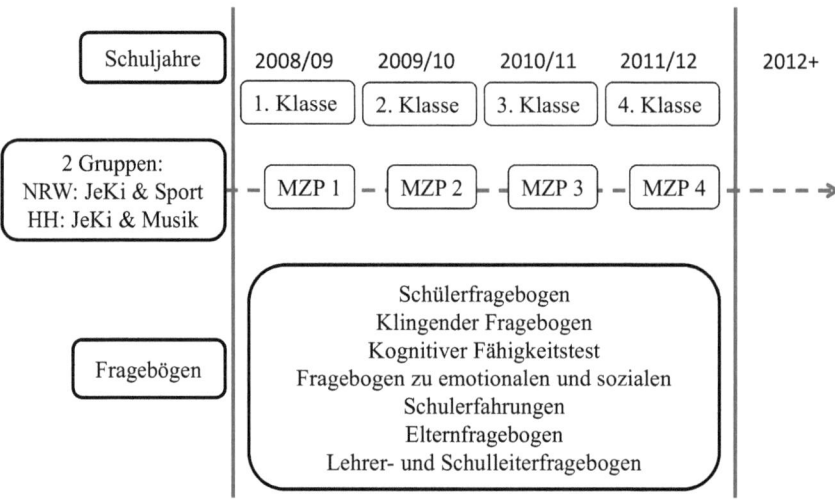

Abbildung 1:   Längsschnittliches quantitatives Design der Studie SIGrun und verwen-
                dete Instrumente, © SIGrun

Die Gesamtstichprobe besteht aus vier Gruppen: Zum einen gehören hierzu die JeKi-
Schulen in Hamburg und Nordrhein-Westfalen. Zum anderen gelten als Vergleichsgruppen sowohl Grundschulen mit bereits langjähriger Aktivität in der musikalischen Förderung, die aber nicht am JeKi-Programm beteiligt sind, als auch Schulen mit sportlichem
Förderschwerpunkt, die im Rahmen des Projekts „Bewegungsfreudige Schule" ausgezeichnet wurden. Anhand einer ortsbezogenen und alphabetisch sortierten Liste wurde
die Stichprobe der JeKi-Schulen zufällig ermittelt. Bei den beiden Vergleichsgruppen
handelt es sich um Convenience-Stichproben (Schulte, Lehmann-Wermser, Nonte &
Schwippert, 2010). Die Stichprobenzusammensetzung vom ersten bis zum dritten Messzeitpunkt ist Tabelle 1 zu entnehmen.
    In den drei SIGrun-Teilprojekten werden die kulturelle Teilhabe, der Transfer des
Musikunterrichts auf andere Schülermerkmale sowie die musikalische Präferenzentwick-
lung der Kinder untersucht. Das SIGrun-Teilprojekt *Kooperation* fokussiert die Ebene
der Lehrkräfte und nimmt die Umsetzung von JeKi an den verschiedenen Schulen sowie
die dort vorhandenen Rahmenbedingungen und Merkmale der Zusammenarbeit in den
Blick (vgl. Kulin & Özdemir, 2011). Hierbei werden die Lehrkräfte mit einem standardisierten Fragebogen befragt. Dieser enthält Skalen zu den Bereichen allgemeine Hinter-
grundmerkmale (bspw. Anzahl und Art der Fortbildungen), individuelle Merkmale
(bspw. Selbstwirksamkeit, Quellenberg, 2009), Schulmerkmale (bspw. Integration außerschulischer Kooperationspartner, Ditton, Arnoldt & Bornemann, o.J.) und Koopera-
tionsmerkmale (bspw. Aspekte pädagogischer Kooperation, vgl. Quellenberg, 2009). Zur
Operationalisierung der Beziehungen und ihrer Merkmale der an JeKi Beteiligten enthielt

der Fragebogen zudem Fragen zur Kooperation, die im Rahmen einer quantitativen egozentrierten Netzwerkanalyse ausgewertet werden.

Tabelle 1: Stichprobe vom ersten bis zum dritten Messzeitpunkt

	Messzeitpunkt 1	Messzeitpunkt 2	Messzeitpunkt 3
Schülerinnen und Schüler	1143	1234	1177
Eltern	914	761	735
Grundschullehrkräfte[1]	141	110	102
Instrumentallehrkräfte[2]	17	33	27

Die Datenerfassung der Beziehungen zwischen den Akteuren erfolgte mit sogenannten *Positionsgeneratoren* (Lin, 2002). „Bei dieser Methode wird den Befragten eine Liste mit sozial bedeutsamen Positionen vorgelegt – zum Beispiel Berufe […] – und sie sollen angeben, ob sie Personen kennen, die diese entsprechende Position innehaben. Auf der Grundlage dieser Angaben kann die Reichweite eines Netzwerks bzw. der Zugang zu gesellschaftlichen Positionen bestimmt werden" (Wolf, 2006, S. 252).

In SIGrun erfolgte die Festlegung der Positionen auf Grund der Rolle von Personengruppen, die sich im JeKi-Kontext finden lassen. Neben einer offenen Kategorie wurden folgende Gruppen auf Basis der JeKi-Konzeption festgelegt und zur Beantwortung für verschiedene Beziehungsdimensionen zur Verfügung gestellt:

- Schulleitung (auch Stellvertretung),
- Musiklehrkräfte der Grundschule,
- andere Lehrkräfte der Grundschule,
- Lehrkräfte anderer Schulen,[3]
- außerschulische Instrumentallehrkräfte, die JeKi unterrichten,
- unterstützende Institutionen (JeKi-Stiftung, Projektgruppe JeKi).

3   Ergebnisse

Im Rahmen der Analysen im Kontext von Kooperation stehen folgende Aspekte im Zentrum der Auswertung: *Erhalten von wichtigen Informationen für die Arbeit, Ratsuche bei Motivationsschwierigkeiten in der Klasse, Sprechen über für die Arbeit als wichtig*

---

1   Hierbei handelt es sich um die Grundschullehrkräfte an den JeKi- sowie den Vergleichsschulen.
2   Hierbei handelt es sich um außerschulische Lehrkräfte, die im Rahmen von musikalischen Förderschwerpunkten an Grundschulen unterrichten. Im Folgenden wird nur auf die Instrumentallehrkräfte an JeKi-Schulen eingegangen.
3   Lehrkräfte anderer Schulen gehören zwar nicht explizit zu den an JeKi beteiligten Gruppen; da sie jedoch zum zweiten Messzeitpunkt in der offenen Antwortkategorie genannt wurden, wurden sie im Folgejahr im Sinne der Informationserweiterung – auch für Sekundäranalysen – in den Fragebogen mit aufgenommen.

empfundene Dinge, Austausch von Unterrichtsmaterial, Reflexion methodischer und didaktischer Fragen sowie *Austausch, um das eigene methodische und didaktische Repertoire zu erweitern.* Sie fokussieren die Vernetzung der Instrumentallehrkräfte mit den JeKi-unterstützenden Institutionen und mit Instrumentallehrkräften, die ebenfalls JeKi unterrichten. Somit beziehen sich die Auswertungen, welche auf den dritten Messzeitpunkt zurückgehen, auf die Sicht der Instrumentallehrkräfte. Für die Analysen stehen *n*=19 Fälle zur Verfügung, da von sechs Instrumentallehrkräften keine Daten zur Netzwerkanalyse vorliegen. Die Vergleichsgruppen (Sportschulen in Nordrhein-Westfalen und Grundschulen mit musikalischer Prägung in Hamburg) sind von diesen Analysen zunächst ausgenommen.

Wie lassen sich die Beziehungen zu den JeKi-unterstützenden Institutionen und den anderen Instrumentallehrkräften in ihrer Beziehungsstärke beschreiben?

Die Beziehungsstärke wurde anhand der Kontakthäufigkeit zu den verschiedenen Positionen ermittelt. Um die Intensität der Beziehungen zu verdeutlichen, werden die Ergebnisse anhand einer Netzwerkkarte dargestellt, die mit einer Software für egozentrierte Netzwerkdaten (VennMaker) erstellt wurde (vgl. Gamper & Kronenwett, in diesem Band). Die Darstellung (Abbildung 2) ist wie folgt zu lesen: die mittlere Spirale steht für das Ego, in diesem Fall für die Instrumentallehrkräfte, deren Aussagen aggregiert wurden. Die Außenkreise stehen für die Ausprägungen der Ratingskala *(5=ein- oder mehrmals im Monat, 4=ein- oder mehrmals in 3 Monaten, 3=ein- oder mehrmals in 6 Monaten, 2=seltener, 1=nie).* Die verbale Etikettierung der Ausprägungen ist auf ordinalem Skalenniveau einzustufen, und somit wird als Lagemaß für die Angaben der Median angegeben. Während die Vierecke für die anderen Instrumentallehrkräfte stehen, repräsentieren die Kreise die JeKi-unterstützenden Institutionen. Je näher ein Kreis dem schwarzen Punkt in der Mitte ist, desto stärker ist die Beziehung in dem jeweiligen Kontext zu interpretieren.

Die Beziehungsstärke zu den JeKi-unterstützenden Institutionen kann – im Gegensatz zu den Beziehungen zu den anderen Instrumentallehrkräften – als eher schwach eingestuft werden. Mehrmals in sechs Monaten, aber seltener als mehrmals in drei Monaten, erhalten die Instrumentallehrkräfte von jenen wichtige Informationen für ihre Arbeit. Bei den anderen Beziehungsdimensionen besteht der Kontakt seltener als ein- oder mehrmals in sechs Monaten.

Während es sich bei dem Erhalten von wichtigen Informationen für die Arbeit um eine einseitige Relation handelt, geht es bei dem Sprechen über für die Arbeit als wichtig empfundene Dinge um eine wechselseitige Beziehung. Diese ist zwischen den Instrumentallehrkräften sehr stark ausgeprägt. Ebenfalls als eine eher starke Relation lässt sich bei dem Erhalten von wichtigen Informationen für die Arbeit, der Ratfrage bei Motivationsschwierigkeiten in der Klasse, dem Austausch von Unterrichtsmaterial und der Reflexion methodischer und didaktischer Fragen erkennen. Lediglich bei der Nachfrage, um das eigene methodische und didaktische Repertoire zu erweitern, lässt sich eine schwächere Beziehung ablesen.

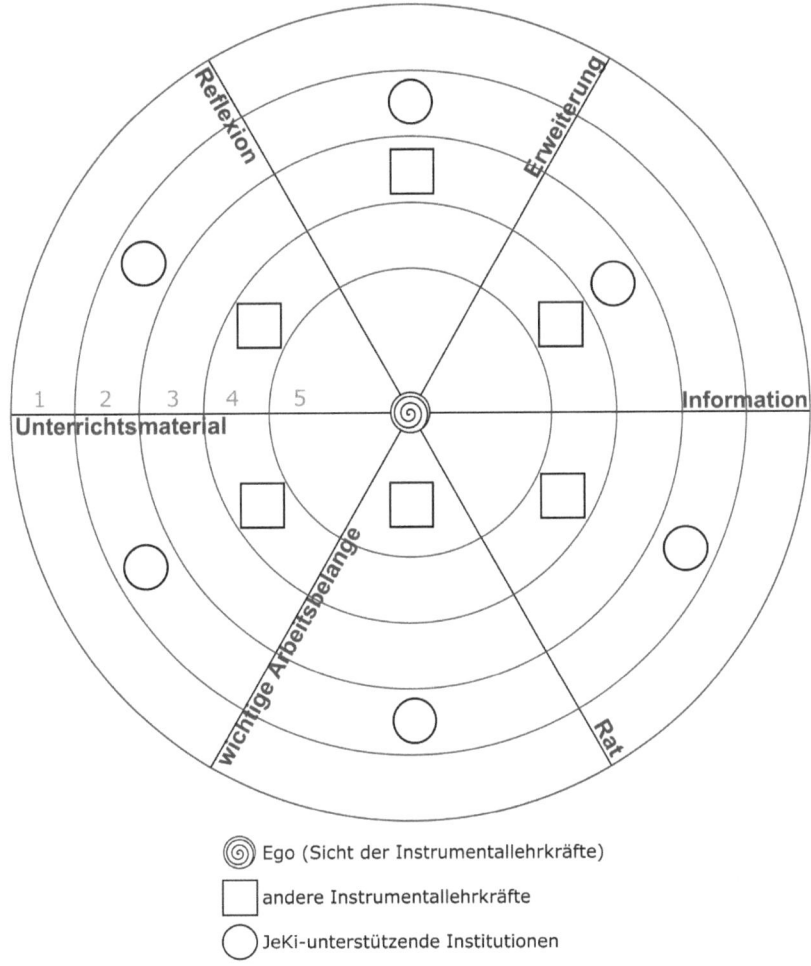

Abbildung 2:   Beziehungsstärke der Beziehung von Instrumentallehrkräften zu JeKi-
               unterstützenden Institutionen und anderen Instrumentallehrkräften, die im
               JeKi-Kontext arbeiten

Anmerkung: Median der Angaben aus Sicht der Instrumentallehrkräfte (*n*=19), *5=ein- oder mehrmals
im Monat, 4=ein- oder mehrmals in 3 Monaten, 3=ein- oder mehrmals in sechs Monaten, 2=seltener,
1=nie.*

Auf Grund dieser Analyse lässt sich festhalten, dass die Instrumentallehrkräfte die unterstützenden Institutionen, denen in der Forschung allgemein und auch im JeKi-Kontext
eine besondere Bedeutung zugesprochen wird, als Ressource nutzen. Es handelt sich
dabei aber um eine schwache Beziehung, wobei der Begriff der schwachen Beziehung
wertneutral zu verstehen ist. Wie bereits erwähnt wurde, ermöglichen schwache Beziehungen beispielsweise den Zugang zu breiter gestreuten Informationen. Zudem gelten sie

als Ressource, die vor allem dann genutzt werden kann, wenn ein konkreter Bedarf besteht. Wenn die JeKi-Stiftung oder die Projektgruppe JeKi Workshops durchführen oder gemeinsame Treffen organisieren, eröffnen diese damit – auch wenn die Häufigkeit dieser geringer ist als der Austausch der Instrumentallehrkräfte untereinander – den Zugang zu Wissensbeständen, der bei den Instrumentallehrkräften erweiterte Handlungsmöglichkeiten erwirkt. Hierzu gehören beispielsweise zur Verfügung gestellte Unterrichtsmaterialien. Außerdem bieten sie die Möglichkeit, die eigene Fach- und Lehrkompetenz auszubauen. Dies belegen zum Beispiel angebotene Workshops wie „Nun mach schon – Umgang mit Wahrnehmungs- und Verhaltensstörungen im Unterricht" oder „JeKi in concert – Hilfestellung für die Beschallung, audiotechnische Unterstützung von Auftritten und Mitschnitten von Konzerten" (Stiftung Jedem Kind ein Instrument, 2007). Während es sich bei der Beziehung zu methodischen und didaktischen Inhalten zu den JeKi-unterstützenden Institutionen eher um eine Input-Beziehung handelt, scheint durch die starke Beziehung der Ratsuche bei Motivationsproblemen in der Klasse oder der gemeinsamen Reflexion zwischen den Instrumentallehrkräften auch gemeinsam neues Wissen konstruiert zu werden (Fussangel, 2008).

Die Multiplexität lässt sich im Sinne des Zusammenhalts, aber auch der Qualität einer Beziehung interpretieren, und zwar unabhängig von ihrer Beziehungsstärke. So wird die Unterstützung, die ein Ego erhält, auch unabhängig von der Häufigkeit betrachtet. Daher wird auf diese im Folgenden näher eingegangen.

Wie lassen sich die Beziehungen zu den JeKi-unterstützenden Institutionen und den anderen Instrumentallehrkräften in Bezug auf ihre Multiplexität beschreiben?

Zur Beantwortung dieser Frage wurden die Variablen, zu denen die Daten der Ausprägungen in den sechs verschiedenen Beziehungsdimensionen vorlagen, dichotomisiert, so dass der Wert 1 die Bedeutung trug, dass in dieser Hinsicht Kontakt besteht und der Wert 0 das Gegenteil bedeutete. Somit konnte zunächst pro Fall die Anzahl der realisierten Beziehungsdimensionen aufsummiert werden. Daraufhin wurde das Maß der Multiplexität gebildet (siehe Herz, in diesem Band), indem die Anzahl der multiplexen Beziehungen durch die Anzahl der möglichen multiplexen Beziehungen dividiert wurde. Der theoretische Wert, ab dem eine Beziehung als multiplex interpretiert wird, ist aus Forscherperspektive zu definieren und liegt in der Regel bei dem Wert 2 (Jansen, 2000). Einige der bereits genannten Beziehungsdimensionen könnten sich überschneiden; so kann zum Beispiel im Rahmen der gemeinsamen Reflexion auch pädagogischer Rat bei Motivationsschwierigkeiten eingeholt werden. Daher wurde der Schwellenwert bei mindestens drei realisierten Beziehungsdimensionen festgelegt. Betrachtet man die mittleren Werte der Multiplexität, ergibt sich für beide Positionen kein nennenswerter Unterschied. Im Kontakt zu den JeKi-unterstützenden Institutionen beträgt dieser *multiplex*=.93 und bei dem Kontakt zu anderen Instrumentallehrkräften *multiplex*=.96. Allerdings unterscheidet sich die Anzahl der Befragten, die zu diesen Positionen eine multiplexe Beziehung haben: Bei der ersten Position handelt es sich um 12, bei der letzten um 17 Befragte. Es ist aber festzuhalten, dass wenn eine multiplexe Beziehung zu beobachten ist, diese sehr stark ist – das Maß kann einen Wert von 0–1 annehmen, wobei der Wert 1 bedeutet, dass in allen möglichen Kontexten eine Beziehung zu einem bestimmten Akteur besteht. Der Befund lässt also eine hohe Qualität der Beziehung und somit auch ein hohes Unterstützungspotenzial, das die Instrumentallehrkräfte nutzen, interpretieren. Tabelle 2 gibt einen Überblick über die mittleren Anzahlen der realisierten Beziehungsdimensionen sowie den mittleren Wert der Multiplexität.

Tabelle 2: Anzahl der realisierten von sechs erfragten Beziehungsdimensionen zu den JeKi-unterstützenden Institutionen und zu anderen Instrumentallehrkräften aus Sicht der Instrumentallehrkräfte

	realisierte Beziehungsdimensionen zu anderen Instrumentallehrkräften	Multiplexitätswert zu anderen Instrumentallehrkräften	realisierte Beziehungsdimensionen zu JeKi-unterstützenden Institutionen	Multiplexitätswert der Kontakte zu JeKi-unterstützenden Institutionen
Mittelwert	5.31	.96	4.00	.93
Minimum	1	.67	0	.67
Maximum	6	1	6	1
n	19	17	18	12

5   Ausblick

Die vorliegenden Befunde zeigen, dass den Instrumentallehrkräften sozio-strukturelle Ressourcen zur Verfügung stehen, die sie auf verschiedene Art und Weise nutzen. Auch wenn die Beziehungsstärke zu den JeKi-unterstützenden Institutionen nominell schwächer ist als die zu anderen Instrumentallehrkräften, die ebenfalls JeKi unterrichten, konnte durch die weitere Betrachtung der Multiplexität gezeigt werden, dass dem Unterstützungspotenzial durch beide eine vergleichbar hohe Bedeutung zugeordnet werden kann.

Die egozentrierte Netzwerkanalyse konnte an dieser Stelle einen Beitrag dazu leisten, die Beziehungen außerschulischer Kooperationspartner mit den sie unterstützenden Akteuren zu untersuchen und in Bezug auf ihre Qualität hin zu interpretieren. Es wurde aufgezeigt, auf welche Weise der Wert des Medians „neu interpretiert" werden kann und wie das Maß der Multiplexität das hohe Unterstützungspotenzial für die Instrumentallehrkräfte beschreibt. Wie effizient – zum Beispiel im Sinne der Zielerreichung des Kooperationsvorhabens oder der Professionalisierung von Lehrkräften – letztendlich verschiedene Beziehungsstrukturen sind, kann im Rahmen der quantitativen Daten auf Grund der vorliegenden Stichprobengröße nicht beantwortet werden. Derzeit durchgeführte, teilstandardisierte Experteninterviews mit Instrumentallehrkräften, Grundschullehrkräften und Schulleitungen gehen der Forschungsfrage nach, inwiefern wahrgenommen wird, dass sich durch die Beziehungen im Rahmen der initiierten Kooperation im JeKi-Kontext die eigenen methodischen und didaktischen Kenntnisse erweitern.

Literatur

Avenarius, C. B. (2010). Starke und Schwache Beziehungen. In C. Stegbauer & R. Häußling (Hrsg.), *Handbuch Netzwerkforschung* (S. 99–111). Wiesbaden: VS Verlag für Sozialwissenschaften.

Bähr, J. (2001). *Zur Entwicklung musikalischer Fähigkeiten von Zehn- bis Zwölfjährigen: Evaluation eines Modellversuchs zur Kooperation von Schule und Musikschule.* Göttingen: CUVILLIER.

Beckers, E. & Beckers, R. (2008). *Faszination Musikinstrument - Musikmachen motiviert: Bericht über die zweijährige Evaluationsforschung zum Bochumer Projekt „Jedem Kind ein Instrument'.* Theorie und Praxis der Musikvermittlung: Bd. 7. Berlin: LIT Verlag.

Behr-Heintze, A. & Lipski, J. (2005). *Schulkooperationen: Stand und Perspektiven der Zusammenarbeit zwischen Schulen und ihren Partnern.* Schwalbach/Ts.: Wochenschau Verlag.

Bourdieu, P. (2010). *Die feinen Unterschiede: Kritik der gesellschaftlichen Urteilskraft* (20. Aufl.). Frankfurt a.M.: Suhrkamp.

Coleman, J. S. (1991). *Grundlagen der Sozialtheorie.* Handlungen und Handlungssysteme, Bd. 1. München: Oldenbourg.

Czerwanski, A., Hameyer, U. & Rolff, H.-G. (2002). Schulentwicklung im Netzwerk: Ergebnisse einer empirischen Nutzenanalyse von zwei Schulnetzwerken. In H.-G. Rolff, H.-G. Holtappels, K. Klemm, H. Pfeiffer & R. Schulz-Zander (Hrsg.), *Jahrbuch der Schulentwicklung* (S. 99–130). Weinheim: Juventa.

Fussangel, K. (2008). *Subjektive Theorien von Lehrkräften zur Kooperation: Eine Analyse der Zusammenarbeit von Lehrerinnen und Lehrern in Lerngemeinschaften.* Verfügbar unter: http://elpub.bib.uni-wuppertal.de/edocs/dokumente/fbg/paedagogik/diss2008/fussangel/ [15.03.2011].

Ditton, H., Arnoldt, B. & Bornemann, E. (o.J.). *QuaSSu - QualitätsSicherung in Schule und Unterricht.* Verfügbar unter: http://www.quassu.net/seite4.htm [31.10.2011].

Halbheer, U. & Kunz, A. (2009). Mehr Schulqualität dank Kooperation? Eine quantitativ-qualitative Beschreibung von Kooperationen zwischen Lehrpersonen. In K. Maag Merki (Hrsg.), *Kooperation und Netzwerkbildung. Strategien zur Qualitätsentwicklung in Schulen* (S. 66–78). Seelze-Velber: Klett Kallmeyer.

Helms, S. (Hrsg.). (2002). *Allgemein bildende Schule und Musikschule in europäischen Ländern.* Musik im Diskurs: Bd. 17. Kassel: Gustav Bosse Verlag.

Holtappels, H. G., Klieme, E., Rauschenbach, T. & Stecher, L. (Hrsg.). (2007). *Ganztagsschule in Deutschland: Ergebnisse der Ausgangserhebung der ‚Studie zur Entwicklung von Ganztagsschulen' (StEG).* (Studien zur ganztägigen Bildung.) Weinhein: Juventa.

Jansen, D. (2000). Netzwerkanalyse als Instrument der Organisationsforschung. In J. Weyer & J. Abel (Hrsg.), *Soziale Netzwerke. Konzepte und Methoden der sozialwissenschaftlichen Netzwerkforschung* (S. 208–226). München: Oldenbourg.

Killus, D. (2008). Soziale Integration in Netzwerken: empirische Ergebnisse und Konsequenzen für die Praxis. In N. Berkemeyer, W. Bos, V. Manitius & K. Müthing (Hrsg.), *Unterrichtsentwicklung in Netzwerken. Konzeptionen, Befunde, Perspektiven* (S. 315–328). Münster: Waxmann.

Krebs, I. & Prenzel, M. (2008). Unterrichtsentwicklung in Netzwerken: das Beispiel SINUS. In N. Berkemeyer, W. Bos, V. Manitius & K. Müthing (Hrsg.), *Unterrichtsentwicklung in Netzwerken. Konzeptionen, Befunde, Perspektiven.* Netzwerke im Bildungsbereich: Bd. 1. (S. 297–315). Münster: Waxmann.

Kulin, S. & Özdemir, M. (2011). Lehrer-Kooperation im JeKi-Kontext: Erwartungen und Umsetzungen. *Beiträge empirischer Musikpädagogik, 2* (2).

Landesinstitut für Lehrerbildung und Schulentwicklung. (2009). *Jedem Kind ein Instrument – JeKi.* Verfügbar unter: http://www.li-hamburg.de/jeki [13.01.2011].

Leser, I. & Vock, R. (2009). prima(r)forscher: Naturwissenschaftliches Lernen im Grundschulnetzwerk. In N. Berkemeyer, H. Kuper, V. Manitius & K. Müthing (Hrsg.), *Schulische Vernetzung. Eine Übersicht zu aktuellen Netzwerkprojekten.* Netzwerke im Bildungsbereich: Bd. 2. (S. 65–79). Münster: Waxmann.

Lin, N. (2002). *Social capital: A theory of social structure and action.* Structural analysis in the social sciences, Bd. 19. Cambridge: Cambridge University Press.

Maag Merki, K. (2009). Kooperation und Netzwerkbildung: Eine Bilanz. In K. Maag Merki (Hrsg.), *Kooperation und Netzwerkbildung. Strategien zur Qualitätsentwicklung in Schulen* (S. 195–199). Seelze-Velber: Klett Kallmeyer.

Meyer-Clemens, A. (2007). *Kooperation zwischen allgemein bildender Schule und Musikschule: Theorie und Praxis – Bedingungen – Evaluation.* Marburg: Tectum.

Otto, J., Sendzik, N. & Bos, W. (2011). *Schulen im Team – Transferregion Dortmund: Kommunales Management interschulischer Netzwerke.* Bayreuth, Kommission Bildungsorganisation, Bildungsplanung, Bildungsrecht.

Quellenberg, H. (2009). *Studie zur Entwicklung von Ganztagsschulen (StEG) – ausgewählte Hintergrundvariablen, Skalen und Indices der ersten Erhebungswelle.* Frankfurt a.M.: Gesellschaft zur Förderung Pädagogischer Forschung.

Rehrl, M. & Gruber, H. (2007). Netzwerkanalysen in der Pädagogik: Ein Überblick über Methode und Anwendung. *Zeitschrift für Pädagogik, 53* (2), 243–264.

Schulte, K., Lehmann-Wermser, A., Nonte, S. & Schwippert, K. (2010). *Aspekte der Stichprobenziehung einer Studie im musisch-kulturellen Kontext.* Mainz, Poster präsentiert auf dem 22. Kongress der Deutschen Gesellschaft für Erziehungswissenschaft (DGfE).

Schulten, M. L. & Lothwesen, K. S. (2009). *MoMo verbindet! Musik erleben und lernen in der ,Musikschule für alle': Abschlussbericht der wissenschaftlichen Evaluation zum Programm ,Monheimer Modell – Musikschule für alle'.* Linden. Verfügbar unter: http://www.monheim.de/kultur/musikschule/evaluation_momo_abschluss_lang.pdf [14.12.2009].

Stiftung Jedem Kind ein Instrument (Hrsg.). (2007). *Jedem Kind ein Instrument.* Verfügbar unter: http://www.jedemkind.de/ [13.01.2011].

Sydow, J. & Windeler, A. (1994). Über Netzwerke, virtuelle Integration und Interorganisationsbeziehungen. In J. Sydow & A. Windeler (Hrsg.), *Management interorganisationaler Beziehungen. Vertrauen, Kontrolle und Informationstechnik* (S. 1–21). Opladen: Westdeutscher Verlag.

Wolf, C. (2006). Egozentrierte Netzwerke: Erhebungsverfahren und Datenqualität. *Kölner Zeitschrift für Soziologie und Sozialpsychologie, 44,* 244–302.

Sabrina Kulin, Keno Frank, Detlef Fickermann & Knut Schwippert

Egozentrierte Netzwerkanalysen – Resümee und Perspektiven für Forschungsansätze im Bildungsbereich

Die Beiträge in diesem Band haben sich aus verschiedenen Blickwinkeln und Disziplinen mit Netzwerken und Netzwerkanalysen befasst. In der theoretischen Einführung wurden Netzwerke einerseits als Form einer Zusammenarbeit verschiedener Akteure dargestellt und andererseits als Analyse von Beziehungsstrukturen verschiedener Akteure verstanden. Anwendungen von Netzwerken in der Praxis wurden durch die Hamburger Beispiele vorgestellt, während in dem Themenblock zu Methoden der Netzwerkforschung – unter besonderer Beachtung der egozentrierten Netzwerkanalyse – ihre Erhebungs-, Auswertungs- und Visualisierungsmöglichkeiten dargestellt wurden. Deutlich wurden hierdurch die besondere Relevanz und die Möglichkeiten einer egozentriert-fokussierten Netzwerkforschung.

Durch die Erfassung des sozialen Kontexts werden soziale Ressourcen, wie beispielsweise Unterstützungspotenziale sowie potentielle Informations- und Wissenszugänge der Akteure in einem Netzwerk erfasst. Diese Ressourcen stehen unter anderem mit der beruflichen Entwicklung, mit der Zielerreichung bei Kooperationsvorhaben – wie bei der Bildung für nachhaltige Entwicklung – oder mit dem Beibehalten bzw. der Wiederherstellung von Gesundheit in Zusammenhang. Weitere Beispiele sind Lern- und Entwicklungsprozesse von Lehrkräften in regionalen Bildungsnetzwerken bzw. der Aufbau ihrer Expertise.

Die Erfassung dieses sozialen Kontexts kann in gängige quantitative Erhebungs- und Auswertungsverfahren integriert werden. Die egozentrierte Netzwerkanalyse erlaubt – im Gegensatz zur Analyse von Gesamtnetzwerken – die Untersuchung von größeren Stichproben und damit auch von Zufallsstichproben, aus denen sich – je nach Forschungsdesign – repräsentative Aussagen ableiten lassen. Darüber hinaus sind auch qualitative Forschungszugänge möglich, die sich besonders für explorative Vorstudien eignen. Auf diese Weise können einerseits Netzwerkgrenzen im Voraus abgesteckt und aus den Ergebnissen ein quantitatives Instrument entwickelt werden. Andererseits bieten sie sich auch als Ergänzung einer quantitativen Untersuchung an, um für die Beziehungsstrukturen ein tieferes Verständnis zu erlangen. Eine computergestützte Erhebung mit und Auswertung von Netzwerkkarten ermöglicht eine Kombination qualitativer und quantitativer Verfahren im Sinne einer Triangulation von Datenerhebung und -auswertung (Kelle, 2008).

Die Beiträge dieses Bandes tragen dem Desiderat, dass kein Handbuch oder eine ähnliche Publikation für die Erhebung und Auswertung egozentrierter Netzwerke vorliegt, insofern Rechnung, als dass der Methodenteil einen ersten Überblick über die Erhebung und Auswertung egozentrierter Netzwerke bietet, der in dieser Form in der deutschen Forschungsliteratur bisher noch nicht vorliegt. Weiterhin lassen sich aus den vorgestellten Anwendungen Implikationen für die Erhebung und Auswertung egozentrierter Netzwerke ableiten. Verbunden werden die Beiträge durch Anwendungen der Theorie des Sozialkapitals und daraus abgeleiteter Forschungsfragen und Hypothesen. Die Bedeutsamkeit der Untersuchung persönlicher Beziehungen wird dadurch noch einmal besonders deutlich.

Welche Schlussfolgerungen lassen sich nun daraus für den Bildungsbereich ableiten? Während die Untersuchung von Gesamtnetzwerken bereits Eintritt in die Schulforschung gefunden hat (Killus, 2008; Gottmann, 2009; Ullmann & Stepancik, 2009), stellt die Untersuchung egozentrierter Netzwerke noch ein Novum dar. Exemplarisch werden deshalb im Folgenden verschiedene Bereiche der aktuellen Schul- und Bildungsforschung angeführt, um den Mehrwert des Einsatzes egozentrierter Netzwerkanalysen herauszustellen.

In diesem Band ist der gesundheitsrelevante Einfluss von persönlichen Netzwerken aufgezeigt worden. Auf Grund vorliegender Befunde und theoretischer Annahmen ist begründet davon auszugehen, dass egozentrierte Netzwerkanalysen auch bei der Forschung über die Gesundheit von Lehrkräften zu vertieften Erkenntnissen beitragen können. So zeigen beispielsweise Ergebnisse im Kontext von Forschungen zur Lehrerbelastung, dass das Führungsverhalten von Schulleitungen im Sinne der transformationalen Führung vor emotionaler Erschöpfung schützen und Wohlbefinden stärken kann. Dies erfolgt zum einen über die Person des Schulleiters in seiner Interaktion mit den Lehrkräften sowie zum anderen über die an der Schule gestalteten Strukturen, wozu auch förderliche Kooperationsbedingungen gehören (Gerick & Harazd, 2010). Durch die Anwendung egozentrierter Netzwerkanalysen können gesundheitsrelevante Beziehungsstrukturen untersucht und gegebenenfalls beeinflusst werden.

Den Schulleitungen werden überdies auch immer mehr Managementfunktionen und -aufgaben zugesprochen. Im Zusammenhang mit Prozessen der Unterrichtsentwicklung wird dabei davon ausgegangen, dass „vermittelt über die Interaktionen mit Lehrkräften und über die gezielte Steuerung der Schulorganisation, also auf indirektem Wege [...]" (Bonsen, 2008, S. 236) die Kompetenzentwicklungen von Schülerinnen und Schülern gefördert werden können. Dabei stehen jedoch die „Veränderung grundlegender Einstellungs- und Verhaltensmuster der Beteiligten [...]" (Bonsen, 2008, S. 239), also vornehmlich die der Lehrkräfte, im Vordergrund. Dies weist auf die Bedeutsamkeit von Beziehungen zu den einzelnen Lehrkräften und auf den innerorganisationalen Einfluss der Schulleitung hin, den auch Scheidegger (in diesem Band) im wirtschaftlichen Bereich für dort tätige Manager herausstellt. Eine egozentrierte Netzwerkanalyse bietet an dieser Stelle die Möglichkeit, die Bedingungen für den Einfluss der Schulleitung innerhalb der eigenen Schule zu untersuchen, und die Beziehungsstrukturen zum Kollegium zu charakterisieren. Aber auch darüber hinaus kann sie Ressourcen außerhalb der Schule identifizieren, auf die eine Schulleitung zurückgreifen kann (bspw. Kontakte, Informationsquellen), um die Leistungsfähigkeit und Entwicklung der eigenen Organisation voranzubringen.

Allerdings wird nicht nur die Unterrichtsentwicklung mit den Leistungen von Schülerinnen und Schülern in Zusammenhang gebracht. Auch die Diskussion um non-formale und informelle Bildungsprozesse steht dabei im Fokus (Bundesministerium für Bildung und Forschung, 2004). Zwar werden bei Schulvergleichsstudien der sozioökonomische Hintergrund von Schülerinnen und Schülern oder Aspekte wie das elterliche Unterstützungsverhalten erfasst; eine umfassende und systematische Erhebung des sozialen Kapitals findet jedoch nicht statt, wenngleich sich hierdurch die Entwicklung von Lernprozessen und der Kompetenzerwerb gut postulieren lässt (Rehrl & Gruber, 2007). Durch den Einsatz einer egozentrierten Netzwerkanalyse können außerschulische Lern- und Unterstützungsressourcen transparent gemacht und als Variablen in die Untersuchung von Entwicklungsprozessen der Schülerinnen und Schüler mit einbezogen werden. Dabei sollte auf Grund der Erhebungs- bzw. Auswertungsökonomie auf den Einsatz von Positions- oder Ressourcengeneratoren zurückgegriffen werden.

Abschließend bleibt festzuhalten, dass dieser Band einen Einblick in die methodischen Einsatzmöglichkeiten egozentrierter Netzwerkanalysen bietet und Perspektiven für den Einsatz im Kontext von Forschungsvorhaben im Bildungsbereich eröffnet. Sowohl die Entwicklung der egozentrierten Netzwerkanalyse als Methode als auch ihre Anwendungen im Bereich der sozialwissenschaftlichen Forschung sollten daher mit Interesse weiter verfolgt werden.

Literatur

Bonsen, M. (2008). Schulleitungen und Unterrichtsentwicklung. In N. Berkemeyer, W. Bos, V. Manitius & K. Müthing (Hrsg.), *Unterrichtsentwicklung in Netzwerken. Konzeptionen, Befunde, Perspektiven* (S. 236–244). Münster: Waxmann.

Bundesministerium für Bildung und Forschung (2008). *Stand der Anerkennung non-formalen und informellen Lernens in Deutschland.* Verfügbar unter: http://www.bmbf.de/pub/non-formales_u_informelles_lernen_ind_deutschland.pdf [05.01.2012].

Gerick, J. & Harazd, B. (2011). *Schulische Führung und ihr Zusammenhang mit der Gesundheit von Lehrkräften.* Poster auf der 75. Tagung der Arbeitsgruppe für Empirische Pädagogische Forschung (AEPF) am 01. März in Bamberg.

Killus, D. (2008). Soziale Integration in Netzwerken: empirische Ergebnisse und Konsequenzen für die Praxis. In N. Berkemeyer, W. Bos, V. Manitius & K. Müthing (Hrsg.), *Unterrichtsentwicklung in Netzwerken. Konzeptionen, Befunde, Perspektiven* (S. 315–328). Münster: Waxmann.

Gottmann, C. (2009). Das Schulnetzwerk ‚Reformzeit – Schulentwicklung in Partnerschaft‘. Eine Zwischenbilanz aus Sicht der externen Evaluation. In N. Berkemeyer, H. Kuper, V. Manitius & K. Müthing (Hrsg.), *Schulische Vernetzung. Eine Übersicht zu aktuellen Netzwerkprojekten* (S. 31–48). Münster: Waxmann.

Kelle, U. (2008). *Die Integration qualitativer und quantitativer Methoden in der empirischen Sozialforschung: Theoretische Grundlagen und methodologische Konzepte.* Wiesbaden: VS Verlag für Sozialwissenschaften.

Rehrl, M. & Gruber, H. (2007). Netzwerkanalysen in der Pädagogik: Ein Überblick über Methode und Anwendung. *Zeitschrift für Pädagogik, 53* (2), 243–264.

Ullmann, M. & Stepancik, E. (2009). Das österreichische e-Learning Netzwerk eLSA. In N. Berkemeyer, H. Kuper, V. Manitius & K. Müthing (Hrsg.), *Schulische Vernetzung. Eine Übersicht zu aktuellen Netzwerkprojekten* (S. 93–106). Münster: Waxmann.

Verzeichnis der Autorinnen und Autoren

Becker, Anna

Jahrgang 1980, Dipl.-Ing. Stadtplanung, Behörde für Stadtentwicklung und Umwelt Hamburg (BSU), Leitstelle Integrierte Stadtteilentwicklung.

Arbeitsschwerpunkte: Strategien der fachbehördenübergeifenden Kooperation im Bereich Integrations-, Bildungs- und Beschäftigungspolitik, Migration und sozialökonomische Stadtteilentwicklung

Behrend, Jan

Jahrgang 1962, Behörde für Schule und Berufsbildung Hamburg (BSB), Amt für Weiterbildung.

Arbeitsschwerpunkt: Koordination des Handlungsfelds Bildung für die BSB im Rahmenprogramm integrierte Stadtteilentwicklung

Bensmann, Dieter

Jahrgang 1953, Inhaber Bensmann Netzwerk Beratung – Netzwerkberatung, Seminare zum Thema „Netzwerke nutzen und gestalten"; Großgruppenveranstaltungen, Organisationsentwicklung, Kooperationsanbahnung- und begleitung, Coaching, Moderation.

Arbeitsschwerpunkte: Netzwerkmanagement, Netzwerkmoderation, (Ganztags-)Schulentwicklung, Begleitung von Fusions- und Kooperationsprozessen z.B. im schulischen Kontext, Coaching zur Gestaltung von Übergängen, z.B. Arbeit – Altersteilzeit und zur Burnout-Prophylaxe, Moderation von internen Workshops und Sitzungen zur Neuausrichtung und Effektivierung der Zusammenarbeit

Bruns, Wiebke

Jahrgang 1980, Institut für Soziologie der Universität Hamburg.

Arbeitsschwerpunkte: Netzwerkforschung, Gesundheitsförderung, Gesundheitssystemforschung, Abweichendes Verhalten

Fickermann, Detlef

Jahrgang 1952, Geschäftsführender Leiter des Hamburger Zentrums zur Unterstützung der wissenschaftlichen Begleitung und Erforschung schulischer Entwicklungsprozesse (ZUSE).

Arbeitsschwerpunkte: Empirische Bildungsforschung mit Daten der amtlichen und halbamtlichen Statistik, Bildungsberichterstattung, Bevölkerungsvorausberechnung, Anwendung von Simulationsverfahren in der Bildungsforschung

Frank, Keno

Jahrgang 1979, Dipl.-Geogr., Wissenschaftlicher Mitarbeiter im Hamburger Zentrum zur Unterstützung der wissenschaftlichen Begleitung und Erforschung schulischer Entwicklungsprozesse (ZUSE).

Arbeitsschwerpunkte: Wissenschaftliche Unterstützung von schulischen Entwicklungsprozessen in Hamburg, Schulentwicklungsplanung, Bildungsgeographie

Gamper, Markus

Jahrgang 1975, Dr., wissenschaftlicher Mitarbeiter und Vorstandsmitglied im Exzellenzcluster „Gesellschaftliche Abhängigkeiten und soziale Netzwerke" an der Universität Trier.

Arbeitsschwerpunkte: empirische Sozialforschung, Religions- und Migrationssoziologie, qualitative wie auch quantitative Netzwerkforschung

Herz, Andreas

Jahrgang 1980, M.A. (Pädagogik), wissenschaftlicher Mitarbeiter am Institut für Sozial- und Organisationspädagogik der Universität Hildesheim.

Arbeitsschwerpunkte: Soziale Unterstützung, Transnational Studies, Erhebung und Analyse egozentrierter Netzwerke, Hochschulforschung

Hummell, Hans J.

Jahrgang 1941, Dr. rer.pol., Prof. em., Institut für Soziologie, Universität Duisburg-Essen.

Arbeitsschwerpunkt: Analyse sozialer Netzwerke

Kenk, Martina

Jahrgang 1975, Dipl.-Päd., Deutsches Institut für Internationale Pädagogische Forschung (DIPF), Arbeitseinheit Bildungsqualität und Evaluation, Koordinatorin des DFG-Schwerpunktprogramms „Kompetenzmodelle", „Mitgliedschaft im INSNA – International Network for Social Network Analysis".

Arbeitsschwerpunkte: Netzwerkforschung, situiertes Lernen, wissenschaftliche Gemeinschaften, empirische Bildungsforschung

Kolleck, Nina

Jahrgang 1980, Dr. rer. pol., Institut Futur, FU Berlin.

Arbeitsschwerpunkte: Nachhaltige Entwicklung, Netzwerkforschung, Innovationsforschung, Methoden der Sozialforschung

Kronenwett, Michael

Jahrgang 1978, M.A., Universität Trier, Mitarbeiter im Projekt „VennMaker" des Exzellenzclusters „Soziale Netzwerke und gesellschaftliche Abhängigkeiten" der Universitäten Trier und Mainz.

Arbeitsschwerpunkte: qualitative / quantitative / partizipative soziale Netzwerkforschung, Sozialkapitalforschung, sozialwissenschaftliche Softwareentwicklung

Kulin, Sabrina

Jahrgang 1982, Erziehungswissenschaftlerin (B.A.), Wissenschaftliche Mitarbeiterin und Doktorandin im Projekt „Studie zum Instrumentalunterricht in Grundschulen" (SIGrun) an der Universität Hamburg, Fakultät für Erziehungswissenschaft, Psychologie und Bewegungswissenschaft, Fachbereich Erziehungswissenschaft 1: Allgemeine, Interkulturelle und International Vergleichende Erziehungswissenschaft.

Arbeitsschwerpunkte: Netzwerk- und Kooperationsforschung, Sozialkapital, quantitative und qualitative Forschungsmethoden

Leser, Irene

Jahrgang 1981, M.A., Institut für Sozialwissenschaften, Universität Hildesheim.

Arbeitsschwerpunkte: Schulentwicklungs- und Unterrichtsforschung, qualitative Methoden und Methodologien, Evaluationsforschung

Pertzborn, Eva

Jahrgang 1958, Projektleiterin „Lernen vor Ort" – Behörde für Schule und Berufsbildung, Hamburg.

Arbeitsschwerpunkte: Bildungsmanagement und Bildungsübergänge, regionalisiertes Bildungsmonitoring, Kooperation und Vernetzung, Bildungsberatung

Rehberg, Michael

Jahrgang 1982, Dipl.-Geogr., M.A. der Politikwissenschaft, Wissenschaftlicher Mitarbeiter in der zentralen Forschungsplanung der Fraunhofer-Gesellschaft und Promovierender an der Professur für Wirtschaftsgeographie der Justus-Liebig-Universität Gießen.

Arbeitsschwerpunkte: International Entrepreneurship, Organisations- und Innovationsforschung, qualitative und egozentrierte Netzwerkanalyse

Ridderbusch, Jens

Jahrgang 1971, stellvertr. Leiter der Familienwissenschaftlichen Forschungsstelle des Statistischen Landesamtes Baden-Württemberg, Lehrbeauftragter und Doktorand am Institut für Politikwissenschaft der Technischen Universität Darmstadt.

Arbeitsschwerpunkte: Demographischer Wandel, Familien- und Bildungspolitik, multivariate Datenanalyse und Netzwerkanalyse, Politikberatung und Bürgerbeteiligung

Schäfer, Hans-Werner

Jahrgang 1946, Oberschulrat a.D. der Behörde für Schule und Berufsbildung Hamburg mit dem Aufgabengebiet Regionalisierung von Bildungsprozessen und insbesondere der Koordination zunächst Regionaler Schulentwicklungskonferenzen, dann und im Weiteren Regionaler Bildungskonferenzen; z.Zt. Berater dieser Behörde als freier Mitarbeiter in diesem Aufgabengebiet.

Scheidegger, Nicoline

Dr. eoc. publ., Zürcher Hochschule für Angewandte Wissenschaften.

Arbeitsschwerpunkte: Soziale Netzwerkanalyse, Organizational Behavior

Schwippert, Knut

Jahrgang 1965, Dr. phil., Prof., Universität Hamburg, Fakultät für Erziehungswissenschaft, Psychologie und Bewegungswissenschaft, Fachbereich 1: Allgemeine, Interkulturelle und International Vergleichende Erziehungswissenschaft.

Arbeitsschwerpunkte: Effektive Schulen, Evaluation, Large-Scale Untersuchungen, Methoden in Large-Scale Untersuchungen, Systemmonitoring

Sodeur, Wolfgang

Jahrgang 1938, Dr. rer. pol., Prof. im Ruh., Universität Duisburg-Essen.

Arbeitsschwerpunkte: Analyse sozialer Netzwerke, Regionalstatistik, Umgebungseigenschaften und Sozialisation von Kindern

Stubbe, Tobias C.

Jahrgang 1975, PD Dr. phil. habil., wissenschaftlicher Mitarbeiter am Institut für Schulentwicklungsforschung (IFS) an der Technischen Universität Dortmund.

Arbeitsschwerpunkte: Forschungsmethoden und Statistik, Large-Scale-Assessments, Soziale Disparitäten im Bildungssystem

Stühmeier, Romy

Jahrgang 1975, stellvertretende Projektleitung „Lernen vor Ort" – Behörde für Schule und Berufsbildung, Hamburg.

Arbeitsschwerpunkte: Bildungsmanagement und -marketing, Kooperation und Vernetzung, Stiftungskommunikation, Bürgerschaftliches Engagement, Demografischer Wandel, Lebenslanges Lernen

Vock, Rubina

Jahrgang 1961, Dipl.-Psych., wissenschaftliche Mitarbeiterin im Institut für Qualitative Forschung an der Internationalen Akademie (INA) für innovative Pädagogik, Psychologie und Ökonomie an der FU Berlin.

Arbeitsschwerpunkte: Qualitative Forschungsmethoden, Evaluationsforschung, Open Access

von der Lippe, Holger

Jahrgang 1971, Dr. phil. Dipl.-Psych., wissenschaftlicher Mitarbeiter an der Abteilung für Entwicklungs- und Pädagogische Psychologie des Instituts für Psychologie I, Otto-von-Guericke-Universität Magdeburg.

Arbeitsschwerpunkte: Entwicklungspsychologie des Erwachsenenalters, Psychologie sozialer Netzwerke und methodenintegrative Längsschnittforschung